ZHONGGUO
YILIAO BAOXIANXUE

中国医疗保险学

温兴生 ◎ 主编

中国财经出版传媒集团
经济科学出版社
Economic Science Press

图书在版编目（CIP）数据

中国医疗保险学/温兴生主编．—北京：经济科学出版社，2019.4（2019.8 重印）
ISBN 978－7－5218－0466－9

Ⅰ.①中…　Ⅱ.①温…　Ⅲ.①医疗保险－研究－中国　Ⅳ.①F842.684

中国版本图书馆 CIP 数据核字（2019）第 073787 号

责任编辑：顾瑞兰
责任校对：靳玉环
责任印制：邱　天

中国医疗保险学
温兴生　主　编
经济科学出版社出版、发行　新华书店经销
社址：北京市海淀区阜成路甲 28 号　邮编：100142
总编部电话：010-88191217　发行部电话：010-88191522
网址：www.esp.com.cn
电子邮件：esp@esp.com.cn
天猫网店：经济科学出版社旗舰店
网址：http：//jjkxcbs.tmall.com
固安华明印业有限公司印装
787×1092　16 开　17.75 印张　390000 字
2019 年 4 月第 1 版　2019 年 8 月第 2 次印刷
ISBN 978－7－5218－0466－9　定价：62.00 元
（图书出现印装问题，本社负责调换。电话：010－88191510）

深刻认识中国医疗保障制度
认真研习中国医疗保险学
（代序言）

以1998年国务院做出《关于建立城镇职工基本医疗保险制度的决定》为标志，中国全面进行医疗保障制度改革，已经走过了20个寒暑春秋的光辉历程。20年医保改革取得了举世公认的杰出成就。中国人民“病有所医”的千年梦想变为实实在在的现实，全国人民的健康水平大幅提高，主要健康指标已达到或超过世界上中等收入国家水平，为促进我国经济持续健康发展和社会稳定和谐，为实施健康中国战略和全面建成小康社会，奠定了坚实的制度性保障基础，发挥了不可替代的重要作用。

正值我们认真回顾20年医保改革的光辉历程，全面总结我国建立健全全民医保制度的基本经验，更好地去践行落实党的十九大精神，全面建成中国特色医疗保障体系的关键时刻，由湖北经济学院党委书记（湖北省原人社厅副厅长）温兴生同志担任主编，一众专家、学者参与编撰的《中国医疗保险学》（教材）付梓面世。这是势有所趋、事有所需、人有所盼的大好事。对推动医疗保险学科建设、促进医疗保障专业人才的培养、普及医疗保险知识，必将发挥重要作用、产生深远影响。令人欣喜，值得祝贺！

温兴生同志和教材编撰组邀我为《中国医疗保险学》一书作序。由于本人不善此道，唯恐序其不当，但又顾及生出却之不恭之虞，只好勉力而为，写一些粗疏的文字，聊表推介之忱。旨在希望广大读者、学人和所有关心、热爱中国医疗保障事业的人士都能通过本书深刻认识中国医疗保障制度，认真研习中国医疗保险学，更加自觉、更加坚定地将中国医疗保障制度改革进行到底，实现全面建成中国特色医疗保障体系的宏伟目标。

有中国医疗保险制度，就应当有中国医疗保险理论体系，也就应该有中国医疗保险学。中国医疗保险学，就是研究中国医疗保险制度（即中国医疗保障制度的核心和主体）的一门学问，或者一个学科。中国医疗保险制度的建立，是一个不断实践创新的演进发展过程。因此，认真研习中国医疗保险学，就应当全面了解、深刻认识中国医疗保障制度的来龙去脉和特质内涵。这便是二者之间的逻辑关联，也是研习中国医疗保险学的基本路径和方式方法。

深刻认识中国医疗保障制度，首先就要认知什么是中国医疗保障制度，为什么要在“医疗保险制度”前赫然冠以“中国”二字。其次要了解中国医疗保障制度从哪里来、现在处于什么方位、将要向何处去。换句话说，就是要了解中国医疗保障制度（以下简称“中国医保”）的昨天、今天和明天。古人说“不知有汉、无论魏晋”“告诸往而知来者”。只有洞悉此“三天”，中国医保改革发展“继往开来”，保持稳定性、连续性和坚定性，“承前启后”的路子才会越走越坚实、越走越宽广。

什么是中国医保

——中国医保就是在遵循社会医疗保险基本规律、基本原则的前提下，立足中国国情，从实际出发，实践创新，走自己的路，建立起来的具有中国特色的覆盖城乡全体居民的全民基本医疗保险制度。

——中国医保就是保障方式、保障范围、保障水平与中国社会主义初级阶段生产力水平和经济发展水平相适应，与社会主义市场经济体制和以公有制为主体、多种经济成分共同发展的经济结构相适应，与国家、社会（企业）、个人承受能力相适应，与改革、发展、稳定大局相适应的全民基本医疗保险制度。

——中国医保就是遵循广覆盖（全覆盖）、保基本、多层次、可持续方针的全民基本医疗保险制度。

——中国医保就是覆盖全民、城乡统筹、权责清晰、保障适度、多层次可持续的社会医疗保障制度。

——中国医保就是在中国共产党的领导下，充分发挥中央和地方两个积极性，理论与实践、统一性与灵活性相结合，运用中国智慧、中国办法、中国方案，解决中国人民基本医疗保障问题，并不断健全、发展、提高、完善的开放包容的中国特色的医疗保障制度；是用中国理论指导医保改革实践和总结医保改革经验的制度，也是用中国的话语解答人民群众普遍关切的医疗保障问题的制度。

总而言之，中国医保是能够为中国人民的健康福祉不断增强获得感、安全感、幸福感的制度，是具有根本性、全局性、稳定性、连续性的制度，是能够让人民群众得到可靠的基本医疗保障的制度，是“比较靠得住的”基本医疗保障制度，也是能够让我们进一步增强“四个自信”的基本医疗保障制度。

中国医保从哪里来

中国医保是通过革故鼎新的改革逐步建立起来的。

中国医保的“前生”，是新中国成立初期实施的公费劳保医疗制度。这个制度实施了40多年，对保障劳动者的健康，曾经发挥过重要的作用。但是，随着经济社会的发展，这个制度固有的缺陷和弊端日益凸显：保障人数少、保障范围窄、社会资源浪费严重、企业负担畸轻畸重，等等，使得这个制度已经难以为继。特别是随着经济体制改革的不断深化，这个制度赖以存在的经济体制基础已不复存在。“皮之不存，毛将焉附”问题倒逼改革。只有通过改革，将企业（单位）的医疗保障制度，转轨变型为与社会主义市场经济体制相适应的现代社会医疗保险制度（在我国则定义为基本医疗保险制度）。这便是中国医保改革的“缘起”，也是中国医保建设的“起点”。

中国医保改革如何走到今天

中国医保改革是从1994年国务院在江苏省的镇江市和江西省的九江市进行城镇职工医保制度改革试点（史称“两江试点”）起步的。经过前后4年多的试点和扩大试点，1998年12月14日，国务院出台《关于建立城镇职工基本医疗保险制度的决定》，从兹开启了中国全面进行医疗保障制度改革的伟大征程。

中国医保改革20年，大体经过了建立城镇职工基本医疗保险制度、建立新型农村合作医疗制度、建立城乡医疗救助制度、建立城镇居民基本医疗保险制度等几个发展阶段，才走到今天。在拥有近14亿人口的东方大国建立起全民基本医疗保险制度。20年风雨穿越，20年光辉历程，20年杰出成就。国人额手称庆，世界瞩目艳羡。

中国医保将向何处去

中国已经迈进了伟大的新时代，中国医保改革也进入了新的发展时期，亦即从全面改革到全面建设的新时期。

党的十九大报告明确提出全面建成社会保障体系的要求。作为社会保障体系重要组成部分的医疗保险，在新时代的主要任务和战略目标，就是全面建成中国特色医疗保障体系。方向已经指明，目标也已锁定。当前和今后一个时期，我们所要全力以赴的，就是如何践行落实党的十九大精神，如何去全面建成中国特色医疗保障体系。

中国医保改革从全面改革到全面建设，从着力建立全民基本医疗保险制度到全面建成中国特色医疗保障体系，是中国医保改革发展的必然趋势和逻辑方向，是中国医保改革发展的更高阶段，是不断满足人民日益增长的美好生活、健康福祉需要的必然要求，也是新时代赋予中国医保人的神圣使命。

人民的需要就是我们的动力和目标，就是医保改革发展的出发点和落脚点。全面建成中国特色医疗保障体系，必须坚持以习近平新时代中国特色社会主义思想，尤其是他的民生思想和社会保障思想为统领，以人民健康为中心，以解决人民最关心、最直接、最现实的利益问题为切入点，以解决发展尚不平衡、不充分的矛盾为着力点，围绕进一步增强医保制度的公平性、可及性和可持续性，进一步增强人民的获得感、安全感、幸福感为主线，既尽力而为，又量力而行，一件事情接着一件事情办，一年接着一年干，稳中求进，久久为功。

全面建成中国特色医疗保障体系，是比前20年建立全民基本医疗保险制度更浩繁、更艰巨的社会系统工程。但是，20年中国医保改革取得的杰出成就、宝贵经验和深刻启示，为我们继续前行、开创新局，奠定了坚实的思想基础、实践基础、制度基础、政策基础、工作基础和民心基础。只要我们坚持医保的基本规律、基本原则、基本方针不动摇，坚持依靠人民、为了人民、人人参与、人人尽力、人人享有的思想观念不动摇，坚持守正与创新、问题导向与目标导向相结合，务实戒虚，蹄疾步稳，持之以恒，就一定能够实现全面建成中国特色医疗保障体系，为全国人民提供更加公平、更加可靠、更高质量、更可持续的医疗保障。

为什么要认真研习中国医疗保险学

先哲有言，办好中国的事情关键在人才、在队伍。只有培养造就一支宏大的政治思想可靠、专业能力过硬的医疗保险专门人才队伍，全面建成中国特色医疗保障体系的宏伟蓝图才能变为现实。医保知识的传播与普及，医保文化的培养，医保专业人才的造就，则是我们面临的重大而紧迫的课题。人才培养，以教育为本。教育的诸多要素中，有两个不可或缺的重中之重的要素，一是教师，二是教材。《中国医疗保险学》的出版，为推动医疗保险学科建设、培养医疗保险专门人才，填补了“空白”，提供了教材。这便是《中国医疗保险学》的可贵之处和重大意义之所在。

改革永远在路上。中国医保改革在不断深化，全面建设中国特色医疗保障体系的实践在不断发展，我们对中国医保的认识也会不断深化。作为从中国医保改革实践中产生的理论成果会不断丰富，《中国医疗保险学》也会不断发展。大家也会用新的实践经验、新的理论成果，不断充实、完善《中国医疗保险学》，甚至修正其中的某些观点和判断。这都是很正常的、必然的，也是使这门学问永远保持旺盛的生机和活力所需要的。因为，人们对客观事物的认识是一个不断深化的过程，总是会有新的认知、新的发现、新的创造、新的进步，永远也不会停止在一个水平上。我们完全有理由相信，只要大家认真研习《中国医疗保险学》，并关切支持这门学问的发展，这部教材必将伴随全面建成中国特色医疗保障体系伟大实践而臻于完善，为传播医保知识、医保文化，为培养大批合格医保人才、助力推进新时代中国医保改革发展发挥重要作用，为全面建成新时代中国特色医疗保障体系做出新贡献。

王东进

2018年12月

目　录

第一章 医疗保险基本理论

学习医疗保险基本理论之前，首先需要了解以下三个问题：一是医疗与公共卫生的差别；二是医疗保险“保”的是何种风险；三是医疗保险与医疗救助的差别。

一、医疗与公共卫生的差别

所谓医疗，主要对人的疾病进行治疗并恢复健康的活动，公共卫生则是侧重于疾病预防和传染病、地方病防治，以及妇幼保健等卫生项目。从不确定性角度看，医疗所对应的是疾病，只有发生了疾病，才会产生对医疗服务的需要，而疾病的发生又是不确定的，即人们不能事先计划在何时生病。因此，医疗服务消费是一种被动的消费行为，无法事先制订计划。相反，公共卫生领域的预防则是一种主动、可控的行为，它可以通过事先制订计划来确定何时展开预防工作。例如，在传染病高发季节来临之前，事先采取消毒免疫等措施。因此，公共卫生领域的预防是一种主动行为，其行为本身具有确定性。

医疗与公共卫生在提供服务产品的性质上存在较大差别。依据萨缪尔森对公共产品的定义，公共产品具有两大基本特征，即非排他性和非竞争性。所谓非排他性，是指消费者对某种产品进行消费时，无法将不付费的人群排除在该物品的消费之外，即使能够排他，其成本也是非常高的。非竞争性，则是指增加一个人对该物品的消费，不会影响其他人同时消费该物品，即增加一个人对该物品的消费所带来的边际成本为零。与公共产品相对应的是私人产品，私人产品则具有排他性和竞争性的特征。

医疗服务作为一种私人产品，医生可以拒绝为不付费的患者进行诊疗，即通过收费实现排他；同理，医生在为患者甲进行诊疗时，就无法为患者乙同时提供诊疗服务，因此，医疗服务的消费具有竞争性。在公共卫生领域，传染病、地方病防治服务具有较强的公共产品特性。通过对传染病、地方病的防治，可以提高整个地区的卫生水平，有效降低区域内所有人群的患病概率，且无法将其中的任何一个人排除在受益范围之外；同样，该区域内增加任何一个人，都不会影响其他人所享受的公共卫生福利。

保险是基于大数法则来分散风险的。大数法则虽然不能解决系统性风险问题，但它能够分散非系统性风险。医疗领域的风险属于非系统性风险，具体表现为，在全社会中，所有的人是不可能同时生病的，当部分个体患病时，总有一部分人群是健康的，而且，某个人患病也不会对其他人带来影响。因此，每个人的患病风险是独立的，可通过保险来分散风险。但是，公共卫生领域发生问题则可能引发系统性风险，例如SARS、地方病等。由于这类风险存在很强的外部性①，个体发生的风险并非独立性事件，个人一旦发生疾病，就可能对其他人带来影响。当大规模传染病暴发时，整个社会的人群都有可能感染疾病。此时，大数法则难以发挥作用。所以，无论从不确定性，还是从大数法则的角度，医疗领域的疾病经济风险是可以纳入保险范围的，而公共卫生领域发生的费用则不能由医疗保险报销。

二、医疗保险“保”的是何种风险

保险是为了应对风险而产生的。在医疗领域，建立医疗保险是为了分散由于疾病所带来的大额医疗费用风险。中国现阶段存在的“因病致贫、因病返贫”现象，其特征表现为因疾病治疗而产生的大额医疗费用给患病家庭带来了沉重经济负担。因此，参加医保的目的，就是为了防范未来可能出现的高额医疗费用风险。人们参加医保后，一旦因疾病而发生大额医疗支出，医保可通过负担一定医疗费用的方式，来降低参保者的经济负担，减少疾病对患者造成的经济压力。需要强调的是，医疗保险不同于健康保险，医疗保险针对的是患病后因治疗疾病产生的经济风险，而非人们是否患病的风险，即医疗保险不能保障人们的健康问题。另外，中国医疗保险的补偿范围仅限于疾病带来的直接经济损失（如医疗费用），而疾病带来的间接损失（如误工工资等）则没有纳入医保的保障范围（见专栏1－1）。

三、医疗保险与医疗救助的差别

从不确定性角度看，医疗保险的目的，主要是为了分散由疾病引发的大额医疗费用风险。首先，疾病的发生具有不确定性；其次，疾病产生的医疗费用也是不确定的。因此，医疗保险所要“保”的是不确定性项目，即参保人在患病之前且不知何时患病的情形下所参保的项目。相反，医疗救助则是在疾病发生以后，对于存在支付困难的特殊群体，由政府财政按相应标准所给予的其医疗费用补助。所以，医疗救助的对象是疾病已经发生，是确定性的事件。从资金筹集的角度看，医疗保险强调参保人权利与义务的对等，即在享受医疗保险权利的同时需要承担相应的缴费义务，不缴纳保费便没有资格享受保险权益。而医疗救助则属于政府的转移支付项目，所需资金来源于政府财政和社会捐助，受助对象不需要缴纳费用。

---

① 外部性是指一个人的成本、收益没有局限给个人，而是转嫁给了别人。若是成本转嫁，存在负的外部性；若是收益外溢，就存在正的外部性。

专栏1-1 广义和狭义的医疗费用

狭义的医疗费用，指的是与患病直接相关的、因就医治疗而发生的各项费用，包括门诊、住院、检查以及药品费用等。广义的医疗费用不仅包括因治疗疾病所发生的直接支出，还包括某些间接支出，例如时间成本（因患病误工导致收入减少）、交通费用以及跨地区就医所带来的食宿费用等。

众所周知，医疗保险设立的初衷不是保人不生病，而是保人在患病后发生的医疗费用，通过大数法则来实现风险分担、互助共济，从而解除病患者的后顾之忧。正因医疗保险降低了人们看病的成本，医疗保险基金的统筹部分又具有互助共济的性质，因此对患者而言，医疗保险存在一定的道德风险，表现为过度消耗医疗资源或与医院合谋滥用医保基金。

从时间成本的角度看，在享有医疗保险的情况下，部分老年人会主动消费医疗服务，有的甚至具有更强的滥用医疗资源的动机。因为与在职员工相比，老年人的时间成本较低，闲暇时间较多，而且闲暇很难带给他们经济利益（少数退休返聘人群除外）。相反，在职员工的闲暇时间少，机会成本高，请假看病花费的成本是巨大的。因此，除非必须治疗的疾病，即不治疗就会影响到日常工作和生活时，在职员工才会花时间去就医，这种就医行为是一种被动的行为。

从交通和食宿费用的角度看，异地就医直接结算的政策可能会加剧医疗保险的不公平问题。对于穷人来说，看病的医疗费用对他们而言已经是一个沉重的负担，而跨地区就医所带来的交通和食宿费用更是难以承受。相反，富人更能享受到异地就医直接结算的好处。一方面，由于富人的需求层次较高，更加重视身体健康，更倾向于到医疗水平较高的地方接受治疗。另一方面，异地就医的交通和食宿费用对富人影响较小。

第一节 医疗领域的不确定性

所谓不确定性，指的是在缺乏足够信息的条件下所形成的实际值和期望值的偏差。不确定性作为一种常态，在自然界表现为如地震、海啸、旱灾与涝灾等自然灾害，事先不可准确地进行预知。在人类社会中，市场经济波动更是无法进行有效预测，这种不确定性决定了世界各国不可能推行完全相同的经济模式和经济政策。不确定性同样广泛地存在于医疗领域，肯尼斯·阿罗（Kenneth J. Arrow）在1963年发表的《不确定性和医疗保健的福利经济学》中，对医疗领域的不确定性进行了深入研究。作为医疗保健领域的经典文献，该文分析了医疗领域在疾病发生和疾病治疗两个方面存在的不确定性问题。

一、疾病发生的不确定性

疾病，是指在一定病因作用下，个体因自我调节紊乱而发生的生命异常活动，它会引发一系列代谢、功能和结构的变化，表现为症状、体征和行为的异常。疾病的发生受多种因素影响，这些因素常常同时并存、互相联系、互相渗透、互相影响，难以预测和控制，具有明显的不确定性。具体表现在以下三个方面：

一是疾病发生时间的不确定性。疾病如同人们在生产、生活中遭遇自然灾害和意外事故一样，随时可能发生，无法事先进行准确预测。没有人能够保证自己不会发生疾病，同样，每个人都不知道自己何时会生病。

二是疾病类型的不确定性。目前，已被医学发现的疾病多种多样，不同疾病发生的条件、影响因素等各不相同。现实中，不仅疾病发生的时间具有不确定性，疾病发生的类型同样具有不确定性。每个人都不能事先预测自己何时患什么样的疾病。

三是疾病严重程度的不确定性。疾病的严重程度同样受到各种不确定性因素的影响。对于疾病，人们无法保证自己不会生病，无法预测会患何种类型的疾病，更是无法事先知晓自己所患疾病的严重程度。

正是由于疾病存在一系列不确定性，使因疾病产生的医疗费用支出也具有不确定性，即人们无法预知疾病财务风险何时发生、风险有多大。

二、疾病治疗的不确定性

不仅疾病的发生具有不确定性，而且疾病一旦发生，其不确定性同样存在于疾病治疗的过程和结果之中。具体包括三个方面的内容：

一是疾病治疗过程的不确定性。在疾病治疗过程中，不论医疗人员多么敬业，也不论医疗设备如何先进，都难免发生一些难以预料的情况。例如，即使不需要对患者进行输血的手术，但为了防止发生意外，医生在手术前仍要备血。

二是疾病治疗结果的不确定性。现代医学技术的进步与发展，虽然能够有效治愈许许多多的常见疾病，但对于疾病的治愈程度，医生未必有百分之百的把握。对于两个健康状况相似、所患疾病及其严重程度相同的病人，即使是由同一个医生采用相同的治疗方案，其最终的治疗结果也会不尽相同。例如，常见的阑尾炎手术虽已非常成熟，但是医生仍无法保证手术的绝对成功，所以手术之前仍需要患者家属在责任书上签字。

三是疾病治疗结果的不可测定性。这种不可测定性，表现为第三方专业机构难以对治疗结果进行有效鉴定。例如，医生治疗头痛症，就其治疗结果而言，医生认为已经治愈，但患者认为没有治好，自己依然感到头痛。

疾病治疗结果存在的不确定性和不可测定性，与医疗领域的信息不对称和道德风险有着密切关系。

第二节　风险与保险

一、风险和风险态度

（一）风险

不确定性是对客观世界的一种描述，而风险则涉及人们的偏好问题。所谓风险，就是客观存在的不确定性与人们主观感受相结合的产物，换言之，不确定性是一种客观存在，而人们对于这一客观存在的主观偏好就是风险。

从偏好出发，个体对待风险的态度有三种，即风险厌恶、风险中性和风险喜好。以下通过举例来具体描述这三种风险态度。假定某职工月末领取工资，有两个方案可选择。方案A：直接到财务部门领取5 000元；方案B：通过掷硬币的方式领取，正面朝上领取10 000元，反面朝上则分文不取，换言之，该职工有50%的概率领到10 000元，有50%的概率得到0元。这两个方案的共同点是均值相同；不同点在于，方案A为确定性方案，方案B为不确定性方案。该职工作为理性人，追求自身效用最大化，他将在两个方案中选择效用更大的一个。如果选择方案A而不选择方案B，即A>B，则属于风险厌恶型；该职工如果选择方案B而不选择方案A，即B>A，则属于风险喜好型；如果将方案A与方案B视为无差异，即A～B，则属于风险中性。

（二）风险态度

理想状态下，人们对待风险的态度虽然可以分为三种，但在现实生活中，人们通常是厌恶风险的，这可以通过边际效用来说明。边际效用递减是众所周知的规律。例如，一个人在饥饿的情况下，吃下第一个馒头时会感觉很好；当吃下第二个馒头时，感觉稍微有所下降；当他吃下第五个、第六个馒头时，不仅仅是感觉下降，此时还会感到不舒服。即多吃一个馒头给他带来的边际效用是递减的。边际效用递减也是动物的一种保险功能，有利于实现食物的多样化。若某种食物对动物来说是边际效用递增的，该类食物一旦减少或消失，极易导致动物的灭绝。例如，当青草对山羊是边际效用递增的时候，山羊越吃越爱吃，以至于将青草作为其唯一的食物，如果地球因发生灾害导致青草减少或消失后，山羊也会因缺乏食物而减少或灭绝。

为何边际效用递减意味着人们是风险厌恶的呢？还是以上面领取工资的例子加以说明。如图1－1所示，纵轴表示该职工的效用水平，用u表示，横轴表示其收入，用w表示。效用曲线向后弯曲，弯曲程度越来越小（越往后越近似于平坦），这表明边际效用递减。

现在，该职工在方案 A 与方案 B 之间进行选择。若选择方案 A，直接领取 5 000 元，对应的效用水平为 u_2；若选择方案 B，则分析稍为复杂，从图 1 – 1 可以看出，10 000元对应的效用水平为 u_1，0 元对应的效用水平为 u_0。根据冯 · 诺依曼的期望效用理论，期望效用等于各种状态下效用的期望值，因此，方案 B 带来的期望效用是：

$$u(B)=\frac{1}{2}u(w=0)+\frac{1}{2}u(w=10\ 000)=u_3$$

从图 1 – 1 中可以看出，方案 B 对应的效用水平为 u_3，即 u（B）= u_3。显然 $u_2 > u_3$，即 u（A）> u（B），所以选择方案 A 而非方案 B，即 A＞B。由此可以看出，该职工是风险厌恶的。由于现实中人们都存在边际效用递减的特征，因此，都是厌恶风险的。①

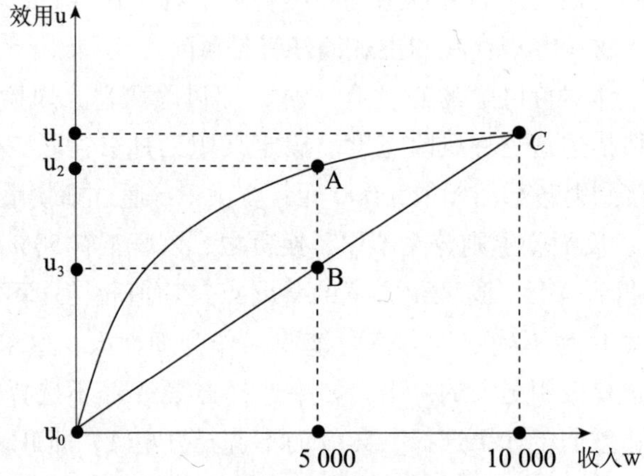

图 1 – 1　风险厌恶

二、保险和风险溢价

（一）保险

既然人们是厌恶风险的，就需要缓解风险、消除风险的机制，保险就是这样一种机制。可以说，没有风险就没有保险。人的一生会面临着各种各样的风险，例如，遭遇某种事故将引起收入或财富的下降。风险事件的发生具有不确定性，因收入波动和财富下降引发的财务风险，最终会影响人们的效用水平。保险的作用在于分散因意外

① 上述证明中，有人会质疑：既然人们都是风险厌恶的，为何还要列举风险中性和风险喜好，是不是仍然存在风险中性或者风险喜好的人群？原因在于经济学中讲究逻辑上的完备性，需把人们各种可能的风险态度列举出来，既没有丢掉的也没有重叠的。

事件导致的财务风险，而不是保障意外事件不发生。从社会总财富的角度看，保险只是将财富从一只口袋转移到了另一只口袋，不会增加社会总财富，反而还会损失部分财富（如保险机构的管理成本）。但是，保险的作用在于通过人群之间的横向分担或生命周期的纵向积累，改变人们的收入分配，使人们的财富水平在一生中保持平稳，从而得到一种确定性，进而提高效用水平。保险的这一积极功能可用风险溢价来表示。

（二）风险溢价

以医疗保险为例，首先给出4项假设条件：（1）假定社会中所有人都是同质的，包括他们的健康状况、患病概率、患病后发生的损失等都是相同的；（2）假定每个人的期初财富为10 000元；（3）一年内，每个人的患病概率为1/2，患病后花费的医疗费用为10 000元，即在不生病的情况下，可消费的财富为10 000元，生病后可消费的财富为0；（4）假定医疗保险机构是零利润、零成本运营的，对参保者只收取纯保费。而纯保费则是以整个社会人群的平均患病概率和患病后的治疗费用计算得出，这里纯保费为$R=\frac{1}{2}\times 10\,000=5\,000$元。

在上述假定情况下，某职工有两个方案可供选择，方案A：参保，方案B：不参保。若该职工选择不参保，依据冯·诺依曼的期望效用函数：

期望效用：$u(B)=\frac{1}{2}u(w=0)+\frac{1}{2}u(w=10\,000)$

期望收入：$E(W)=\frac{1}{2}\times 0+\frac{1}{2}\times 10\,000=5\,000$（元）

在图1-2中，方案B带来的期望效用对应于B点。

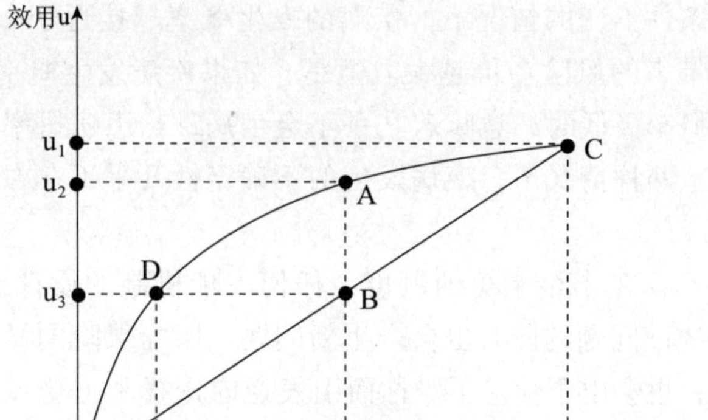

图1-2　风险溢价

如果该职工选择参保，则向医保机构缴纳5 000元保费，剩下5 000元则是自己可以自由支配的确定性财富，带来的效用水平对应于效用曲线上的A点，效用水平为u_2。

可见，参保后的效用u_2明显大于不参保的效用u_3。当然，仅仅比较参保与不参保的效用水平的高低，只能得出参保优于不参保好的定性结论，但不知道具体“好多少”。因为效用本身只是一种偏好的排序，没有单位；代表同一偏好的效用函数有很多，导致点A和点B之间的距离不断变化。但是，可依据效用所对应的财富水平来分析参保比不参保具体要“好多少”。

在方案A中，效用u_2对应的财富值为5 000元，这是参保后所得到的确定性财富。在方案B中，不参保的期望效用u_3等于确定性财富1 500元所带来的效用水平，此时的1 500元也被称为确定性等值（certainty equivalent）（见图1－2）。因此，与未参保时相比，该职工在参保后相当于“赚了”3 500元（5 000元－1 500元），这就是风险溢价，即保险给参保人带来的好处。一般而言，风险溢价被保险机构和参保人共同分割。保险机构为弥补管理和运营成本，将在纯保费的基础上收取附加费用。附加费用来源于风险溢价，它的最大值则为风险溢价的全部。如果附加费用高于风险溢价，不参保将是个体的最优选择。

风险溢价的高低主要受三个因素影响，即参保人对风险的厌恶程度、医疗费用的高低、疾病发生的概率。

首先，参保人对风险的厌恶程度越高，保险带来的风险溢价越大。如图1－1所示，效用曲线的弯曲程度代表了人们厌恶风险程度，效用曲线弯曲程度越大，表明风险厌恶程度越高，保险带来的风险溢价越大。需要说明的是，在现实中，人们的风险厌恶程度是难以具体测量的，而且不同人群的风险厌恶程度存在较大差异。

其次，在其他条件不变的情况下，医疗费用越高，风险溢价越大。这也是医疗保险之所以要“保大病”的重要原因（见专栏1－2）。

同样，在其他条件不变的情况下，疾病的发生概率越接近于1/2，个体患病的不确定性越高，参保带来的风险溢价越大。但是，如果疾病发生概率远远偏离1/2，例如，当疾病的发生概率极低时，意味着几乎不会生病；当患病概率极高时，意味着极可能会生病。在以上两种情况下，疾病发生的不确定性几乎不存在，因此，参保带来的风险溢价极小。

当然，世界上不存在十全十美的制度，任何一项机制的设计或创新都存在“两难”问题，即在解决旧问题的同时也会产生新问题。医疗保险同样如此，它在分散疾病经济风险的同时，也会由于信息不对称而引发逆向选择和道德风险问题。因此，在医疗保险制度设计的过程中，需要进行折中选择，以尽可能地缓解逆向选择和道德风险。

专栏1－2 医疗保险“保大病”与“保小病”之争

医疗保险究竟是应当“保大病”还是“保小病”，需要依据保险的基本理论进行判断。保险将保费从左口袋转移到右口袋，期间并未创造价值，甚至会发生价值损失(如保险机构的管理成本)。然而，保险市场之所以能够运行至今，是因为保险带来的风险溢价弥补了这一过程的损失，并且，保险市场的买卖双方也从风险溢价中得到好处，实现了双赢。因此，风险溢价越大，保险市场的运行越好。其中，风险溢价受参保者的患病概率、治疗费用、风险厌恶程度的影响。参保者的患病概率越接近50%，患病的不确定性越大，参保带来的风险溢价也越大；患病后的治疗费用越高，保险带来的风险溢价越大。从保险的基本理论来看，保险应当保大病，即保障患者的大额医疗费用支出，包括患者的住院费用和门诊大病费用，而非保小病。社会医疗保险同样应当如此。

不过，也有一些人认为，中国《社会保险法》总则中载明："社会保险制度坚持广覆盖、保基本、多层次、可持续的方针"，其中，"保基本"主要是保小病，即所谓的常见病、多发病，它们是影响人们健康的主要疾病，只有对这类疾病给予医疗保障，才能满足人们的基本医疗服务需求。反之，如果将普通小病排除在保险之外，容易导致低收入人群得不到基本的门诊医疗服务，久而久之，小病拖成大病，加重患者的医疗负担。

对此，持不同观点的争辩道，不能混淆"保基本"与"保小病"的概念内涵，保基本并非保小病，而是保障患者采用成熟且效果稳定的治疗措施、药物，以及使用基本的医疗服务设施，达到恢复健康的目的。与保基本相反的是保豪华，例如使用豪华病房和国外进口药等。此外，保小病所带来的风险溢价比较小，而且小病的多发性不仅增加了保险机构的核保成本，导致成本大于收益，也使得保险基金"撒胡椒面"，难以发挥抵御大病风险的作用。

资料来源：吕国营．基本医疗保险实质上就是大病基本医疗保险［J］．中国医疗保险，2013（8）.

第三节 逆向选择和道德风险

由于参保人与医疗保险机构之间存在信息不对称，即参保人对自身健康状况以及医疗费用支出情况，要比医保机构更为了解，因此，在保险合同签约之前，医保机构需要进行核保，即了解参保者的健康状况。在核保签约过程中，有可能发生逆向选择问题。合同签约后，医保机构需要对参保人的医疗费用进行理赔，在此过程中，可能产生道德风险问题。

一、逆向选择

医疗保险领域存在的所谓逆向选择，是指在信息不对称情况下，市场上潜在的投保人作为需求方，总是比医保机构更了解自身的健康状况，这会造成身体状况差的人更倾向于购买保险，而身体状况好的人不愿意购买保险。对于医保机构来讲，其结果是劣质客户大量参保，优质客户却大量流失，进而产生如下局面：“我爱的不爱我，爱我的我不爱”。所以，逆向选择实质上是身体健康状况差的投保人的一种投机行为，信息不对称是导致逆向选择的根源。阿克洛夫（Akerlof）在 1970 年发表的《柠檬市场：质量的不确定性与市场机制》中，通过对“旧车市场”的研究，开创了逆向选择理论的先河。

（一）阿克洛夫的“旧车市场”

相对于新车市场，旧车市场中的买卖双方存在着严重的信息不对称。对于旧车质量，卖方处于信息优势，掌握更多的车辆信息；相反，买方处于信息劣势，即使通过观察外表和试驾，所获取的信息也极为有限。在此情况下，买方无法判断旧车的质量，而只能通过市场中旧车的平均质量来确定自己的支付价格。此时，对于市场中高于平均质量的旧车车主而言，最优选择是退出市场。随着“较好”旧车的退出，市场中旧车的整体平均质量下降。尽管如此，买方仍然不会按照此前确定的支付价格达成交易，而只会依据市场中现有旧车的平均质量给出一个更低的支付价格。这样，高于平均质量的现有旧车会进一步退出市场，买方愿意支付的价格则进一步降低，如此又形成新一轮质量相对较好的旧车退出市场。随着一轮一轮的退出，买方的支付价格越来越低，旧车市场越来越小，旧车质量越来越差，从而产生“劣币驱逐良币”的效应。在极端情况下，旧车市场中的优质车可能全部退出，留存下来的全为劣质车，最终导致市场萎缩甚至崩溃。阿克洛夫还进一步指出，不仅在旧车市场，在货币市场、保险市场，以及耐用品消费和名牌商品市场中，同样存在逆向选择问题。

（二）医疗保险领域的逆向选择

逆向选择广泛存在于医疗保险市场之中。传统的保险理论假定，所有参保者都是同质的，不存在健康的异质性。但现实中的参保者有诸多类型，在患病概率和患病费用方面的差别较大，这些差异性信息对于保险机构显得尤为重要。如果信息是对称的、均衡的，保险机构就可以准确判断参保者的健康状况，并依据参保者的健康风险确定相应的保费。然而，个体健康状况作为一种私人信息，往往难以被保险机构所掌握，即使保险机构能够通过某些方法（如让参保者参加体检）去搜集信息，但信息边际成本具有递增的特性，使保险机构不可能得到完整的信息。

在信息不对称的情形下，保险机构可以选择的应对方法有两种：一种是依据人群的平均健康风险收取保费；另一种是提供不同的保单，并融入激励机制，以便参保者进行自我选择，达到区分参保者风险类型的目的。采用第一种方法，其结果如同旧车市场的逆向选择一样，健康状况较好的人会一轮一轮地退出，剩下的参保者多为身体健康状况较差的群体。采用第二种方法，虽然可以通过自我选择来暴露参保人的某些健康信息，从而区分高风险和低风险人群。但是，这种方法仍是低效的，因为高风险人群会去购买低风险人群的保险项目，而低风险人群却不会购买高风险人群的保险项目，从而降低了低风险人群保险消费的可能性。

（三）逆向选择的成因

逆向选择主要由以下三个因素所致：一是信息不对称，买卖双方中的一方处于信息优势，另一方处于信息劣势；二是产品的质量不均衡，在医疗保险领域表现为人群健康状况的异质性；三是交易双方能否自由选择交易。商业医疗保险领域遵循的是自由交易原则，其中最为关键的条件是要求信息具有对称性和完整性。众所周知，完全竞争市场的基本假定是信息的完全性，即交易双方掌握与交易相关的所有信息，双方之间的信息是对称的。而在现实生活中，完全竞争市场并不存在，只有部分市场（如农产品市场）接近于完全竞争状态。因此，信息不对称广泛存在于各个领域。在旧车市场中，卖方掌握旧车质量而买方不知情。相比旧车市场，新车市场可以正常运行而未发生逆向选择，根源也在于信息问题。当然，在新车市场中，对于同一型号、同一批次、同一生产线上生产的汽车，同样存在产品质量不均的问题，而且新车市场也遵循自由交易的原则。但是，新车市场有一个最大的特点，即不仅买方不了解具体辆车的质量状况，卖方也不知情，因此，不可能产生好车退出市场的问题。换言之，尽管买卖双方对车辆都具有不完全信息，但双方掌握的信息却是对称的，从而能够避免逆向选择的发生。在医疗保险交易中，参保人熟知自身的健康状况和风险程度，而保险机构却难以掌握这方面的信息。

（四）逆向选择的规避

逆向选择的实质是“优质客户”或“优质产品”退出，原因在于交易双方的信息不对称。因此，如何规避逆向选择，可从限制“优质品”退出和解决信息不对称问题两个方面入手。主要方法包括：

1. 推行强制性保险。以医疗保险领域为例，商业保险遵循自愿原则，交易双方可以自由选择，在信息不对称情况下，容易产生逆向选择问题。社会医疗保险则不同，往往采取国家立法方式，强制性地要求社会成员必须参加社会医疗保险项目。实行强制性的社会医疗保险，有利于解决逆向选择导致的市场失灵，使健康状况较好的潜在参保人无法自由退出，即解决“优质客户”的退出问题。

2. 依附载体与“一揽子计划”。为了限制“优质客户”退出，除了采取强制手段外，还可以通过依附载体、“一揽子计划”等来规避逆向选择问题（见专栏 1－3）。现实生活中存在诸多社会载体，例如，职工依附于企业、公务员依附于政府机构、教师依附于学校等。以企业为例，企业不仅承担生产功能，还承担着社会保障功能，包括为职工提供团体保险。在职工集体参保情况下，职工个人只具有有限选择权，难以施展信息优势，从而有效降低了逆向选择的可能性。新农合实行以家庭为单位参保，实质上是将家庭作为依附载体，它在一定程度上也有利于克服逆向选择问题。除此之外，保险机构还可以依据企业的过往经验，实行经验费率；由企业为职工代扣社会保险费，也可以大大降低保险的交易成本。所谓“一揽子计划”，是指通过多领域合作方式，克服单个领域的逆向选择问题，例如，多个保险项目的“捆绑办理”。我国的城镇职工基本医疗保险就具有“一揽子计划”的特点。企业职工若想参加基本医疗保险，必须同时缴纳基本养老保险、工伤保险和失业保险，这在实际上“剥夺”了职工在保险项目间的选择权，但有利于避免逆向选择的产生。

专栏1-3　以商业医保为主体的美国为何没出现逆向选择?

美国作为世界上商业保险最发达的国家，在其医疗保障体系中，商业医疗保险占据主导地位，其中，商业医疗保险又以企业雇主购买的团体险为主。虽然，美国各州并未强制雇主为其雇员提供医疗保险计划，但由于雇主提供的医疗保险计划可享受税收优惠政策，此举极大促进了美国医疗保险的发展；同时，雇主将团体医疗保险作为一项企业福利，也是其吸纳员工的重要方式。凡是进入企业工作的职工都可享有雇主提供的团体医疗保险。因此，美国企业职工的参保形式是以企业为单位的集体参保(有依附载体)。在企业内部则剥夺了员工的选择权，限制了“优质客户”的退出。同时，大企业集体参保，还节约了保险市场中的交易成本，降低了双方的信息不对称，解决了逆向选择问题。

对于退休人员，雇主不再为其提供医疗保险。因为该类人群不再是单位人，且年龄较大，个体购买商保的成本较高，而且商业保险公司容易出现“撇油脂”行为。为此，美国联邦政府专门针对65岁以上老年人和部分特定残障人群建立了联邦医疗照顾计划（Medicare)，规定凡是退休之后的老年人自动享有该保险项目，从而避免了优质客户的退出。

以上针对的是企业工作人员。对于未在企业工作，且收入较低的人群，由美国联邦政府和州政府共同出资的医疗救助计划（Medicaid)，为他们提供医疗保障。Medicare和Medicaid构成了美国主要的公共医疗保障体系。

除此以外，美国还存在着大量未被医疗保险覆盖的人群。一方面，医疗成本和医保费用的攀升使得很多美国人放弃了参保；另一方面，拥有高收入或健康状况较好的自由职业者不愿参保。此类人群也是奥巴马医改扩面的主要目标群体。奥巴马医改通过强制个人参保、强化雇主投保和增加医疗救助人群等方式，试图扩大医改覆盖面。由此看出，美国医疗保障体制通过隐性强制的方式克服逆向选择问题，而灵活就业人员的参保问题仍是美国医保扩大覆盖面的一大难点。

资料来源：杨洋. 美国医疗保险扩面改革之路的里程碑［J］. 社会保障研究，2012（5）. 82-92.

3. 实行财政补贴。在中国的基本医疗保险体系中，除城镇职工基本医疗保险实行雇主和职工个人共同缴费外，新型农村合作医疗和城镇居民基本医疗保险的很大一部分资金，来源于政府的财政补贴，个人缴纳的费用只占较小比重。例如，2017 年，中国新农合与城居保人均补助标准为 450 元，个人缴费标准为 180 元。由于只有参加新农合或城居保，才能享受政府的财政补贴，而较高的财政补贴又进一步增强了医保制度的吸引力，进而扩大医保覆盖面，所以，政府对医保的财政补贴，是有利于减少参保人逆向选择的。

4. 信号发送与信号甄别。逆向选择产生的主要原因在于信息不对称，降低交易双方的信息不对称程度有利于规避逆向选择。信号发送和信号甄别是由市场衍生出的用于解决逆向选择问题的机制。信号发送，是由迈克尔·斯彭斯（Michael Spence, 1972）提出的概念，他认为，教育投资是向劳动力市场发送信号的一种手段，并假定同等程度的教育投资，对能力较低的人来说边际成本更高，即能力低的人要想获取与能力高的人同等学历，需付出更大代价。因此，在劳动力市场中，名牌大学的文凭就是典型的市场信号。在应聘过程中，应聘人员相比雇主对自身能力更为清楚，作为拥有信息优势的一方，高能力者有更强的动机向雇主传递信息。由于低能力者常常会冒充高能力者，所以，高能力者向雇主发送的信息必须是低能力者所难以模仿的。

信号甄别则是由信息劣势一方通过某种机制设计，使不同类型的人对号入座，以便进行类型识别并实现分离均衡（见专栏 1－4）。在医疗保险领域，保险机构难以了解投保人的健康类型，且获取信息难度较大。此时，保险机构可通过提供融入激励机制的两类保单，促使参保人对号入座。一类保单需要收取较高的保费，并提供较高的赔偿额；另一类保单则收取较低的保费，其赔偿额也相应低一些。一般地，高风险人群会自动选择高保费、高赔偿额的保单；低风险人群则倾向于选取低保费、低赔偿额的保单，这样，就将高风险人群和低风险人群区别开来。因此，信号甄别是拥有信息劣势的一方，通过某种机制设计，使拥有信息优势的一方自我选择、对号入座，进而克服逆向选择的一种制度形式。

专栏 1－4　逆向选择的实证研究

在逆向选择理论中，愿意参保的人往往都是高风险人群。依据理论推导，可以在现实生活中找出有关风险类型和保障程度的代理变量，并通过观察人们的风险类型与其保障程度是否存在显著的正相关关系，来判断是否存在逆向选择。在医疗保险领域，受访者的风险类型可以通过他过去一个月的患病次数或过去一年发生的医疗费用来衡量，患病次数越多或发生的医疗费用越高，说明健康的风险越大；受访者的保障程度可以通过他参加的保险等级或购买的保额来衡量，参加的保险等级越高或购买的保额越大，说明其保障程度越高。在保险市场中，若高风险人群同时拥有较高的保障程度，即风险类型与保障程度存在显著的正相关关系，则说明存在逆向选择问题。

在逆向选择的实证研究中，还发现了以下两个问题。

一是逆向选择与道德风险搅在一起。逆向选择与道德风险产生的主要原因都是信息不对称，两者的主要区别是，逆向选择发生在交易双方签约之前，主要涉及参保者类型的信息不对称；道德风险则发生在交易双方签约之后，主要涉及参保者行为的信息不对称。在进行逆向选择实证研究过程中，由于实际风险类型的不可观测性，风险类型往往采用事后发生的就诊率或医疗费用来衡量，但它们会同时受到逆向选择和道德风险的影响，从而导致估计结果出现偏差。因此，在实证研究中需将其中的道德风险剥离出来。

二是实证结果与理论分析不一致。在实证研究中可能会得出三种结果，即风险类型与保障程度显著正相关，存在逆向选择；风险类型与保障程度无显著相关关系，不存在逆向选择；风险类型与保障程度显著负相关，存在“正向选择”。产生上述问题的原因在于，私人信息的多维异质性及相互作用，导致出现不同的估计结果。

“正向选择”完全有悖于传统逆向选择理论的结果：风险越小的投保人购买的保险金额越大，风险越大的投保人所购买的保险金额反而越少。

为了解释这种结果，私人信息的维度开始进入人们的视野。投保人的私人信息主要包括风险类型和风险厌恶程度等，可依据私人信息的异质性程度，将其区分为零维异质性、一维异质性、二维异质性以及多维异质性。

零维异质性，指的是投保人的所有私人信息都是同质的，不论是投保人的风险类型还是风险厌恶程度等都完全相同，此时，大数法则可以得出风险发生的平均概率。一维异质性，指的是投保人的风险类型不同，但其他私人信息是同质的，此时，低风险类型的人群往往不愿投保，而高风险类型的人群则积极投保，这是标准的逆向选择模型假设。二维异质性，指的是投保人在风险类型和风险厌恶程度上都存在差异。在二维异质性假设条件下，风险类型决定了一个高风险类型的投保人会选择更高的保险额、更多的保险品种，并且也更容易出现风险。而风险厌恶程度决定了风险厌恶程度较高的投保人越会选择购买较高的保险金额，相反，风险厌恶程度较低的投保人会选择购买较低的保险金额。在医疗保险领域，风险厌恶程度越高的投保人生活方式越规律、越注重健康，所以不容易出现风险；而风险厌恶程度较轻的投保人，可能存在一些不健康生活方式，例如吸烟、熬夜、酗酒等，导致健康状况较差，所以更容易出现风险。结果出现了低风险（健康状况更好）的人更积极参保，而高风险（健康状况较差）的人参保的积极性相对较低的情况。在二维异质性假设条件下，保险市场出现哪一种结果，取决于风险类型和风险厌恶程度哪一方影响更大，如果风险类型的影响大一些，就表现为逆向选择，如果风险厌恶程度影响大一些，就表现为正向选择。当私人信息存在多维异质性时，其结果同样如此。

资料来源：Finkelstein A.，Mcgarry K. Multiple Dimensions of Private Information：Evidence from the Long-Term Care Insurance Market［J］. American Economic Review，2006，96（4）：938－958.

二、道德风险

保险与道德风险之间的矛盾，是保险市场中的一个根本性问题，只要有保险就有道德风险。道德风险这一范畴十分重要，它不仅仅是一个概念，更是一种理论。

（一）道德风险的概念

道德风险既是经济领域中广泛存在的问题，也是管理学所要解决的核心问题之一。道德风险虽然带有“道德”二字，但与伦理学领域中的道德并非同一个概念，例如，在分析代理人的道德风险时，并不是指代理人不讲道德，或者代理人没有道德。道德风险是一个经济学概念，经济学的基本假设就是理性人假设，即理性人在预算约束条件下谋求自身利益最大化。代理人同样如此，他在自身约束条件下追求自己利益的最大化。所谓道德风险，指的是当委托人与代理人利益不一致时，代理人在追求自身利益的过程中做出了有损委托人利益的行为。例如，在人力资源管理中，固定薪酬虽然起到了保险作用，但随之而来的是道德风险问题，即员工干多干少都能够拿到既定工资，并且，老板难以随时随地掌握员工的工作情况。在信息不对称条件下，部分员工为了自身利益，在工作过程中就可能偷懒、不负责任，从而发生有利于自己、损害雇主利益的行为。

（二）道德风险的形成机理

1. 委托代理关系。道德风险通常是发生在委托代理框架下的一种损人利己行为。委托代理关系有狭义和广义之分。狭义（亦称法律意义上）的委托代理关系，指的是委托人将其权利让渡给代理人，由代理人代表委托人进行决策和选择，双方需办理相关的法律手续。例如，律师与当事人、老板与员工之间的关系。广义的委托代理关系，也称经济学意义上的委托代理关系，虽然不一定有法律手续，但只要一方把自己的权利让渡给另一方，就形成委托代理关系。这本质上是一种事实关系，只要发生让渡权利这个事实，即使没有办理法律手续，也形成委托代理关系。例如，医生与患者的关系就属于广义的委托代理关系，双方之间存在一种隐性合同，只要患者去看病，医生一旦接诊，委托代理关系便自动成立。

2. 双方利益不一致。委托人与代理人之间利益的不一致性，是道德风险发生的主观动机。在委托代理关系中，委托人将自己的权利让渡给代理人，是为了代理人能够据此增进委托人的利益。从理论上讲，完美的代理人行为应该是与委托人利益完全一致的，但在现实中，代理人也有其自身利益，它在某些时候并非与委托人的利益相一致，甚至会发生冲突。换言之，代理人在实现自身利益最大化的过程中，有可能损害委托人的利益，产生道德风险。

3. 信息不对称。委托人与代理人之间的信息不对称是产生道德风险的客观条件。如果委托人和代理人之间的信息是对称的，那么，委托人可以清楚地判断代理人的行为是否与自己的利益存在矛盾，一旦发现两者不一致，委托人便可以迅速采取行动，防止代理人发生道德风险。但在现实中，由于双方之间存在信息不对称，委托人无法完全掌握代理人行为的各种信息，也就无法知道代理人的行为是否符合委托人的利益。委托人虽然可以对代理人的行为进行监督，但会产生监督成本，而且越是脑力劳动，监督成本越高，以至于过高的监督成本有时会抵消监管所带来的收益。以上分析表明，道德风险和逆向选择虽然都源于信息不对称，但逆向选择是发生在合同签约前的关于风险类型的信息不对称，而道德风险则是发生在合同签约后的关于人们行为的信息不对称。

4. 结果的不确定性。它进一步强化了因信息不对称所引发的道德风险。如果代理人的行为结果是确定的，即代理人的行为能够百分之百地决定结果，那么，通过观测结果，就可判断代理人行为的合理性。但在现实情况下，影响代理人行为结果的有诸多不确定性因素，仅仅通过观测到的结果，是难以推断代理人行为动机的。因为某种特定结果的产生，既可能是代理人的行为所致，也可能是不确定性因素造成的。① 在这种情况下，即使代理人出现道德风险，也能以此为借口进行推脱。在医疗领域，由于疾病治疗结果的不确定，导致第三方机构无法依据最终的治疗结果来鉴别医疗服务质量，从而为医生的道德风险提供了借口。

（三）患者的道德风险

医疗领域的道德风险涉及三大主体与两个市场。三大主体分别为医生、患者和医疗保险机构；两大市场分别是：由医疗保险机构和参保人构成的医疗保险市场，以及由医生和患者构成的医疗服务市场。

在医疗保险市场中，存在着患者的道德风险。

1. 患者道德风险的表现。所谓患者道德风险，是指患者利用自身信息优势所导致的医疗保险费用不合理增长的机会主义行为。从委托代理角度看，在医疗保险市场上，医疗保险机构是委托人，患者是代理人。一方面，医疗保险机构将使用医疗保险基金的权利让渡给了患者；另一方面，医疗保险机构需要控制医疗费用的不合理上涨。由于患者参保后面临较低的医疗服务价格，因此，患者存在过度利用医疗服务的强烈动机。患者的这种投机行为无疑会造成医疗保险支出的不合理增长，从而损害医疗保险机构的利益。并且，患者是否存在过度就医行为，由于存在信息不对称，往往难以被医疗保险机构所识别。从公共资源的角度看，所有参保人在达到

---

① 即使结果是确定的，结果中不包含不确定性因素。但是，如果这一结果是由多人努力共同形成的，这时每个人的行动是搅在一起的，通过结果仍难以判定每个人的行为，如在集体做出的成果中难以判定团队成员是否存在“搭便车”行为。

医保报销条件后，都有权享受社会医疗保险基金，因此，医保基金便成为所有参保人的公共资源。在缺乏产权界定的条件下，每个参保人都有过度利用医保基金的动机，进而引发“公地悲剧”。

那么，如何度量患者的道德风险，即如何判定患者是否存在过度消费医疗服务的行为？经验表明，通过比较同一人在参保和不参保两种情形下所消费的医疗服务差异，是可以进行大体鉴别的（见专栏1-5）。如果两者差异过大，很有可能存在道德风险。因为在参加医疗保险的情况下，人们一旦患病，通常要比在未投保的情况下消费更多的医疗服务、更长的住院时间和更加昂贵的药物。

专栏1-5　兰德医疗保险实验

兰德医疗保险实验由美国兰德公司于1974年组织实施。该实验选择来自美国6个不同地区（4个城市、2个郊区）的约2 000户家庭作为研究样本，将其随机分成5组，每组享有不同的医疗保险报销比例，分别是完全免费、25%共付比、50%共付比、95%共付比以及150美元起付线。实验期为3年或5年不等（70%的样本参加3年，30%的样本参加5年）。为了避免样本医疗费用支出负担过重，该实验规定了每年自付医疗费用的上限（占家庭收入的5%、10%和15%，最高上限为1 000美元），超过上限的部分由兰德公司全额支付。研究样本可以得到一份固定酬劳，保障其福利水平不会因为参与实验而降低。由于实验中的保险项目是随机分配的，所以逆向选择程度已经降到了最低。研究人员得到了样本3~5年的医疗服务利用、医疗费用支出数据（见下表）。

不同报销比例对医疗服务利用和医疗费用支出的影响

医疗保险计划		平均1年使用医疗服务的概率（%）	平均1年使用1次以上住院服务的概率（%）	平均1年医疗费用支出（以1991年美元计）
免费		86.8	10.3	982
共付保险	25%	78.8	8.4	831
	50%	77.2	7.2	884
	95%	67.7	7.9	679
起付线（150美元）		72.3	9.6	797

可以看出，从95%的共付比例到完全免费，医疗服务利用概率从67.7%上升到了86.8%，住院服务利用概率从7.9%上升到了10.3%，医疗费用从679美元上升到了982美元。这表明，医保报销比例会通过改变医疗服务利用的概率，对医疗费用支出产生显著影响，这也是该实验的最主要结论之一。

除此之外，为了研究医疗保险对患者健康状况的影响，该实验的研究人员综合分析了完全免费患者和参加共付保险患者之间一系列生理指标（如呼吸系统机能、循环系统机能、肌肉骨骼系统机能等）的差别。研究发现，完全免费患者与不同共付比例的患者相比，并没有获得显著的健康改善。在此基础上，研究人员还提出了基于健康状况的死亡风险预测模型，再次发现完全免费患者和不同共付比例患者之间的死亡概率不存在显著差异。这表明，医疗保险和医疗服务利用并不会显著改善健康状况。

资料来源：

[1] Newhouse J. P. Free for all? : lessons from the Rand Health Insurance Experiment [M]. Harvard University Press, 1993.

[2] Folland S., Goodman A. C., Stano M. The Economics of Health and Health Care [M]. Prentice Hall, 1997.

2. 引发患者道德风险的因素。影响患者道德风险的主要因素有两个。首要是医疗保险的报销比例。在其他条件不变的前提下，医疗保险的报销比例越高，患者的道德风险越严重，过高的报销比例甚至可能摧毁整个医疗保险系统。因此，医保的报销比例不可过高，总要给患者保留一定的自付比例，自付比例是应对患者道德风险的一种有效机制。国际上通常的最佳自付比例为20%～25%。其次，医疗服务项目的需求弹性是影响患者道德风险的另一个重要因素。在其他条件不变的前提下，医疗服务项目的需求弹性越大，患者的道德风险越高；反之，需求弹性越小，患者的道德风险越低。因此，社会医疗保险应当尽可能将那些需求弹性较低的医疗服务项目纳入保障范围。例如，对于以心脏病手术为代表的大病医疗服务，应当作为医疗服务中的必需品，纳入医保范围。而且，中国的社会医疗保险被称作基本医疗保险，这里的“基本”，指的就是需求弹性较低的基本医疗项目。

3. 降低患者道德风险的方法。为了有效降低或克服患者的道德风险，需要完善、优化医疗费用分担机制。一是在社会医疗保险中设置起付线，将常见病、多发病排除在社会医疗保险的报销范围之外。一方面，常见病、多发病一般为小病，保小病不仅风险溢价小，且理赔次数多、管理成本高。另一方面，小病治疗方式的可替代性强，需求弹性大，容易诱发道德风险。二是设置共付比，让患者本人适当自付一定比例的费用，以约束其道德风险。三是对医疗保险费用设置封顶线，超过封顶线的费用由患者自费或通过其他保险形式加以解决。

（四）医生的道德风险

在医疗服务市场中，存在医生的道德风险。

1. 医生道德风险的表现。医生的道德风险，是指医生利用自身的信息优势地位、出于经济利益的驱动所采取的有损患者利益的机会主义行为。在医疗服务市场中，患者是委托人，医生作为患者的代理人为患者选择医疗服务项目。双方利益既有一致也有不一致的地方。利益的一致性体现为双方都希望把病治好；利益的不一致性体现为，患者的目的是少花钱，而医生的目的在于多收费，但治好病是医患双方的共同利益。所以，医生在治疗的关键环节上通常不会发生道德风险。容易引发医生道德风险的，往往是在后续的康复治疗过程中。

2. 诱发医生道德风险的原因。首要原因还是医患双方存在信息不对称。由于医学知识和技术的高度专业性，在疾病诊断和治疗方案的选择上，医生相比患者拥有信息优势。另外，治疗结果的不确定性又强化了这种信息不对称，使第三方机构难以通过治疗结果来判断医生在治疗过程中是否存在道德风险。医生道德风险的突出表现是过程中诊疗的诱导需求，主要是滥开“大处方”，以及提供过度检查等。其次，治疗结果的不确定性强化了道德风险。在结果不确定性情况下，医生为了规避风险而产生从众心理，尤其是少数医生既希望名利双收，又不想承担责任。在从众心理支配下，别人如何治疗我就如何治疗，难以根据个体差异来“对症下药”。此外，医疗费用的支付方式也是影响医生道德风险的一个因素。兰德医疗保险实验结果表明，支付方式不同，道德风险的表现程度也不一样。例如，如果按服务项目付费，可能诱使医生开“大处方”，诱导患者多消费；反之，如果按病种付费或实行总额预付制，虽然有利于降低过度诊疗，控制医疗成本，但又容易引发治疗不足的问题，产生新的道德风险。

从量化分析的角度看，对于医生道德风险的研究，既可以比较人均医生数量与人均医疗费用的关系，也可以对医生开给自己或亲属的处方与开给陌生人处方之间的差异来进行比较分析。

3. 医生道德风险的防范。监管和自律是克服道德风险的重要手段。在医疗领域，由于医生的诊疗过程难以标准化，医生在诊断过程中拥有较大的自由裁量权，加之医生的诊疗服务本身是一种脑力劳动，因此，对医生的道德风险常常难以进行有效防范。另外，医生作为理性人，其追求的也是自身利益的最大化，仅仅通过道德自律是难以完全消除医生道德风险的。所以，需要对医生诊疗行为加大行政监管、法律约束和行业自律的力度，努力防范和消除医生道德风险。

医疗领域的个体声誉机制有助于克服医生的道德风险行为。在传统社会里，中医一般不存在道德风险问题。一方面，传统社会是熟人社会，人们世世代代居住一地，人口流动性较小，人与人之间形成了一种长期、稳定的关系，彼此之间进行的是重复博弈。另一方面，传统中医往往是自己开诊所，医生更为注重诚信，并积极建立和维护自己的声誉。在这种情况下，道德风险发生的概率比较小。如果某中医出现损害患者利益的行为，不仅诊所业务难以为继，而且将恶化与他人关系，严重的将导致中医家庭在该地区难以生存下去。然而，在现代医疗领域，医疗分科越来越细，专科医生只能接触到专项病症的患者，医生与患者之间难以形成长期关系，削弱了他们之间的重复博弈。中国的情况则更为特殊，人们看病的首要选择往往不是医生，而是医院，医院的品牌是最重要的无形资产。在中国，医生是受雇于医院的编制内医生，医院声誉这一无形资产，无疑成为院内医生的“公地”。医生为了实现自身利益最大化，滥开处方，多做检查，收益是自己的，损失则由医院来承担。这种情形强化了医生道德风险的诱发动机，引发医院声誉的“公地悲剧”（见专栏1－6）。

分级诊疗是克服医生道德风险的另一种有效机制，它通过构建患者与医生、医院之间的三重博弈关系，防范医生的道德风险。首先，基层的全科医生拥有自己的诊所，主要治疗常见病和多发病，与患者之间建立起一种长期、稳定的医患关系；其次，当患者的疾病超出全科医生的治疗范围时，全科医生将联系专科医生，帮助患者转诊治疗，进而在全科医生与专科医生之间建立了一种长期合作关系。专科医生作为自由执业者，他与医院不存在雇佣关系，医院只是其租用医疗设施行医的场所。当专科医生的自有医疗设施无法处理患者的疾病时，他会联系医疗设备条件更好的医院进行治疗，并与这些医院建立一种长期合作关系。最终，通过患者与全科医生、全科医生与专科医生、专科医生与医院之间的重复博弈，克服医生的道德风险。

专栏1-6　个人声誉、集体声誉与医生道德风险

在医疗服务市场中，除信息不对称以外，权利与责任的不对等也是引发医生道德风险的重要因素。对个体医生而言，乱开大处方能够增加短期收益，但会损害个人声誉而降低长期收益。因此，如果声誉下降导致的长期收益损失由医生个人完全承担，则意味着其对自身行为负完全责任；如果声誉下降导致的长期收益损失还会波及同一医院的其他医生，即存在"负外部性"，则表明该医生对其行为无须承担完全责任。依据产权理论，只有当权利与责任对等，人们才会对自己的行为承担完全责任，道德风险和负外部性才得以消除，市场交易效率才能够获得提升。

对于个体医生来讲，声誉是个人的无形资产，道德风险行为引起的声誉损失和长期收益下降的后果，均由其个人完全承担。理性的医生会为了长期收益而自我约束，抑制乱开大处方的冲动。因此，个体行医的医生较少产生道德风险。除此之外，医生道德风险对长期收益的损害也因其声誉价值的高低而不同。医生声誉价值越高，声誉下降导致的长期收益损失也越大。因此，名医会更珍惜自己的声誉，更加严格地约束其医疗行为。

在信息不对称极为明显的医疗服务市场，患者并不清楚某个外科医生的技术水平和行为方式，医院集体声誉保证了患者对该医院医生的信任。中国长期存在的"三甲医院门庭若市、基层医院门可罗雀"现象就是对上述分析最直观、最充分的证明。对于医院医生来讲，他们主要依靠医院集体声誉吸引患者而非自己的医术和个人声誉。

然而，医院声誉作为一种集体声誉，是一种"公共资源"，容易导致医生对医院集体声誉的滥用，引发"公地悲剧"。产权理论认为，医院集体声誉属于公共产权范畴，每位医生都拥有不需经其他医生同意，而利用医院集体声誉的权利。从博弈论的视角看，如果医生的收入与其创造的医疗费用挂钩，每位医生都有过度利用医院声誉

而乱开大处方的动机：在其他医生不乱开大处方以维护医院声誉的情况下，某医生的最佳策略是乱开大处方以增加个人收入；在其他医生乱开大处方损害医院声誉的情况下，某医生的最佳策略同样是乱开大处方以减少个人收入损失。于是，该医院内部将出现每位医生都乱开大处方的均衡状态，出现低效率的“囚徒困境”。从外部性的视角看，医院医生乱开大处方具有“负外部性”：提成归自己所有，而对医院声誉的损害却由其他医生与之分担，该医生没有对自己的行为承担完全责任。因此，医院集体声誉作为一种公共资源，必然被该院医生过度利用（即滥用，如乱开大处方），形成“公地悲剧”。

资料来源：吕国营．个人声誉、集体声誉与医生道德风险［J］．理论月刊，2004（3）：126－128.

（五）医患合谋产生的道德风险

在第三方付费的情况下，患者和医生的利益有时是一致的。由于双方都有利可图，两者往往进行“勾结”，共同损害医疗保险机构的利益。从商业角度看，医院经营的目的在于追求赢利，为此，需要提供更多的医疗服务；而医院的医疗服务又是由医护人员提供的，且医生个人的收入往往又与医务工作量和医院利润相挂钩，所以，医生在诊疗过程中对患者有着比较强烈的需求诱导动机。另外，在第三方付费的条件下，患者以相对较低的价格支付医疗费用，而不必承担全部的医疗成本。由于患者对医疗服务价格的敏感度较低，容易产生过度消耗医疗服务资源的倾向。这样，医院和医生就可能利用患者对医疗服务价格敏感度低的心理，与患者合谋应对医保部门。治疗结果的不确定性又为两者合谋提供了借口，医疗保险机构难以通过最终治疗结果来判断医患双方在治疗过程中的行为是否合理。

医患合谋的主要表现如：有的医生开人情处方，对于患者的要求无论是否合理，均给予无原则的满足；有的医生甚至帮助患者修改信息，让未参保者享受医保待遇；还有的医生开营养方，对于某些不属于医保范围的营养药品，擅自在处方中将其修改为医保目录内药品，导致自费营养药品由医保买单。此外，医患双方通过伪造病历、开大处方，以及办理虚假住院手续等方式，合谋骗取医保资金的违法行为也时有发生（见专栏1－7）。

专栏1－7 医患合谋骗取医保的典型案例

方式1：挂床住院及虚传费用。

2012年9月19日至12月24日，医保稽核人员在某定点医院发现12人连续2次以上不在床位，被定性为“挂床住院”；同时发现4人在住院期间通过网络传输注射药品费用，但核实发现，病人无输液痕迹，被定性为“空挂住院、虚传费用”。

方式2：重复结算，套取基金。

这是一种新的违规手段。医保稽核人员发现，定点医疗机构为经办机构提供的出院结算单，与患者留存的结算单费用不相符。经过调查核实，发现定点医疗机构在参保患者出院后，违规撤销了出院结算，空传费用单，二次结算，从而提高统筹报销金额，套取医保基金。为了使传输的费用单与病历资料相一致，伪造病历，虚开医嘱，编造检查结果，企图逃脱稽核人员的检查。

方式3：伪造病历，串换药品。

有些定点医疗机构在上传数据时，将自费药串换成目录药，或将乙类项目串换为甲类项目，以降低个人自负比例，提高报销金额。参保人员李某先后于2012年10月19日至22日、11月16日至19日、12月7日至10日三次办理住院手续，住院医师陈某伪造病历，开具培美曲塞二钠、血栓通、参麦注射液等处方，由药房工作人员赵某串换为其他药品。为此，医保稽核小组对该院药房进行了检查，发现药房工作人员和科室医护人员串通，不按照处方开药取药，发生多起串换药品的违规行为。药房出入库管理不规范，处方管理混乱，存在乱签名、乱涂改的现象。

资料来源：李锋，闫道举．医患合谋骗保案例分析及治理对策［J］．中国医疗保险，2014（3）.

第四节　医疗保险的基本原则

社会医疗保险应当遵循的基本原则主要有三个，即强制性原则、社会性原则、权利与义务对等原则。

一、强制性原则

理论上讲，商业医疗保险在“扩面”过程中面临的最大障碍是保险的逆向选择问题。如果不存在逆向选择，商业医疗保险也可以实现较高的覆盖率。在商业保险领域，逆向选择容易导致商业保险公司收不抵支，最终导致众多保险公司退出市场而引发市场萎缩，难以实现广覆盖。反观社会医疗保险，它之所以能够实现较高的覆盖率，是因为政府通过强制性手段，限制了优质参保者的自由退出，从而克服了逆向选择。所以，强制性是社会医疗保险的一个重要特征。

德国2009年开始通过立法形式，强制全体居民参加医疗保险，要求居民在法律规定的范围内参加社会医疗保险或私人医疗保险。同时规定，对于月收入低于一定水平的雇员，其作为义务参保人，必须加入法定的社会医疗保险，其直系亲属作为连带参保人，一并纳入家庭联保，而无须额外缴纳保险费。在美国，大多数人通过雇佣关系加入雇主购买的私人医疗保险。雇主提供的私人保险往往被看作是一种公司福利或隐性工资，是企业增强在劳动力市场竞争力、吸引雇员的重要手段。雇员一旦与雇主确定雇佣关系，将享有雇主提供的私人医疗保障，除非解除雇佣关系，否则无法退出。对于退休后的老人、穷人等特殊群体，美国政府实施了老年医疗保障计划和穷人医疗救助计划，即年满60岁或收入低于某一水平时，将自动享有政府提供的医疗保障。所以，美国也是通过集体强制参保的手段，解决多数人逆向选择问题的。

与德国、美国相比，中国社会医疗保险的强制性比较弱。首先，从法律层面看，中国于2010年颁布了《中华人民共和国社会保险法》（以下简称《社会保险法》），但法律未对强制性参保做出明确规定。《社会保险法》第二十三条规定，“职工应当参加职工基本医疗保险”，但强制性特征不明显；“无雇工的个体工商户、未在用人单位参加职工基本医疗保险的非全日制从业人员和其他灵活就业人员，可以参加职工基本医疗保险”①，强制性则更加弱化。其次，从政策层面看，无论是2003年制定的《关于建立新型农村合作医疗制度的意见》，还是2007年颁发的《关于开展城镇居民基本医保试点的指导意见》，都坚持自愿原则，允许城乡居民自愿参保，无强制性可言。在自愿原则下，一方面，一些单位和个人感到有利可图就参保，无利可图就不参保；另一方面，为了宣传、动员、扩大医保覆盖面，医保机构耗费了大量的人力、物力和财力。总之，由于缺乏强制性，不仅大大增加了社会医疗保险的“扩面”成本和医保机构的管理成本，也降低了社会医疗保险的运行效率。

长期以来，中国社会医疗保险在强制性得不到应有增强的同时，更多的是采取诸如财政补贴等正向激励政策。例如，在城镇居民医保和新农合两大基本医保项目中，财政补贴占大头，居民个人的缴费比例较低，这实质上是用财政补贴来奖励参保行为。财政补贴虽然不失为削弱逆向选择的一种方法，但是，随着中国经济增速逐步放缓和基本医保的人均财政补助标准不断提高，政府财政的压力越来越大。试图一味地通过财政补贴来解决逆向选择问题，不仅政府财力难以为继，同时也不利于强化个人的缴费责任，不利于医保基金的可持续性增长。与城镇居民医保和新农合不同的是，城镇职工基本医保采取了以企业为载体的准强制性集体参保形式，其最大优点是可以限制优质参保人群自由退出，弱化了逆向选择。

随着中国经济社会的不断发展，就业形式日趋多样化，灵活就业人员的数量将进一步增加，增强医保强制性面临的一大挑战是，对于这类游离于企业、单位之外就业人员如何参保，以及在参保过程中的逆向选择问题，将会越来越突出。

---

① 出自2010年颁布的《中华人民共和国社会保险法》。

如何解决上述矛盾，关键是要在社会医疗保险的实施过程中，贯彻落实强制性原则，并通过参保的强制性或准强制性，一方面有效解决逆向选择问题，另一方面降低社会医疗保险的管理成本，提高运行效率。目前阶段的一项重要举措是，进一步修改和完善《社会保险法》，突出强制性原则，要借助法律的权威性和严肃性，以及相关部门的严格执法，努力实现强制参保和医疗保险“全覆盖”。

二、社会性原则

基本医疗保险是由国家组织实施、用于保障全体居民医疗需求的基本公共服务，它不仅具有强制性，还具有广泛的社会性，应当遵循社会性原则。凡是市场（社会）能办的事，都要交给市场（社会）去办，这是“新医改”提出的“四分开（政事分开、管办分开、医药分开、营利性与非营利性分开）”的本质内涵。根据“管办分开”的要求，将基本医疗保险交由人社部门统一管理，使基本医保与医院管理分开运行，这是由基本医疗保险的性质和特征决定的。事实上，医疗保险的经办管理问题所涉及的是医疗保险管理体制问题。

2016 年，《关于整合城乡居民基本医疗保险制度的意见》提出统一覆盖范围、统一筹资政策、统一保障待遇、统一医保目录、统一定点管理、统一基金管理的“六统一”原则，对城乡医保制度进行整合，但对全民医保的管理体制没有做出明确规定，只是含糊地“鼓励有条件的地区理顺医保管理体制，统一基本医保行政管理职能”。换言之，“六统一”没有在体制上明确整合的实施主体和责任主体，未能解决由谁实施统一、统一到哪里去等问题，因而导致一段时期出现了“整而不合、统而不一”的情况。

2018 年 3 月，国家医疗保障局成立，统一管理各项社会医疗保险工作，这是在总结新中国成立以来公费、劳保、社会医疗管理体制经验教训的基础上，进行的一次管理体制创新；它终结了此前城乡居民医保制度整合中的管理体制之争，开启了医疗保险的社会化、市场化的改革进程。而且，从各国医疗保险的实践看，引入第三方机构（即独立于医、患两方之外的国家医疗保障局）管理医疗保险是必要的、可行的，有利于引入市场机制，使医保机构与医院成为独立的市场主体。医保机构在医疗市场中作为第三付费方，代表患者利益并发挥自身团购优势，与医院、医药企业进行谈判议价，一方面可以为患者选择质优价廉的医疗服务，另一方面，有利于监督医疗行为、控制医疗费用不合理上涨。所以，坚持医疗保险的社会性原则，要求坚持由国家医疗保障局统筹管理社会基本医疗保险的体制机制，它符合中国社会医疗保险制度的保险属性和发展规律。

三、权利与义务对等原则

所谓权利与义务对等，指的是根据国家社会保险法律制度规定，一方面，所有用人单位和劳动者个人都负有缴纳社会保险费的义务；另一方面，参保人在履行法定义务的前提下，依法享有法定社会保险待遇的权利。

如果参保人只享受权利而不承担义务，将医疗保险视为一项纯福利，那么，社会医疗保险将难以为继。耶鲁大学公共卫生学院布莱德利教授指出，在医疗费用不断升高的情况下，由政府承担所有的医疗费用是不现实的。一方面，政府的财政难以支撑，导致社会医疗保险的不可持续；另一方面，如果政府对医疗服务全额买单，容易引发道德风险，滥开处方、诱导需求等过度医疗行为将层出不穷。我国的经验与教训也证明，由国家、企业包揽医疗费用，参保人只享有权利而不承担义务的社会医疗保险制度，最终是难以为继的。

相反，如果参保人只承担义务而不享受权利，即无偿贡献一部分收入（类似税收），那么，社会医疗保险也将没有存在的必要，因为建立社会医疗保险制度的目的，是为了实现社会共担风险，保证社会和谐安定，如果参保人不能享受社会医疗保险待遇，也就无法解决“看病难、看病贵”的问题。

因此，社会医疗保险必须将权利和义务对等作为一项基本原则，规定参保人既承担缴纳保费的义务，又享受社会医疗保险待遇的权利，才能在现有经济发展水平和国家财力允许的条件下，建立社会保险基金，尽可能满足社会成员对医疗保险的需求，实现社会医疗保障制度的可持续发展。

第二章　医疗保险国际模式

本章通过对英国、德国、美国和新加坡医疗保障体系的历史背景、改革历程和主要特征进行归纳总结，着重分析它们是如何解决医疗保险中的逆向选择和道德风险问题的。四个样本国家的医疗保险制度各具特色，其中，英国实行的是全民福利型模式，建立了从“摇篮到坟墓”的医疗福利体系，为全体国民提供免费医疗服务，但免费医疗带来的道德风险问题也比较突出；德国推行的是社会保险型模式，强调个人权利与责任对等，通过强制参保，弱化了逆向选择，实现了医疗保险全覆盖；美国采取的是市场主导型模式，以商业保险为主体。奥巴马政府为了实现医保的全覆盖，曾提出过“奥巴马医改方案”；新加坡实行的是储蓄基金型模式，将个人账户引入医疗保障制度，通过建立强制性医疗保健储蓄计划，实现了全民医保。

第一节　英国全民福利型医疗保险模式

一、英国模式产生的历史背景

20 世纪 40 年代，英国率先建立了全民福利型医疗保障制度，覆盖了从预防到康复、从怀孕到临终关怀、从头痛感冒到心脏病等各个方面的医疗服务，这种全民福利型医疗保障制度，在英国具有深厚的历史渊源。

（一）工业革命造成“城市病”

19 世纪初，英国最先完成工业革命，率先步入工业化国家。英国工业化进程使得很多失地农民融入城市，造成城市拥挤。同时，工厂生产的废水、废弃物随意排放，使城市污染严重、卫生条件极差、传染病流行。在恶劣的城市生活环境下，很多低收入的工人无钱购买医疗服务，健康状况得不到改善。为了应对这种局面，英国政府于 1911 年通过了《国家健康保险法令》，对低收入家庭提供医疗保险，它是后来英国国民健康服务体系（national health services，NHS）的雏形。

（二）“二战”期间的《贝弗里奇报告》

在第二次世界大战期间，英国面临着严峻的社会经济形势，经济状况日益恶化、民众大规模失业、贫困现象非常严重、居民深受饥饿的折磨。为了安抚民心，保持国内稳定，1942 年 12 月 1 日，英国政府发布了关于战后重建的《贝弗里奇报告》。该报告基于英国民众面临的失业、疾病、环境脏乱等困扰，提出战后重建的首要问题，是消除大面积的失业，建立家庭津贴制度，实行全面的医疗保健等，推动建立从“从摇篮到坟墓”的全民社会保障制度。

（三）工党执政后的“社会福利”计划

1945 年，长期鼓吹阶级合作，倡导“社会福利”的工党领导人艾德礼在大选中获胜。受凯恩斯主义影响，工党政府大力推行以福利国家为主要内容的“民主社会主义”改革。英国于 1946 年颁布《国民健康服务法》，1948 年开始建立、实施国民健康服务体系（NHS），提出医疗资源是人们生活的必需品，国家应该保障国民享有基本的医疗卫生服务。根据国民健康服务体系要求，政府对全民健康问题进行了全面干预，实行由财政买单的免费医疗、全科医生首诊制度，以及基层医疗中的“守门人”制度。这些福利型医疗保障制度虽然被许多国家所借鉴。但是，NHS 也存在着效率低下、医疗服务等候时间长等问题，所以，国民健康服务体系也历经了多次调整、改革和完善。

二、英国医疗保障体系的发展沿革

（一）制度形成

20 世纪 40 ~ 70 年代，是英国全民医疗保障制度的形成时期。1942 年的《贝弗里奇报告》描绘了福利国家的蓝图，在医疗方面确定了建立国民保健服务的目标。1946 年议会通过了《国家健康服务法》，并于 1948 年正式实施国民健康服务，规定所有的医疗服务项目均由政府免费提供，资金来源于税收。20 世纪 60 年代是 NHS 发展的黄金时期，1964 年出台的《国家卫生服务法》以法律形式明确规定，全体英国国民均可享受免费的医疗服务。1975 年通过《社会保障法》，英国开始引入家庭诊所的理念，强调一级护理的重要性。

（二）市场化改革

英国的国民健康服务体系一直存在着效率低下和医疗资源浪费两大问题，自 20 世纪70年代后期起，英国对国民健康服务体系进行了多次变革和完善。1979年，撒切尔夫人执政后，决定在医疗服务中引入市场机制，力争实现医疗市场内部竞争的目标。改革的主要内容是，在维持公共部门整体架构不变的情况下，在公共服务领域引入市场机制，由政府卫生部门作为购买者，替代患者购买医疗服务，旨在促进医疗服务价格和质量的竞争。这一改革取得了显著成效，提高了医疗服务效率。1986年实施的《国民保健制度》，进一步完善了英国的全民医疗保障制度，标志着英国最终确立起现代"国民健康服务体系"。

（三）20世纪90年代的制度变革

布莱尔执政时期的医疗改革目标是，强化医疗保健服务中的个人责任，并逐渐将政府普遍的权力向个人责任转变。主要内容包括三个方面：一是增强个人在医疗保健服务中的责任和义务；二是适当降低政府在医疗保健服务中的作用；三是加强对医疗服务机构的监管。

2010年，卡梅伦的保守党与自由民主党联合政府又酝酿了一轮新的改革，对英国国民健康服务体系架构进行了改革调整，并于2013年正式实施。改革前后体系架构如图2－1所示。①

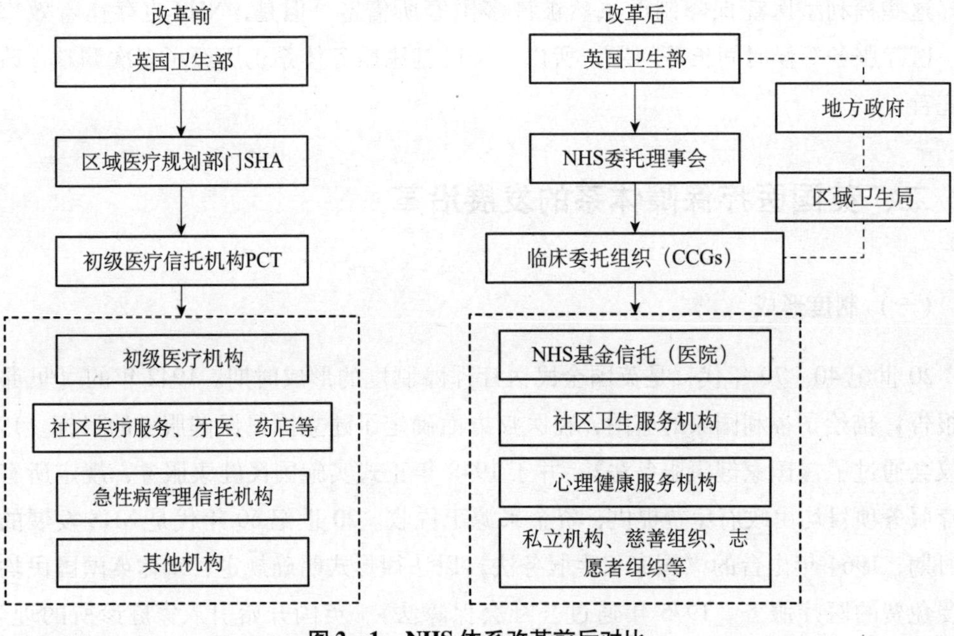

图2－1　NHS体系改革前后对比

① 资料来源：The changing health service，BBC，2013，http：//www.bbc.com/news/health-21849706.

在新的NHS体系中，英国卫生部总领NHS，负责制定目标，协调医保体系四大部门的运行，但不再直接参与机构管理。NHS委托理事会（NHS Commissioning Board）取代了之前的区域性医疗规划部门（SHA），负责管理全国的委托购买服务和对地方临床委托组织的准入、审批和管理。NHS委托理事会结合全国的医疗形势、地域特点和居民意见，制定资源分配方案，将资金分拨给地方临床委托组织，并监督资金的使用情况。

临床委托组织（Clinical Commissioning Groups，CCGs）替代了工党布莱尔时期的基层医疗信托机构（Primary Care Trust，PCT），作为地方医疗服务购买和提供的组织者。在此之前，英国NHS体系已经建立了由三大独立主体，即医疗服务购买者、医疗服务提供者，以及基层医疗信托机构PCT构成的“内部市场”。其中，PCT是独立的法人机构，负责医疗服务资金的投入和管理。由于PCT在中介服务中存在较为严重的资金和时间浪费问题，到了卡梅伦政府时期，医改的核心内容就是解除第三方PCT，而将购买医疗服务、管理经费的权力交给了全科医生为首的专业队伍，希望最了解民众医疗需求的全科医生队伍承担起向专科医生采购服务的责任，以此节省资金、节约时间、提高效率。据BBC官方数据，地方临床委托组织将掌握60%的NHS预算，联盟中的全科医生既是初级卫生保健服务的提供方，又是医疗服务的购买方，代表病人向医院购买住院和专科医疗服务。

地方的临床委托组织根据本辖区居民的实际需要，向符合NHS体系医疗标准和价格要求的医疗供给方购买服务。医疗供给主体包括NHS基金信托、社区卫生服务机构、心理健康服务机构、私立机构、慈善和志愿者组织等。其中，NHS基金信托机构主要由公立医院转变而来。公立医院必须经过评估才能成为信托，合格评估的标准是能够根据支付能力筹集资金，实现自负盈亏。对于未达到标准的公立医院，将实行兼并重组或破产清算。

卡梅伦政府对医疗体系架构进行的大刀阔斧式改革，被称为NHS成立以来最大的一次医疗改革，新架构在争议和支持声中开始实施。新的NHS服务体系从横向上看，联邦政府总体负责NHS体系的运行管理，并按地域将其划分为四个独立的部门；从纵向上看，NHS体系有三级服务机构，其中，初级卫生保健服务是患者享受医疗服务必不可少的环节，由社区居民与全科医生签订服务合同，患者最初需要到全科医生诊所就诊，再由全科医生决定是否向上级机构转诊；二级、三级医疗卫生服务机构主要由各综合、专科医院组成，负责治疗重病或疑难杂症。

三、英国医疗保障体系现状

英国采用的是政府主导型全民免费医疗卫生服务体制，其最大特点是，在医疗卫生领域的各个环节，政府都有权对医疗卫生资源实行直接的宏观管理。

在政府间财政关系上，英国是一个财政相对集权的国家，联邦政府通过税收筹集医疗卫生服务资金，然后交由卫生部门按地域将总体预算分配至威尔士、英格兰、苏格兰和北爱尔兰四个分部；地方政府只负责资金的使用而没有征税的权利，但地方财政在各自的预算范围内享有充分的自主权，资金使用不受英国议会及联邦政府的干涉。

在国民健康服务体系中，英国联邦政府的关键作用是提供财政支持。NHS 体系 80% 以上卫生支出来自联邦政府的税收。2014 年，英国联邦政府提供了 NHS 卫生总支出的 83.14%，另外有 10% 来自社会健康保险税，其余部分由患者看病支付的处方费、慈善机构的捐赠等途径进行弥补。在医疗费用的支付上，门诊患者需要支付一定的处方费用，并承担眼科和牙科服务的费用；住院患者则是基于医疗卫生资源分类法（health resource groups，HRGs），按结果疗效付费。卫生部门对各种疾病进行组合分类，不同类型的疾病患者从入院到出院，都要对应不同级别的编码，并按规定价格付费。

英国现行的医疗服务体系由初级卫生保健、二级医疗服务和三级医疗服务构成，服务网络呈金字塔型（见图 2－2）。其中，底部是初级卫生保健，中部为二级医疗综合服务，塔尖是三级医疗专家服务。NHS 规定患者只有通过初级保健才能转诊至二级医疗服务，然后才能享受到三级医疗服务。

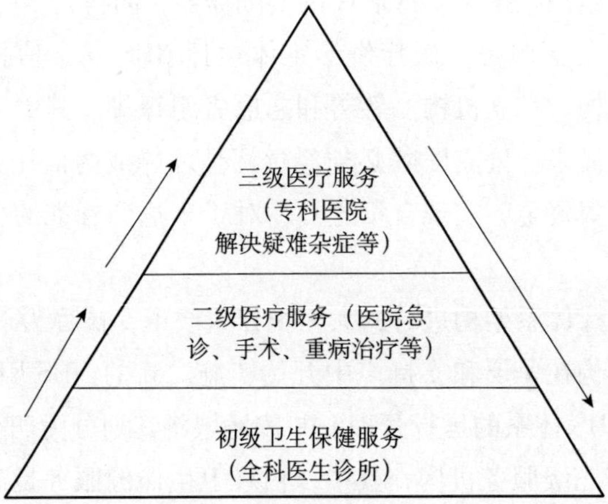

图 2－2　NHS 医疗服务等级

最底层的初级卫生保健服务是 NHS 体系的主体，构成了医疗卫生服务体系中的第一道防线，由全科医生充当“守门人”（见专栏 2－1）。居民的权利与义务明确，可自由签约全科医生，患病时需要先通过自己的全科医生进行治疗，未经全科医生的首诊同意而擅自转诊的，NHS 财务可不支付医疗费用。但急诊、心脏病及其他意外情况可以直接去医院诊治，之后再回到社区全科医生处进行康复治疗。

二级医疗服务主要由医院提供。医院的数量根据政府的地区规划设立，规模则按照人口密度建立。医院医生根据全科医师的转诊单初步了解病情，并将治疗后的相关注意事项告知全科医师。若病情较为严重的，则继续转诊到三级医疗服务体系的相应专科医院进行治疗。

三级医疗服务主要由专科医院提供，用以解决专科的疑难问题，这类医院不以规模划分，也不负责一般的医疗。

占英国医院总数90%以上的是公立医院，英国政府承担了公立医院85%以上的开支。卫生部制定国家标准后，将资金下放到临床委托组织CCGs，再根据医院历年支出和管理人口规模等因素进行具体分配。公立医院的医生属于NHS体系中的公职人员，由国家统一管理，薪酬由NHS发放，相比于全科医生，薪酬较为固定。但是，英国公立医院存在的弊端十分突出且由来已久。NHS系统的公立斯塔福德郡医院由于一味追求成本节约，无视患者需求，在2010～2013年导致近1 200名病人死亡，这一事件震动了英国三岛。为了加强对公立医院医疗服务质量的监督，2013年，卡梅伦政府在医改方案中将医疗质量而非医疗成本放在评估的首位，并从医疗安全、医疗效率和患者满意度三个维度来考核公立医院的服务质量。同时，公立医院不再由卫生行政部门直接管理，而是由代表当地居民利益的患者、医务人员、相关合作机构成员等对其进行监督，对于不符合标准、无法取得信托资格的公立医院，实行兼并重组或破产清算。

专栏2－1　全科医生的“守门人”作用

在医疗卫生人力资源配置上，英国最大的特色就是对“守门人”全科医生的培养和管理，这些配置措施使得英国全科医生与专科医生得以在NHS三级服务体系中分工明确，实现了全科医生和专业医生在医疗服务上的同质化（见下图）。

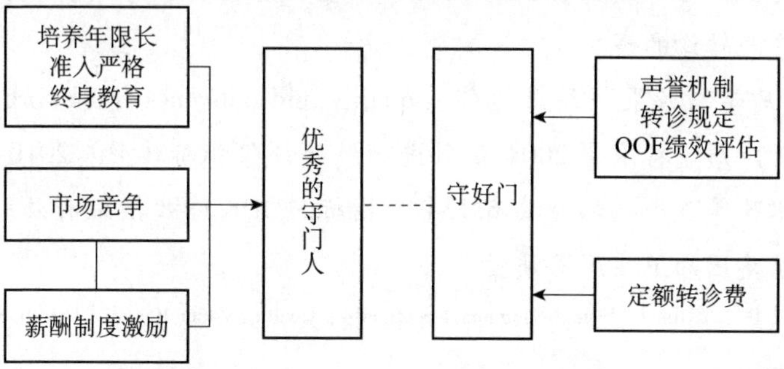

首先，全科医生之所以能够成为优秀的守门人，原因在于以下几个方面。

第一，除了对全科医生严格的培养体系和执业要求外，英国还有完善的全科医学终身教育体系。全科医生执业后再注册必须先接受继续教育，可促使全科医生专业水平不断提高。严格的医学教育、规范的职业培训和高标准的资格准入，为英国培养了高水平的全科医师队伍，获得了英国社会的广泛认可和尊重。

第二，市场竞争提高了全科医生的服务质量。全科医生在获得执业资格后，可自办或合办诊所，并且自负盈亏。居民可自由签约全科医生，由此形成了医生之间的竞争，医生只有努力提供高质量服务，才能吸引更多的居民签约，获得更多的收入。

第三，薪酬制度激励医生提供优质服务。在 NHS 体系中，全科医生需要签订三种合同，在基础医疗服务合同（general medical service，GMS）中，全科医生的收入主要由两部分组成：2/3 来自 NHS 按人头支付的初级卫生保健服务费用（包括转诊费）。这种支付方式促使全科医生有动力签约更多的病人，而吸引病人的条件就是提高自身诊疗技术和服务；同时，要求全科医生重视预防，减少转诊人数，以降低医疗费用支出；另外 1/3 的收入来自“卫生服务质量与效果”绩效框架（QOF）的评估结果，即考虑服务的质量、机构的组织水平以及患者体验等因素。提供高质量服务的医生可以得到高分，对应的是更多的收入。

其次，全科医生在分级诊疗中能真正“守好门”，关键在于政策对全科医生行为的有效管理。

第一，全科医生与社区内签约的患者是多次博弈的关系，患者实际上拥有监督、选择全科医生的权利，如果医生出现应该转诊却不予转诊的行为，必然会损伤自身的声誉，其续约率也会受到影响；此外，在 NHS 体系的转诊规定中，对于哪些疾病需要转诊、何时转诊的规定都十分明确；在 QOF 对于医生绩效的评估中，也将转诊是否规范与薪酬挂钩，可有效促进双向转诊的实现。

第二，全科医生在每次转诊时，除了向二级医疗机构详细描述病情外，还需要支付一笔定额转诊费。这些转诊费用和初级保健费用构成了 NHS 的预算拨款。在预算拨款一定的情况下，医生为了获得更多的盈余资金，一方面会努力提高保健水平，减少初级保健费用支出；另一方面会认真把关，尽量把患者留在诊所，减少转诊费用，避免发生不该转诊而转诊的现象。

“卫生服务质量与效果”绩效框架（quality and outcomes framework，QOF）”是由英国国家卫生医疗质量标准署 2004 年引进的绩效评价指标体系，2010 年 QOF 分为临床服务、病人体验等五个领域，共有 134 个指标。QOF 绩效框架有效引导了医疗资源的投入，改善了英国的卫生服务质量。

资料来源：Steel D.，Cylus J. United Kingdom（Scotland）：Health System Review. Health Systems in Transition，2012，14（9）.

四、英国医疗保障体系的特征

（一）从摇篮到坟墓的全民医疗福利体系

在英国，国民健康服务体系（NHS）是医疗保障制度的主体，政府通过一般性税收筹资，向全民提供普惠性医疗服务。英国公民基本免费享受医疗服务，个人能够享受的医疗服务一般基于临床需求而非支付能力。纵观国民健康服务体系 65 年间的历次改革，由初建时的中央政府集权、直接组织提供服务，发展到向社会、地方分权和引入市场竞争机制，其公平普惠的基本理念和原则未曾动摇过。从总体上看，英国全民医疗服务体制的公平性较高，政府在资源配置中起着重要作用。根据 20 世纪中期得到广泛认可的公共医疗服务原则，即对每一个国民提供广泛的医疗服务，卫生服务经费的绝大部分由国家税收支付，以及卫生服务体系要健全三原则，英国政府实现了为全体民众购买医疗服务，采用计划手段控制医疗费用支出，并使医疗保障覆盖了全体国民，其效果是显著的。

（二）政府在医疗保障筹资中居于主导地位

在英国，政府几乎承担了医疗保障所需的所有财务和支付责任。在 20 世纪 70 ~ 80 年代，政府为医疗保健提供的税收资金通常占总资金供给的 95%。近年来，公共部门提供的资金份额虽然呈逐年下降之势，但仍保持在 90% 左右。大约 80% 的国家医疗保险预算来自政府的一般税，约 10% 来自国家健康保险税，4% ~ 5% 来自患者自付，其余部分来自商业健康保险和利息收入等项目。在 NHS 设立之初，其经费预算仅为 4.37 亿英镑，到 2014 ~ 2015 财政年度，经费预算增加到了 956 亿英镑。即便如此，目前仍有近 2/3 的医院存在经费赤字。

（三）高度重视初级医疗服务

NHS 的核心是全科医疗服务及守门人制度。全科医生拥有管理医疗基金的权利，可以在一定区域内为病人购买医疗服务，在市场上有较大的选择权。这种制度设计有利于促进医院之间的竞争，改善医疗绩效，并控制医疗费用的增长。此外，对于全科医生提供的基层卫生保健服务，实行按人头付费的办法，有利于鼓励医生主动做好预防保健工作，增强控费意识。

五、英国医疗保障体系存在的问题

英国 NHS 制度在成立之初，不仅运行顺利，成为欧洲福利国家全民医疗保健的典范，而且，由于NHS由中央政府长期规划予以推动，也被一些学者称为市场经济中的“计划经济”。然而，经过数十年实施实践，NHS制度存在的主要弊端逐渐暴露：一是医疗费用受预算约束，难以满足广覆盖和高福利的要求，导致就医等待时间过长，诊疗效率低下；二是由于缺乏竞争，官僚之风普遍，医务人员积极性降低，导致医疗机构逐渐丧失活力。所有这些都加剧了患者的不满情绪，一些病人为了获得满意的医疗服务，不得不自费转向私立医院。

第二节　德国社会保险型医疗保险模式

一、德国模式形成的历史背景

19世纪中期，德国经济发展迅猛。1870年，普鲁士在普法战争中获胜，为新德意志帝国赢得了巨大经济利益，促进了工业革命的进一步发展。1889年，德国工业总产值首次超过农业产值，一跃成为工业国家，并由此掀开了以德国为中心的第二次工业革命。

第二次工业革命为德国社会保障制度的产生创造了前提条件。在这一时期，随着工业发展，工人阶级规模不断扩大，1871年，产业工人约占德意志总人口的1/5，到1882年，这一比例已经达到了1/4。另外，工人失业和福利问题也开始凸显出来。由民间组织及工会等创办的福利机构、群众团体如雨后春笋，社会保障制度开始萌芽；受马克思主义影响，工人反剥削、反压迫、争取自由民主的斗争日益激烈，工人阶级力量在工业发展和马克思主义传播过程中不断成长和壮大。19世纪70年代，德国社会主义政党（后改为社会民主党）登上政治舞台，领导工人运动。1878年10月，俾斯麦政府颁布《反对社会民主党企图危害治安的法令》，规定对所有以推翻现存政府或社会制度为目的的阶级和组织，一律予以取缔，试图以暴力镇压工人运动，缓解社会危机。尽管如此，大型工业区的工人坚持罢工，社会民主党坚持领导斗争，沉重打击了俾斯麦政府。

在这样的历史条件下，俾斯麦政府为了缓和阶级矛盾，加快德国工业发展，不得不着手社会保险立法，建立社会保险机制。1883年，德国颁布《疾病保险法》，标志着德国医疗保险制度的建立。随后，俾斯麦政府又分别在1884年和1885年通过了《意外伤害保险法》和《伤残老年保险法》。上述三大保险法律正式奠定了德国医疗保险制度的基础或基本架构。

二、德国医疗保障制度的改革历程

由俾斯麦政府建立的德国医疗保险制度架构，经过随后一百多年的发展，医疗保险体系日趋完善，最终形成了具有德国特色的社会保险型医疗保障模式。另外，随着人口老龄化现象的日益严重和医疗技术的不断进步，德国的医疗费用逐年攀升，现行医保制度的可持续发展受到挑战，医保体系改革迫在眉睫。德国医疗保险制度改革的主要目标是：完善医保体系，控制医疗费用过快增长，实现医疗保险基金的可持续性。改革举措主要集中在控制医疗费用和扩大医疗保险覆盖面两个方面。

（一）加强医疗费用控制

医疗技术进步和医疗需求扩大，一方面改善了人们的健康状况，另一方面也导致医疗保险基金面临巨大压力。为了解决这一矛盾，实现对医疗保险费用的有效控制，自 20 世纪 70 年代以来，德国陆续推出了一系列改革措施。

1977 年，德国颁布了《疾病保险费用控制法》，开始对医疗保险费用进行控制。其中，针对参保人的主要措施，如提高参保人住院和用药的自负比例，减少不合理的医保支出；针对全科和专科医师门诊服务的主要措施如，改革医保支付方式，由按服务项目付费改为“点数法”。①

1984 年，德国引入医院总额预算方案，对医疗服务提供者进行监督和管理。1993 年，德国颁布《卫生结构法》，对医疗经费实行总额预算管理，建立了药品价格参考体系，加强药品价格控制；同时，还规定一定收入水平以上的参保人，享有自由选择法定医疗保险机构的权利。这项措施有利于刺激各大疾病基金会为了吸引投保人，主动加强自身管理，降低支出成本，保证医保基金有效运行。

2003 年，德国通过了《医疗保障现代化法案》，旨在提高医疗资源的利用效率，增加参保人的成本意识，并在全国范围内推行总额预付制与按疾病诊断相关组付费（DRGs）两种方式，对供方进行补偿。其中，DRGs 将德国医院传统的按住院天数付费改为按病种付费。目前，德国已制定了上千个病种的付费方式和编码分类，并将各个病种分为不同等级，明确各等级的费用给付标准，这就从实质上规定了医疗服务的具体价格。DRGs 还在不断调整、完善，并在控制医疗费用、缩短平均住院日方面效果显著。例如，德国的平均住院日数已从 1991 年的 14 天，下降到目前的 8 天左右，并在保证治疗的同时有效降低了医疗费用。

从 2009 年开始，德国建立了硬约束的全国总额预算制度，并由国会来决定卫生总

---

① 点数法：医疗服务供方获得的医保支付总额等于其提供的医疗服务总点数乘以点数价值。

费用和医保费率。同时，对门诊医生和专科医师的门诊服务费用支付方式进行改革，2009 年前，实行总额预付制 + 浮动点值，2009 年后，改为总额预付制 + 固定点值。所谓浮动点值和固定点值，是医保基金预算管理体系中的两个概念。在分配医保资金时，医疗服务供方获得的医保支付总额，等于其提供的医疗服务总点数乘以点数价值。其中，点数的价值是由医保基金预算总额和医疗服务总点数决定，用公式表达为：点数价值 = 医保基金预算总额/医疗服务总点数。如果点数价值是固定的，即为“固定点值”；如果点数的价值是浮动的，即为“浮动点值”。医保基金预算总额就是可用于点数分配的资金总量。

（二）逐步扩大医疗保险覆盖面

德国医疗保险的覆盖面，经历了从工业到其他行业，从较发达地区到贫困地区，从蓝领到白领、从雇员到家庭成员（1920 年）、从非农就业者到农民（1957 年）的逐步扩大的过程。2007 年，德国颁布实施了《法定疾病保险——强化竞争法》，要求所有德国居民必须参加医疗保险，将医疗保险覆盖面扩大到全体国民。2009 年实施的全民医疗保险政策，通过制度强制性规定，全体国民必须参加社会医疗保险或私人医疗保险中的一种，前者由政府主办，后者由市场经营，二者相互补充。应当说，医保扩面政策的实施效果十分显著，截至 2016 年，德国只有 0.2% 的人没有参加医疗保险，基本实现了社会医疗保险制度的全覆盖。

德国实施医保扩面的主要手段是政府强制与财政补贴双管齐下。前者是通过立法，明确规定各个社会群体必须缴纳保险费的数额，并强制执行。例如，大学生必须在高校报到前缴纳保险费，否则，高校可拒绝其报到入学。又如，养老保险基金会可以代替参保人扣取相应的保费，并扣除养老保险基金会承担的保险费。财政补贴，指的是政府承担非就业家庭成员的缴费补助，这部分人群被称之为“可申请解除保险义务”的参保人，不需要承担缴费责任，但可享受保险福利。

三、德国医疗保险体系现状

德国现行医疗保险制度主要由两部分组成：一是作为主体的政府法定医疗保险，二是起辅助作用的商业医疗保险。法律规定，2016 年的参保收入标准线为年收入 57 600欧元，平均月收入 4 800 欧元。凡低于这一收入标准线的雇员，都必须参加法定医疗保险，收入高于标准线的雇员可自愿参加法定医疗保险或私立商业医疗保险。通常情况下，农民、公司雇员及其家属、退休人员、大专院校学生、艺术工作者、失业人员，以及其他根据法律可获得法定医疗保险者，都可以参加法定医疗保险。政府公务员和自由职业者不强制参加法定医疗保险，他们无论收入多少，都可参加私人商业医疗保险。自由职业者如果曾经参加工作或作为家属参加过法定医疗保险，后又申请退出的，也可以选择重新加入法定医疗保险。在法定和商业两种医疗保险中，法定医疗保险是主体，它覆盖了全国91.5%的人口，商业医疗保险的覆盖面只有8%左右。

在医疗保障范围方面，所有的保险公司，无论是法定医疗保险还是私人医疗保险，都必须提供德国政府所要求的基本医疗保险项目，包括门诊和医院服务、牙科、生育、康复治疗、处方药、预防保健等。法定医疗保险的具体保障项目如：医生服务（普通和专科门诊）、医院门诊、急诊和住院医疗、牙科医疗、精神疾病医疗、处方药和辅助医疗品、生育、患病津贴、康复医疗等。除了医疗服务外，法定医疗保险还包括各种预防保健服务，例如儿童预防保健、预防免疫、定期牙科检查，慢性病检查和筛查、癌症筛查等。私人医疗保险的保障范围则由保费决定。

在医保支付待遇方面，投保人不论缴费多少，都可以获得相同的法定医保待遇。凡医保目录内的医疗服务，基本上予以免费，个人只需按日缴纳10欧元的床位费（每年最多缴纳28天）及少量药品费，但个人需要负担医保目录以外项目的费用。

在医保基金筹集方面，德国采取的是以强制性社会保险为主的筹资体制，资金由政府、雇主、个人三方共同承担，员工和雇主分别按工资一定比例缴费。员工的配偶和未成年子女如果没有收入或者收入较低，可作为家属免费参加员工法定医疗保险，不需缴纳保险费，所需经费由政府财政补助。2009年，政府在国家层面设立疾病基金，为医疗保险融资，并确定了全体参保人员和雇主缴纳的统一保险费率，由联邦政府统一征缴（见专栏2-2）。目前全国统一的保费费率为工资的14.6%，一般要求个人和雇主各承担保费的一半；退休和失业人员个人需要继续缴费；雇主缴费部分分别从养老保险基金和失业保险基金中支付。另外，医疗保险公司可以根据公司的财务需要，在14.6%的基础上向投保人收取附加保险费（0~1.4%不等）。至于私人医疗保险费用，则根据投保人的年龄、职业、性别、健康状况和保险套餐的差异而有所不同。

专栏2-2 德国医保体制架构及管理职责

德国在医疗保险制度的管理上，建立了一套既相互制衡又相互配合的精巧机制。在联邦层面主要涉及卫生部、医保局、联邦联合委员会（GBA）、联邦医保最高联合会和医保经办机构五个方面（见下图）。

1. 联邦卫生部。在医保方面的职责主要有三项：一是向联邦议会和联邦参议院提出立法建议，拟订法律草案。二是制订和完善相关政策。三是实施行业监管。联邦卫生部“掌舵而不划桨”，具体的专业性、审批性以及经办性工作一般由相应的其他机构承担。

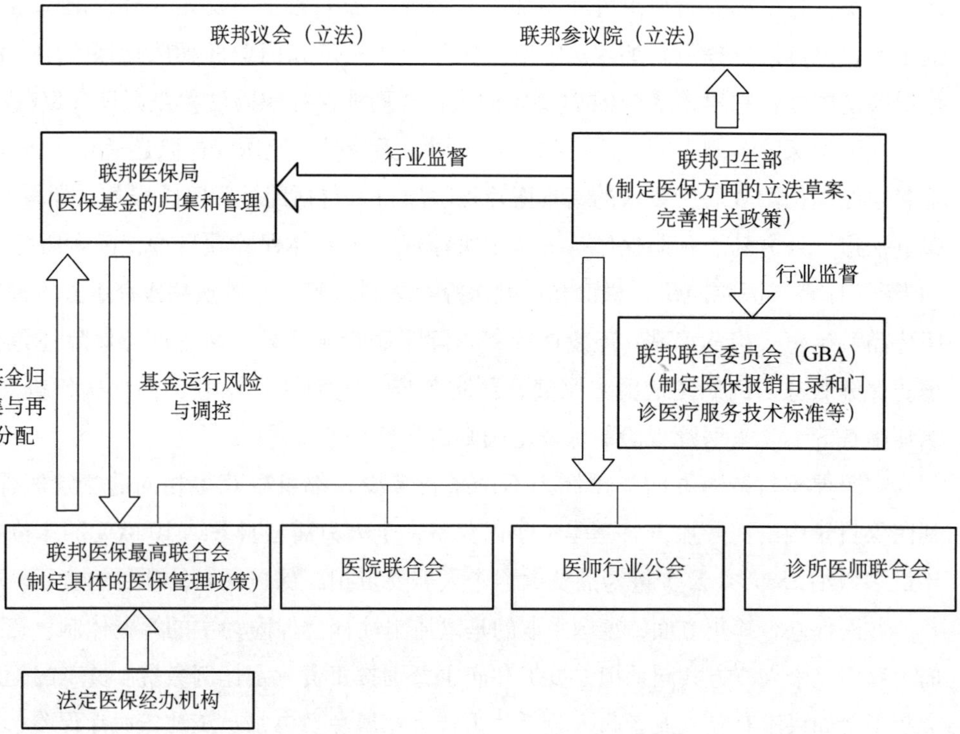

注：括号中为该机构主要功能。

2. 联邦医保局。作为政府独立部门，其主要职责，一是负责医保基金的归集与再分配。二是负责医保基金的风险调节和运行监管。联邦医保局在业务上接受联邦卫生部的行业监督。

3. 联邦联合委员会（GBA）。GBA是德国医疗卫生行业最重要的社会组织，主要负责制定法定医疗保险报销目录以及门诊医疗服务技术标准等。医院、门诊和住院医师（包括牙医等）、医保等行业组织都是GBA成员单位。GBA作出的决策或决定，有关各方面必须遵守。GBA制定的重大政策需报卫生部审查。卫生部主要进行合法性审查（审查是否符合联邦法律和医疗卫生行为基本准则方面的要求），不审查具体的专业内容。GBA决策通过全体委员会议按照简单多数投票表决，作出决定。委员会议由13名委员组成，其中医保经办机构代表5人、医师代表5人（门诊医师2人、住院医师2人、牙医1人，住院医师代表含医院管理者），均由各自的行业组织选举产生；社会贤达等中立代表3人，由卫生部审查决定人选；委员任期6年。全体委员会议向媒体和社会公开，患者代表也可参加会议，但没有表决权。GBA下设9个部门，有专职工作人员约150人。GBA运行经费来源于医保经费，年均约为3 000万欧元，一半用于专职人员的工资，另一半用于委托外包研究论证服务。这种运作方式基本杜绝了医保目录制定等方面的贪腐和寻租行为。

4. 联邦医保最高联合会。主要负责制定具体的医保管理政策，对医保经办机构实施具体监督管理，与医疗和药品服务涉及的利益方谈判价格，参与GBA的决策，反映行业诉求和争取行业利益。

5. 医保经办机构。主要负责经办事务，属非营利性机构，相互之间存在竞争关系，根据市场法则优胜劣汰。近年来，德国允许投保人自由调换医保经办机构。通过竞争与合并，全国医保经办机构从1994年的1 221家减少到目前的131家。医保经办机构运行经费从医保基金中支付，提取比例最多可达5%，但不能营利；有结余时，可对投保人返还部分保费或给予适当优惠；亏损时，可以向投保人追缴保费，但医保经办机构出于竞争考虑很少这样做。医保经办机构不得以任何理由拒绝任何人投保，不得经办私人医疗保险，也不得充当“掮客”，把投保人以任何形式介绍给其他的保险机构。目前，德国最大的医保经办机构（AOK）市场占有率约1/3，有11家分公司，近5.5万名员工，设立了1 250个地区服务中心，而最小的医保经办机构投保人不到10万人。政府鼓励经办机构兼并、重组，预计机构数目还将进一步减少。在内部治理上，医保经办机构设立管理委员会和理事会，管委会由雇主、雇员以及投保人代表组成，主席由中立人士担任，任期4年。管委会协商研究机构预算、制定中长期战略发展规划以及选举理事等重大事宜，按简单多数的原则作出决策。理事会负责执行管理委员会的决策，成员属于医保经办机构专职人员。

医生、医院等行业自治组织也参与医保管理相关工作。这些组织分别代表相关利益群体，在联邦卫生部的宏观管理和政府提供的平台上就医疗保险制度具体内容进行协商，促进制度不断完善。

资料来源：国务院深化医药卫生体制改革领导小组简报（第73期），2014年12月30日。

四、德国医疗保险制度的主要特征

（一）强制为主、自愿为辅

德国医疗保险体系属于强制性参与的法定保险为主体，自由选择私人保险为补充的社会保险型模式，体现了强制与自愿相结合的原则。公民可以自由地选择社会医疗保险和商业保险，选择依据是参保人的经济收入状况，具体标准由政府根据实际情况适时调整。同时，公民也可以在参加社会医疗保险之后，再参加商业保险，作为自己的补充保险。

（二）权利与义务对等

德国的医疗保险制度是一种社会保险制度，其突出特点是权利与义务对等。具体而言，国民享受医疗保险权益的前提是履行缴费义务，只有缴费参加了医疗保险，才能将今后可能遭遇的疾病风险转给保险机构负担，实行社会互助共济。所以，不履行缴费义务，就不能享受医保权益。德国医疗保险制度强调权利与义务对等，不仅充分体现了其“团结互助、社会共济、公平合理”的宗旨，更保证了基金的可持续性，有利于制度的平稳运行。德国法定的医疗保险基金主要来自雇主、雇员、养老金领取者等的缴费，以及政府为低收入群体提供的缴费性补贴。

（三）兼顾公平与效率

德国医疗保险制度公平性的基础，是德国社会的公平价值理念和医疗保险的互助共济功能，主要体现在保险待遇和资金筹措两个方面。德国社会保险法规定，只要参加法定医疗保险，就可享受同等的医疗服务待遇，对于所有参加法定医疗保险的患者，不因性别、年龄、家庭成员数量、身体状况等差异而遭受区别对待。而且，法定医疗保险参保者的家庭成员都可同时自动享受与参保人同样的医疗保险待遇。在筹资方面，参保人的缴费水平只取决于个人经济收入状况，与享受医疗保险待遇的程度和保障范围无关，参保者不因缴费的差别而受到不同的医保待遇。

另外，德国医疗保险制度十分注重效率，主要体现在制度的运行环节上。各医疗保险机构在“自主经营、自我管理、自负盈亏”的政策引导下，积极开展竞争、降低经营成本，吸引参保者。参保者可自由选择参保机构，政府负责监督，并赋予所有参保人监督和管理的责任与权利。由于引进竞争机制，各疾病基金公司十分重视对医保基金支付的监管，以减少不合理的医疗费用支付，提高基金运行效率，确保医保基金的安全、可持续运行。

（四）政府调控与市场化运行相结合

政府调控表现在国家可以运用行政权力，调整医疗保障的重大制度和政策。市场化运行则体现在，通过政府、雇主及个人三方费用共担的方式，广泛筹集保险资金；医疗服务可以由市场中的公共医疗机构或私人医疗机构竞争性提供；保险机构与医疗供方需要签订合同，共同保证参保者能够享受高质量的医疗服务。

五、德国医疗保险制度存在的主要问题

近年来，德国医疗保险费收入的增速赶不上支出增长，医疗保险制度面临收不抵支的风险，主要原因在于医疗费用增加过快。具体表现为以下两个方面。

一是德国的医疗保险报销范围过大，参保人的道德风险问题较为严重。例如，德国将健康体检纳入了保障范围。众所周知，健康体检服务是一种主动性消费行为，消

费者个人可以决定需不需要体检、什么时候体检、选择什么样的体检项目，这些选择都是确定的。因此，体检本身是一种确定性、风险低的项目。然而，医疗保险制度的主要功能，是为了分散患病后的大额医疗费用支出，解决不确定性风险问题。所以，不能也不应该将体检费用纳入医疗保险报销范围。在德国，将健康体检、牙科医疗等确定性医疗保健项目纳入医疗保险范围，导致了较为严重的参保人道德风险，必然给医保基金带来巨大的支付压力。

二是对需方医疗费用的控制效果不明显。受福利刚性的影响，德国政府努力控制参保者医疗服务待遇的改革举措，始终难以见效。例如，对于政府出台的需方控费措施，包括按药品包装大小实行药品共付，分为9马克、11马克和13马克；住院报销仅限于前14天，每天自付12马克，超过14天的，保险不再支付；保险只支付保险公司指定的医疗服务机构的医疗费用，不支付私人医院的医疗费用等。然而，从实际控费效果看，结果并不理想。据不完全统计，即使实行上述控费措施，德国每年浪费的药物费用仍然高达数十亿马克。①

第三节　美国市场主导型医疗保险模式

一、美国模式产生的历史背景

美国医疗保障制度产生于独特的历史土壤，深受美国政治、经济和文化等的影响，由此衍生出以商业医疗保险为主体、公共医疗保险计划为补充的医疗保障体系。

（一）移民国家自由主义思潮

早在十七八世纪，最早来到北美新大陆的移民都怀揣着对自由信念的向往，自然而然地衍生出个人自由主义和自助精神。到了19世纪，移民人口剧增，大规模垦荒，美利坚合众国诞生。到了20世纪，美国社会逐渐形成了一种崇尚自由竞争、各肤色民族包容、多种价值观念并存的多元移民文化。美国医疗保障理论和实践的发展，深受这种自由主义思潮影响，并产生了独具美国特色的市场主导型医疗保障体系。

（二）20世纪三十年代大危机

1929～1933年，西方世界的大危机对美国经济的破坏后果极为惨重。这场经济大

① 吴晓峰．德国医疗保险制度改革［J］．国外医学（卫生经济分册），2000（3）：97－103.

危机始于 1929 年 10 月 24 日的美国股票价格暴跌，随之而来的是银行倒闭、企业破产、工人失业、民众生活困难。在这样的社会经济危机背景下，美国政府颁布《社会保障法》，开始着手建立社会保障制度。由于当时解决养老和失业问题是当务之急，所以，《社会保障法》尚未涉及医疗保险的相关内容，但是，《社会保障法》的立法理念、宗旨和原则对后来美国医疗保障制度的建立和发展，产生了重要影响。

（三）美国两党政治竞争

美国现行的医疗保障制度虽然采取的是市场化模式，但这种市场化的医疗保障制度不是一蹴而就，而是经过不断的探索与改革而逐步形成起来的。在美国，虽然医疗技术领先，但医疗资源分配不均，医疗费用居高不下。时至今日，美国仍未建立起一个覆盖全民的社会医疗保险体系，大量没有医疗保险的民众难以负担昂贵的医疗费用。所以，美国以市场为主导的医疗保障模式也存在诸多问题，如何改革和完善美国的医疗保险制度，一直是政党之间竞选的主要话题之一。围绕着是否应当建立全民医疗保障制度，美国民主党和共和党在历次竞选交锋过程中，政党候选人为了获得更多选民的支持，都曾许诺扩大医疗保障覆盖面，提高民众的医疗保障待遇。从 1912 年西奥多·罗斯福提出“全民医保”的竞选主张，到奥巴马与特朗普关于医疗法案的争论，如何改革和完善美国的医疗保障制度，一直是美国民主党和共和党争取选票的重要竞选策略之一。

二、美国市场主导型医疗保险模式的发展沿革

（一）私人医疗保险体系的形成

1920 年之前，美国绝大多数居民是没有医疗保障的。1929 年，美国爆发严重经济危机，导致很多人无钱看病。为了应对这种情境，得克萨斯州的达拉斯市 Baylor 医院创立了“蓝十字医疗保险计划”（Blue Cross plan），旨在让参保者缴纳较少保险费便可以获得医疗护理服务。20 世纪 30 年代后期，美国加州医学协会成立了加州医生服务项目，并发展成为“蓝盾医疗保险计划”（Blue Shield plan）。“蓝盾”和“蓝十字”是两个独立的非营利性医疗协会，它们按地区组织建立，各地区组织的协会只为本地区服务，但各地区的协会隶属于全国协会，共同为企业提供医疗保险。“蓝盾”和“蓝十字”两个非营利组织的成功实践，吸引了更多的商业保险公司进入医疗保险市场①，促进了美国医疗保险制度发展。

① 陈纯．美国医疗保障体系现代化进程分析［J］．现代商贸工业，2014，26（10）：35－37.

（二）医疗照顾和救助制度的建立

美国罗斯福政府为了应对 1929 ~ 1933 年的经济大危机，实施了一系列经济社会政策，被称为罗斯福新政。罗斯福新政的一项重要内容是，颁布了《社会保障法》。这项法案原本设有医疗保险内容，但争议较大，为了保证社保法案的顺利通过，不得不删减掉其中的医疗保险内容。

1945 年，杜鲁门继任总统后，大力推行美国医疗制度改革。杜鲁门总统明确表示，医疗改革的核心是建立由联邦政府管理的全民医疗保险计划，并将这个法案数次修改提交国会。医疗制度改革法案虽然遭到共和党和美国医学会等利益集团的强烈反对而以失败告终，但随后支持该法案的人越来越多，要求建立全民医保的呼声越来越高。①

1961 年，肯尼迪在总统大选中获胜，继续全力推进医疗保障立法工作，强调老年人医疗保障的重要性，并数次向国会提交法案。但是，满足老年人医疗需求的“医疗照顾计划”因肯尼迪总统遇刺身亡而未能完成。

1965 年，美国总统约翰逊继续提出肯尼迪总统的医疗保险法案，美国国会终于在当年通过了《1935 年社会保障法》修正案，并开始正式实施美国医疗照顾计划（Medicare）与医疗救助计划（Medicaid）。医疗照顾计划主要为 65 岁及以上的老年人提供医疗保障，由联邦政府通过工薪税筹资。医疗救助计划则是对低收入群体提供医疗保障，由联邦和州政府共同出资，州政府负责基金的运营管理。

（三）20 世纪 70 年代以来的医疗保障制度变革

美国高度市场化的医疗保障制度，虽然能够高效率地满足美国民众的医疗需要，但存在两大突出问题。一是医疗费用上涨过快。2016 年，美国卫生总费用占 GDP 的比重为 14.0%，远远高于其他发达国家水平。二是医疗保障覆盖面窄。从 20 世纪 70 年代到奥巴马医改，美国进行了多次医疗保险制度改革，试图解决以上两大难题。

1973 年，尼克松总统向国会提交并通过了《健康维持组织法》，正式在全国推广健康维护组织（Health Maintenance Organization，HMO）。所谓健康维护组织，是将保险提供方和医疗服务提供方两者合二为一，组建商业性保险公司，它一方面收取参保人的医疗保险费，另一方面又作为医疗服务的提供方，拥有自己的医院和医生。由于健康维护组织能够将医生的道德风险内部化，同时，也可以与个体医生进行竞争，因而可以起到较好的控费作用。②

---

①②文太林．美国医疗保险改革演进及对中国的启示［J］．中国卫生政策研究，2014，7（12）：1 – 8.

1980年，美国颁布《医疗保险修正案》，目的是通过提高住院参保人自费比例来降低政府负担；1996年，克林顿政府为了扩大医疗保险的覆盖面，提出《医疗照顾改革法案》，但由于利益集团反对，最终以失败告终。

2010年，奥巴马总统签发《患者保护与平价医疗法案》(Affordable Health Care for American)，通常也被称作"奥巴马医改法案"(Obamacare)，旨在通过"强制医保"扩大医改覆盖面，实现全民医疗保险。然而，这项法案遭到美国一半以上州的反对。反对者认为，强制个人购买医疗保险无异于强买强卖，违反了自由交易原则，并不惜为此将联邦政府告上最高法院。最终，最高法院裁定"奥巴马医改法案"的核心内容不违宪，并使之得以推行实施（见专栏2－3）。2017年，后任总统特朗普叫停了"奥巴马医改法案"。

专栏2－3 "奥巴马医改"，为啥不讨好？（节选）

医保是美国政府财政支出的最大项目，每年超过2万亿美元，是经合组织(OECD)国家中最高的。然而，与巨额花费不相称的是医疗保障的低效率。美国人均寿命仅居世界第三十七位。

正是在这样的背景下，奥巴马在2008年竞选时就承诺，一旦当选，首要任务就是彻底改革美国的医疗体系，有效控制不断上升的医保费用。2010年3月，奥巴马推动《患者保护与平价医疗法案》通过，舆论简称为"奥巴马医改"。2014年1月，法案实施生效。

奥巴马医改的目标之一是实现"全民医保"。自2013年10月启动医改登记以来，许多美国人依靠政府补贴，生平第一次买到医疗保险。应该说，奥巴马医改本质上是一项扩大社会福利的"良政"。然而，从出台到实施，该法案一直饱受争议，阻力重重。不仅共和党始终不遗余力地阻挠，就连民主党阵营的大产业工会也表示不满。多项民调显示，自2009年以来，反对者始终多于支持者。

人们对改革的评判更多基于切身利益。奥巴马医改不仅触犯了利益集团的神经，也没得到多数民众的支持。

"在医生眼里，奥巴马是在劫富济贫。他的医改法案让医生，特别是内科和外科医生挣钱难。"在得克萨斯州达拉斯市阿灵顿医学中心工作的内科医生闫伟说，"我现在每个月看400多名患者，干得虽多，收入却上不去。"由于新医改不允许医生拒绝不同种类保险的患者，而从奥巴马政府保险用户中得到的报销明显少于商业保险用户，之前以治疗商业保险患者为主的医生收入大幅缩水。

该法案出台前，一些自由职业者尤其年轻人是不买医疗保险的。奥巴马医改法案要求所有人都必须投保，否则面临罚款。许多人因此认为，这等于强制年轻体健者为年老体弱者埋单。

强制所有人投保，那些买不起保险的穷人怎么办？政府掏钱。政府钱从哪里来？羊毛出在羊身上。奥巴马医改法案不仅要对保险公司、药企、医疗器械商加税，而且要对年收入超过20万美元的个人或年收入超过25万美元的家庭加税。这等于让富人为穷人埋单。

可是劳动者聚集的大工会为何也抱怨？在美国，只有大规模产业中的工人才能组成有话语权的工会，他们与保险公司谈判时，拿到的折扣远优于小工会和没有工会的自由职业者。奥巴马医改将医保费用平均化，意味着大公司的保费上升。这等于让劳动者中的强势集团为弱势群体埋单。

“去年，中产家庭的医保费明显上涨。”家住纽约市罗斯福岛的彭永波一家使用的是公司提供的商业医保，险种没变，但保费提高。“以前看家庭医生自付15美元问诊费，今年涨到30美元。急诊费由30美元涨到100美元。”

中产阶级不满，失业者也不买账。新法案强制雇主为全职雇员上缴医疗保险。为此，企业更不愿意雇人，或者裁员甚至减少雇员的工作时间。这自然招致金融危机期间视温饱大于看病问题的失业者的抱怨。

“奥巴马医改是牺牲大众的效率换取小众的公平。”纽约法拉盛安心诊所医生安健强博士认为。

资料来源：李晓宏．“奥巴马医改”，为啥不讨好？［N］．人民日报，2015-1-2（05）．

三、美国医疗保障体系概况

美国的医疗保险制度大体可以分为公共医疗保险和私人医疗保险两大类（见图2-3）。其中，公共医疗保险制度由四个部分构成：一是医疗照顾计划（Medicare）；二是医疗救助计划（Medicaid）；三是儿童健康保险项目；四是其他保险。美国的私人医疗保险体系由两部分构成，一部分是企业雇主提供的团体健康保险，另一部分是个人购买的商业健康保险。

在美国，私人医疗保险市场非常发达，在很大程度上弥补了公共医疗保险计划对特定人群享受医疗服务的限制，有利于满足不同人群、不同层次的医保需要。私人医疗保险一般由雇主为雇员支付保险金（employer-provided insurance），属于企业为员工支付的一种非工资福利，同时，它也可由私人自行购买。在美国，很多人会同时参加公共医疗保险和私人医疗保险。

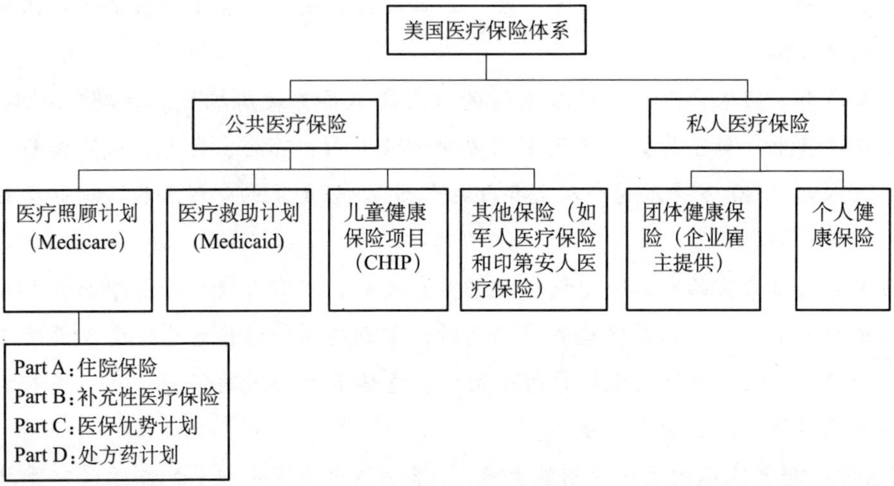

图 2－3　美国的医疗保险体系

（一）医疗照顾计划（Medicare）

1965 年，约翰逊总统颁布医疗照顾计划，它是一项强制性计划，又称为老年和残障健康保险，老年人作为保障对象被纳入医疗保障范围。其覆盖人群分为四类：一是 65 岁以上退休人员和残疾人，以及他们的配偶或遗属；二是 65 岁以下、享受两年以上残疾保险（disable insurance）的残疾人；三是晚期肾病患者（ESRD）（包括患者本人及其配偶或子女）；四是 65 岁以上且不满足上述三个条件，但付费参加该计划者。

医疗照顾计划的保障项目由四个部分组成：一是住院保险 A（hospital insurance），属于强制性保险，只要参加工作，就要纳税参加住院保险。但是，缴纳医疗保险税 10 年以上的 65 岁退休老人，可以免费参加住院保险，其目的是补偿因特定疾病而发生的住院护理费用。二是补充医疗保险计划 B（medical insurance），属于自愿性质，由政府筹资承担，作为 A 计划的补充。补充医疗保险计划旨在为 A 计划没有覆盖的部分人群提供一定的费用补偿。三是医疗保险优势计划 C（medicare advantage plan），也是一个自由选择性计划，由商业保险公司运营。该计划通常提供不包括在住院保险计划和补充医疗保险计划中的某些项目。四是处方药计划 D（prescription plan），主要用于降低处方药费用负担。该计划于 2006 年开始全面实施，主要由商业保险公司负责运营。

（二）医疗救助计划（Medicaid）

医疗救助计划主要为贫困群体提供医疗保障，救助资金由联邦政府和州政府共同承担，联邦政府结合各个州的人均收入水平安排财政拨款，联邦政府的配套率一般在 50%～83%。此外，联邦政府还对参保人的资格条件、保障待遇水平等作有一般规定，各州根据实际情况参照执行。该计划的具体实施和运营由州政府负责。

（三）儿童健康保险项目（CHIP）

该项目由《1997年平衡预算法》确定，以联邦政府提供项目配套资金的形式，向美国各州中低收入家庭的儿童提供健康保险。由于这类家庭的收入条件既达不到参加医疗救助计划的要求，又买不起商业保险，因此，美国联邦政府经由医疗保险与医疗补助服务中心出资约70%，各州政府出资约30%，来补助那些家庭收入在联邦贫困线两倍以下、且没有参加其他商业保险的儿童。

（四）企业雇主提供的团体健康险

该项目是由企业雇主承担的一种医疗保险。雇主为65岁以下在职员工及家属购买保险，企业提供这项保险大多作为员工福利。不过，政府并不强制要求雇主为员工购买保险，所以，大部分雇主都把团体健康保险当作企业吸引人才的一种福利形式。团体健康险作为美国最重要的保险之一，它承担着大部分员工及其家属的保险业务。

（五）个人商业健康保险

美国的保险计划大多是商业性的，部分65岁以下没有工作单位的人，大多通过自费购买商业保险来保障他们的医疗。另外，一些在职工作且已拥有团体健康险或公共医疗保险的美国人，也会视自身情况，额外购买商业医疗保险。

四、美国医疗保险制度的主要特征

美国实行一套不同于许多欧洲国家的医疗保障制度。这种模式的突出特点是，医疗保障责任由私人和政府共同分担，但主要责任由私人承担。其具体特点包括：

（一）医疗保险市场化程度较高

美国医疗保险制度属于典型的市场主导型模式。在这种模式下，医疗保险制度主要是通过市场机制建立并完善起来的，政府给予雇主较大的自主权，私人企业在筹资与管理运营方面扮演主要角色，政府往往只起辅助和补充作用。政府的作用仅限于市场失灵领域，例如，为老年人和穷人建立医疗保障体系等。

（二）以私人商业保险为主

在美国保险市场上，私营医疗保险承担着主要作用。与其他发达国家相比，美国各级政府尤其是联邦政府提供的公共医疗服务和社会医疗保险的覆盖范围并不广泛，相反，私营医疗保险成为美国医疗保障制度的重要组成部分。私营医疗保险公司负责和操作医疗保险的绝大部分筹资和运营管理业务；医疗服务的需求和供给也大多是通过市场机制来解决的。

（三）有效缓解了逆向选择问题

在商业医疗保险占主体的美国，大多数雇员和他们的家庭都参加了团体雇主保险。这种以企业为单位的集体参保方式，依附于企业这个载体，通过企业内部的强制性，剥夺了员工的选择权，限制了"优质客户"退出。同时，以企业为载体的团体医疗保险价格，是企业和商业医疗保险公司协商确定的，集体谈判降低了交易成本和双方信息不对称，也有利于克服逆向选择。另外，对于退休人群和未在企业工作的低收入群体，由政府组织的医疗照顾计划和医疗救助计划为其提供医疗保险。所以，美国的医疗保险市场虽然以商业保险为主体，但美国通过隐性强制的方式，能够有效缓解医疗保险市场中的逆向选择问题。

五、美国医疗保险制度的主要问题

与社会医疗保险模式和全民福利医疗保险模式相比，美国的市场主导型医疗保障制度存在着覆盖面窄、保障水平有限等缺点，它对医疗保障服务的可及性与公平性造成了较大影响。

在美国，受自由竞争和个人责任等理念的影响，医疗保障被视为个人事务，政府不会过多干预，也没有像其他国家那样建立全民医疗保障体系。其结果是，一部分人被排斥在医疗保障之外，需要个体自身承担疾病经济风险。同时，贫富悬殊也使得不同人群在享受医疗保障的数量和质量方面存在较大差异，贫困和失业的弱势人群大多缺乏必要的医疗保障。即使是大多数有工作的雇员，他们的医疗保险也具有很大依赖性，即大多依赖雇主缴税享受医保，如果个人变动工作或失业，就存在丧失医疗保险的风险。

第四节　新加坡储蓄基金型医疗保险模式

一、新加坡模式产生的背景

新加坡是最早把个人账户引入法定医保制度的国家，因而个人账户在医疗保健体系中的功能和作用，就备受关注。

20 世纪 80 年代之前，由于受英国殖民统治影响，新加坡的医疗保障制度由政府负主要责任，政府举办医院，提供免费的住院服务，并补助门诊治疗。但是，该制度同样面临费用增长过快和效率低下的问题，1971～1981 年，新加坡医疗费用从 0.59 亿新元增加到 2.57 亿新元，10 年期间上涨了 4 倍，住院率从 1971 年的 7.6% 增长至 1980 年的 11%。

在这种严重情势下，新加坡政府意识到必须对福利型医保制度进行改革，由过去主要由国家出资转变为强调个人责任。1983 年 2 月，新加坡卫生部发布《国家健康计划蓝皮书》（The National Health Plan—A Blue Paper），提出在经济增长放缓、人口老龄化的背景下，为了更好地满足民众对医疗服务不断增长的需求，必须进行医疗保险制度改革，以顺应时代发展要求。当时，新加坡政府设计的新医疗保障制度遵循了如下原则：一是参保者可以自由选择医生；二是强调个人责任；三是在医疗服务中引入市场竞争机制；四是政府承担起穷人的医疗保障责任。

二、新加坡医疗保障制度的建立过程

新加坡医疗保障制度的形成，是通过建立和实施保健储蓄计划、健保双全计划、终身健保计划、保健基金计划、乐龄健保计划和私人综合健保计划六大计划来实现的。

20 世纪 80 年代之前，新加坡的医疗保障制度基本承袭英制。由于该制度在运行中出现了费用增长过快和效率低下的问题，新加坡政府于 1983 年发布《国家健康计划蓝皮书》（The National Health Plan—A Blue Paper），提出两项转变：一项是建立强制性的保健储蓄计划，将医疗保障的出资方由政府转移到雇主和个人；另一项是将由政府举办的医院改为企业化运作。1984 年 4 月，保健储蓄计划（Medisave）开始实施。强制性地要求所有雇员参加，个人账户资金由雇主和雇员按一定比例缴纳，可用于雇员及其家庭成员的医疗消费。

上述保健储蓄计划通常用于解决民众一般性疾病的医疗费用需求，但难以应对重特大疾病和慢性病产生的大额医疗费用。为此，新加坡政府于 1990 年 7 月推出了健保双全计划（Medishield），标志着新加坡大病保险制度的正式确立。针对部分民众较高层次的医疗保障需求，新加坡政府于 1994 年 7 月又推出了增值健保双全计划（Medishield Plus）。

健保双全计划虽然解决了部分民众的大病费用风险问题，但同时也出现了一些新的矛盾，例如，参保对象范围有限、保障程度较低、逆向选择等。为了解决这些矛盾，2015 年 11 月，新加坡政府开始推行终身健保计划。该计划属于个人医疗保险计划，具有强制性、全民参保、终身参保的特点。

1993 年 4 月，新加坡政府为了对那些已经享受保健储蓄计划和健保双全计划，但仍然无力承担医疗费用的贫困病人提供医疗救助，决定建立保健基金计划，旨在为全体国民构建一张医疗保障制度的终极安全网。

为了满足老年人的护理保障需求，2002 年 6 月，新加坡推出乐龄健保计划（Eldershield）。保费既可以用现金支付，也可以由中央公积金会员的保健储蓄账户基金支付，受益对象为参保人和直系亲属。

最后，由于终身健保计划的赔偿是针对特定医疗服务和特定费用，它对于私人医疗机构和其他医疗服务的医疗费用偿付很少。因此，为了满足参保人更高层次的医疗需求，私人综合健保计划应运而生。

三、新加坡医疗保障体系概况

通过多年实践探索，新加坡形成了一个多层次、兼顾公平与效率的医疗保障体系。目前，该体系主要由四个部分构成，分别是保健储蓄计划（Medisave）、终身健保计划（2015 年 11 月改革之前为健保双全计划）、私人综合健保计划和乐龄健保计划，形成了一个由个人自担、政府补贴、部分商业运营的医疗保障制度模式。其中，保健储蓄计划属于强制性的医疗储蓄保险，其资金主要用于中央公积金会员的未来医疗费用，尤其是老年人退休后的医疗费用保障。终身健保计划主要是针对大病保险，要求强制参保和全民参保；私人综合健保计划则鼓励居民在终身健保计划的基础上，进一步购买商业保险，以满足居民更高水平的医疗需求；乐龄健保计划则是为了适应老龄化社会的发展趋势，用于满足老年护理需求的保障方式（见专栏 2－4）。

（一）保健储蓄计划（Medisave）

新加坡于 1984 年建立保健储蓄计划（Medisave）。如上所述，该计划是一项强制性的医疗储蓄保险，其资金主要用于中央公积金会员的未来医疗费用，尤其是老年人退休后的医疗保障，具有全民参保、强制参保的特点。

1. 参保对象。主要包括公共部门、私人部门的雇员以及自雇人员。

2. 筹资机制。公共部门、私人部门雇员的缴费水平与月收入有关。新加坡的中央公积金制度由雇主和雇员按照一定比例缴费，不同年龄段的雇员，其缴费比例有所不同。例如，对于 55 岁以下私营部门和公共部门未参加养老保险储蓄计划的雇员，雇主需要缴纳个人工资的 17%，雇员缴纳个人工资的 20%；55～60 岁的雇员，则缴纳个人工资的 13%。中央公积金有三个账户：普通账户资金可用于购买（租）屋、投资、保险和教育支出等；保健储蓄账户资金可用于本人及其直系亲属获准条件下的医疗支出；特别账户资金可用于养老和应急支出。不同年龄段雇员三个账户的资金分配比例不尽相同，具体参见表 2－1。

表 2-1　　2016 年新加坡中央公积金缴费及各账户分配率　　单位:%

雇员年龄	2016 年 1 月各账户分配率（月工资≥750 新元）		
	普通账户	特别账户	保健储蓄账户
≤35 岁	23	6	8
36~44 岁	21	7	9
45~49 岁	19	8	10
50~54 岁	15	11.5	10.5
55~59 岁	12	3.5	10.5
60~64 岁	3.5	2.5	10.5
>65 岁	1	1	10.5

注：适用于私营部门、公共部门未参加养老保险保健储蓄计划的雇员。

资料来源：新加坡中央公积金网站，https：//www. cpf. gov. sg.

1992 年，新加坡公积金局将自雇人员也纳入了保健储蓄计划。根据规定，自雇人员年净收入达到 6 000 新元时，必须参加该计划，缴费率根据自雇人员年龄和年净收入水平确定，具体缴费比例见表 2-2。保健储蓄计划要求有一个最低的资金累计额，以保证个人在年老时，拥有足够的储蓄资金来支付医疗费用。个人账户存款超过一定比例时，允许将保健储蓄账户资金转移到其他账户，以避免账户结存资金过大，造成雇员个人资金的闲置浪费。

表 2-2　　2016 年自雇人员保健储蓄计划缴费率

净收入（新元）	自雇人员的年龄			
	<35 岁	35~44 岁	45~59 岁	≥50 岁
6 000~12 000	4%	4.5%	5%	5.25%
12 000~18 000	4%~8%	4.5%~9%	5%~10%	5.25%~10.5%
>18 000	8%（最高为 5 760）	9%（最高为 6 480）	10%（最高为 7 200）	10.5%（最高为 7 560）

资料来源：新加坡中央公积金网站，https：//www. cpf. gov. sg.

3. 偿付机制。保健储蓄计划可用于支付本人和家庭成员的费用开支包括：手术和住院费、复健疗程、临终护理、支付其他保险保费（如终身健保和乐龄健保）、保持健康（疫苗注射和慢性病）、孕期费用，等等。政府对每种医疗服务实行精细化管理，分别制定不同的索赔限额。例如，新加坡公立医院按病房分为 A、B1、B2 和 C 四个等级，其中，A 级医院最好，C 级最差。保健储蓄计划一般只能支付患者在 B2 级或 C 级公立医院所产生的费用。政府对居民就医提供津贴，C 级医院最高补贴 80%，B2 级医院最高补贴 65% 的医疗费用。对于高于 B2 级或私立医院标准的医疗费用，其补贴很少，病人通常需要以个人现金进行偿付。中央公积金局规定，个人医疗账户在家庭成员之间可以互济，个人账户所有人的直系亲属（配偶、父母、子女或孙子女）都可以使用参保人的个人账户就医。如果参保人的保健储蓄账户金额不足，可以用直系亲属的保健储蓄账户进行支付，但只能以互济账户提取限额为限，且只能支付公立医院中的 B2 级或 C 级病房标准的费用。

（二）健保双全计划（Medishield）

新加坡政府为了解决民众的大病医疗保障问题，于1990年7月建立了健保双全计划（Medishield），它属于一种半自愿性、部分商业性质的大病保险，以应对居民重大疾病或慢性病的巨额开销。

1. 参保对象。拥有保健储蓄账户的新加坡公民或永久居民。参保者投保时的最高年龄为75岁，受保的最高年龄为85岁。而且，参保者在参保时必须提交个人健康状况证明，只有健康状况良好的参保者才可以参保。每一个符合条件的储蓄保健计划参保者都将自动纳入健保双全计划，除非个人主动选择退出。

2. 筹资机制。健保双全计划的保费从参保者或其直系亲属的保健储蓄账户中扣除，并交由公积金局进行管理。为了减少逆向选择，保费随着年龄的增加而增长。为了鼓励参保者尽早参保，规定60岁之前投保的人，可以从70岁开始享受保费折扣的优惠。为了确保健保双全计划的可持续性，公积金局可以根据该计划的整体偿付情况，不定期调整保费标准。

3. 偿付机制。参保者可以获得医疗保障的费用开支包括：住院费、指定门诊治疗费用、特定外科手术费，以及植入体、新生儿疾病等的费用。同时，为了防范道德风险，健保双全计划设置了自付额、共同保险和索赔限额，规定参保患者只有在支付了医疗费用的自付部分和共付部分之后，才能够获得健保双全计划的补偿，以避免医疗资源的滥用。每个医疗项目都规定有具体的偿付限额，例如，每一个保单的年度最高偿付限额不超过7万新元，终身保额不超过30万新元；而且规定，在偿付限额内，只支付相当于B2或C级公立医院的医疗费用。此外，为了满足部分民众较高的医疗保障需求，1994年7月，新加坡政府推出增值健保双全计划，2010年，改革为综合健保双全计划，由商业保险公司进行管理。该计划主要针对A或B1级公立医院所产生的费用，以及为私人医院的住院费用提供保障，并设置了多款产品供参保者选择。

健保双全计划在一定程度上解决了新加坡大病医疗费用补偿问题，但其覆盖面有限，保障程度也不足。

（三）终身健保（Medishield Life）计划

2015年11月1日，新加坡在健保双全计划（Medishield）的基础上进行调整，推出终身健保（Medishield Life）计划（见表2-3）。终身健保计划是一项具有强制性、全民参保、终身参保的个人医疗保险计划。①

1. 参保对象。《终身健保计划法2015》规定，新加坡公民在出生登记环节自动参

① 冯鹏程. 走向终身强制：新加坡终身健保计划及启示［J］. 中国医疗保险，2016（1）：63-66.

保，永久居民在获得永久居留权的当天开始参保。这意味着所有新加坡的公民及永久居民，无论年龄、健康状况如何，均可在患重大病时，终身享受大额医疗费用的偿付。

2. 筹资机制。参保者缴费时，可以使用本人或直系亲属的保健储蓄。终身健保计划的保费标准采用随年龄而增长的调节机制。由于终身健保计划所能享受的保障待遇比较高，所以它的保费标准也相应较高，但新加坡政府对部分群体提供了多种保费补贴：一是保费津贴，针对的是家庭人均月收入低于 2 600 新元，且居住房屋年值低于 21 000 新元的参保者；二是建国一代津贴（指出生于 1949 年 12 月 31 日或之前且在 1986 年 12 月 31 日或之前取得新加坡国籍的公民），补贴保费的 40% ~60%，并额外获得 200 ~800 新元的保健储蓄补贴；三是过渡津贴，属于制度改革成本，其补贴对象为终身健保计划的参保者在缴纳保费的前四年，其缴费额高出健保双全保费的部分；四是额外保费援助，帮助那些无法负担保费的公民。此外，投保前就已患病的公民或永久居民也能参加终身健保计划，其经费由政府给予保障。但是，对于患有严重疾病（包括癌症、肾衰竭、中风和心脏病）的参保患者，需要额外支付共 10 年 30% 的象征性附加保费。①

表 2 -3　　健保双全计划与终身健保计划保费比较　　单位：新元

年龄	当前健保双年保费	终身健保年保费（政府补贴前）	2015 年终身健保年保费（政府补贴后）			
			低收入水平	中低收入水平	中高收入水平	高收入水平
1 ~20 岁	50	130	55	55	56	58
21 ~30 岁	66	195	74	75	76	79
31 ~40 岁	105	310	118	119	121	126
41 ~50 岁	220	435	228	231	233	242
51 ~60 岁	345	630	355	358	361	374
61 ~65 岁	455	755	459	462	466	485
66 ~70 岁	540	815	530	543	547	568
71 ~73 岁	560	885	562	566	570	593
74 ~75 岁	646	975	634	650	655	679
76 ~78 岁	775	1 130	678	735	777	811
79 ~80 岁	865	1 175	705	764	823	896
81 ~83 岁	1 123	1 250	750	813	875	1 136
84 ~85 岁	1 150	1 430	858	930	1 001	1 178
86 ~88 岁	1 190	1 500	825	900	975	1 221
89 ~90 岁	1 190	1 500	825	900	975	1 221
>90 岁	1 190	1 530	765	842	918	1 224

资料来源：新加坡中央公积金网站，https：//www. cpf. gov. sg.

3. 偿付机制。终身健保计划与健保双全计划一样，也主要保障 B2 级和 C 级医院的住院和门诊治疗费。但与后者不同的是，终身健保计划取消了终身偿付金额的限制，增加了每日住院、日间手术和门诊治疗的偿付索赔限额，提高了居民的基本医疗保障

① 王琬．新加坡大病保险制度的发展与变革［J］．中国医疗保险，2016（8）：66 -70.

水平。此外，为了增强参保者的费用节约意识，终身健保计划也设有自付比例，但个人自付比例要比健保双全计划降低了很多（见表 2－4）。

表 2－4　　健保双全与终身健保个人自付比例对比

所有级别病房住院和日间手术可索赔金额（新元）	个人自付比例	
	健保双全（%）	终身健保（%）
0～3 000	20	10
3 001～5 000	15	10
5 001～10 000	10	5
>10 000	10	3
门诊治疗	20	10

资料来源：新加坡中央公积金网站，https：//www. cpf. gov. sg.

（四）保健基金计划（Medifund）

1993 年 4 月，新加坡政府为已获得保健储蓄计划和健保双全计划补偿，但仍无力承担医疗费用的贫困病人，建立保健基金，提供医疗救助，这是新加坡医疗保障制度的终极安全网。其中，为了使救助更有针对性，政府分别建立了银发族保健基金（Medifund Silver）和少儿保健基金（Medifund Junior）。

保健基金主要来源于政府，只能使用利息收入支付医疗费用，不能动用本金；在财政盈余时，政府可以追加资金。

保健基金偿付设有限制条件。首先，受惠者只有在指定的专门医疗机构就医，才有可能获得保健基金的救助，这些机构如中期护理中心、长期护理中心、医院、国家专科中心（National Specialty Centres）等；其次，受惠者必须是新加坡公民；再次，受惠者必须是患者本人；最后，受惠者只有在保健储蓄、健保双全计划先行偿付之后，仍然负担不起医疗费用的。参保患者只有全部满足上述 4 个条件的前提下，才有资格享受保健基金的救助。

（五）乐龄健保计划（Elder Shield）

2002 年 9 月，新加坡卫生部为了适应老龄化社会趋势，满足老年人护理保障的基本需求，设立了乐龄健保计划。

1. 参保对象。作为中央公积金会员的参保人，在 40 岁之前的 3 个月，会收到随机安排的私人保险公司的邀请函，告知参保人在满 40 岁时自动加入乐龄健保计划。65 岁以下且之前选择退出乐龄健保计划的中央公积金会员，在向私人保险公司申请重新加入该计划时，需要进行医疗审定。

2. 筹资机制。保费水平由参保者的年龄决定，但与健保双全计划和终身健保计划不同的是，乐龄健保计划的保费一经确定就不再变动，不随年龄增长而增加。不过，参保人加入计划时年龄越大，其缴纳保费的标准就越高。此外，由于女性的预期寿命和失能风险都要高于男性，所以，女性的缴费标准也要高于男性。乐龄健保计划缴费标准的上述差异化设计，体现了缴费标准与可能风险之间的对称性，即风险越高的人群缴费标准就越高。参保者到了65岁之后，就不再缴费。另外，乐龄健保计划的参保者既可以用现金，也可以用保健储蓄账户的资金支付自己和直系亲属的保费。乐龄健保计划由新加坡卫生部指定的私人保险公司负责运营管理。

3. 偿付机制。符合条件的投保人在申请偿付时，需要经过医生评估，并在经过一段“延迟期”后，即可获得补偿。所谓“延迟期”（Deferment Period），是指赔偿将在指定评估员证明投保人严重残疾的90天之后开始支付，其目的是确保乐龄健保计划赔偿的合理性。目前，新加坡的乐龄保健计划有两套补偿方案，即乐龄健保300计划和乐龄健保400计划。2002年9月，乐龄健保300计划开始实施，补偿金额为每月300美元，最多补偿60个月。自2007年起，改革后的乐龄保健计划开始实施400计划，即补偿金额为每月400美元，最多补偿72个月。投保人需接受评估员的定期评估，患者如果康复，计划将停止支付。当投保人赔偿金领取时间未满，且未缴纳保费的，则须继续缴费，才能享受保障。对于康复后又再次患病的投保人，可以继续领取赔偿金，直到赔偿金领取期限（60或72个月）满为止。投保人去世时，保单自动终止。2007年9月，为了满足居民更高程度的护理保障需求，新加坡还推出了乐龄健保补充计划（Elder Shield Supplements）。①

（六）私人综合健保计划（PMIS）

私人综合健保计划主要有两个组成部分：一个是由中央公积金（CPF）委员会管理的终身健保计划；另一个是由私人保险公司提供的额外保险项目。其中，终身健保计划主要是针对入住B2级、C级病房津贴后的自付费用，以及在特定门诊治疗而产生的费用。② 所以，私人综合健保计划的参保对象，主要是享受特定医疗服务和特定医疗费用的参保人。

在筹资机制方面，参保人可以使用保健储蓄来支付保费，最高提款的最高限额如表2-5所示。

表2-5　保健储蓄支付额外受保项目的提款限额　　单位：新元

年龄	额外提款限额（2015年11月生效）
≤40岁	300
41~70岁	600
≥71岁	900

资料来源：新加坡中央公积金网站，https：//www.cpf.gov.sg.

① 冯鹏程，荆涛．新加坡乐龄健保计划概述［J］．中国医疗保险，2014（2）：62-65.
② 王琬．新加坡大病保险制度的发展与变革［J］．中国医疗保险，2016（8）：66-70.

在偿付机制方面，私人综合健保计划是在终身健保计划基础上，对一部分人提供的一种额外商业保险，用以提供私人医院和 A 级或 B1 级公立医院的医疗保障。并且，参保人的医疗费用能够优先获得终身健保赔偿。目前，该计划由职总英康保险合作社、安盛保险等公司进行运营管理。

四、新加坡医疗保障制度的主要特点

（一）倡导“个人负责”的保障理念

新加坡医疗保障体系的一个基本理念是“个人负责”，它贯穿于整个医疗保障计划之中，强调责任与权利对等、缴费和待遇关联。例如，保健储蓄计划以个人责任为主，强调个人对自身医疗费用负责。它虽然也有某种共济性特点，但只是体现在家庭成员之间。终身健保计划的参保人只有在支付了医疗费用的自付和共付部分之后，才能获得补偿。而乐龄健保计划享受的前提，则是参保者按年缴纳保费之后。所有这些，都体现了“个人负责”的理念。因此，新加坡的医疗保障体系能够有效增强参保者的自我健康意识，促使个人及家庭节约医疗储蓄资金，减少医疗费用支出。同时，这也是新加坡医疗保险费用没有出现较快上涨，费用控制较好的一个重要原因。

（二）政府主导与市场机制相结合

新加坡政府为了提高医保制度的运行效率，积极引入市场竞争机制，在供给上采用了公私混合供给体制。健保双全计划及其改革后形成的终身健保计划中的额外受保项目，都由政府指定的商业保险公司承办并提供服务。商业保险公司在政府监管下，充分发挥了市场主体的积极作用，既满足民众多样化的医疗需求，又在一定程度上提高了保险服务的质量和效率。

（三）推行精细化运作管理

新加坡医疗保障体系具有精细化管理的特点，具体体现在筹资机制和支付机制两个方面。在筹资机制方面，按照中央公积金会员的年龄、收入、职业等标准制定缴费率，终身健保计划和乐龄健保计划的缴费水平还随着年龄的增长而调整，以规避逆向选择。由于缴费与风险挂钩，有利于确保资金的可持续性。在支付机制方面，医疗费用偿付对每一个具体医疗服务项目，都制定有详细的支付限额。保健储蓄计划建立了最低存款机制和最高封顶机制；又如，保健储蓄计划内的储蓄资金，既可以在家庭成员内部互济使用，也可以购买其他保险，如终身健保和商业保险等，有利于充分运用储蓄资金。

(四) 体现社会公平

新加坡医疗保障制度的公平性主要表现如：终身健保计划规定，只要接受同样的治疗，就能获得一样的偿付；政府在推进健保双全计划向终身健保计划过渡的过程中，不仅提供过渡补贴，还为中低收入人群参加终身健保提供永久性补贴，并对享受补贴后仍然无力参保的穷人，以及对改革前患有严重疾病的人群，都由政府财政兜底，确保所有新加坡公民和永久居民都能享受终身健保计划。除此之外，政府在制定补偿标准、提供就医补贴时，还专门限定了医院和病房的档次类型，重点是为大多数民众提供基本医疗保障，体现医保的社会公平性。

(五) 注重激励约束机制

保健储蓄计划的激励约束作用主要体现在为自雇者提供优惠政策和便捷缴费手段；乐龄健保计划遵循激励约束原则，制定缴费标准，实行年龄越大、缴费越多的政策，鼓励人们尽早参保。在费用偿付方面，健保双全计划和终身健保计划都强调通过费用分担来控制参保人的医疗行为，都制定有相应的自负部分、共同保险、索赔限额等约束性条款。除此之外，为了引导人们合理就医，对不同类型的医院或病房实行不同的免赔额和补贴比例，以促进医疗资源的合理利用。

五、新加坡医疗保障制度存在的主要问题

新加坡医疗保障计划的主要缺陷是互助共济性不足。例如，保健储蓄计划特别强调个人对自身医疗费用负责，虽然资金可以用于支付直系亲属的医疗费用，而且保健储蓄计划所有人去世后，其受益人可以继承，但是这种共济性十分有限，主要限于家庭成员之间，它无法在全社会范围内，在健康和患病、高收入和低收入群体之间进行收入再分配。换言之，它在社会风险共担、合作共济方面的功能比较薄弱。

专栏 2-4 新加坡的中央公积金制度

新加坡于 1955 年建立的中央公积金制度，是新加坡社会保障制度的核心。最初，它只是一个简单的养老储蓄制度，经过 60 多年的发展，已演变成为一个集养老、住房、教育、医疗于一体的综合性制度。新加坡中央公积金制度实行会员制，所有参与缴纳的雇主和雇员都是中央公积金局的会员，雇员和雇主按月薪收入的一定比例，向公积金局缴纳公积金，公积金局再以此为基数加上每月应得的利息存入会员个人账户，

专户专储，不具有互助共济性。新加坡中央公积金局（CPFB）由新加坡人力部进行管理。截止到2017年12月，中央公积金会员共383.5万人，中央公积金余额达3 595亿新元。新加坡中央公积金制度主要有以下特点：

一、实行个人账户制，并分设四类不同账户

中央公积金制度推行的是个人账户，个人账户分为普通账户、医疗账户、特别账户三类，会员年满55岁时，会自动生成退休账户（见下表）。普通账户的公积金可用于购置政府组屋（类似中国的保障房）、人寿保险、支付教育费用、购买新加坡政府发行的债券和法定机构债券等；医疗账户可为个人及其直系亲属支付住院、门诊医疗费用、缴纳疾病保险费等；特别账户可用于为公积金成员积累退休金以及紧急支出；退休账户用于发放养老金，保障晚年生活所需，发放的金额数量根据个人账户的储蓄确定。

新加坡的中央公积金账户分类表

账户类型	普通账户（OA）	医疗账户（MA）	特别账户（SA）	退休账户（RA）
用途	住房、保险、教育投资	住院费用和购买特定的医疗保险	积累退休金或投资养老产品	发放养老金
推行时间	1955年	1984年4月	1977年7月	1987年1月

资料来源：新加坡中央公积金网站，https：//www. cpf. gov. sg.

二、实行与年龄挂钩的阶梯式费率

随着雇员年龄的变化，公积金缴存费率和缴存比例也随之改变。新加坡中央公积金缴存费率和账户分配比例，分为两类适用主体：一类是私营部门雇员、公共部门未参加养老保险计划的雇员；另一类是公共部门参加养老金计划的雇员。一般来说，公共部门参加养老金计划的雇员的公积金缴费率要比私营部门雇员以及公共部门未参加养老金计划的雇员低。

三、灵活的公积金投资机制

为了避免公积金贬值，新加坡政府专门向公积金发行特别的政府债券，政府将发行这种债券所得的资金纳入财政预算，并以预算拨款的方式拨给国有投资公司，由这些国有投资公司对这些资金进行运营，包括在资本市场上的风险投资。为了保障中央公积金的投资安全，政府规定只能将公积金存入银行或购买专门发行的债券。同时，中央公积金局委托专业公司对公积金投资计划下的各种投资产品进行评估，建立风险分级体系，以便社会能够了解投资的风险程度。根据《中央公积金法》的规定，公积金的年利率最低为2.5%。公积金的四个账户中，普通账户的存款利息是根据新加坡当地主要的国内银行的一年期定期存款利率和月末储蓄利率计算的算术平均数制定的，并且定期调整。如计算的利率低于2.5%，则执行2.5%。保健储蓄账户和特别账户比普通账户增加1.5%，为4%。特别账户、保健储蓄账户和退休账户的利率与政府10年债券利率挂钩，在此债券利率上再增加1%，如果低于4%则执行4%。2001年10

月至今，医疗储蓄账户实际记账利率为4%，大部分时期都超过同期居民消费物价上涨幅度（CPI），基金保值增值效果较好。

新加坡的中央公积金制度具有一系列的优点，首先是为新加坡的居民和永久公民提供了全面的保障；其次是基金集中管理带来的规模效应有利于降低管理成本；最后基金的大量积累可以随时由政府规范使用以实现经济目标，促进发展。但是，新加坡中央公积金制度的互济性差以及较高的缴费率也经常受人诟病。

资料来源：

［1］方成，胡峰．新加坡中央公积金制度探究［J］．人民论坛，2015（23）：244-246.

［2］曹鹏飞，曹婧．新加坡中央公积金制度及其对完善我国住房公积金制度的启示［J］．金融纵横，2017（3）：70-76.

第三章　中国医疗保险制度变迁

本章梳理了中国医疗保险制度的改革和发展历程。新中国成立之后，国家就建立了公费医疗和劳保医疗制度，保障在职职工的医疗需求。但是，公费医保制度的过度福利化产生了严重的道德风险问题，使得传统的医疗保障体制难以为继。改革开放之后，中国相继建立了城镇职工基本医疗保险、新型农村合作医疗和城镇居民基本医疗保险，形成了覆盖全民的医疗保险制度。中国医疗保险有三大特色，即坚持“保基本”原则、先试点后推广、先基层探索后顶层设计。随着改革深化，中国医疗保险制度开始从重视参保数量转向服务质量、从重视财政投入转向体制机制建设、从注重出台政策转向强化内部管理。

第一节　中国医疗保险制度的历史沿革

一、城镇职工医疗保险制度

（一）城镇职工医疗保险制度建立的背景

中国的城镇职工医疗保险制度发端于计划经济体制下的公费医疗和劳保医疗制度。至20世纪80年代，两大问题开始倒逼公费医保改革：一是过度福利化使得劳保医疗和公费医疗难以为继；二是经济体制转轨与国有企业改革环境下，社会稳定面临严峻挑战。

1. 计划经济体制下的公费医疗和劳保医疗制度。1952年，政务院颁布了《关于全国各级人民政府、党派、团体及所属单位的国家工作人员实行公费医疗预防的指示》，开始尝试在全国范围内建立公费医疗制度。文件规定，公费医疗对象主要包括国家机关、党派、团体、事业单位人员和离退休人员，以及二等乙级以上革命伤残军人、大专院校在校学生等。筹资机制实行全额财政拨款，按个人划拨到单位包干使用；就医的医院由政府指定，单位与医院签订合同，职工凭合同在医院免费就医，最后由医院与单位按照实际发生的医疗费用结算。在公费医疗管理方面，各地区成立公费医疗管理委员会或在卫生、财政部门设立办公室，监督、审核公费医疗经费的使用和发放情况，并协调职工单位与指定医院之间的关系。

1951 年，政务院颁布《中华人民共和国劳动保险条例》，标志着劳保医疗制度的建立。劳保受益对象主要是全民所有制工厂、矿场、铁路、航运、邮电、交通、基建、地质、商业、外贸、粮食、供销合作、金融、民航、石油、水产、国营农牧场、森林等行业的职工及其家属，城镇集体所有制企业职工也可以参照执行。在筹资方面，劳保医疗经费按照企业职工工资总额的一定比例提取，从企业生产成本项目中列支，其中，在职职工的医疗保险费从职工福利费中列支，退休职工的医疗保险费则从保险经费中列支。对于经济条件好的企业，可以自办医院，所需经费全部从企业福利费中支出；没有自办医院的企业，则由政府指定定点医院，企业与医院签订就医合同，企业职工到定点医院就医所需的医疗费用，由单位与医院定期结算，少数企业采取职工自费就医后回单位报销的方式。公费医疗和劳保医疗制度的特征见表 3－1。

表 3－1　　公费医疗制度与劳保医疗制度的特征

制度类型	资金来源	管理部门	覆盖范围	单位支付	个人支付
公费医疗	财政预算拨款	政府卫生部门	国家机关（含党派团体）和事业单位的工作人员及退休人员、高校学生、复员回乡的二等以上伤残军人	治疗、医药、检查手术；因工负伤住院膳费和就医路费；特殊贡献者住院膳费、假肢等	挂号费、出诊费、住院膳费
劳保医疗	企业职工福利金	企业行政管理部门	企业职工及其直系亲属、离退休人员	治疗、医药、检查手术；因工负伤住院膳费和就医路费；特殊贡献者住院膳费、假肢等	挂号费、出诊费、住院膳费、家属半费医疗、家属住院费

资料来源：楚廷勇．中国医疗保障制度发展研究——基于国际比较的视角［D］．大连：东北财经大学，2012：30.

2. 公费医疗和劳保医疗制度存在的问题。到 20 世纪 70 年代末，我国享受公费医疗的人数达 2 300 万人，享受劳保医疗的人数达 1.14 亿人，覆盖了全国 75% 以上的城镇职工、家属及离退休人员。[①] 在计划经济体制下，公费医疗和劳保医疗制度较好地保障了职工的基本医疗服务需求，降低了职工医疗负担，调动了职工工作积极性。然而，随着中国改革开放的不断深化，公费医疗和劳保医疗的弊端也不断显现，主要表现在以下四个方面。

（1）覆盖范围狭窄，缺乏互助共济。公费医疗和劳保医疗仅仅只是覆盖了政府部

① 胡晓义主编．走向和谐：中国社会保障发展 60 年［M］．北京：中国劳动社会保障出版社，2009：188.

门、机关事业单位、国有（或集体）企业的职工和城镇就业人口，而那些在非公有制企业就业的人员，包括外商投资企业、股份制企业、私营企业的职工和个体工商户等的职工均未纳入保障范围。而且，即使能够享受医疗保障的国有企业职工，其实质上享受的是“单位保障”，该种模式不仅没有体现医疗保险的互助共济，而且在一定程度上降低了医疗保险管理和服务的社会化程度，减弱了其抗风险能力。

（2）医疗费用膨胀，国家和企业不堪重负。由于公费医疗和劳保医疗提供的是免费医疗保障，缺乏医疗费用的内控机制，容易造成医疗资源浪费，导致医疗费用过快增长。据有关资料统计，不合理医疗费用的支出已经占到职工医疗费用的20%～30%，公费医疗和劳保医疗支出的增长速度远远超过了当时国内生产总值的增长速度。1997年，全国职工医疗保险费用为773.7亿元，比1978年增长了28倍，年均增长19%，而同期财政收入只增长了6.6倍。①

（3）企业医疗保障水平差异较大。劳保医疗的本质是企业的自我保障，因此，保障水平与企业的经营收入水平密切相关，经营效益好的企业，医疗待遇水平就高；效益不好的企业，医疗待遇水平就低。与此同时，当企业效益好时，其医疗报销的财务管理就比较宽松，而当企业效益不好时，医疗报销的财务管理就比较严格。由于医疗费用管理受人为因素影响大，降低了人们对劳保医疗制度的信心。此外，公费医疗和劳保医疗制度还存在着板块结构的特点，即城乡之间、地区之间、行业之间的保障水平差别较大，缺乏制度应有的公平性。

（4）制度不健全，管理不规范。由于公费医疗和劳保医疗未能建立起统一的制度体系，缺乏专门机构进行统一管理，其管理工作又主要依靠政府的强制推行，从而导致公费医疗和劳保医疗分散于不同的管理部门，形成“各自为政”的局面，造成政策不统一、医疗资源配置不当，以及参保对象享受待遇不公平等，容易引发社会矛盾和不稳定。

3. 经济改革初期的职工医疗保障制度转型。自1978年以来，中国经济体制历经计划经济、有计划的商品经济，到1992年，党的十四大正式确立社会主义市场经济体制改革目标。在这种背景下，精减富余人员和减员增效，成为国有企业改革的一项重要举措。据不完全统计，1998年，国有企业职工减少至5 200万人，集体企业职工锐减至1 000多万人，大约有7 000万职工分流或“下岗”，以一家三口计算，受到直接影响的人群超过2.1亿人。② 国有企业职工下岗后，没有工资收入，只拿基本生活费，原

① 胡晓义主编．走向和谐：中国社会保障发展60年［M］．北京：中国劳动社会保障出版社，2009：189.

② 方鹏骞主编．中国医疗卫生事业发展报告——中国医疗保险制度改革与发展专题2016［M］．北京：人民出版社，2017：6.

来依存于企业的劳保福利也随之消失，下岗职工的生活陷入困境，上访、绝食、自杀事件时有发生。显然，如果下岗职工的基本生活保障问题无法得到解决，必将影响国企改革和社会稳定。因此，在改革过程中，需要正确处理好改革、发展与稳定的关系，只有首先织好社会保障的防护网，把企业职工从“单位保障”改革为“社会保障”，在给职工提供养老、医疗、失业等基本保障的前提下，才能进一步推动国有企业的改制和发展。基于这样的共识和逻辑，自 20 世纪 80 年代以来，针对计划经济下公费医疗和劳保医疗制度弊端，基于经济体制转型和国企改革的时代要求，中国城镇职工医疗保险制度进行了一系列改革。

（二）城镇职工基本医疗保险制度建立的过程

1. 改革探索。从 20 世纪 90 年代起，国家先后制定了一系列政策和措施，对城镇职工基本医疗保险制度进行改革。1992 年，国务院颁布了《关于进一步做好职工大病医疗费用社会统筹的意见的通知》。1993 年，党的十四届三中全会提出，要建立社会统筹和个人账户相结合的医疗保障制度。在改革探索过程中，城镇职工基本医疗保险制度涉及的一个核心问题是，如何增强个人缴费责任，抑制医疗费用过快增长。因此，早期改革推行了医疗费用与个人利益挂钩、医疗费用定额管理，以及大病医疗费用社会统筹等措施。改革虽有成效，但仍然存在以下问题：一是改革只在局部进行，缺乏宏观制度层面的配套措施；二是未能从根本上改变劳保医疗的筹资、支付和管理制度，没有解决医疗服务提供方面存在的问题；三是某些具体改革措施（如医疗费支付制度）尚不完善。

2. “两江”试点。1994 年 1 月，国务院专题研究医疗保险制度改革问题，指出：“医疗保障制度改革涉及广大人民群众切身利益，涉及如何正确处理国家、企事业单位、职工个人与医疗单位的关系，政策性强，难度大，不能操之过急”，要求选择若干条件较好且有代表性的城市进行试点。1994 年 4 月，国家体改委、财政部、劳动部、卫生部等部门共同制定了《关于职工医疗制度改革的试点意见》，决定在镇江市和九江市进行先期改革试点，即著名的“两江试点”（见专栏 3 -1）。试点内容主要包括以下五个方面：一是职工医疗保险费用由用人单位和职工共同缴纳；二是建立社会统筹医疗基金与个人账户相结合的医疗保险制度；三是建立职工个人医疗费用的约束机制，抑制医疗费用过快增长；四是加强对医疗机构的有效制约，改善医疗服务质量；五是加强管理，强化监督，包括对医疗保险基金和医疗机构的监督管理。1994 年 12 月，“两江试点”工作正式启动，经过两年探索，试点取得初步成效，并为全面推进职工医疗保险制度改革积累了宝贵经验。

专栏3-1　回忆"两江"试点

1994年，启动了镇江、九江职工医疗保险制度改革试点工作。回忆起当年两江试点，我感到最突出的印象就是深入的调查研究，广泛地听取意见。

由于在我国搞医疗保险制度改革是一个新事物，当时完全没有经验。虽然有德国、新加坡等国家的做法可供参考，但我国的基本国情要复杂得多，实际困难要大得多。更何况搞医改是要打破"大锅饭"，把原来国家和企业包揽医药费改为个人要支付一部分，相当一部分人认为这是把"最后一点社会主义制度优越性改没了"。思想上的不理解甚至抵触，加剧了改革的难度。

面对这种情况，在党中央和国务院的领导下，彭珮云同志率领国办、体改委、卫生部、劳动部、财政部等部委的同志深入基层，深入群众，认真调查研究，广泛听取意见，反复协商讨论，逐步统一认识，使政策和方案比较符合实际，比较切实可行，保证了医改试点工作的顺利进行。

从1994年开始，彭珮云同志每年都要去镇江和九江一到两次，每次的任务就是调查研究，一般至少三天时间用于调研。彭珮云同志为了更多地单独了解情况，不让我跟着她，而要我参加别的调研组。每个组都是白天分别去不同县区的企业或医院等单位座谈调研，晚上回来开会逐一汇报工作。

晚上开会时，各组、各部委的同志根据白天调研情况，汇总意见，提出问题，然后大家研究讨论。但是，会议中意见常常分歧很大，因为当时卫生部、劳动部、财政部、计委物价局、药监局、中医药局都与医改工作关系密切，这些机构都有各自的角度和观点，都了解每一项政策规定执行后引发的困难和问题，因此，每一个部门都比较坚持自己的意见，观点很难统一。当然，正是在这种激烈的争辩和碰撞中，有的问题逐渐明朗了，有些同志被说服了，有的领导人调整和修正了自己的看法，但是仍然有些问题未达成一致，留待第二天（或是今后）再继续探求。经过三四天的调研后，最后一天要开小结会回应或解释说明地方官员提出的问题，小结会前一天晚上的会议就集中讨论一些政策和措施。由于对某些政策要得出定论性的说法，讨论和争辩就会相对激烈一些，这个会通常要开到夜里12点，甚至凌晨1点。接下来，我就"开夜车"，起草珮云同志的小结讲话，因为我参加了调研，也参加了每次的汇总讨论会，了解基本情况和基本意见。这样的小结讲话完全来自实际，讲的意见都是经过充分讨论和协商后决定的。后来我翻看彭珮云同志在"两江"试点中的讲话，会出现"这个问题还需要研究"的表述，这并不意味着没有解决问题，只是表明经过各部委同志调研和讨论后，认识到这个问题一时还解决不了，有待下一步经过实践探索研究。

资料来源：中国医疗保险，2014（6）：8. 作者姚晓曦，原卫生部直属机关党委常务副书记。

“两江”试点两年后，国务院办公厅于1996年4月在镇江市召开全国医改扩大试点工作会议，要求全国29个省、自治区、直辖市（除西藏外）各选几个具备条件的地级市进行试点。同年5月，国务院办公厅转发了国家体改委、财政部、劳动部、卫生部《关于职工医疗保障制度改革扩大试点的意见》，提出了医疗保障制度改革的目标、基本原则和主要内容。指出，基本医疗保险的保障水平和方式应该与中国社会生产力水平和各方面的承受能力相适应，应该坚持公平与效益相结合，适时建立对医患双方的约束机制，实行属地管理等原则。此后，城镇职工医疗保险的试点工作在全国40多个城市同时推开，并形成了不同的医疗保险模式，比较知名的有：“两江”的三通道模式、上海的大病统筹模式、青岛的三金管理模式、海南的板块结合模式等。总的来看，试点工作取得了两个方面的成效：一是基本医疗保险建立了制度化的筹资机制，实现了社会化管理，并且建立起了单位和个人共同分担的缴费机制，权利与义务对等的原则得到了体现。二是新的医疗保险制度打破了原有“单位制”的保障模式，有效地避免了医疗保险筹资的不确定性，保障了职工的基本医疗需求。

3. 制度确立。在广泛试点取得经验的基础上，1998年12月，国务院颁布《关于建立城镇职工基本医疗保险制度的决定》，明确提出了中国医疗保险制度改革的基本目标、基本原则和主要政策，标志着中国基本医疗保险制度的正式确立，也标志着计划经济下的公费医疗和劳保医疗制度的历史终结，中国基本医疗保险制度改革开始进入新的阶段。

城镇职工基本医疗保险制度的基本原则是“基本保障、广泛覆盖、双方负担，统账结合”。其中，“基本保障”是指保障水平要与经济发展水平相适应，只保“基本”医疗需求，医疗保障水平以“低标准”和“适度保障”为原则；“广泛覆盖”是指，在“保基本”的前提下，将更多的群体纳入医疗保险范围，使不同群体都能享受到法定医疗保险的保障权益，切实维护好社会的公平与正义；“双方负担”是指医疗保险的筹资只能坚持“以收定支”而不是“以支定收”；“统账结合”是指，职工医疗保险既要考虑社会统筹基金的“共济”功能，也要兼顾个人账户基金的自我约束和储备积累功能。

城镇职工基本医疗保险制度的主要内容涉及缴费办法、“统账结合”的制度模式、医疗保险基金的管理监督机制、基本医疗保险的社会化和属地化管理、医疗机构管理、特殊群体医疗保障等。具体包括：（1）采用个人和企业共同缴费的筹资机制。其中，个人按照基本工资的2%缴纳，企业按照职工工资总额的6%缴纳，退休人员不缴费（见专栏3-2）。（2）开设个人账户和社会统筹账户。其中，职工个人缴纳的费用全部计入个人账户，单位缴费的30%计入个人账户，70%计入统筹账户。（3）个人账户用于支付门诊和小额医疗费用，统筹基金用于支付住院和大额医疗费用。（4）社会统筹基金设置起付线和封顶线，分别为当地职工年平均工资的10%和400%。在职工住院医疗费用中，对于超过起付线、低于封顶线的部分，需要由职工个人自付一部分，自付比例由地方政府自行决定。超过统筹基金最高支付限额以上的部分，可以通过企业补充保险、商业保险等各种补充医疗保险的途径解决。（5）在医疗保险统筹层次上，原则上要求以地级以上行政区或以县（市）为统筹单位，北京、上海、天津和重庆等直辖市要求实行全市统筹。（6）在医疗保险基金管理方面，要求将医疗保险统筹基金纳入单独的社会保障基金账户，专款专用，实行收支两条线管理，并建立和完善基金预决算制度、财务会计制度和社会保险经办机构内审制度。（7）要求推进医疗机构改革，提高医疗服务的质量和水平。

专栏 3-2　退休职工是否应该缴费

医疗保险作为一种保险制度，理应实行权利与责任对等的原则，即享受医疗保障待遇的前提是缴纳医疗保险费。在国外，退休人员不缴纳医疗保险费的做法比较罕见。中国当初建立社会保障体系的目的是为了配套国企改革，规定退休人员不缴纳医疗保险费有利于降低改革阻力，是适应当时国情的做法，而这政策一实行就是20年。

由于中国现阶段面临严重人口老龄化和医保基金收不抵支的困境，继续实行退休人员不缴纳医疗保险费的做法可能会引发基金穿底和公平性等问题。2016年，中国总人口为138 271万人，65岁及其以上人口数为15 003万人，占总人口比重的10.8%。80岁及其以上老人总数高达2 475.4万人，占同期老年人口比重高达16.5%，老龄化问题不断加剧。2016年，中国城镇职工基本医疗保险年末参保人数为29 531.5万人，其中，在岗职工为21 720万人，退休人员为7 811.6万人，在职退休比为2.78∶1，这意味着不到三个在职职工就要供养一个退休老人。

同时，人均医疗费用和年龄密切相关，一般情况下，60岁及以上年龄组的医疗费用是60岁以下年龄组医疗费用的3～5倍，平均每位80岁及以上高龄老年人的医疗成本开支约为65～74岁老年人的14.4倍。老年人的医疗费用在总的医疗费用中占比较大，而此时如果继续实行退休职工不缴费的政策则有违权利与义务对等、缴费和待遇精算相关联的原则，引发公平性质疑。

有观点认为，政府应当对医保基金面临的压力承担无限兜底的责任，这种观点事实上是混淆了保险与福利的概念。既然不能由政府进行兜底，那么退休人员享受医疗服务的费用只能由参保人出，即要么是在职人员要么是参保人自己。如果由在职一代为其缴费，他们就面临着“双重缴费”问题，不仅要为自己缴费，还要为退休一代缴费，那么老龄化将导致在职一代不堪重负。因此，重启退休职工医保缴费既是保险的本质要求，也是医保基金“开源”的重要渠道。

同时，重启退休人员缴费也有一定可行性，2012 年以来，全国企业退休人员月人均基本养老金从 1 686 元增至 2016 年的 2 362 元，年均增长 8.8%。不少地区的退休人员工资甚至高于在职职工，因此，重启退休职工医保缴费具有一定的经济基础，应当看到的是，虽然重启退休人员缴费增加了退休人员的负担，但却减轻了企业和在职人员的负担，有利于缓解代际矛盾。因此，重启退休职工缴费不仅是医保基金可持续的要求，而且还能够增进公平性。

资料来源：

[1] 朱恒鹏. 退休职工医保缴费重启：不仅是为了可持续还为了公平 [N]. 中国经济导报，2016-1-16 (B04).

[2] 总报告起草组，李志宏. 国家应对人口老龄化战略研究总报告 [J]. 老龄科学研究，2015，3 (3)：4-38.

二、新型农村合作医疗制度

（一）新型农村合作医疗制度建立的背景

20 世纪 80 年代，随着农村集体经济解体，原来的农村合作医疗（简称“旧农合”）失去了筹资来源，加上国家财政也没有相应投入，因此，各地的农村合作医疗制度名存实亡，数亿农民由此失去医疗保障。随着医药费用的不断上升，广大农村地区“看病贵”问题日益严重，农民看不起病和因病致贫现象越发普遍。为了解决农民“看病难、看病贵”问题，中国开始探索建立新型农村合作医疗制度（简称“新农合”）。

1. 旧的农村合作医疗制度名存实亡。农民之间的互助共济是“旧农合”的一个突出特点。农村合作化运动中，国家开始在农村地区大力推进“旧农合”制度建设，由农民和农业合作社共同出资，建立医疗保健站，由农村选拔、卫生部门培训“赤脚医生”，免费向农民提供医疗和预防服务。改革开放前，“旧”农村合作医疗几乎覆盖了全国所有的行政村，以及生产小队，成为中国农村最重要的医疗保障制度（见专栏 3-3）。

农村地区开始推行家庭联产承包责任制以后，由于农村集体经济瓦解，原有的“旧农合”丧失了赖以存在的制度基础，基本上处于名存实亡的状态。卫生部“第二次国家卫生服务调查”结果显示，1998 年，农村合作医疗覆盖面下滑至 6.5%，全国农村居民中没有任何医疗保障的人口占 87.4%，37.7% 的患者未予就诊、63.7% 的应住院者未住院治疗，其中的主要原因是经济困难。①

① 方鹏骞主编. 中国医疗卫生事业发展报告——中国医疗保险制度改革与发展专题 2016 [M]. 北京：人民出版社，2017：53.

专栏3-3 如何看待"旧农合"?

新中国成立以后，中国政府在发展经济的同时，大力发展公共卫生事业。以全国医疗卫生机构病床的分布为例，1965年，中国农村只占总数的40%，短短十年后的1975年，这个比重已提高到60%。与此同时，大批城市医疗专业人员组成巡回医疗队奔赴农村，为提高农村基层卫生组织的防治疾病水平、培训"赤脚医生"发挥了很大的作用。1968年底，带有公共福利性质的合作医疗制度在全国农村得到推广。到1980年，全国农村约有90%的生产大队（行政村）实行了合作医疗，形成了集预防、医疗、保健功能于一身的三级（县、乡、村）卫生服务网络。这个网络除了有51万正规医生外，还拥有146万不脱产的生产大队民间"赤脚医生"（没有接受正规医学教育的医生）、236万生产队卫生员以及63万多人的农村接生员。

当时，中国政府医疗卫生工作的重点是放在预防和消除传染病等基本公共卫生服务方面。改革开放以前，尽管中国底子很薄、人民物质生活水平很低，但在公共卫生领域，中国曾经被看作一个非常成功的典范。通过采用低成本的医疗技术，中国得以在当时经济发展水平不高的条件下，使广大民众（特别是贫穷的农民）无须支付高额费用就能享受到基本的卫生保健服务。具体来说，1949年新中国成立时，中国人民的健康指标属于世界上最低水平的国别组。可是，到20世纪70年代末，中国已成为拥有最全面医疗保障体系的国家之一，80%~85%的人口享有基本医疗保障。这使人均寿命从旧中国的不到40岁提高至70年代末的近70岁，婴儿死亡率从195‰降到41‰，基本上实现了"小病不出村、大病不出乡"的目标，因而，被世界卫生组织和世界银行誉为"以最少投入获得了最大健康收益"的"中国模式"，得到了国际社会的广泛赞誉。

但是，我们也应该正确地看待"旧农合"的作用，研究表明：影响健康的因素复杂多样，收入与营养状况、生活习惯、生活环境和工作环境、遗传基因等都是影响健康的重要因素，而医疗仅仅是影响健康的众多因素之一，且发挥的作用有限。新中国成立后，营养状况、生活习惯、生活环境、工作习惯和工作环境等方面的改善，对于人们健康水平的提高起着决定性作用。比如，20世纪60年代末是天花的高发期，全球每年发生1 000万~1 500万宗感染天花的个案，每年死亡约200万人。中国在20世纪80年代初基本消除了天花，除此之外，在消灭血吸虫病、脊髓灰质炎等传染病方面，中国都走在了世界的前列。应该说，中国人健康状况的改善，在很大程度上与当时中国的公共卫生体系以及人民生活水平不断改善有很大的关系，不能将其完全归功于"旧农合"。

资料来源：http：//www. china. com. cn/book/zhuanti/qkjc/txt/200709/10/content_ 8846313. htm.

2. 农民"看病贵"问题日益严重。在农村传统合作医疗解体、农民失去医疗保障的同时，中国的医疗费用支出却在快速增长。1990 年，人均门诊费用和住院费用分别为 10.9 元和 43.7 元，到了 1999 年，两者分别达到了 79 元和 289 元，增长了 7.2 倍和 6.6 倍。而在同一时期，农民的人均纯收入仅从 686.31 元增加到 2 210.34 元，只增长了 3.2 倍，其增长幅度要远远低于医疗费用的增长。一部分农民根本看不起病，所谓“小病撑，大病扛，重病等着见阎王”的口头禅，道尽了农民的无奈与心酸。部分农民患者即使进医院看病，高额的医药费用也给他们带来了沉重负担，“救护车一响，一头猪白养”“十年努力奔小康，一场大病全泡汤”等民间顺口溜，深刻反映了农村家庭因病致贫、因病返贫的残酷现实，广大农民“看病贵”已经成为一个日益严重的民生问题。

（二）新型农村合作医疗制度的建立

2002 年 10 月，国务院颁布《关于进一步加强农村卫生工作的决定》，明确提出在农村地区建立新的农村合作医疗制度，到 2010 年，要建立起覆盖全国农村的初级医疗保健体系。2003 年 1 月，国务院办公厅转发了卫生部、财政部、农业部等部门《关于建立新型农村合作医疗制度的意见》，它在总结我国医疗改革经验的基础上，提出在中国农村地区建立和完善新型农村合作医疗制度。

新型农村合作医疗制度的主要内容包括：实行个人缴费、集体和政府补助相结合的筹资方式；以家庭为单位进行参保，原则上以县为单位统筹，并以大病统筹为主；由政府组织实施，鼓励农民自愿参加。在新型农村合作医疗制度中，农民每年人均缴费不低于 10 元，集体、政府的补贴每年也分别不低于 10 元，加起来不低于 30 元。在管理机构方面，省、地市级人民政府成立农村合作医疗协调小组和农村合作医疗管理委员会，在卫生行政部门设立合作医疗管理机构，并在乡镇设立派出机构，力求从组织机构上保证合作医疗各项政策的落实。

到 2004 年，全国 30 个省（自治区、直辖市）的 310 个县（市）已经建立了新型农村合作医疗制度，覆盖农村人口 9 504 万人，实际参保 6 899 万人，参保率达到了 72.6%。2007 年，卫生部、财政部联合颁布了《关于做好新型农村合作医疗工作的通知》，要求自 2007 年起，新型农村合作医疗制度进入全面推进阶段，要使新农合覆盖到 80% 的县（市、区）。2008 年 3 月，卫生部、财政部要求在年底前实现农村地区新型农村合作医疗制度的全覆盖。与此同时，政府逐渐加大对新农合的补贴力度。2008 年，新农合补助标准由最初的 20 元逐步提高到 80 元。随着新农合制度的建立和覆盖范围的不断扩大，到 2008 年 6 月底，全国参保人数已达 8.15 亿人，覆盖率为 91.53%。①

---

① 方鹏骞主编．中国医疗卫生事业发展报告——中国医疗保险制度改革与发展专题 2016［M］．北京：人民出版社，2017：54.

（三）新型农村合作医疗制度的特点

新型农村合作医疗制度与“旧农合”在制度基础、政府作用、统筹层次和市场化程度上有显著的差异。

1. 新制度新基础。新型农村合作医疗制度与“旧农合”相比，两者赖以存在的制度基础迥然不同。“旧农合”的制度基础是计划经济；“新农合”则是建立在社会主义市场经济基础之上，并与现阶段经济发展水平相适应的一种新型医疗保险制度。由于改革开放和经济发展，国家财政实力大幅度增长，能够为新型农村合作医疗制度提供必需的财政补贴。与此同时，在市场经济环境下，农村居民对疾病风险有了深刻认识，保险观念深入人心，因此，他们的参保意识也不断增强。

2. 政府主导与支持。“旧农合”只是农民之间的一种互助共济，不具有保险性质。新型农村合作医疗制度则实行社会统筹，它不仅具有社会保险的特点，更重要的是，政府积极参与新型农村合作医疗制度建设。一是政府在财政上给予扶持，财政补贴构成了新型农村合作医疗重要的资金来源。二是政府参与组织管理，设立专门的管理机构和经办机构负责制度运行。正是由于政府的主导和支持，使新农合发展能够建立在稳定、可持续的基础之上。

3. 统筹层次高。“旧农合”一般以村为单位实行农民之间的互助共济，统筹层次很低。相比于“旧农合”，新型农村合作医疗制度实行县级及以上统筹。统筹层次的提高，扩大了统筹基金的总量规模，提升了基金抗风险的能力。

4. 市场化程度较低。旧农合是农民建立的集体医疗互助组织，新农合则主要依赖政府的组织和管理。一方面，卫生部门主管“新农合”，负责基金支付。另一方面，基层卫生机构作为医疗服务的提供方，其行政主管部门也是卫生部门。换言之，“新农合”在管理上实行卫生部门“一手托两家”的体制，即卫生部门既是医疗服务的提供方，也是医疗服务的支付方。在这种体制下，难以发挥第三方付费机制对供方的约束作用，患者和医院的道德风险都大大增加，容易造成医疗资源浪费，不利于“新农合”基金的可持续发展。

三、城镇居民基本医疗保险制度

（一）城镇居民基本医疗保险制度建立的背景

在城镇职工基本医疗保险制度和新型农村合作医疗制度建立之后，城镇非从业居民的医疗保障问题开始纳入政府的议事日程。城镇非从业居民包括儿童、学生、其他非从业城镇居民和灵活就业人员，这部分群体在收入上具有脆弱性，更容易因疾病而陷入贫困。由于这部分弱势群众未能纳入职工和农民的基本医疗保险范围，因而无法享受基本医疗保障，因此，有必要建立面向城镇居民的基本医疗保险制度。

（二）城镇居民基本医疗保险制度的确立

解决城镇非从业居民的医疗保障问题，需要扩大医保体系的覆盖面，建立覆盖城乡全体居民的医疗保障体系。2006 年，党的十六届六中全会《关于构建社会主义和谐社会若干重大问题的决定》提出，要"建立以大病统筹为主的城镇居民基本医疗保险"。2007 年 7 月，国务院印发《关于开展城镇居民基本医疗保险试点的指导意见》，正式启动城镇居民基本医疗保险的试点工作，其目标是要建立以大病统筹为主的城镇居民基本医疗保险制度。2008 年 10 月，国务院办公厅又颁布了《关于将大学生纳入城镇居民基本医疗保险试点范围的指导意见》，提出各地区可以按照自愿原则，将大学生纳入城镇居民基本医疗保险（见专栏 3－4）。至此，中国医疗保险已经覆盖到城镇职工、城镇居民、农村居民、学生等群体，标志着中国已经初步建立起覆盖城乡全体居民的基本医疗保险体系。

专栏 3－4　大学生医保

中国大学生医疗保障始于 20 世纪 50 年代的公费医疗，1953 年，国家卫生部发布《关于公费医疗的几项规定》，对计划内统招的大学生和研究生，实行实报实销的公费医疗保险制度。但是随着高等教育快速发展，大学生数量逐年增加，医药价格快速上升，有限的公费医疗拨款难以维持原有大学生医保体系的运行。

由于计划经济时代的大学生公费医疗制度弊端越来越明显，而随着市场经济发展起来的商业保险深入到社会的各个角落。从 20 世纪 90 年代开始，高校纷纷开始对大学生医疗保障模式进行改革，积极地将商业保险引入大学生医疗保险机制中，这一时期，高校大学生医保模式有公费医疗 + 商业保险模式、商业保险取代公费医疗模式和公费医疗 + 医疗救助模式，等等。通过引入商业保险，对大学生大病和意外事故进行保障，很好地弥补了公费医疗保险在此方面的经费缺口。但是，无论是何种模式，都由于筹资机制不稳定、保障能力有限、缺乏制度保证等问题而难以为继。

为了进一步弥补公费医疗以及商业医疗保险的不足，保障大学生的基本医疗需求。2008 年 10 月，国务院办公厅下发了《关于将在校大学生纳入城镇居民基本医疗保险范围的指导意见》（以下简称《指导意见》），提出将大学生纳入城镇居民基本医疗保险试点范围，对参保的大学生实行属地化管理，提高保障水平。大学生医保的筹资由财政补贴和个人缴费两部分构成，以黑龙江省为例，大学生医保的筹资标准为每人每年110元，其中财政补助80元，大学生本人和家庭缴纳30元，低保家庭大学生财政给予全额补助。大学生发生医疗费用时，按城乡居民医疗保险有关未成年参保者的规定报销医疗费用。对于符合规定的门诊医疗费用和住院医疗费用分段进行补贴。其中，门诊最低报销35%，最高报销65%；住院医疗费用按医院等级进行补贴，最低为55%，最高为85%。

目前，中国大学生医疗保险的运行仍然存在一些问题。一是大学生参保意愿不强，大学生由于身体素质好，患病率低，因此参保意愿普遍不强，参保率偏低。加上《指导意见》要求坚持自愿原则，导致大学生医保存在严重的逆向选择，大学生参保率整体偏低。但大学生作为优质参保群体，提高大学生的参保率有助于增强城乡居民医疗保险的抗风险能力和可持续性。二是重复参保问题。虽然大学生整体参保率偏低，但也存在重复参保问题，一些农村大学生在家以家庭为单位参加了新农合，又在学校参加了大学生医保（城镇居民医疗保险），而在这两种保险的筹资渠道中，政府财政补贴是主要方面，重复补贴带来了政府财政支出的浪费，增加了政府财政压力。

资料来源：

[1] 周绿林，吉莹，詹长春．大学生医疗保障现状及完善策略［J］．中国医疗保险，2012（1）：20－22.

[2] 韦海蓓．大学生医疗保险制度发展及问题浅析［J］．劳动保障世界，2018（2）：33－34.

（三）城镇居民基本医疗保险的制度框架

1. 参保范围。城镇居民基本医疗保险的参保对象是城镇非从业居民，包括全日制本专科生、研究生、职业高中、中专、技校学生，以及小学生和少年儿童。

2. 缴费标准。在试点地区，城镇居民基本医疗保险的缴费标准兼顾不同群体的医疗服务需求，考虑当地经济发展水平和居民收入水平，以及政府的财政负担能力，并不断建立和完善筹资、待遇水平的动态调整机制。

3. 缴费和补贴。在制度建立之初，城镇居民基本医疗保险建立起了“以个人缴费为主、政府财政补贴为辅”的筹资机制。具体而言，每个参保者需要按照制度规定缴纳一定的医疗保险费，政府再按照一定标准对每个参保者进行财政补贴。近些年来，国家对城镇居民基本医疗保险的补助力度不断加大，2018年，财政补助标准达到了每人每年490元。除此之外，对于参加城镇居民基本医疗保险的在校大学生，政府补贴由高校隶属的同级财政负责，中央财政给予适当补贴。

4. 待遇标准。城镇居民基本医疗保险坚持“以收定支、收支平衡、略有结余”的原则，主要支付参保者的住院费用和门诊大病费用。在城镇居民基本医疗保险的实施过程中，需要合理设置起付标准、支付比例和最高支付限额，不断完善支付方式，合理控制医疗费用的过快增长。

5. 服务管理。城镇居民基本医疗保险在服务管理上与城镇职工基本医疗保险基本一致，主要由所在城市的劳动保障、发改委、财政、卫生等部门，在综合考虑居民医疗服务需求、参保者数量、基金可持续性等情况基础上，制定科学、合理的医疗保险服务管理办法。具体地，医疗保险机构要与医院签订定点服务协议，明确双方的权利与义务，规范医院的管理流程，监督其医疗行为。对于医疗保险机构而言，需要进一步简化医疗保险参保、核保、理赔等办事流程；确定合理的医疗费用结算办法，及时与医院或服务网点进行结算；探索建立医疗保险管理服务的奖惩机制等。

四、“二保合一”：城乡居民基本医疗保险制度

中国的医疗保险制度经过20年的不断发展和完善，已经建立起了覆盖全体职工和居民的基本医疗保险体系。但是，医疗保险待遇却因人群、地区不同，呈现出明显的差异，尤其是城镇职工基本医保、城镇居民基本医保和新型农村合作医疗之间存在的差别待遇，不仅严重损害了医疗保险制度的公平性，而且阻碍了基本医疗保险制度的城乡统筹。在这种情况下，提高医疗保险制度的公平性，解决城乡之间、地区之间的医疗保险和待遇不平衡问题，就需要对既有的医疗保险制度进行整合。

建立统一的医疗保险制度，关键在于整合城镇居民基本医疗保险与新型农村合作医疗制度，这不仅是实现城乡居民公平享有基本医疗保障权益的重要途径，也是解决医疗保险制度不公平和不可持续的重大举措。

早在2000年，深圳、佛山、东莞等地就开始了对城乡基本医疗保险制度进行整合的试点工作。此后，中国基本医疗保险制度的整合工作得到了快速推进，并呈现出从管理整合到制度整合、从局部整合到整体整合、从单项制度整合到多项制度整合、从市级整合到省级整合等的良好趋势。2007年，《关于开展城镇居民基本医疗保险试点的指导意见》明确指出：“鼓励有条件的地区结合城镇居民基本医疗保险和新型农村合作医疗管理的实际，进一步整合基本医疗保障管理资源”。2012年，在总结医疗保险改革经验的基础上，党的十八大对如何整合城乡居民基本医疗保险进行整体部署。2016年1月，国务院《关于整合城乡居民基本医疗保险制度的意见》指出，整合城乡基本医疗保险制度，应该按照“统一制度、整合政策、均衡水平、完善机制”的总体思路，遵照“先易后难、循序渐进”的原则，努力做到“覆盖范围、筹资政策、保障待遇、医保目录、定点管理、基金管理”的六个统一，最终实现“突出整合制度政策、突出理顺管理体制、突出提升服务效能，推动保障更加公平、管理服务更加规范、医疗资源利用更加有效，建立统一的城乡居民基本医疗保险制度”的目标。

随着城乡居民基本医疗保险制度整合的不断推进，到2016年，全国31个省（自治区、直辖市）陆续出台了推进基本医疗保险制度城乡整合的实施规划。截至2018年

1月，全国333个地市中已有286个地市出台或已经实施了整合城乡居民基本医疗保险的方案，约占总数的86%，11.8亿参保人被纳入统一的管理系统，初步实现了城乡居民基本医疗保险“一体化”，管理体制“统一化”的格局。

五、医疗保险管理体制的调整与变革

中国的城镇职工基本医疗保险制度、新型农村合作医疗制度和城镇居民基本医疗保险制度，分别建立于1998年、2003年和2007年，由于事先缺乏顶层设计，必然在管理体制上呈现出“管理分割、城乡分割、地区分割”的特点。以管理机构为例，城镇职工基本医疗保险和城镇居民基本医疗保险由人社部门负责管理，而新农合由卫生部门负责管理。这在一定程度上增加了医疗保险的运行成本，降低了经办管理的效率，也制约了医疗保险制度的改革和整合，成为医疗保险制度可持续发展的一大障碍。

2009年，国务院发布的《关于深化医药卫生体制改革的意见》提出，“有效整合基本医疗保险经办资源，逐步实现城乡基本医疗保险行政管理的统一”。2016年1月，在总结医疗保险改革经验的基础上，国务院出台了《关于整合城乡居民基本医疗保险制度的意见》，提出医疗保险制度要实现六个统一，但是，有关部门对于如何整合基本医保管理和经办体制，仍然没有提出可操作的方案，只是鼓励有条件的地区理顺管理体制，创新经办管理，提高管理效率和服务水平。2016年，在已经建立了统一的城乡居民基本医疗保险制度的省市中，形成了三种不同的管理体制：第一种是人社部门主导体制，即城乡居民医保管理权归口于人社部门，有22个省（自治区、直辖市）采用了这种体制；第二种是卫计委主导体制，即城乡居民医保管理权归口于卫生计生部门，陕西省采用的是这种模式；第三种是组建新的医疗保障管理局和医疗保障基金管理中心的管理体制，福建省采用的是这种模式。2018年3月，国家启动新一轮机构改革，将国家人社部的城镇职工和城镇居民基本医疗保险和生育保险职责（见专栏3-5）、国家卫计委的新型农村合作医疗职责、国家发改委的药品和医疗服务价格管理职责、民政部的医疗救助职责分离出来，交由新组建的国家医疗保障局统一管理。同时，为提高医保资金的征管效率，将基本医疗保险费、生育保险费交由税务部门统一征收。

专栏3-5　生育保险与医疗保险合并实施

生育保险是指，女性劳动者因生育而暂时中断劳动时期，由国家或单位为其提供经济补偿和医疗保健，以保障女性因生育而造成收入中断的一种补偿性的社会保险制度。2017年，国务院办公厅下发《关于印发生育保险和职工基本医疗保险合并实施试点方案的通知》，生育保险和职工基本医疗保险合并实施方案开始在全国广泛试点。

生育保险和基本医疗保险合并实施是管理层面的合并实施，亦即“统一管理”，而非制度层面的“整合”，不是“合二为一”。这是由“二保”的特性所决定的。就“二保”特性而言，第一，“二保”的制度功能不同。生育保险具有维护女性就业和保护生育妇女的生育期权益的独特功能，医保则无此功能。第二，“二保”的责任主体不同。生育保险基金的筹集，体现“雇主责任”，个人不需要承担缴费责任；而医疗保险则是企业和个人责任合理分担。第三，待遇支付的方式和标准不同。生育保险中凡符合规定的医疗费用是实报实销，而且还有生育津贴；而医保的待遇支付遵循的是“保基本”原则，实行的是“两线一段”式支付方式和标准，按照政策规定实行按比例支付。第四，制度覆盖的范围不同。生育保险是保障妇女生育期的基本权益，医疗保险则是保障全体居民的基本医疗需求。总之，“二保”从保障的功能、方式、标准、空间乃至时间上都不具备制度“整合”的可能性和必要性。因此，生育保险和医疗保险合并实施并没有改变两个制度基本属性和功能，绝非二者简单的叠加，更不是两种保险制度的整合，而是使两项制度便于融通和衔接。

生育保险和医疗保险合并实施后，实行统一参保登记、统一基金征缴管理和服务提供等方式和办法，会产生“1 + 1 > 2”的集成效应。一是有利于更好地扩大生育保险的覆盖范围。合并实施后，会产生一种“捆绑式”的机制效应，妇女不能只参加医疗保险而不参加生育保险，这就实现了生保与医保的协同推进、融合发展。二是生育保险和医疗保险基金的统一征缴和统一管理，有利于减轻基金征缴、管理的工作量，降低管理成本，提高管理效率。三是有利于增强基金共济抗风险能力。合并实施后，统筹安排使用两项基金，更加充分发挥社会保险大数法则的效能，基金的共济抗风险能力大大提高，更好地保障女性职工生育期的合法权益。四是生育保险和医疗保险合并实施后，实行“二保”的“一条龙服务、一个窗口对外”，会减轻繁复的事务负担，有利于提高服务质量和水平，提升社会保险服务提供的可及性和便捷性。五是有利于强化监管和风险防控。合并实施后，便于实行一体化运行的全程跟踪监控，更好地防范各种风险，更有利于制度稳健运行和可持续发展。

资料来源：王东进．读懂生育保险与基本医疗保险合并实施［J］．中国医疗保险，2017（4）：1－3.

第二节　中国医疗保险改革的基本经验

中国医疗保险改革成就举世瞩目，医疗保险体系覆盖全体公民，医疗保险报销比例不断提高，居民就医的选择范围日益扩大，医疗服务可及性不断增强，基本上实现了“病有所医”的目标。具体表现为：一是基本医疗保险覆盖范围不断扩大。截至2015年底，三项基本医疗保险参保人数超过13亿，覆盖人口比例为97.19%，基本实现了从“少数人享有”到“人人享有”的目标。2015年末，全国参加城镇基本医疗保险人数为66 582万人，比上年年末增加6 835万人。其中，参加职工基本医疗保险人数为28 893万人，比上年年末增加597万人；参加城镇居民基本医疗保险人数为37 689万人，比上年年末增加6 238万人。① 参加新型农村合作医疗人数达67 000万人，参合率达到98.8%。② 二是基本医疗保险的保障范围不断延伸，补偿标准不断提高。基本医疗保险正从住院费用报销向门诊补偿延伸，服务内容不断完善；医疗保险的报销比例不断提高，从医疗保险制度建立之初的20%提高到现在的50%左右。2015年，城镇职工基本医疗保险人均缴费4 223元，住院报销比例为81.9%；城乡居民基本医疗保险人均缴费515元，财政补贴403元，二级及以下医疗机构的住院费支付比例达到68.6%。三是居民就医负担逐步减轻，个人支出占比持续下降。2015年，全国卫生总费用达40 587.7亿元，约占当年GDP的6.05%。其中，政府支出12 533.0亿元，社会支出15 890.7亿元，个人支出12 164.0亿元，分别占30.88%、39.15%和29.97%，医疗公平性有所改善。③

同时也应当看到，中国医疗保障事业还存在许多需要通过加快改革、加强管理予以解决的问题。党的十九大报告指出，中国社会目前阶段的主要矛盾已由人民日益增长的物质文化需要与落后社会生产之间的矛盾转变为“人民日益增长的美好生活需要和不平衡不充分发展之间的矛盾”。这种“不平衡不充分发展之间的矛盾”在医疗保险方面，主要表现为两个突出问题：一是医疗保险制度仍然存在制度分割，地区之间、不同群体、不同险种之间在保障范围、保障方式、保障水平、保障质量等方面存在较大差距，制度的公平性受到挑战。二是医疗保险的治理能力不足，保险经办能力仍然低下，网络信息化建设滞后，难以满足医疗保险制度的发展需要。

回顾与总结改革开放以来中国医疗保障事业发展的历史轨迹，可以概括出以下四个方面的基本经验。

一、坚持“保基本”的原则

无论是城镇职工基本医疗保险，还是城乡居民基本医疗保险，从制度建立之初，

① 资料来源：人力资源和社会保障部《2015年度人力资源和社会保障事业发展统计公报》。

② 资料来源：《2015年中国卫生和计划生育统计年鉴》，不包括天津、浙江、山东、广东、重庆、青海、宁夏等地数据，主要是因为这些地区在2015年之前，已经开始实施城乡居民基本医疗保险。新农合和城镇居民医保的参保人数的统计口径从2015年开始发生变化。

③ 资料来源：《2016年中国卫生和计划生育统计年鉴》。

始终坚持的是“保基本”原则，强调医疗保障水平要适合国情、保障适度，这不仅是基本医疗保险制度可持续发展的必然要求，也是与中国现阶段经济发展水平相适应的。医疗保障水平过高，会产生“福利刚性”问题。“福利刚性”专指人们对自己的福利待遇具有只能上升不能下降的心理预期，它表现在医保上，就是保险规模只能扩大，不能缩小；保险项目只能增加，不能减少；保障水平只能提高，不能降低。因此，一旦遇到经济下滑或医疗保险基金支付困难，在很难下调医疗保险待遇的情形下，就会给基金持续性带来严峻挑战。因此，20 世纪 90 年代职工医疗保险建立之初，考虑到中国经济发展水平较低，地区发展很不平衡，中央提出了“低标准、广覆盖”的总体要求，强调只有坚持“低标准”，才能实现“广覆盖”。实践证明，在“保基本”的思想指导下，中国城镇职工基本医疗保险制度运行平稳，基金收支平衡并有所结余。城镇居民基本医疗保险制度和新型农村合作医疗制度，借鉴了城镇职工医疗保险的经验，遵循了“保基本”的原则。

然而，在经济快速发展的过程中，随着部分民众对医疗保障水平的心理预期不断升高，部分官员出现了“只要想得到，就能做得到”的唯意志论倾向，有的地方大幅度提高了医疗保险的待遇水平，推行普通门诊保险，甚至实行“免费医疗”；有的地方还强制性地将医疗保险基金结余全部用于医疗保险支付，损害了“收支平衡，略有结余”的基本原则；个别地方甚至随意降低居民个人的医疗保险缴费比例，放弃医疗保险责任分担原则，改变就地就医、双向转诊等做法，不顾实际财力提高报销标准等。一时间，全国若干地区竞相模仿，陷入“福利竞争”的恶性循环。

众所周知，医疗保险的基本目标就是保障参保者的“基本医疗需求”，因此，保险的基本方针应该是“保基本”，离开了“保基本”，所谓的“广覆盖、多层次、可持续”，就难以实现。需要指出的是，“保基本”并非一个静态概念，它需要随经济社会发展做动态调整。有学者认为，党的十九大后，中国的主要矛盾已经转化为人民日益增长的美好生活需要与发展不平衡、不充分的矛盾，因此，中国的医疗保险制度就应该大包大揽，而不能够局限于保基本。其实，这是对“保基本”和中国多层次医疗保障体系的一种误解。从现实情况看，要解决好医疗保险“不平衡、不充分”的问题，不能仅仅依赖基本医疗保险，还需要公共卫生服务、医疗救助制度、补充性商业医疗保险等作为补充。

坚持“保基本”的原则，要注意防范和克服医疗保险制度的“福利化”倾向。中国的医疗保险制度从建立之初便是一种保险制度，是一种互助共济、分散风险的机制。它强调个人权利与义务对应、缴费与待遇关联，实行“保基本、广覆盖”的原则，它不同于救助和福利。社会福利主要由政府出资举办，不强调个人缴费，把医疗保险看作福利则是模糊了保险与福利的边界。医疗保险的“福利化”倾向主要是指，弱化医疗保险缴费和待遇的精算联系，待遇标准调整越来越取决于政治上的“酌情调节”，待遇水平逐渐脱离医疗保险基金约束。这种倾向的实质是，希望用医疗保险来解决医疗救助和卫生福利领域的问题。当然，反对医疗保险“福利化”并非否定社会福利本身，而是希望它们各司其职，不要越界。医疗保险“福利化”倾向会带来一系列问题，其中最重要的是医疗保险基金的不可持续性和一系列额外成本，这种成本伴随着经济增速放缓和福利刚性，终将使基金难以为继。

中国医疗保险的“福利化”倾向主要表现在两个方面：第一，混淆了“保基本”的概念。从理论上讲，基本医疗保险应该保大病而不是保小病。但某些片面观点将“基本”理解为“小病”，认为“保基本”就是“保小病”。其实，基本医疗保险的内涵就是用基本药物、基本诊疗项目、基本医疗服务设施解决大病问题，而那些目录外的药物、项目和医疗服务则不在保障范围之内。还有的观点错误理解医保“普惠”政策，有些地区任意扩大“受益面”，将“小病”也纳入保障范围，从而将“普惠”等同于所有的人都能享受医疗保险。然而，医疗保险所强调的“普惠性”，是指保险的广覆盖，是起点的普惠而非保障结果的普惠。如果是保障结果的普惠，那么医疗保险就变成了医疗福利，并丧失其本身的保险属性。第二，弱化了权利与责任对等，以及缴费与待遇精算关联的原则。从缴费方面看，中国城镇居民基本医疗保险制度和新型农村合作医疗实行多缴多补、多缴多得的政策。从待遇方面看，国务院于2016年出台的《关于整合城乡居民基本医疗保险制度的意见》指出，要稳定住院保障水平，政策范围内住院费用支付比例保持在75%左右。以上政策表明，政府对城乡居民基本医疗保险的筹资补贴力度在不断加大，两保合一后的待遇标准实行就高不就低的原则。加大补贴确实有利于参保扩面，实现全民应保尽保。但是，财政的大量补贴一方面会对制度的公平性造成冲击，降低城镇职工的参保积极性，不利于制度的良性运行；另一方面，也破坏了个人权利与义务对等、待遇和缴费精算挂钩的原则。

需要特别指出的是，在中国医保改革过程中，不仅存在福利化倾向，而且部分地区还演变成了“福利刚性”。福利刚性必然导致基本医疗保险报销比例不断提高，并由此带来一系列问题：一是诱发患者道德风险。二是增加财政负担，因为报销比例一旦提高就难以下降。在经济增长缓慢、医疗保险基金收入下降时，由于福利刚性不能贸然下调保险待遇水平，由此导致医疗保险基金收不抵支。三是从心理层面来看，由于公众对高福利产生过度依赖，当保险待遇下降时，会引起公众的强烈不满，有可能诱发社会冲突和不稳定。四是就制度层面而言，福利刚性会产生严重的制度依赖，并形成内在的稳定性，导致制度惰性而难以改变。五是福利刚性容易加剧宏观经济失衡。因为福利刚性很容易导致“福利陷阱”，即政府为了维持短期福利水平不至于下降，往往牺牲长期经济增长和长期福利水平。在这种情况下，福利刚性不仅会对国家的财政政策产生影响，而且还会抑制经济发展。当经济衰退时，财政收入也会随之下降，此时，为了维持原有的福利水平，政府只能加税、缩减公共投资或增加举债，这反过来又会加剧经济停滞，形成恶性循环。因此，在中国经济进入新常态、增速放缓的现阶段，更要高度警惕福利刚性问题。

二、兼顾公平与效率

兼顾公平与效率一直是中国医疗保险制度改革的目标。从理论上看，要实现医疗保险的绝对公平，就要采取蒂特马斯范式①，像英国 NHS 那样，让全体公民都能享受完全免费的医疗；若要实现绝对效率，就要求通过市场机制对医疗和医药等资源进行配置。但是，由于医疗服务需求与医疗资源供给之间存在着较大缺口，现实中难以做到公平与效率兼顾。因此，在一定时期内，公平与效率孰先孰后，仍然存在一个选择问题。但是，从长期来看，必须实现二者的动态平衡。例如，城镇职工基本医疗保险制度在建设初期，需要打破“大锅饭”，就必须优先考虑效率问题。在筹资上，职工个人缴费全部记入个人账户，单位缴费的 30% 记入个人账户；在待遇上，把原来国家、企业包揽医药费改为个人支付一部分。这种机制表明，医疗保险制度开始从平均主义转向关注效率。

在医疗保险领域，由于政府能够有效地促进公平，而市场在提升效率方面具有更大优势，因此，医疗保险中的公平与效率关系，容易理解成政府与市场的关系。实际情况也是如此。在中国现有的医疗保险制度中，政府往往起着主导作用，它既是制定政策、组织协调、筹措基金的管理主体，也是医疗保险制度运行的监督主体。另外，谋求医疗保险制度的可持续发展，又必须重视效率，要求在现有医疗保险制度中，重视商业医疗保险的作用，使其成为医疗保险市场有效运行的润滑剂，充分发挥其在保险精算、专业化管理等方面的优势，促进医疗保险制度的可持续发展。总的来看，对于医疗保险制度而言，公平与效率是相辅相成、相互促进，而非彼此对立的。实践也证明，通过合理的制度安排，可以实现公平与效率的均衡发展。

为了使全体公民都能享有较为公平的医疗服务和医疗保障，维护医疗保险的公平性和普惠性，必须完善全民医保体系，重点支持和帮扶弱势群体，这是破解人民日益增长的健康需要与医疗保障体系不平衡、不充分矛盾的关键所在。医保领域的“不平衡”，涉及的主要是医疗保险资源配置的公平性问题；“不充分”主要是指医疗保险服务的质量问题。医疗保险改革的一个主要目标，就是要解决全民医保从“有没有”到

---

① 其中心论点是：在广义的理解上，福利具备同时实现两个目的的独特潜能。第一，它能够再分配资源，并因此减少不平等；第二，它能够通过过程和制度实现这种再分配，而这样的过程和制度本身能够促进社会整合并鼓励伙伴关系。参见任国锋，韩克庆．蒂特马斯经济社会思想研究［J］．社会福利，2018（2）：11－14.

“好不好”的问题，实现从全民医保到高质量全民医保的转变。破解医保发展的不平衡和不充分的矛盾，建设更高质量的全民医保体系，要求突出重点人群的医疗保障。国家从2012年8月开始实施的城乡居民大病保险，就是着眼于重点人群，解决医疗保障不均衡、不充分问题的一大举措。

城乡居民大病保险是在现有医疗保障办法的基础上，对大病患者发生的高额医疗费用给予进一步保障的一项制度安排，是基本医疗保障制度的拓展、延伸和有益补充。大病保险不同于商业保险，首先，它在性质上属于社会保险，参保具有强制性，有别于商业保险的自愿原则。其次，作为独立但又非从属于基本医疗保险的一项新制度，大病保险另行安排筹资渠道。最后，由于大病保险的目标是“有效防止家庭灾难性医疗支出”，它与基本医疗保险实行“保基本”的普惠制有着很大区别。大病保险的保障范围仅限于灾难性医疗支出群体，它按照医疗费用高低分段确定保险支付比例，并与医疗救助制度一道，共同承担医保公平的托底功能。截至2015年底，全国31个省份按照要求已开展大病保险工作，覆盖9.2亿城乡居民。① 实践表明，通过大病保险，参保人员的医疗保障水平显著提高，因病致贫、因病返贫现象有所缓解。

三、渐进式制度变迁

中国在推进医保制度改革中，采取了五个方面的“渐进”措施。

（一）医疗保险制度的渐进整合

中国医疗保险制度的发展历程，大致可以划分为如下三个阶段。

第一阶段的主要目标和任务是，推动医保“扩面”，相继建立了城镇职工基本医疗保险、新农合和城镇居民基本医疗保险，在制度层面实现了医保体系的全民覆盖。在医保体系不断“扩面”过程中，通过强制性、家庭参保、补贴激励等措施，在一定程度上解决了医疗保险市场的逆向选择问题，大大提高了医疗保险的覆盖面，覆盖率达到了95%以上。这一阶段发展中存在的主要问题，一是三大医保项目之间在保障范围、筹资、待遇水平等方面差异较大，医疗保险体系过于“碎片化”；二是三大医疗保险制度之间存在着城乡分割、地区分割和人群分割的问题。这种“碎片化”“分割化”的医疗保险体系，在一定程度上降低了医保制度的公平性，因此，有必要对三大医疗保险制度进行整合，构建更加公平的全民医保体系。

第二阶段的主要目标和任务是，对城居保和新农合进行整合，实现“二保合一”。

---

① 资料来源于2016年10月19日国务院新闻办公室就城乡居民大病保险创新发展有关情况举行的发布会。

随着经济发展和城镇化进程，城居保和新农合在筹资方式和待遇水平上差异逐渐缩小，从而为城居保和新农合的整合提供了条件。广东省一些城市率先试点，随后全国多个城市跟进试点“二保合一”。2016 年，国务院在总结试点经验的基础上，颁布了《关于整合城乡居民基本医疗保险制度的意见》，开始在全国范围内推广城居保和新农合“合二为一”。目前，第二阶段目标基本完成，实现了城乡居民医疗保险整合，提高了城乡居民的医保统筹层次和待遇水平，打破了医疗保险的城乡二元结构，促进了医保制度的公平性，有利于城乡之间的人口流动与协调发展。

第三阶段的主要目标和任务是，在解决城乡之间医保公平性问题的基础上，努力缩小城乡居民和城镇职工之间的医疗保险待遇差异，打破职工与居民间的分割，实现三保合一。其意义在于，进一步提高医保的统筹规模和层次，增强医保基金的互助共济能力，构建更加公平的全民医保体系。但是，城乡居民医疗保险与城镇职工医疗保险的统筹难度更大，它们在筹资主体、筹资方式、筹资水平、待遇标准、运行机制等方面存在较大差异，而且两者间巨大的差异在短时间内很难补齐，在经济发展水平落后的一些省份尤为明显。

在医保制度发展的第三阶段，各地应努力降低城镇职工和城乡居民医保之间的差异，为两者合并创造条件。同时，鼓励有条件的地区率先试点，积累整合经验。在这一过程中，地方政府根据本地实际不断探索，产生了不同的整合模式。大致可以概括为四种：（1）三项基本医保制度“全统一”的整合模式；（2）二元制度两种基金统筹的整合模式；（3）一元制度两种基金统筹的整合模式；（4）二元制度三种基金统筹的整合模式。由于城镇居民基本医疗保险与城镇职工基本医疗保险在筹资主体、筹资方式、筹资水平、待遇标准、运行机制等方面存在差异，且这些差异在短时间内很难“填平补齐”，因此，医疗保险体系“碎片化”的问题将会长期存在，尽管目前已经实现了城镇与农村居民的医疗保险初步整合，但要进一步实现城镇职工基本医疗保险与城镇居民基本医疗保险的整合目标，困难还是相当大的。

虽然如此，少数发达地区进行的“三保合一”改革与实践，能够为建立全民统一的医疗保险制度积累经验。例如，2012 年，广东省已经完成了新农合和城镇居民医保整合工作，并开始探索医保一体化改革，即整合职工医保和城乡居民医保（见专栏 3 -6）。2016 年 10 月，广东省人社厅公布了《广东省医疗保险城乡一体化改革指导意见（征求意见稿）》，要求到“十三五”期末，整合职工基本医疗保险和城乡居民基本医疗保险，在全省范围内建立城乡一体化的医保制度，职工和城乡居民基本医保的支付比例统一为不低于 80%。

（二）保障人群的渐进覆盖

从医保范围来看，作为一种正式的社会制度，医疗保险首先应该满足有需求群体的需要，然后逐步覆盖到其他群体。这种渐进式的改革充分照顾既得利益，实行先易后难，其好处是制度推进的阻力较小，实施起来也较为容易。我国整个医疗保险制度的改革进程就是如此。1998 年，为了配合国有企业改革，我国首先建立了城镇职工基本医疗保险制度，其保障对象为国有企业职工，然后进一步扩展到民营企业员工、个体工商户等人群。2003 年，我国开始建立针对农村居民的新型农村合作医疗保险制度。直到 2007 年，中国才开始推动城镇居民基本医疗保险试点工作。

（三）保障待遇的渐进提高

从保障水平看，我国医疗保险实行“小步快跑”政策。以新农合筹资标准为例，2003 年，农民、地方政府和中央政府三方的年筹资标准各不低于 10 元，加起来不低于 30 元。到 2018 年实施城乡居民医疗保险后，全国农民个人的平均筹资标准达到 220 元，各级财政对新农合的人均补助标准达到 490 元。显然，提高筹资标准应当量力而行、逐步渐进，不能一蹴而就。

（四）统筹层次的渐进提升

从医保统筹看，提高统筹层次虽然是医保制度发展的必然趋势，但统筹层次过高，也会带来一定风险。因为医疗保险待遇一般就高不就低，保险统筹层次越高，其保障范围就越大，保障水平就越高，过大过高的医疗保障易引发道德风险，给医疗保险基金的收支平衡带来巨大冲击。因此，医疗保险的统筹层次要始终坚持适地、适度的原则，循序渐进，不能盲目扩张。中国的发展战略是，首先实现和巩固市（地）级统筹，逐步建立省级风险调剂金制度，待条件具备之后，再过渡到省级统筹。

（五）配套制度的渐进完善

从医保配套制度建设看，也涉及一个渐进式制度变迁问题。因为医疗保障制度是一个复杂的系统工程，涉及医疗卫生体制、药品流通体制、财政保障能力等诸多领域。所以，要充分认识改革的长期性和艰巨性，要在改革过程中坚持“三医”联动，形成合力、逐步推进。

专栏 3-6　东莞市“三保合一”的全民医保实践探索

作为全国改革开放的先行区，东莞在全国率先尝试进行了“三保合一”医疗保险制度的改革。东莞的做法是首先将三个制度归并为两个制度，然后减少两个制度的差异，再将两个制度并为一个制度。

2004年，东莞率先将城镇居民纳入医保体系，建立了覆盖城乡居民的医疗保险制度，而且采取“分层次、低水平、保基本、广覆盖、可持续”的原则筹资，实现城乡户籍居民医保筹资的无差异，建立了面向城乡居民的统一的农（居）民基本医疗保险制度。2008年7月，东莞通过“职工医保快车不加速，农居民医保慢车勤加速”，逐渐缩小了职工医保和居民医保之间的差异，为两制度的对接与合并奠定基础。2013年，东莞实现了“一个制度”保障全民的目标，将职工医保和居民医保进行合并，进入全民医保阶段，建立由基本险、补充险、大病险构成的统一制度，所有参保单位在参加基本险（含大病险）的同时，可以有选择地参加补充医疗保险。东莞在全国率先实现了“三保合一”的全民公平的医疗保险体系。

从参保对象来看，东莞的全民医保制度实现了参保人群的“三破除”：即破除正规就业与非正规就业人群、就业与非就业人群的分立与分割，破除城镇与农村居民户籍界限。而且东莞的全民医保体系将外来务工人员也纳入了医保，实现了真正的全民医保。

从筹资上来看，东莞市实行统一的缴费标准，建立了“同等费率、多方筹资、合理分摊、财政补贴”的医疗保险基金筹资机制。在筹资机制中加大政府财政补贴力度。针对那些工作稳定性差和收入较低的群体，东莞市则实施“多方筹资、财政补贴”的筹资原则，按上年度全市职工月平均工资的3%筹集，其缴费率为：住院和门诊分别为2%和1%。财政对参保者的医保费也予以适当补贴，补贴城乡居民住院和门诊参保费各50%，补贴企业职工门诊参保费20%。

从待遇上来说，东莞市实施的是城乡统一的模式：即统一制度、统一待遇水平、统一基金调剂使用。不同就业形式、就业单位所有制形式、身份地位、居住地的参保者，都享有同等待遇。此外，对医保政策进行调整，不再建立个人账户，而是实行医保基金的全市统筹。在此基础上，东莞市又推行了“门诊加住院”的保障模式，在选定定点社区服务机构就诊或转诊到本镇定点社区卫生服务中心就诊，可以报销70%；转诊到镇定点医院门诊部或定点专科医院门诊就诊，可以报销60%；转诊到市内三级定点医院门诊就诊，可以报销50%，满足了不同收入、不同户籍、不同企业性质以及个体参保者的医保需求。

资料来源：王保真．东莞市全民医保的亮点、启示和建议［J］．中国卫生政策研究，2011，4（9）：53-56.

四、先基层探索后顶层设计

中国医疗保险制度改革坚持“尊重地方经验，基层试点先行”的原则，采取了先基层探索、后顶层设计的方法。

1998年，国务院《关于建立城镇职工基本医疗保险制度的决定》指出，中国的医疗保险制度改革要坚持中央确定原则、地方分散决策的基本思路。在实施范围、统筹层次、筹资比例、支付标准等方面，中央只规定基本要求，具体政策和办法由各地从实际出发做出具体规定。这种“尊重地方经验，基层试点先行”的思路，不仅保证了制度原则的一致性，又有助于各地区根据本地实际情况，制定灵活的改革方案。以城镇职工基本医疗保险为例，1989年，国家选取辽宁丹东市、吉林四平市、湖北黄石市和湖南株洲市作为试点地区，开始先期试点工作。随后，又选择深圳市和海南省进行综合改革试点；1994年，国务院批准进行“两江”改革试点；1996年，试点范围扩展到全国58个城市；2008年，试点范围进一步扩大到全国80%以上城市；直到2010年，城镇职工基本医疗保险制度才实现了全国范围的全覆盖。

医疗保险支付办法的形成和完善，也经历了先基层探索、后顶层设计的过程。众所周知，基本医疗保险的一大矛盾是，既要保证一定的待遇水平，又要控制费用的过快增长，如何在两者之间谋求长期平衡，是一道难题。对此，国家一方面在宏观层面确定总体框架和战略，另一方面鼓励地方根据各自情况积极探索。以医保支付限额为例，全国各地最初的报销支付限额是不统一的，有的地方限额定得过低，达不到基本保障待遇的要求，有的地方则不设限额规定，导致费用开支失控。对此，中央在总结各地经验教训的基础上，提出了全国统一的报销支付限额标准，规定报销支付限额不超过当地职工年平均工资或居民可支配收入的6倍。又如，门诊大病以及慢性病保障制度的建立，也经历了一个从地方经验上升到顶层设计的过程。起初，全国各地对于门诊大病和慢性病的报销办法也不统一，经过几年的探索，目前统一规定为：门诊费用主要由个人账户支付，个人账户不足以支付时，由个人自付；住院费用主要由统筹基金支付；对于那些花费较大、时间较长的门诊治疗项目和慢性病等，纳入特殊病种管理，并由统筹基金按照一定比例报销。这样规定的好处是，一方面，有利于减轻患者的医疗负担；另一方面，还可以在一定程度上防止医疗费用的过快增长。

第三节 中国医疗保险制度的改革方向

党的十九大报告指出，要“按照兜底线、织密网、建机制的要求，全面建成覆盖全民、城乡统筹、权责清晰、保障适度、可持续的多层次社会保障体系”。为此，需要进一步深化医疗保险制度改革，从重视数量扩张向质量提升转变，从重视财政投入向体制机制改革转变，从重视出台政策向强化内部管理转变。

一、从重视数量扩张向质量提升转变

中国医疗保险已初步形成了以基本医疗保险为核心的多层次医疗保障体系。尤其是新医改以来，中国医疗保险的覆盖面不断扩大，截至2016年底，城镇职工基本医疗保险参保人数为2.9亿人，城乡居民基本医疗保险参保人数为10.4亿人，二者加起来为13.3亿人，覆盖了全国95%以上的人群。与此同时，国家也在医疗保险上投入了巨大的财政资金。2010年，中央财政安排的城镇居民医疗保险资金达560亿元，每人每年补助标准由过去的80元提高至120元，2012年为240元，2013年为280元，2016年为420元，2017年为450元。① 当然，在保险扩面过程中，也还存在重复参保和参保错位等问题。例如，大量本应参加职工医保的就业人员选择参加了居民医保等。

但总的来看，随着中国医疗保障制度改革的不断深入，医疗保险制度开始从重视数量向重视质量的方向转变，主要表现为：一是着眼于不断提高医疗保险制度的效率。这就要求强化个人缴费责任，提升居民的缴费比重，建立更加高效的风险分担机制，充分发挥医疗保险的互助共济功能。这样，不仅能够提高医疗保险基金的支付能力，而且有助于医疗保险制度的可持续发展。二是着眼于不断规范医疗保险制度。要按照《关于整合城乡居民基本医疗保险制度的意见》的要求，实现“六统一”，加强对中国医疗保险的统一规范管理。三是着眼于提高医疗保险监管效率。要求实现三个转变：(1) 要求监管范围从住院扩大到门诊就医和药店购药等整个医疗领域；(2) 要求监管方式从经办人员现场稽核为主向智能监控系统为主转变；(3) 要求监管制度从定点医疗机构协议管理为主，向医务人员和医疗服务行为延伸监管，包括要求建立医保医师管理制度。

二、从偏重财政投入向体制机制建设转变

在中国现行医疗保险体系中，城乡居民医疗保险主要依赖财政投入，它实行的是以财政补贴为主、个人缴费为辅的筹资模式，目前，财政补贴占筹资总额的80%以上。但是，随着中国经济增速逐渐放缓，医疗保险基金的可持续性面临严峻挑战。2017年，中国GDP增长率只有6.8%，相应地，全国财政收入增长也出现了明显的下滑趋势，由2011年的24.8%②，逐渐降低到2017年的7.4%。③ 在这种情况下，未来医

① 人力资源社会保障部、财政部《关于做好2017年城镇居民基本医疗保险工作的通知》。

② 资料来源：《2011年国民经济和社会发展统计公报》。

③ 资料来源：《2017年国民经济和社会发展统计公报》。

疗保险制度的深化改革，不能再像过去那样过度依赖政府的财政投入，而是需要把改革的重心转向医疗保险的体制机制建设。一是要进一步厘清政府和个人的缴费责任，建立起两者之间的责任分摊机制，明确政府和个人在医疗保险中各自应该承担的责任与义务。同时，从制度上建立起各级政府财政投入的增量分享机制。二是进一步增强个人缴费责任，逐渐提高个人缴费在医疗保险筹资中的比重，实行差别化的财政投入制度，降低政府补贴在医疗保险筹资中的比重。

三、从注重出台政策向强化内部管理转变

中国医疗保险体系在建设发展的20多年中，一直重视政策制定与制度安排。在城镇职工基本医疗保险方面，先后制定出台了《关于职工医疗制度改革的试点意见》和《关于建立城镇职工基本医疗保险制度的决定》；在新型农村合作医疗方面，制定了《关于卫生改革与发展的决定》和《关于建立新型农村合作医疗制度的意见》；在城镇居民医疗保险方面，国务院印发了《关于开展城镇居民基本医疗保险试点的指导意见》等。党和国家的这些政策文件对于推动中国医疗保险制度改革，加强医疗保险制度建设，规范医疗保险行业管理，发挥了极其重要的作用。但是，好政策关键要落实到位。

从目前情况看，随着医疗保险制度改革逐步进入深水区，过去那种一味依赖政策推动改革的方式难以为继，要求医疗保险逐步由制度建设向加强管理转变。一是需要强化医疗保险的资金投入绩效管理，不断完善绩效评估体系，建立起以绩效预算管理为核心的医疗保险管理体制，深化医疗保险支付方式改革，严格控制医疗费用的不合理增长。二是加强医疗保险经办服务能力建设和经办业务管理。要按照管办分离原则，建立健全医疗保险管理和经办的运行机制，明确经办服务机构的管理职责和权限，进一步落实医疗保险经办机构的法人自主权，提高医疗保险经办机构的服务能力和运行效率。

第四章　中国的全民医保制度

经过20年改革，中国已经建立了全民医疗保障制度。在“广覆盖、保基本、多层次、可持续”方针的指导下，城镇职工基本医疗保险制度和城乡居民医疗保险制度不断发展和完善，形成了具有中国特色的筹资机制和待遇支付方式，探索出了一套克服逆向选择和医患道德风险的宝贵经验。

第一节　全民医保的基本方针

所谓基本方针，是指政党或政府在一定历史时期内，为达到一定目标而确定的重要行动指南或指导原则。《社会保险法》在总则中明确规定，社会医疗保险制度坚持“广覆盖、保基本、多层次、可持续”的基本方针，它与党中央、国务院在深化医药卫生体制改革中提出的“保基本、强基层、建机制”改革方针一起，构成了中国医疗保障事业必须长期坚持的基本方针，是保证中国医疗保险事业平稳、健康、可持续发展的基准线和生命线。“广覆盖、保基本、多层次、可持续”的“十二字”方针，是在借鉴国际经验和立足中国国情的基础上，通过改革实践逐步形成、丰富和完善起来的，是社会保险理论中国化的产物，它包含着中国特色医疗保险理论、制度、方针、政策等重要内容。

一、全民医保的“广覆盖”

全民医保的第一个方针是“广覆盖”，它是全民医疗保险制度的首要目标。所谓“广覆盖”，包括两层含义：首先，它涉及的是医疗保险制度覆盖面的问题，即全民医保制度通过如何扩大医疗保险的覆盖范围，解决逆向选择问题。其次，“广覆盖”指的是覆盖群体的问题，即全民医保制度如何针对不同人群的特征，解决各个群体的逆向选择问题，从而使医疗保险制度尽可能地覆盖到所有的群体，实现应保尽保。总之，构建全民医保制度，关键问题在于如何解决逆向选择所带来的保险市场失灵，扩大全民医保制度的覆盖面。

从世界范围来看，保险市场中因逆向选择带来的覆盖面问题，已经成为各国建立医疗保险制度面临的普遍难题。例如，美国有15%的人没有医疗保险，随着致力于扩面的奥巴马医改法案被废除，这部分人仍然处于没有医疗保障的状态。中国在构建全民医疗保险体系的过程中，较好地解决了逆向选择问题，在制度上实现了医疗保险制度的全民覆盖，覆盖率达到95%。

1994年，由镇江和九江试点起步的城镇职工医疗保险制度，以企事业单位为载体，强制性要求企事业单位为员工购买医疗保险，相当于通过企业内部的强制性，剥夺了员工的选择权，限制了“优质客户”退出，从而解决了城镇职工医疗保险市场的逆向选择问题，实现了城镇职工医保的广覆盖。1998年，国务院正式出台了《关于建立城镇职工基本医疗保险制度的决定》，医疗保险覆盖范围进一步扩大，主要包括国有企业、集体企事业单位、政府机构、社会团体等单位职工。至于乡镇企业及其职工、城镇个体经济组织业主及其从业人员等群体是否需要参加基本医疗保险，则由各省、自治区、直辖市人民政府决定。2003年，劳动与社会保障部又颁布了《关于城镇灵活就业人员参加基本医疗保险的指导意见》，进一步将灵活就业人员纳入城镇职工基本医疗保险。1994年，城镇职工参保人数为400.3万人，到了2016年，参保人数达到了29 524万人（见图4－1）。

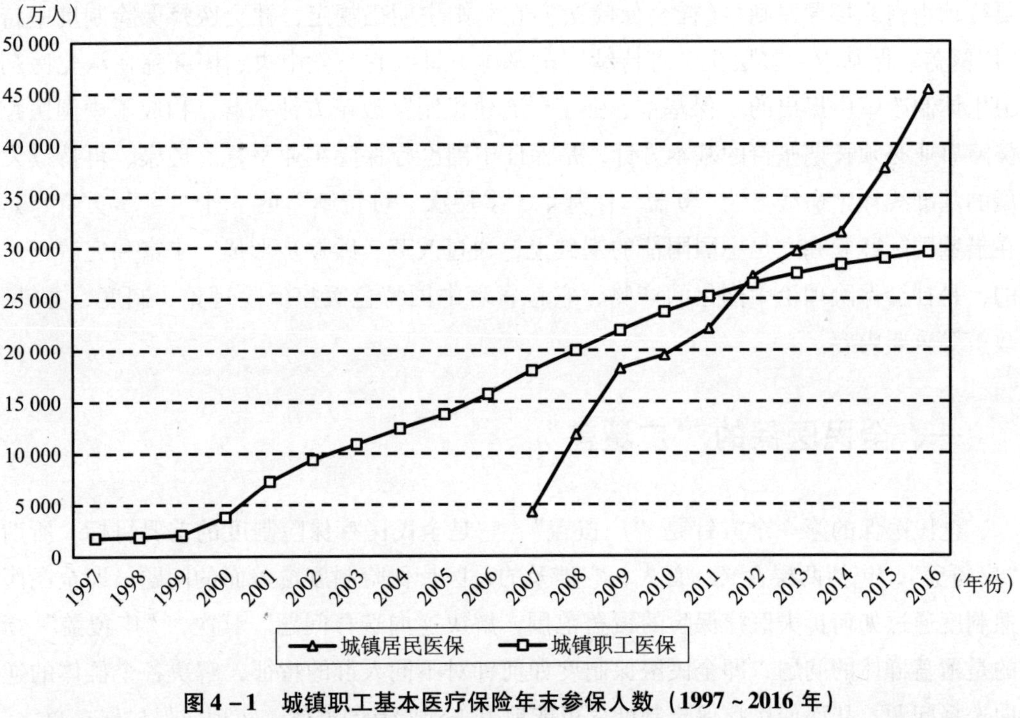

图4－1　城镇职工基本医疗保险年末参保人数（1997～2016年）

资料来源：《2016年国民经济和社会发展统计公报》。

在农村地区，随着计划经济基础上建立的旧农合名存实亡，广大农民处于没有医疗保障的状态。2003 年，国务院颁布了《关于建立新型农村合作医疗制度的意见》，提出建立新型农村合作医疗制度，由政府组织和引导农民自愿参加。首先，新农合制度鼓励家庭集体参保，以家庭为依附载体，避免了家庭内部的选择和优质群体的退出。其次，新农合还采取了财政补贴激励的措施，鼓励农民选择参加医疗保险。由于两项措施双管齐下、协同发力，较好地解决了新农合保险市场的逆向选择问题，新型农村合作医疗的覆盖面也随之不断扩大，到 2016 年，新农合的覆盖率达 99.36%①，实现了新农合的“广覆盖”。

在城镇居民医疗保险的构建中，中国也是通过财政补贴的激励方式，在一定程度上解决了城镇居民参保的逆向选择问题。2007 年，国务院颁布《关于开展城镇居民基本医疗保险试点的指导意见》，要求中小学阶段的学生（包括职业高中、中专、技校学生）、少年儿童和其他非从业城镇居民都可自愿参加城镇居民基本医疗保险。截至 2016 年，参加城镇居民基本医疗保险的人口达 45 315 万人。②

随着中国全民医保体系的逐步建立，医疗保险制度覆盖范围也不断扩大。在扩面过程中，医疗保险市场的逆向选择是首先需要解决的问题。中国针对不同人群、不同参保主体的不同情况，采取了不同的方式来克服逆向选择问题。一是以企业为依附载体，通过强制参保，从企业内部克服逆向选择；二是以家庭为依附载体，鼓励家庭成员集体参保，避免家庭内部的逆向选择；三是在筹资环节，政府通过财政补贴，引导人们积极参保。经过 20 年的发展，中国的医疗保险制度建设取得了巨大成就，在构建全民医保体系过程中较好地解决了逆向选择问题，初步实现了全民医疗保险制度“广覆盖”的基本目标。

二、全民医保的“保基本”

全民医保制度的第二个方针是“保基本”。所谓“保基本”，是指基本医疗保险的待遇水平要适度，既不是低水平，也不是保小病，更不是高福利。与“保基本”相反的是“保豪华”，例如，使用豪华病房和国外进口药等。

（一）“保基本”的地位与作用

在“十二字”方针中，“保基本”是建立全民医疗保险制度的核心与关键所在。理由有三：第一，只有“保基本”，才能实现全民医疗保险体系的“广覆盖”。高水平的保障势必会对医疗保险基金带来沉重的压力，进而制约“广覆盖”。要实现“广覆

①② 资料来源：《2016 年中国卫生和计划生育统计年鉴》。

盖”目标，必须坚持“保基本”的方针。第二，因为“保基本”，才需要“多层次”。“保基本”与“多层次”不是对立的，而是互补的，特别是在解决重特大疾病问题上，基本医疗保险只能通过基本药物、基本诊疗项目、基本医疗服务设施来解决大多数人的重特大疾病问题。单靠基本医保“单打独斗”，是无法解决重特大疾病带来的高额医疗费用问题的。相反，实现“保基本”的目标，需要发挥多层次医疗保障体系的合力作用，通过补充医疗保险、医疗救助等制度，解决不在基本医保目录报销范围内的少数人的重特大疾病问题。目前，中国全民医疗保险体系是多层次的，基本医保要回归制度本位，明确与其他医疗保障项目之间的责任边界，既不越位，也不缺位。第三，“保基本”是实现“可持续”的必然要求。只有坚持“保基本”，才能实现医疗保险的可持续发展。在这一原则的指导下，1998 年，国务院《关于建立城镇职工基本医疗保险制度的决定》明确指出，基本医疗保险的水平“要根据财政、企业和个人的承受力来确定”，“要与社会主义初级阶段生产力发展水平相适应”。《社会保险法》第三条更是明确规定，“社会保险制度坚持广覆盖、保基本、多层次、可持续的方针，社会保险水平应当与经济发展水平相适应”。

（二）“保基本”的内涵

中国医疗保险中的“保基本”，主要指的是“保大病”，而不是“保小病”。何为大病，何为小病的界定有所不同。从医疗领域来看，大病是从“病”的角度出发，主要是指病情严重、治疗过程复杂、治愈难度较大、花费较高，对个人和家庭生活影响较大的重大疾病，如恶性肿瘤、严重心脑血管疾病、需要进行重大器官移植的疾病等；小病则是指一些常见病、多发病、容易治愈的疾病。从医疗保险的角度看，大病是从“费用”多少的角度来界定的，即个人或家庭医疗费用支出占家庭总支出的比例达到一定规模，则可称为大病，也就是说，对于多数家庭而言，某种疾病的医疗支出占家庭总收入的比例非常高，则被称为医疗保障范畴的“大病”。

从理论上讲，保险的好处就是降低不确定性给参保者带来的效用损失，即风险溢价。从风险溢价的角度看，相对于小病，大病带来的疾病经济损失更大，人们面临的不确定性风险更高，“保大病”的风险溢价也更高。风险溢价最终是由保险机构和参保者分割的，在考虑交易费用情况下，“保小病”很可能导致风险溢价小于管理成本，制约了保险机构的激励机制。所以，基本医疗保险应该“保大病”，而非“保小病”。

反之，如果基本医疗保险“保小病”，会造成两个方面的严重后果：一是损害医疗保险的保险属性。大病的费用往往超出个人能力，需要社会统筹，通过大数法则分散风险，体现互助共济的原则，体现保险的优势。而小病发生的概率高，费用低，一般都能自己承担，不需要通过保险机制来分担风险。保险“保小病”，就变成了参保人几乎人人都可享受，医疗保险制度成了一种社会福利，而非真正意义上的保险。二是由于小病发生概率高，小病医疗费用将占据相当一部分基本医保基金，从而大大提高基本医保基金的管理成本，严重削弱基本医疗保险“保大病”的能力，使得那些“大病”的参保者无法得到真正的保障。所以，基本医疗保险如果越位“保小病”，则会带来“保大病”的缺位。

目前，有些地区在医保实施过程中，把基本医疗保险中的“保基本”等同于“保小病”，认为基本医疗保险只能“保小病”、没有能力“保大病”。还有一些地区把“保小病”理解为医疗保险的“普惠”，以“保小病”提高医疗保险参与积极性。所有这些都是没能正确理解“保基本”内涵的错误做法。2015 年，国务院《关于全面实施城乡居民大病保险的意见》决定，从现有的医疗保险基金中拿出一部分建立大病保险基金，似乎支持了基本医保“保小病”、没有能力“保大病”的观点。其实，这种看法是对国务院文件精神的一种“误读”。其实，国家建立大病保险制度的一个主要原因，就是因为基本医保保了很多“小病”，导致对“大病”的保障力度不足，大病患者医疗支出负担仍然较重，才不得不建立大病保险基金，作为基本医疗保险制度的延伸，进一步分散大额医疗支出风险。所以，建立大病医保制度，是国家对医保实践中广泛存在的“保小病”现状的一种纠偏，有利于进一步强化医疗保险“保大病”的功能定位。

（三）如何“保基本”

要实现保基本的方针，需要做好以下两方面的工作：一方面，基本医疗保险必须以基本药物、基本诊疗项目、基本医疗服务设施“三大目录”为依据（见专栏 4 - 1），解决大病诊疗问题，对于超出“三大目录”以外的药物、国外进口药以及医疗服务设施，基本医保就不能给予报销。换言之，所谓“保基本”，就是用基本方法、最省钱的方法“保大病”。另一方面，要严格遵守基本医保待遇支付中的起付线、共付段、封顶线，即“两线一段”制度。基本医疗保险要求采用最省钱且效果稳定的治疗措施、药物以及使用基本的医疗服务设施，达到恢复健康的目的。如果医疗费用达不到起付线，就不应该使用基本医疗保险报销；如果医疗费用超过了封顶线，就不应该继续使用基本医疗保险基金。所以，坚持“保基本”，基本医疗保险就要不缺位、不越位，就要严格按照“两线一段”对三大基本目录内的费用进行报销，解决大多数参保者的大病医疗费用问题。对于超过“两线一段”、个人难以承受的参保者，需要由个人增配其他商业医疗保险或补充医疗保险来进一步分担风险。

综上所述，基本医疗保险在实质上是大病基本医疗保险；“保基本”并非“保小病”，而是“保大病”；保基本或保大病，就是采用基本药物、基本诊疗项目、基本医疗服务设施解决大病问题。坚持“保基本”的方针，就要逐步缩小“保小病”的范围，逐步提高起付线，集中资源“保大病”。

专栏4-1　医保三大目录

基本医疗保险的“三大目录”包括基本医疗保险药品目录、诊疗项目目录、医疗服务设施标准。根据《社会保险法》规定，符合基本医疗保险三大目录以及急诊、抢救的医疗费用，能够按照相关规定进行报销。

1. 基本医疗保险药品目录。

中国在2000年公布了第一版《基本医保药品目录》，后来于2004年、2007年、2009年进行不断调整。2017年，为适应医疗技术水平和临床用药水平提升的现状、进一步减轻参保人员医疗费用负担，人社部发布新版医保药品目录，收载药品2 535个，较2009年版目录增加了339个，增幅约15.4%。此外，对部分具有重大临床价值且价格高昂的专利独家药品，人社部牵头组织了医保药品谈判，准入了36个药品，治疗领域覆盖多种恶性肿瘤、部分罕见病及慢性病，显著提高了临床用药保障水平。2017年，《国家医保药品目录》的调整实行了“有进有出的动态机制”，根据中国疾病谱的改变以及临床对药品的需求，主要对重大疾病、慢性病等治疗药物进行扩容，同时淘汰了部分临床价值低、经济性差的药品。这是以前几次的调整中没有体现的，也说明了中国医保目录的调整不断走向科学化。

2. 基本医疗保险诊疗项目目录。

基本医疗保险支付部分费用的诊疗项目范围按照国家规定的《基本医疗保险诊疗项目范围》规定实施。属于该目录以内的诊疗项目，先由参保人员按规定比例自付后，再按基本医疗保险的规定支付。目录以外的，基本医疗保险基金不予支付。诊疗目录包括检查费、手术费等一些费用，将美容、保健等非疾病治疗项目及一些高额费用的诊疗项目排除在外。

人社部分别于2010年、2016年会同有关部门将以治疗性康复为目的的20余项康复项目纳入医保支付范围，规定有条件的地区可根据基金承受能力，按照保障基本医疗需求的原则，适当增加医疗康复项目，以满足人民群众日益变化的需求。

3. 基本医疗服务设施目录。

基本医疗保险医疗服务设施费用的报销，涵盖了由定点医疗机构提供的、参保人员在接受诊断、治疗和护理过程中所必需的生活服务设施，主要包括住院床位费或门（急）诊留观床位费。基本医疗保险基金不予支付的生活服务项目和服务设施费用，主要包括：（1）就（转）诊交通费、急救车费；（2）空调费、电视费、电话费、婴儿保温箱费、食品保温箱费；（3）陪护费、护工费、洗理费、门诊煎药费；（4）膳食费；（5）文娱活动费以及其他特需生活服务费用。

资料来源：刘金玉，李冬艳等.2017年版《国家医保药品目录》解读［J］. 医药导报，2018（1）：6-12.

三、全民医保的多层次

如前所述基本医疗保险体系主要发挥“保基本”的作用，它只对“三大目录”范围内的医药费用进行报销，而且费用报销受“两线一段”约束，即一方面，一些治疗重特大疾病和罕见病（见专栏4－2）的药物尚未列入基本目录；另一方面，即使将这类药物列入基本目录之中，在基本医疗保险报销时，封顶线以上的费用也不予以报销。因此，基本医疗保险不能完全分散重特大疾病的高额医药费支出风险，需要建立多层次的全民医疗保障体系。

全民医保的第三个方针是“多层次”，它包含以下三个方面的内容：

一是“多层次”的“保大病”。如前所述，小病的风险溢价较低，无须通过保险来分散风险，保险就是“保大病”。因此，这里的“多层次”，不是指疾病种类的多样性，而是指对大病产生的高额医疗费用的保障路径的多样化；“多层次”也不是指构建覆盖不同层次疾病医疗费用的医保体系，而是通过多种手段、多种方法，保障参保人因大病产生的高额医疗费用得以分散风险。

二是建立“多层次”的大病医疗保障体系。基本医疗保险制度主要是保“大病”，其保障方式是对采用基本方法治疗大病产生的医疗费用，以及对基本药品目录、基本诊疗项目目录、基本医疗服务设施目录内的医疗费用进行报销。而且，基本医疗保险只对封顶线以下的医疗费用实行报销，对于采用目录外治疗措施产生的医疗费用，以及封顶线以上的高额医疗费用，则不予保障。在这种情况下，就需要构建大病的多层次医疗保障体系，参保人可通过企业补充医疗保险或商业保险等多种方式，分担基本保险保障范围外的医疗费用风险。

三是构建多维度的医疗保险制度，共同解决参保人因大病产生的高额医疗费用问题。需要强调的是，这里的“多层次”，指的是报销医疗费用的不同路径的层次性，而不是指城市与农村、职工与居民等不同社会阶层的划分问题。城镇职工基本医疗保险、城镇居民基本医疗保险和新型农村合作医疗制度，它们虽然分别解决的是城镇职工、城镇居民、农村居民的医疗保险问题，但这三项制度属于同一层次，而非不同层次。

中国医保体系的“多层次”经历了一个不断建设和完善的过程。1998 年，国务院颁布《关于建立城镇职工基本医疗保险制度的决定》，强调城镇职工基本医疗保险主要解决患大病时的医疗费用支出。2003 年，国务院办公厅转发卫生部等部门《关于建立新型农村合作医疗制度意见的通知》，指出“农村合作医疗基金主要补助参加新型农村合作医疗农民的大额医疗费用或住院医疗费用”。2007 年，国务院《关于开展城镇居民基本医疗保险试点的指导意见》提出，建立“以大病统筹为主的城镇居民基本医疗保险制度”，城镇居民基本医疗保险基金重点用于参保居民的住院和门诊大病医疗支出。通过建立三大基本医疗保障制度对三大目录范围内的医疗费用进行报销，保障了参保者用基本方法治疗大病产生的医疗费用。2009 年，《中共中央 国务院关于深化医药卫生体制改革的意见》提出了“多层次医疗保障体系”的概念，要求“加快建立和完善以基本医疗保障为主体，其他多种形式补充医疗保险和商业健康保险为补充，覆盖城乡居民的多层次医疗保障体系”。通过企业补充医疗保险和商业健康保险，保障了人们对采用目录外治疗大病措施产生的医疗费用，满足了人们的多层次医疗服务需求。2015 年，国务院发布《关于全面实施城乡居民大病保险的意见》，要求全国各地建立大病保险制度。通过构建大病保险制度，对高额医疗费用封顶线以上的部分进行二次报销。经过多年的探索实践，中国的全民医保制度形成了以基本医疗保险、大病医疗保险为主体，以企业补充医疗保险、商业健康保险等为补充的多层次医疗保险体系。

专栏 4－2　罕见病是否应该纳入医保

罕见病，是指那些发病率极低的疾病，比如血友病、再生障碍性贫血、白血病等。世界卫生组织将患病人数占总人数 0.65‰～1‰的疾病定义为罕见病。中国将罕见病定义为：患病率＜1/500 000 或新生儿发病率＜1/10 000 的疾病，按照这个定义，以中国约 14 亿人口为基数计算，每种罕见病的患病人数约为 2 800 人，以目前国际上公认的约 6 000 种罕见病为计算基数，则中国罕见病总患病人数为 1 680 万人。这是一个不可忽视的庞大的社会群体。一直以来，罕见病患者面临着药品少、价格高、医疗费用负担重等问题。对于绝大多数家庭来说，一旦遭遇罕见病，往往意味着发生“灾难性医疗支出”。

由于罕见病和常见病不同，患病人数相对较少，不能通过大数法则进行风险的分散。此外，在罕见病医保市场中存在“劣币驱逐良币”的现象。由于信息不对称，患者比保险公司更了解自己是否会患病，因此很容易产生逆向选择问题。假设医疗保险市场上参保者有两种：高概率患病人群与低概率患病人群，每位参保者都知道自己属于哪个类型，但保险公司不知道，且不同类型参保者愿意承担不同的保费，高风险患病人群愿出更高的保费。当保险公司将保费确定后，不同风险人群会做出不同选择，若保费高于低风险人群的心理预期，高风险人群选择留下，而低风险人群退出，当保险公司发现参保者大多是高风险人群的时候，就会把保费提高，低风险人群就会退出参保，以此循环，极端情况是保险市场最终留下的参保者为罕见病患者，这时商业保险公司出价很高，以至于参保者负担不起，整个市场将会崩溃。

资料来源：

［1］梁土坤，尚珂．青岛模式：罕见病医疗保障制度的实践与展望［J］．社会保障研究，2014（3）：64－73.

［2］曹立前，王瑾琪．建立和完善我国罕见病医疗保障体系的思考［J］．人力资源管理，2013（11）：51－54.

四、全民医保的“可持续”

全民医保的第四个方针是“可持续”。医疗保险的“可持续”，不仅是医疗保险制度发展的显著特征和本质要求，而且也是建立科学合理可行的筹资机制和待遇调整机制，完整系统地推进支付制度改革，并切实加强经办能力建设的必然要求。

全民医保的“可持续”，最核心和最关键的是要实现医保基金的可持续。为此，需要按照“以收定支、收支平衡、略有结余”的原则，在筹资和待遇两方面做到可持续，使筹资水平与保障水平的增长与本国（地区）的经济发展水平相适应，与国家、企业（社会）和个人（家庭）的承受力相适应。换言之，保持筹资的可持续和待遇的可持续，既要尽力而为，又要量力而行，不能政府拍脑袋，人为调高或降低筹资水平与保障水平。只有这样，才能实现医疗保险制度的稳定性、连续性、长期性和可靠性。

首先，在保持筹资水平可持续性方面，要求坚持权利与义务相统一的原则（见专栏4－3)，即国家通过法律形式推行医疗保险制度，参保者只有在缴纳医疗保费的前提下，才能依法享受合理的医疗保险待遇。在城镇居民医保和新农合建立之初，政府为了吸引更多的居民参保，安排了大量财政资金补助，筹资主要依赖政府财政投入。但随着人口老龄化不断加剧，以及中国经济步入“新常态”，经济增速逐渐放缓，要实现筹资水平的可持续，就需要加大个人在医疗保险中的筹资责任，降低政府在医疗保险中的筹资比重。

其次，在保障水平的可持续方面，要求在全民医保经办管理过程中，严格落实《基本医疗保险药品目录》《基本医疗保险服务设施目录》《基本医疗保险诊疗项目目录》“三大目录”，设置定点医院和定点药店的医疗费用结算支付办法。在医保统筹基金需方支付方面，设置“起付线”、共付段和“封顶线”等“闸门”，抑制患者的道德风险问题。在医保基金支付方式方面，探索按项目付费、总额预付、按病种付费、按服务单元（诊疗人次、床日）付费、按人头付费等多元组合的付费方式，管控医生的道德风险问题，抑制医疗费用的不合理增长。

需要指出的是，医疗保障水平的可持续取决于筹资的可持续，因为医疗保险基金坚持“以收定支、收支平衡、略有结余”的原则，所以要求我们“有多少米，做多少饭”，地方政府也不能不顾财力可能，随意提高保障水平或报销比例。从目前情况看，影响医保可持续发展的因素，不仅体现在过高的报销比例上，也体现在参保人员对基本医疗过高的需求上。也就是说，全民医保可持续发展的基础仍然是“保基本”，只有坚持“保基本”，才能体现保障的“适度性”，才能保证中国医疗保障制度的可持续。

专栏4-3 德国医保如何强调权利与义务对等

德国的保险制度是社会保险，医疗保险也不例外，其最突出的特点是权利与义务对等，具体而言，即医疗保险是双方面的给付关系，要以缴费为前提。只有履行了缴费义务，才能享受医疗保险权益，才能将遭遇到的疾病风险转嫁给保险机构，实行社会统筹，社会共济。不履行缴费义务就不能享受医保权益。因此，德国法定健康保险基金主要来自雇主、雇员、养老金领取者、养老保险基金和其他参保人的缴费，以及来自政府为低收入群体提供的缴费性补贴。具体判断社会保险权利与义务是否实现可以从以下几方面入手：

一是从医疗保险的覆盖面来看，这是一个既反映是否履行义务，又反映是否享受权利的双向指标。德国医疗保险经历了从蓝领到白领、从雇员到家庭成员（1920年）、从非农就业者到农民（1957年）的覆盖面扩大的过程。20世纪20年代，德国实现了家庭联保制度，即就业人口参加医保并缴费，家庭内被抚养人口自动免费受保护。从2009年开始，德国实行强制性的全民医疗保险政策，规定全体居民必须参加社会医疗保险或私人医疗保险中的一种，至此，德国医疗保险实现了全覆盖。全覆盖说明全国范围内参保者实现了义务的履行与权利的享受。

二是从医疗保险基金缴费费率来看，这是反映用人单位和职工履行义务的指标。自2015年1月1日到2016年底，德国法定健康保险基金的平均缴费费率为14.6%(德国的法定健康保险由多家机构经办，各机构的费率可能不同，此处的费率为平均费率)。雇主与雇员、养老金领取者与养老保险基金各承担一半的缴费，即各自的缴费费率大致为7.3%。费率实行动态调整机制。这与中国目前的6%~8%相比费率比较高，保证了医保基金的充盈，用人单位与职工履行义务良好，履行义务的结果是其权利的充分享受。

德国医疗保险制度强调权利与义务对等，不仅充分体现了其“团结互助、社会共济、体现公平”的宗旨，更保证了基金来源的稳定与可持续性，有利于医疗保险制度的平稳运行，更有利于社会保险制度整体的推进。

资料来源：隋学礼．德国医保的特色——国家调控与市场化运行［J］．北京航空航天大学学报（社会科学版），2014，27（3）：6-12.

第二节 筹资机制与逆向选择

全民医保制度涉及参保对象、筹资机制和待遇支付三方面，要解决“谁来参保”

“钱从哪来”“待遇如何”等三个基本问题，它们是全民医疗保险制度最基本的构成要素。

一、城镇职工基本医疗保险

中国在构建城镇职工基本医疗保险制度过程中，主要是以企事业单位为载体，从企事业内部解决城镇职工医疗保险的逆向选择问题。如前所述，推行城镇职工基本医疗保险，存在参保的逆向选择问题。对此，全国不同地区尝试了不同的解决办法。例如，有的地方实行“捆绑式”参保，即将参加医疗保险与其他相关的事项捆绑在一起，作为参保的条件，间接地强制职工参保，其中具有代表性的是将医疗保险与养老保险进行捆绑。2006 年 2 月，广州市社会保险基金管理中心发布了《关于参加医疗保险的催办通知》，即采取这种方式，规定凡须参加养老保险的单位，都必须为员工购买医保。针对灵活就业人员参保问题，有些地区规定，灵活就业人员不能在城镇居民医疗保险和城镇职工医疗保险之间进行选择，而必须参加城镇职工医疗保险。除此之外，2009 年，河北青龙满族自治县建立了城镇职工基本医疗保险参保人员意外伤害医疗保险制度，也要求意外伤害医疗保险实行与城镇职工基本医疗保险捆绑式参保。2010 年，宝鸡市要求城镇职工基本医疗保险、生育保险费实行捆绑式缴费。这些“捆绑式”参保方式对于克服逆向选择发挥了积极作用。不过，从长远来看，强制性捆绑参保也非长远之计。提高参保积极性和扩大覆盖面，最终还有赖于完善待遇享受机制。

（一）参保对象

1. 覆盖范围不断扩大。城镇基本医疗保险的覆盖范围经历了一个从小到大的过程。1994 年 11 月，国务院批复了《关于江苏省镇江市、江西省九江市职工医疗保障制度改革试点方案》，开始进行“两江试点”改革。试点初期，镇江市职工基本医保的主要对象是国家机关、国有企事业单位职工；九江市的主要对象包括：市、县（市、区），以及庐山管理局局属、中央部属、省属驻市国家行政、事业单位、国有企业、军队所属企业、城镇集体企业和“三资”企业的职工。1996 年，在总结“两江试点”改革经验的基础上，国务院办公厅转发了《关于职工医疗保障制度改革扩大试点的意见》，提出“为城镇全体劳动者提供基本医疗保障”。1998 年，国务院在《关于建立城镇职工基本医疗保险制度的决定》中明确提出，城镇所有用人单位，包括企业（国有企业、集体企业、外商投资企业、私营企业等）、机关、事业单位、社会团体、民办非企业单位等，其职工必须参加基本医疗保险。乡镇企业及其职工、城镇个体经济组织业主及其从业人员是否参加基本医疗保险，则由各省、自治区、直辖市人民政府依据当地情况自由决定。这样，城镇职工基本医疗保险的覆盖范围进一步扩大。2003 年，劳动与社会保障部在《关于城镇灵活就业人员参加基本医疗保险的指导意见》中，要求已经与用人单位签订合同的灵活就业人员，可以依托用人单位参加城镇职工医疗保险；对于没有用人单位的灵活就业人员，则可以按照个人身份缴费参保。至此，中国就初步建立起覆盖全体城镇职工的基本医疗保险制度。这一制度虽然可以通过单位内部强制的方式来克服逆向选择，但在城镇职工医疗保险扩面过程中，仍然存在着一些企事业单位不愿参保（见专栏4-4），以及部分灵活就业人员的逆向选择问题。

专栏4-4　大中型国企与机关事业单位的"无意参保"问题

全民参保，应该理解为各行各业、各个阶层无论贫富一律参保，不应该存在一个不参保的特殊群体。"无力参保"和"无意参保"是导致这一特殊群体存在的主要原因。对于"无力参保"者，《社会保险法》有其相应的规定；而对于"无意参保"者，《社会保险法》则没有明确规定。

"无意参保"可能是因为收入高，自保能力强，也可能是因为有更满意的保障渠道。在医疗保险中，这种"无意参保"的情况主要存在于两个领域：一是部分封闭运行医保的国有企业；二是依旧沿用计划经济时期公费医疗制度的机关事业单位。

首先，对于封闭运行医保的国有企业来说，企业效益好，职工报销待遇高，本质上是"企业办福利"。以山西汾西矿业集团为例，企业职工医保在二级、三级定点医院的报销比例是89%和87%，封顶线达到了20万元。除此之外，职工还可以用企业补充医疗保险对自付费用进行二次报销，算下来个人只要承担5%左右。这种企业医保仅在山西省就有139家国有企业的百万职工参加，与基本医疗保险互不干扰。但是，医疗保险制度遵循"大数法则"，参保人数越多，基金抵御风险和互助共济的功能就越强。国有大中型企业普遍存在的封闭运行医保现象，导致中国基本医疗保险统筹基金互助共济功能严重受损，客观上不利于医疗保险体系的可持续发展。在这种情况下，2010年，山西省政府印发《关于推进城镇职工基本医疗保险市级统筹工作的指导意见》，明确要求实行医保封闭运行管理的企业必须按要求纳入社会统筹当中。然而，当时煤炭企业发展快、经济效益好，煤炭企业筹资水平较高，企业没有实行医疗保险基金专户存储，资金由企业统一调度使用。如果纳入属地管理，必然减少企业流动资金，增加企业的资金成本，因此，这些企业不愿意或者抵制参加社会统筹。为了能够彻底完成市级统筹工作，山西省政府多个部门进行了四次督办，最终实现了大多数企业与属地医保经办机构签署移交协议，并轨过程十分曲折。

其次，对于实行公费医疗制度的机关事业单位来说，他们沿用的是计划经济时代遗留下来的公费医疗制度，在职工医保建立时，相关单位改革又不够彻底，才形成了如今机关事业单位不愿参保的情况。1998年底，国务院公布《关于建立城镇职工基本医疗保险制度的决定》，要求在全国范围内进行城镇职工医疗保险制度改革，所有用人单位（包括机关事业单位）及其职工全部参加城镇职工基本医疗保险制度。然而，20年过去了，中国内地31个省区市中，仍有个别省直机关和中央在京机关事业单位没有参加职工医疗保险，而沿用公费医疗制度的情况。

资料来源：

［1］吕国营．废除公费医疗实现基本医保全覆盖［J］．中国医疗保险，2016（1）：22.

［2］胡杨．“自留地”的社会化变革［J］．中国社会保障，2014（1）：70－72.

2. 灵活就业人员的参保选择。所谓灵活就业人员，是指以非全日制、临时性和弹性工作等灵活形式就业的人员。包括：国有、集体企业下岗人员和失业人员；受雇于私营企业和个体经营户的就业人员；从事临时工、季节工、钟点工等劳务活动及个体工商户的就业人员；从事建筑、家政服务及其他服务性职业的进城务工人员（简称“农民工”）；还包括伴随新经济产生的新就业群体，如律师、演员等。灵活就业人员的主要特征是劳动关系复杂，有些通常没有明确的劳动关系，劳动收入差异较大，低收入人群占比较高，且具有较强的流动性。

如何克服逆向选择，如何解决灵活就业人员参保问题是一个世界性难题。如前所述，国家机关、事业单位和企业职工依附于单位，必须以“单位人”的身份强制参保，形成“团体参保”。换言之，单位必须为员工购买医疗保险，从而能够有效地解决医疗保险中的逆向选择问题。但是，由于灵活就业人员没有明确的劳动雇佣关系，无法通过载体强制参保，而只能要求灵活就业人员“以个人身份参保”。结果是，部分灵活就业人员必然会根据自身的健康状况进行选择，健康状况较差的，一般选择参保；健康状况较好的，则会退出保险市场，从而发生逆向选择（见专栏4－5）。2009年，国务院在《关于印发医药卫生体制改革近期重点实施方案（2009－2011年）的通知》中明确规定，灵活就业人员可以自愿选择参加城镇职工医保或城镇居民医保。但是，由于灵活就业人员作为“自由人”，缺乏参保载体，参保选择更加灵活，所以，强制参保的效果并不理想。以农民工为例，由于他们工作流动性较强，且受医保统筹层次和异地就医结算的限制，农民工在一个城市缴纳的医保费无法补偿其在另一个城市的医疗费用，所以，对他们来说，参保缴费意义不大。另外，灵活就业人员的收入来源不稳定，收入水平相对较低，也限制了他们的参保能力。因此，灵活就业人员参保难，已经成为制约城镇职工基本医疗覆盖面继续扩大的一大“瓶颈”。

专栏4－5 灵活就业人员——全民医保的新难题

灵活就业人员在劳动时间、收入报酬、工作场所、劳动关系等方面均不同于建立在工业化和现代制造业基础上的传统的主流就业方式。在中国，灵活就业人员主要有个体经营户和自由职业者等自营劳动者；从事临时工、钟点工等劳务活动的人员；农村进城务工人员；伴随新经济产生的新就业群体等。经济新常态背景下，以服务业为代表的第三产业、互联网＋产业成为新的经济增长点，从事这类行业的灵活就业人员数量快速增加。数据显示，中国新增就业量的65%以上来自灵活就业，截至2013年末，中国灵活就业人数占城镇就业总人口的比重达到63.2%。

灵活就业人员数量的快速增加给中国全民医保的实现带来了巨大的挑战。首先是医保覆盖面的问题，一方面，由于灵活就业人员没有明确劳动雇佣关系，因此无法通过强制性解决这类人群的逆向选择问题；另一方面，部分灵活就业人员的劳动收入比较高，政府的财政补贴对他们没有激励作用。2003年，劳动与社会保障部发布《关于城镇灵活就业人员参加基本医疗保险的指导意见》，要求将灵活就业人员纳入城镇职工基本医疗保险覆盖范畴，然而，灵活就业人员的参保率仍比较低。以灵活就业群体之一的农民工为例，2013年，外出农民工参加医疗保险的比例仅为17.6%。未来，中国灵活就业人员的数量还会持续快速增加，该类人员拥有是否参加医疗保险的自主选择权，健康状况差的人会选择参加医疗保险，健康状况好的人则不会参加医疗保险。若不能解决灵活就业人员参保的逆向选择问题，则难以实现真正意义上的全民医保。

除此之外，灵活就业人员还存在“职转居”现象，即本应该参加城镇职工医疗保险的人员参加了城镇居民医疗保险。在筹资方面，以北京为例，灵活就业人员若参加城镇职工医疗保险，缴费基数一般为各地上年度在岗职工年平均工资60%左右，缴费比例一般为缴费基数的10%左右，若参加城镇居民医疗保险，按非从业城镇居民的缴费标准的话，个人每年缴纳医疗保险费330元，其余230元由政府补助。但在待遇方面，根据《关于城镇灵活就业人员参加基本医疗保险的指导意见》规定，灵活就业人员报销比例比城镇职工会低5%～10%。灵活就业人员若参加城镇居民医保的话，相比较参加城镇职工，两者的待遇差别并不悬殊。由于中国政府对城乡居民基本医保补贴较多，随着我国灵活就业人数的增加，这种“职转居”现象会加大政府的财政压力。

资料来源：

[1] 杨怀印，鞠志红．我国社会灵活就业制度的设计原则与操作策略问题研究［J］．中国行政管理，2008（10）：90－94.

[2] 叶宁．中国灵活就业者参加社会养老保险模式研究［M］．北京：知识产权出版社，2013：1－53.

[3] 刘俊霞，帅起先，吕国营．灵活就业人员纳入基本医疗保险的逆向选择——基于逆向选择的分析［J］．经济问题，2016（1）：66－70.

从世界范围来看，大多数国家都要求灵活就业人员强制参加社会医疗保险，例如，德国、法国、罗马尼亚、奥地利、日本、韩国等；也有少数国家规定灵活就业人员参加社会医疗保险实行自愿原则，如波兰、保加利亚等。① 尽管各国的制度规定不尽相同，但是，灵活就业人员的参保问题始终是一个难题，如何将灵活就业人员纳入医疗保险制度，各国也经历了一个逐步探索的过程。1883 年，德国率先建立医疗保险制度；1911 年，医保制度扩展到非正式就业的保姆和钟点工；直到 1981 年，医保制度才进一步覆盖到演员和自由评论人。法国于 1945 年开始建立医疗保险制度，但当时只是覆盖了工业和商业领域，直到 1956 年，法国的医疗保险制度才覆盖到个体户和小工商户等非正规就业群体。韩国于 1977 年建立国家强制性的社会医疗保险制度，1989 年，该制度逐渐扩展到个体劳动者。到目前为止，美国仍没有完全解决好灵活就业人员的参保问题。

（二）筹资机制

1. 资金来源。城镇职工基本医疗保险费由用人单位和职工个人共同缴纳。其中，用人单位缴费率控制在职工工资总额的 6% 左右，职工缴费率一般为本人工资收入的 2%，缴费率可以随经济发展作相应调整。基本医疗保险基金由统筹基金和个人账户构成。职工个人缴纳的基本医疗保险费全部计入个人账户，用人单位缴纳的基本医疗保险费分为两部分，一部分用于建立统筹基金，另一部分划入个人账户，划入个人账户的比例一般为用人单位缴费的 30% 左右，具体比例由统筹地区根据个人账户的支付范围和职工年龄等因素确定。

根据国务院 1998 年《关于建立城镇职工基本医疗保险制度的决定》，原则上要求以地级以上行政区（包括地、市、州、盟）为统筹单位，部分地区可以县（市）为统筹单位，北京、天津、上海三个直辖市原则上在全市范围内实行统筹（以下简称“统筹地区”）。所有用人单位及其职工都要按照属地管理原则参加所在统筹地区的基本医疗保险，执行统一政策，实行基本医疗保险基金的统一筹集、使用和管理。铁路、电力、远洋运输等区域流动性较大的企业及其职工，可以相对集中的方式异地参加统筹地区的基本医疗保险。

上述筹资机制意味着，城镇职工基本医疗保险是由企业和职工分担责任和风险的，政府在筹资环节没有法定的补贴义务，只承担有限责任。这种责任分担机制是基本医疗保险的一个重要制度安排，它体现了参保者权利与义务的对等性，也是保证制度可持续的重要条件。如果没有分担机制，就不能形成节约意识，导致“家庭病房”“一

① 《我国灵活就业人员医疗保险政策研究》课题组．灵活就业“释义”与发展趋势——我国灵活就业人员医疗保险政策研究之一［J］．中国社会保障，2012（3）．

人看病、全家吃药”等“大锅药”现象泛滥，医疗费用剧增，政府财政不堪重负，最终扭曲医疗行为，造成医疗资源浪费。

2. 筹资水平。总的来说，一国医保筹资水平应当与同期的政府财政收入、企业与个人承受能力相一致，既不能过高，也不能过低。影响城镇职工基本医疗保险筹资水平的因素有两个，一个是费率，另一个是费基。从费率水平看，在中国医疗保险制度建立之初，医疗保险的缴费率确定为职工工资总额的6%和职工个人工资收入的2%，应当说是恰当的。近些年来，虽然社会保险的其他险种（养老保险、工伤保险、失业保险、生育保险）的缴费率都进行过阶段性下调，但基本医疗保险的缴费率基本保持不变（见专栏4－6）。目前，社会上对城镇职工基本医疗保险的费率水平存有不同看法。一种观点认为，中国现行的医疗保险费率水平偏高，不仅会增加劳动力成本，削弱企业竞争力，也给参保者带来了较重负担，影响灵活就业人员等中低收入群体参保①，因而主张适当降低医疗保险费率；另一种观点则认为，较高费率有利于增加就业和储蓄，促进经济增长，因而主张进一步提高现行缴费率。

专栏4－6　社会保险费率调整

根据人力资源社会保障部、财政部《关于阶段性降低社会保险费率的通知》，自2016年5月1日起，企业职工基本养老保险单位缴费比例超过20%的省（区、市），将单位缴费比例降至20%；单位缴费比例为20%且2015年底企业职工基本养老保险基金累计结余可支付月数高于9个月的省（区、市），可以阶段性将单位缴费比例降低至19%，降低费率的期限暂按两年执行。具体方案由各省（区、市）确定。从2016年5月1日起，失业保险总费率在2015年已降低1%基础上可以阶段性降至1%～1.5%，其中个人费率不超过0.5%，降低费率的期限暂按两年执行。具体方案由各省（区、市）确定。各地要继续贯彻落实国务院2015年关于降低工伤保险平均费率0.25%和生育保险费率0.5%的决定和有关政策规定，确保政策实施到位。生育保险和基本医疗保险合并实施工作，待国务院制定出台相关规定后统一组织实施。

根据人力资源社会保障部、财政部《关于继续阶段性降低社会保险费率的通知》，自2018年5月1日起，企业职工基本养老保险单位缴费比例超过19%的省（区、市），以及按照《人力资源社会保障部 财政部关于阶段性降低社会保险费率的通知》单位缴费比例降至19%的省（区、市），基金累计结余可支付月数（截至2017年底，下同）高于9个月的，可阶段性执行19%的单位缴费比例至2019年4月30日。具体

① 刘小兵．中国医疗保险费率水平研究［J］．管理世界，2002（7）：69－74.

方案由各省（区、市）研究确定。自2018年5月1日起，按照《人力资源社会保障部财政部关于阶段性降低失业保险费率的通知》实施失业保险总费率1%的省（区、市），延长阶段性降低费率的期限至2019年4月30日。具体方案由各省（区、市）研究确定。自2018年5月1日起，在保持八类费率总体稳定的基础上，工伤保险基金累计结余可支付月数在18（含）至23个月的统筹地区，可以现行费率为基础下调20%；累计结余可支付月数在24个月（含）以上的统筹地区，可以现行费率为基础下调50%。降低费率的期限暂执行至2019年4月30日。下调费率期间，统筹地区工伤保险基金累计结余达到合理支付月数范围的，停止下调。具体方案由各省（区、市）研究确定。

资料来源：人力资源和社会保障部网站，http：//www.mohrss.gov.cn/gkml/zcfg/gfxwj/201804/t20180426_293029.html.

那么，什么是合理的医疗保险缴费水平？从理论上说，一国医疗保险的缴费率，应该在考虑人口结构、患病率、预期寿命、死亡率、经济发展水平、企业和个人承受力等因素的基础上，进行综合考量。其中，需要遵循以下五个方面的原则：一是保基本的原则。即医疗保险筹资要充分满足人们的基本医疗需求，补偿和分散参保人的疾病经济损失。二是收支平衡原则。如果收不抵支，会影响医保制度的可持续性；反之，如果结余过多，则可能影响参保人基本待遇水平。三是止损原则。在医疗保险中，患者和医生都可能出现道德风险，费率的确定和支付方式的实施，要有利于促进参保人和医疗服务提供者主动约束自身行为，减少不合理的医疗费用，降低医疗风险。四是适度性原则。即在经济发展和个人收入水平的基础上，考虑参保人的承受能力和企业成本。五是相对稳定和适度调整的原则。从鼓励参保和制度稳定的角度看，费率不宜频繁调整，但从长远发展看，费率的适时、适度调整，有时也是必须的。如何优化城镇职工基本医疗保险的费率水平，可以参考“拉弗曲线”原理和借鉴减税经验，合理处理好费率、费基和保费收入三者之间的关系即高费率不一定带来高收入，适度降低费率也不一定减少基金收入（见专栏4－7）。

专栏4－7 拉弗曲线

在经济学界，美国供给学派经济学家拉弗（Arthur B. Laffer）知名度颇高。拉弗以其“拉弗曲线”而著称于世，并当上了里根总统的经济顾问，为里根政府推行减税政策出谋划策。

拉弗曲线描绘了政府的税收收入与税率之间的关系，当税率在一定的限度以下时，提高税率能增加政府税收收入，但超过这一限度时，再提高税率反而导致政府税收收入减少。因为较高的税率将抑制经济的增长，使税基减小，税收收入下降，反之，减税可以刺激经济增长，扩大税基，税收收入增加。

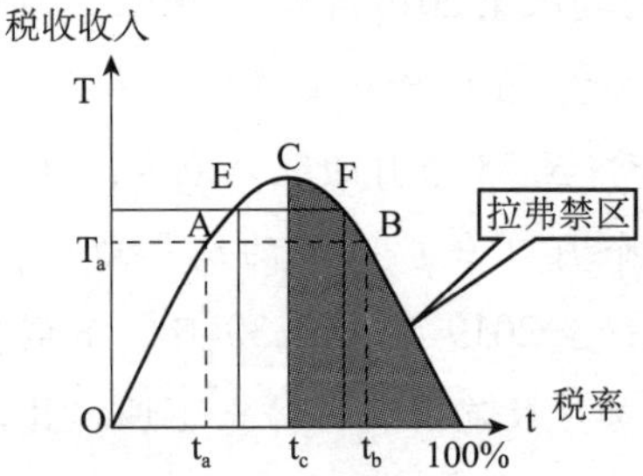

1. 当税率为零时，政府税收为零。

2. 当税率为100%时，人们将停止生产，政府税收也为零。

3. A点代表一个较低的税率和较高的产出。

4. B点代表一个较高的税率和较低的产出。

5. 若税率从B点下降到F点，产出和税收均增加。

6. 若税率从A点上升到E点，税收将增加，但产出可能减少，E、F两者也提供同等的税收。

7. C点代表的税率，是能提供最大税收的税率。在C点上，如果政府再降低税率，产出将增加，但税收将下降；如果提高税率，产出和税收都会下降。

资料来源：哈维·S. 罗森，特德·盖亚. 财政学（第八版）［M］. 北京：中国人民大学出版社，2009.

城镇职工基本医疗保险的缴费费基，是职工工资收入额。个人缴费基数按照“保底封顶”原则确定，即个人缴费工资低于上年度职工月平均工资60%的，按照当地职工月平均工资的60%确定缴费基数；超过上年度当地职工月平均工资300%的部分，不再纳入缴费基数；城镇个体工商户和灵活就业人员参加基本医疗保险的缴费基数，为当地上年度在岗职工的平均工资。

根据国家统计局《关于工资总额组成的规定》，所谓工资总额，是指单位一定时期内直接支付给本单位职工的全部劳动报酬总额。不论是全民所有制和集体所有制企业、合营单位，还是各级国家机关、事业单位和社会团体，凡在计划、统计、会计方面涉及工资总额的，其具体范围包含：计时工资、计件工资、奖金、津贴和补贴、加班加点工资，以及特殊情况下支付的工资等六个部分。在社会保险经办机构的实际业务中，很容易出现缴费基数不实和核查困难的问题。主要原因：一是由于纳入国家统计局统计范围的在岗职工平均工资，主要是城镇非私营单位，不包括中小企业等私营单位。而恰恰是这些非私营单位，其工资总额基数高、增长快，从而拉高了私营单位、中低收入人群的缴费基数。二是企业或个人瞒报少报缴费基数的现象屡见不鲜，造成申报工资脱离实际工资水平。三是不同部门的工资统计口径存在很大差异，数据核实十分困难。要解决上述问题，虽然可以考虑引入税务、银行等外部数据进行大范围比对，但难以获得真实完整的外部数据。基于人工手段进行基数核定，虽然方法简单，但面对数以万计的参保人员，人工核实需要耗费大量人力、物力，成本高昂，因此，实践中通常采用抽样核定的方法。这种方法涉及的基数审核面虽然比较小，但往往不够准确。因此，如何科学确定城镇职工基本医疗保险的缴费基数，也是制度设计和执行中需要认真解决的一个问题。

3. 退休职工缴费问题。从新中国成立之初的劳动保险与公费医疗制度，到 1998 年城镇职工基本医疗保险制度，退休人员都是不需要缴纳医疗保险费的，而且，城镇职工基本医疗保险还对退休人员个人账户的计入金额和个人负担比例，给予了适当照顾。《社会保险法》第二十七条规定："参加职工基本医疗保险的个人，达到法定退休年龄时，累计缴费达到国家规定年限的，退休后不再缴纳基本医疗保险费"。其政策初衷主要有两个方面：一是为了体现互助共济原则，减轻职工的经济负担；二是为了均衡企业负担，有利于各类企业的公平竞争。由于国家层面尚未出台有关累计缴费年限的统一规定，所以，全国不同地区自定的缴费年限不尽相同。

但是，随着医保覆盖范围不断扩大和人口老龄化问题日益严重，医保基金开始出现收支失衡，部分地区甚至发生收不抵支现象，关于退休人员是否应该缴纳医保费的问题，也在学术界引起了广泛讨论。不赞成退休人员继续缴费的观点认为，退休人员在退出劳动力市场后，收入水平大幅度下降，如果要求继续参保缴费，会增加老年人的经济负担，导致不公平。持反对意见的观点则认为，退休人员缴费是缓解医保基金压力的重要措施，而且，如果退休人员不缴费，将会带来代际间的不公平。① 这种观点强调，无论是从中国职工医保制度的内在机理，还是从社会经济外部环境的变迁来看，退休职工个人承担缴费义务都是一个应然性要求。国家可以在普遍缴费原则下，对于存在经济困难而无力缴费的退休职工，给予费用减免或财政补贴。②

二、城乡居民基本医疗保险

（一）参保对象

城乡居民基本医疗保险是由新型农村合作医疗（以下简称"新农合"）和城镇居民基本医疗保险制度（以下简称"城居保"）整合而来的。在整合之前，新农合

① 朱恒鹏．退休职工应否缴费参加医保［J］．中国改革，2016（2）：69 – 73.

② 翟方明．我国退休职工医保缴费政策及其理论争议的再反思［J］．中国卫生政策研究，2018，11（1）：6 – 12.

以家庭作为依附载体，鼓励家庭集体参保，从而在一定程度上解决了逆向选择问题。新农合还通过财政补贴的激励方法，引导农民选择参加医疗保险。城居保同样采用财政补贴的激励方式，调动了居民参保的积极性。由于两项保险制度能够在一定程度上解决逆向选择问题，因此，参保人数不断上升，保险覆盖面也不断扩大（见表4－1）。

表4－1　城乡居民基本医疗保险（未整合前）参保人数　单位：万人

年份	城镇居民基本医疗保险参保人数	参加新型农村合作医疗人数
2007	4 291. 1	72 600
2008	11 826. 0	81 500
2009	18 209. 6	83 300
2010	19 528. 3	83 600
2011	22 116. 1	83 200
2012	27 155. 7	80 500
2013	29 629. 4	80 200
2014	31 450. 9	73 600
2015	37 688. 5	67 000

资料来源：国家统计局。

城乡居民基本医疗保险无论是在整合之前，还是实现整合之后，在参保对象问题上，也都存在着一些需要解决的问题。突出的有两个：

第一，参保者的参保险种不明确，存在同一人群跨险种参保问题。以灵活就业人员或小业主为例。在城居保制度建立之前，灵活就业人员或小业主主要参加城镇职工基本医疗保险。城居保建立后，他们可以自由选择参加城镇职工基本医疗保险和城居保。由于参加城居保可以享受更多的政府补贴，而城镇职工基本医疗保险的个人缴费负担相对更重，因此，更多的灵活就业人员和小业主倾向于选择参加城居保。这样，由于新老制度不对接，造成了同一人群跨险种参保的问题。

第二，同一参保人重复参保问题。所谓重复参保，是指居民在已经参加了城镇职工医疗保险、城镇居民医疗保险或新型农村合作医疗之后，由于城乡流动和职业、身份等发生变动，参保人发生了再次参加一种或几种其他医疗保险制度的现象。《全国社会保障资金审计结果》显示，截至2011年底，有1 086万人重复参保，造成财政资金多补贴17. 69亿元；有9. 57万人重复报销医疗保险费，保险基金多支出1. 47亿元。

产生重复参保问题的原因是多方面的，有些是由参保者主观意愿引起的，有些则是因制度不完善或技术手段落后等客观因素带来的。从主观上说，一部分人出于利己考虑，希望通过重复参保、多次报销，获得更多的医疗费用补偿，少付甚至不付医疗费用。从制度上看，由于基本医疗保险按照城乡、户籍、地域、身份等要素划分为三种不同制度，而不同制度的地区统筹层次是不同的，且制度之间、地区之间的转移接续、异地就医等办法又尚未完善。另外，还有一部分人由于职业转换、人口流动和外出学习等原因，导致其无法享受原户籍所在地的医疗保险，或者是因为报销烦琐、成本较大。在这种情况下，有些参保人就试图通过参加一种或几种医疗保险，来分散由于疾病而产生的经济风险。从技术上看，由于保险信息系统建设滞后，无法实现不同险种之间的信息互通，也给重复参保者带来可乘之机。

重复参保带来的消极后果是显而易见的。首先，由于财政投入对居民医疗保险的补贴较高，导致重复参保人数不断攀升，不仅要额外增加政府财政投入，加重基金负担，而且还会增加医疗保险的经办费用。其次，重复参保致使部分人群享受“过多”的资源或待遇，影响了制度的公平性。尤其是在医疗保险基金为一定数时，重复参保将会导致参保人的报销比例整体下降、福利受损，影响社会公平。最后，重复参保还给一些别有用心的人以可乘之机，可能引发骗保等道德风险，造成医疗费用不合理的快速增长，过度消耗有限资源。① 整合城乡居民医保整合，虽然部分地解决了城居保与新农合之间的重复参保问题，但未能解决城乡居民基本医疗保险和城镇职工医疗保险之间的问题。下一步改革不仅需要继续探索城乡居民医保和城镇职工医保的逐步整合，还要加快社会保障信息化建设，准确记录和分享参保信息，完善异地就业和即时结算政策，便于流动人群享受医疗保险待遇。

（二）筹资机制

城乡居民基本医疗保险（含新农合与城居保）采取个人（或家庭）缴费和政府补贴相结合的筹资方式。其中，新农合由个人、集体和政府多方筹资，以大病统筹为主，实行农民医疗互助共济。在制度建立之初，农民每人每年缴费不低于10元，经济较发达地区可适当提高个人缴费比重。2017年，全国个人平均缴费约为180元。另外，中央财政每年通过专项资金对新农合进行补贴，2003年，中央财政对参保人每人每年补助10元，2017年，提高到了450元（见表4－2）。

城居保则以家庭缴费为主，政府予以适当补助，参保人只有按规定缴纳医疗保险费，才能享受医疗保险待遇。2009年，在个人缴费之外，政府按照人均不低于40元的标准予以补贴，其中，中央财政对中西部地区人均补贴20元。在此基础之上，对于低保户或者患有重度残疾的学生或儿童，政府按照每年不低于10元的标准再给予补助，其中，中央财政对中西部地区人均补助5元；对于丧失劳动能力的重度残疾人或低收入家庭60岁以上的老年人等，政府按照每年不低于60元的标准再予以补助，其中，中央财政对中西部地区人均补贴30元。

① 张国栋，左停，徐小言．医疗保险“重复参保”研究［J］．中国卫生经济，2015，34（5）：36－39.

表 4 – 2　　城乡居民基本医疗保险筹资来源及水平　　单位：元

年份	新农合		城居保	
	个人缴费	政府补贴	个人缴费	政府补贴
2012	60	240	60	240
2013	70	280	70	280
2014	90	320	90	320
2015	120	380	120	380
2016	150	420	150	420
2017	180	450	180	450

资料来源：2012 ~ 2017 年《关于做好城镇居民基本医疗保险工作的通知》《关于做好 2015 年新型农村合作医疗工作的通知》。

综上所述，城乡居民医疗保险筹资机制有三个显著特点：第一，城居保和新农合都是以政府补贴为主。如表 4 – 2 所示，在城乡居民个人缴费不断增长的同时，政府补贴增长更快，且占个人筹资总额的 70% 以上。第二，在城乡居民基本医疗保险的筹资机制中，由于政府补贴占比高，大大提高了居民的参保积极性。在自愿参保的前提下，城乡居民基本医疗保险基本实现全覆盖，有效解决了逆向选择问题。当然，政府补贴过多，在一定程度上也弱化了个人或家庭的保险责任，使“保险”容易异化为“福利”。第三，政府对于城乡居民基本医疗保险的财政补贴，体现了中央与地方的共同事权和支出责任。其中，中央财政补助资金统一实行“当年全额预拨，次年据实结算”的办法，通过财政资金专项转移的形式，对地方政府进行补助；省级及以下财政按比例分担补助。在中央和地方共同分担的基础上，中央政府对不同区域和人群的补助责任存在差异。例如，在区域补助力度上，对西、中、东地区实行由高到低的梯次补助政策；在对不同群体的补助力度上，对特殊困难群体采取了特殊补助政策。

第三节　待遇水平与道德风险

一、患者的道德风险及其防范

一般而言，患者参保发生医疗费用之后，医疗保险机构将按照医疗费用金额的一定比例给予报销。然而，在医疗保险市场上，保险机构是委托人，参保者是代理人，保险机构将购买医疗服务的权利让渡给了参保者。由于患者参保较之于不参保，会面临较低的医疗服务价格，医疗费用自付比例较低，因此，患者存在过度利用医疗服务的强烈动机。另外，由于患者和保险机构之间存在着信息不对称，参保者是否存在过度就医行为是难以被医疗保险机构识别的。患者的过度就医行为必然造成医疗保险支出的不合理增长，损害医疗保险机构的利益。对于医疗保险市场中参保者过度利用医疗资源的行为，称之为患者的道德风险。

患者的道德风险与待遇支付及其支付方式有着密切关系。待遇支付和支付方式是内涵不完全相同的两个概念。其中，待遇支付是指医保能够为参保者提供何种水平的医保待遇，它反映的是医保与参保者（需方）的关系；支付方式是指医保如何补偿医疗机构为患者诊疗所带来的成本，它反映的是医保机构与医疗机构（供方）之间的关系。医疗保险机构如果无条件地向患者提供较高的保险待遇，将会诱发较为严重的患者道德风险。为了抑制患者道德风险，就需要让患者自己承担一部分医疗费用。医保机构在信息不对称情况下处理医疗费报销问题，通常会设置约束条件，例如"起付线"、"封顶线"和"共付比"。

（一）起付线

"起付线"，是指参保者医疗费用发生之后，首先需要自付一定额度的医疗费用，医疗保险经办机构只对超过这一额度的医疗费用予以报销。医疗费用的这一自付起点标准，即为"起付线"。起付线作为医疗保险待遇支付的下限，在医疗费用控制中起着"门槛"的作用，它主要有三个功能：一是防止医患双方在信息不对称情况下合谋弄虚作假，套取医疗保险资金；二是强化参保人的责任意识，即只有在参保人先行自付一定医疗费用的条件下，才能享受医疗服务，有利于抑制"小病大治"等患者道德风险行为；三是降低医疗保险机构的管理成本。

（二）封顶线

"封顶线"，是指医疗保险机构对参保医疗费报销规定的最高限额，对于超过"封顶线"的部分，不再为其支付医疗费用。封顶线是医疗保险待遇支付中的上限，封顶线以内的医疗费用属于基本医疗保险报销范围，对于超过封顶线的部分，则只能通过补充医疗保险或者商业医疗保险解决。所以，封顶线制度既体现了医疗保险的多层次性，又有利于控制医疗保险支出的总规模。

（三）共付比

"共付比"，是指参保人起付线以上和封顶线以下的医疗费用（以下简称"共付段"）由个人负担比例。从防范道德风险的角度考虑，共付段部分的医疗费用需要由参保者和医疗保险机构共同承担。其中，由医疗保险机构承担的部分，承担的比例称为"报销比例"；由患者自己承担的部分，承担的比例则称为"共付比"。恰当的"共付比"可以有效抑制参保患者的道德风险，约束患者"小病大养"等过度医疗行为。共付比如果定得过高，将弱化保险功能；共付比如果定得过低，就会强化患者追求"高、精、尖"医疗服务的动机，诱发道德风险。所以，医保报销比例既不是越低越好，也不是越高越好。国际上评估的最佳保险报销比例为75% ~80%① （见专栏4-8）。

除起付线、封顶线、共付比之外，“三大目录”（基本医疗保险药品目录、诊疗项目目录、医疗服务设施标准）也是抑制患者道德风险的有效方式。按照现行制度规定，基本医疗保险只报销“三大目录”范围以内的医疗保险费用，对于超出“三大目录”的医疗保险费用不予报销。如果需要分担这部分风险的，患者可以通过补充医疗保险、商业医疗保险等方式解决。

专栏4-8　医保报销比例不是越高越好

中国社会医疗保险事业是一项民生工程，但近年部分地区出现了以高报销比例简单换取群众满意度的行为，导致医保基金运行压力陡增。出现该问题的主要原因在于，地方官员片面地将医保报销比例高低与民生建设水平高低联系在一起，没有意识到医保报销比例原是克服患者道德风险的重要工具。

首先，从保险和道德风险的关系来说。保险和道德风险形影不离，有保险就有道德风险，后者是保险的主要副作用。保险程度越高，患者的道德风险程度也越高。中国社会医疗保险制度的设计初衷是为了分散大病给群众带来的疾病经济风险。然而，医保报销比例如果过高，患者对医疗服务价格的敏感度下降，患者过度利用医疗服务的动机会增强，道德风险问题频发。这无疑将导致医疗资源的过度消耗，增大医疗保险基金的运行压力。

其次，基本医疗保险报销比例的主要功能在于，分散风险和责任共担。分散风险即保障参保患者的基本医疗需求。从这个意义上说，报销比例不可过低，否则难以发挥医疗保险作用。在新农合实施初期，不少地区的报销比例仅有30% ~40%，老百姓参保后仍然不敢到医院看病。责任共担是指，医疗费用的支付需要参保人自行承担一部分，这是为了增强患者对医疗服务的价格敏感程度，缓解患者道德风险，减轻医保基金运行压力。

最后，从国际经验上看，兰德医疗保险实验表明，如果医疗保险的报销比例过高，患者利用医疗服务的概率和医疗费用支出的金额也将随之显著提高，道德风险问题明显。与此同时，由于社会保障制度的“福利刚性”特征，医疗保险报销比例提高之后将面临“只能升不能降”的局面，过高的报销比例将压缩医保待遇提升的空间。因此，对于基金结余不多的地区而言，更不能随意提高医保报销比例。

① 共付比的最优比例为20% ~25%。

总的来说，我们必须厘清保险与福利的边界。医疗保险的设计初衷是保障居民的疾病经济风险，强调权利与责任共担。而福利制度不讲义务与责任，只是片面强调权利。部分地区随意提高医保报销比例甚至提供“免费医疗”的行为，只会诱发患者的道德风险，成为中国社会医疗保险制度的“不可承受之重”。因此，既然中国已经确定了社会医疗保险制度，就要回归保险本质，与福利制度坚决划清界限，树立“医保报销比例不是越高越好”的正确理念。

资料来源：

[1] 吕国营．报销比例原是克服患者道德风险工具 [J]．中国医疗保险，2017（6）：25.

[2] 王利．报销比例岂能“不断”提高 [J]．中国医疗保险，2017（6）：23 - 24.

[3] 申成峰．报销比例调整务必坚守基本医保制度 [J]．中国医疗保险，2017（6）：24.

二、城镇职工基本医疗保险待遇水平

城镇职工基本医疗保险待遇，是指用人单位和职工按照一定的费率和费基缴纳医疗保险费，形成医疗保险基金，由基金对参保职工因疾病支付医疗费用所造成的经济损失给予一定的补偿，体现了参保者缴费参保义务和享受相应待遇权利的统一。基本医疗保险待遇给付实行“以收定支、收支平衡、略有结余”的原则，换言之，基本医疗保险的待遇水平取决于筹资水平，即“有多少钱办多少事”，这是基本医疗保险实现“保基本”和“可持续”的必然要求。在这种情况下，统筹基金必须确定起付标准和最高支付限额，我国现行的起付标准原则上控制在当地职工年平均工资的 10% 左右，最高支付限额控制在当地职工年平均工资的 4 倍左右。对于起付标准以下的医疗费用，从个人账户中支付或由个人自付。对于起付标准以上最高支付限额以下的医疗费用，主要从统筹基金中支付，个人也要负担一定比例。对于超过最高支付限额的医疗费用，参保人可以另行通过商业医疗保险等途径解决。统筹基金的具体起付标准、最高支付限额，以及在起付标准以上和最高支付限额以下医疗费用的个人负担比例，由统筹地区根据“以收定支、收支平衡”的原则确定，不同地区、不同级别的医疗机构、不同诊疗项目，其具体的补偿比例则不尽相同。①

城镇职工基本医疗保险待遇并非固定不变。2016 年，全国卫生与健康大会提出：要健全与筹资水平相适应的基本医保待遇调整机制，明确医保待遇确定和调整的政策权限、调整依据和决策程序，避免待遇调整的随意性，逐步缩小统筹地区的待遇差距。然而，在具体实施的过程中，不同地区在医疗保险待遇调整上具有较大差异，有些地

① 王超群，张翼，杨宜勇．城镇职工基本医疗保险退休老人终生缴费制研究 [J]．江西财经大学学报，2013（5）：79 - 85.

区把医疗保险待遇调整的重点放在医疗保险的报销比例上，并将其视为医疗保险待遇调整的主要手段，因而随意突破待遇支付中的“两线一段”（起付线、共付段、封顶线）、目录范围和个人账户等规定。有的地区无视医疗保险待遇在区域、险种、基数等方面存在的差异，随意调整保险比例，甚至将城镇职工住院的报销比例提高到90%以上，发生全民免费医疗，进而出现医疗保险待遇支付泛福利化的现象。在这种情况下，由于医疗保险基金缺乏内生增长机制，使得医疗保险待遇支出远远超过医疗保险待遇收缴，导致医疗保险基金支出风险不断加大。除此之外，还有个别地区试图通过提高报销比例来推动患者分流，进而推进分级诊疗，解决重特大疾病问题。然而这些地区盲目攀比报销比例的做法，是不可取的，如前所述，医保待遇是由报销比例、三大目录范围、起付线、共付段、封顶线，还有支付标准、支付方式等政策组合来决定的①，医保待遇调整必须遵循医疗保险的客观规律，并根据医保基金预算管理与精算分析，合理确定政策范围内住院费用、门诊大病的医保基金支付比例，以及实行门诊统筹情况下的基金支付比例。② 报销比例过高或过低都不能实现医保政策目标。

在待遇支付方面，一些地区为了突出“业绩”，随意扩大医疗保险的受益面，认为受益面越广泛，制度的公平性就越强，这使得人们对基本医疗保险待遇支付公平性问题产生误解。医疗保险是在疾病风险是否发生、何时发生、损失如何等不确定性条件下，依据“大数法则”和“小概率事件”等原理，建立起来的风险防范制度，这意味着在同一时间范围内，医疗保险基金应该只保障遭受重特大疾病的人群，若同一时间医保支出的人数过多，反而会稀释医疗保险的保障能力。另外，医疗保险市场中还存在着参保者的道德风险。因此，医疗保险的受益面不能盲目扩大，不能“保小病”，更不能以受益人群的多少来衡量制度公平性程度。此外，在医疗保险待遇支付中，骗取医疗保险待遇的行为也不少见，加强医保支付监管，进一步完善医保法律法规，是医保改革的重点所在。

三、城乡居民基本医疗保险待遇水平

城乡居民基本医疗保险制度坚持“以收定支、收支平衡、略有结余”的原则，待遇支付也设置起付线、共付比例和封顶线。起付线设置一般采用梯级补偿方式，即在不同级别的定点医疗机构设置不同标准的住院补偿起付线，医院级别越高起付线越高，同一保险年度内再次入院者的起付标准会下调；不同级别医疗机构和费用段设置的补偿比例也不同，意在引导参保者实现社区首诊，分级诊疗。封顶线一般按照居民年人

---

① 陈仰东．报销比例应该适当［J］．中国医疗保险，2017（6）：22－23.

② 金维刚．医保待遇及其调整应与筹资水平相适应［J］．中国医疗保险，2017（6）：21－22.

均纯收入的倍数（例如4倍或6倍）设置，并设有最高支付额度。除此之外，城乡居民基本医疗保险只报销“三大目录”范围以内的医疗保险费用，对于超出“三大目录”的医疗保险费用，则不予报销。

有学者认为，城镇职工基本医保和城乡居民基本医保的待遇存在不公平问题，如药品目录、诊疗项目和报销比例存在较大差异，城镇职工基本医保待遇明显高于城乡居民基本医保。以武汉市为例（见表4－3），除了基层医疗机构之外，城镇职工基本医保对二级和三级医疗机构的补偿比例明显高于城镇居民基本医保，且在人均基金支出比例、“三大目录”、覆盖范围、起付标准和封顶标准等方面，城镇职工基本医保明显处于优势。不过，造成这种差别的原因复杂，还不能简单地归结为公平或不公平的问题。从公平的内涵看，包括起点公平、过程公平和结果公平，那种认为城镇职工基本医保与城乡居民基本医保不公平的观点，只是从结果看公平，忽略了起点公平，即忽略了城乡居民基本医保与城镇职工基本医保的筹资存在显著差异。即两者待遇的差距是由于缴费责任差异所决定的。按照政策规定，城镇职工基本医疗保险费由用人单位、职工双方共同负担，因企业缴费是职工总工资的一部分，缴费负担水平是个人缴费筹资，没有政府补贴，而城乡居民基本医疗保险由个人缴费和政府补贴构成。在实际金额上，职工医保也要远远高于居民医保。虽然筹资水平决定待遇水平，要客观地看待不同医保制度之间存在的待遇水平差异，而不能盲目地进行医保支付待遇攀比（见专栏4－9）。

表4－3　　　武汉市城镇职工与城镇居民基本医疗保险支付比例

支付比例	城镇职工基本医疗保险	城镇居民基本医疗保险
一级	90%	88%
二级	70%	85%
三级	60%	82%

资料来源：武汉市人民政府网．http：//www. wuhan. gov. cn/hbgovinfo _ 47/szfggxxml/zcfg/gfxwj/201707/t20170728_ 131742. html.

专栏4－9　医疗保险待遇攀比问题

中国的医疗保险制度经过几十年的改革与发展，基本完成了从公费、劳保医疗到社会保险制度的历史性转变，初步建立起了覆盖城乡全体居民的医疗保障体系。但是，由于制度不统一，统筹层次低而且保险、救助界限不清，出现了待遇攀比问题，主要表现为三个方面：

一是不同制度之间的待遇攀比问题。中国基本医疗保险的主体是城镇职工医疗保险和城乡居民基本医疗保险，前者覆盖有工作的企业职工，采取单位和职工共同缴费；后者覆盖农村居民和城镇非就业居民，采取政府补贴加个人缴费。在筹资方面，城镇职工医疗保险政府不补贴，且强制正式职工必须参加；对于居民医疗保险，则采取中央和地方财政补贴加个人缴费的政策，允许自愿参保。近几年，城乡居民基本医疗保险的待遇水平调整得比较快，有些地方居民医保享受的报销比例已经接近职工医保报销的比例。参加城镇职工医保的参保单位和个人认为，自己的缴费水平相对城镇居民医保更高，但待遇水平却趋向相同，这是一种制度之间的不公平，因而一些地方参加城镇职工医保的参保人数增加缓慢甚至减少。

二是不同地方之间的待遇攀比问题。中国社会医疗保险是作为一项民生工程来实施的，而且统筹层次较低，目前主要还是市县级统筹。一些地方不考虑基金的结余情况，随意地与其他地区进行医保待遇攀比，好像不提高医保待遇就是不重视民生，就是不重视经济发展，甚至一些地区达到“免费医疗”的程度，这将加重统筹基金的支付风险，导致医保制度不可持续，最终受损失的还是广大参保群众。

三是不同人群之间的待遇攀比问题。中国的医疗保险是一种社会保险，保险就要求参保人权利与义务对等，投保人要先缴纳保费，方可在发生风险时获得享受保险的权利。精准扶贫中的医疗救助是社会救助，不是社会保险，不应该由社会保险基金兜底。而中国一些西部贫困县为实现对贫困患者的健康扶贫，提出建档立卡贫困人口医疗费用年自付部分不超出3 000元或5 000元的规定，还有的地方制定了全兜底的“免费医疗”政策，而这些健康扶贫全部由医保基金进行“买单”，这种过度兜底的医疗扶贫，使非贫困户对贫困户的攀比心理在加重，影响着社会的和谐。同样参加医疗保险，贫困户患者报销的高，这让广大参保者认为利好政策一边倒、不公平。同时，这种过度的健康扶贫做法不考虑保险建立的初衷，混淆了保险和救助的区别，最终会拖垮社会医疗保险基金。

资料来源：

[1] 乌日图. 牢记改革初心 完善新时代医疗保险政策 [J]. 中国医疗保险, 2017 (12): 5-7.

[2] 张丽娜. 过度兜底 一些贫困地区医保基金被花“秃噜”[N]. 经济参考报, 2018-6-11 (004).

第五章 医疗保险费用的支付方式

本章以医疗保险费用支付方式的改革进程为线索，结合国内外相关案例，分别对按服务项目付费、按人头付费、按服务单元付费、总额预付制、按病种付费，以及多元复合型支付方式的含义、适用条件及其实践经验进行具体分析。

第一节 医疗保险费用支付方式概述

一、医疗保险费用支付方式的概念

费用支付方式广泛存在于经济领域，例如“一手交钱、一手交货”“计件付费”“整体打包付费”等。本章所要阐述的医疗保险费用支付方式（简称“医保支付方式”），是指医保机构向医疗服务机构购买服务，支付医疗费用的一种核算、结算方式，它反映的是医保与医疗服务供方之间的关系。因此，医保支付方式与待遇支付是内涵完全不同的两个概念。

医疗保险费用支付方式所涉及的核心问题是依据什么付费，概括地说，是以投入要素为依据，还是以产出结果为依据来支付医疗费用。如果是前者，就称为后付制（retrospective payment system）；如果是后者，就称为预付制（prospective payment system）。后付制和预付制是医疗保险领域的两个专业术语，其中，后付制主要是指按服务项目付费，预付制则主要指按人头付费、按服务单元付费、总额预付制、按病种付费等。

二、医疗保险费用支付方式的意义

第四章介绍了医疗保险设置“起付线”“封顶线”“共付段”（以下简称“两线一段”）的目的和作用。“两线一段”不仅是约束参保人道德风险的重要机制设计，而且，作为参保人医保待遇支付的一部分，“两线一段”还决定着医保能够为参保人提供何种水平的保障待遇，反映的是医疗保险机构与参保人之间的关系。在信息不对称情况下，医保如果无条件地向参保人提供过高的保障待遇，将诱发参保人严重的道德风险，出现“小病大养”等过度利用医疗服务的现象。所以，医保机构通过设置“起付线”“封顶线”“共付段”等约束条件，要求参保人就医时自己承担一部分医疗费用，其主要目的是为了抑制参保人的道德风险。

与“两线一段”制度不同，医疗保险费用支付方式的主要目标是，解决医疗服务供方或医院道德风险的应对机制问题。现代医疗服务市场上存在三个主体：一是以医院为核心的医疗服务机构，它们是医疗服务的供给主体；二是作为医疗服务购买主体的医保经办单位；三是参保患者，他们是医疗服务的需求主体。在医保体系中，由于三个主体的地位、目标和利益不完全相同，因此，三者之间呈现某种复杂关系。首先，医院希望通过医保支付获取更多的业务收入；医保则面临着控制医保基金收支平衡的压力，因此，医保机构与医院之间在控制医疗费用快速增长方面，存在着利益的不一致性。其次，医疗服务市场又是供方或医院主导的，患者利用医疗服务的类型和数量在很大程度上取决于医院或医生，医疗服务供方很可能为了追求自身利益而发生道德风险。抑制医疗服务供方的上述道德风险，是医疗保险支付方式改革最主要、最核心的目的。

三、中国医疗保险费用支付方式的改革进程

在医保改革过程中，中国一直把优化医保支付方式作为改革的重要内容之一。早在 1999 年，中国城镇职工基本医疗保险制度建立之初，有关部门就已经意识到支付方式的重要性。劳动与社会保障部在《关于印发加强城镇职工基本医疗保险费用结算管理意见的通知》中，首次明确了基本医疗保险费用支付方式的总体选择方向，即“基本医疗保险费用的具体结算方式，应根据社会保险经办机构的管理能力以及定点医疗机构的不同类别确定，可采取总额预付结算、服务项目结算、服务单元结算等方式，也可以多种方式结合使用。各地要根据不同的结算方式，合理制定基本医疗保险费用的结算标准，并在社会保险经办机构和定点医疗机构签订的协议中明确双方的责任、权利和义务”。

中国医保制度建立之初，医疗保险费用的支付方式一直采用按服务项目付费。但是，随着医疗技术进步、医保覆盖面扩大、医保待遇水平提高，以及医生和患者道德风险频发，导致医疗保险基金不堪重负。为了增强医保对医疗供方行为和医疗费用的管控能力，2011 年，人力资源和社会保障部出台的《关于进一步推进医疗保险付费方式改革的意见》提出，“以医保付费总额控制为基础，结合门诊统筹探索按人头付费的支付方式，针对住院和门诊大病探索按病种付费的支付方式。”2012 年，人力资源

与社会保障部制定了《关于开展基本医疗保险付费总额控制的意见》，要求通过两年时间，在全国基本医保范围内推广实施总额预付制。然而，在总额预付制的实施过程中，医院出于缓解院方压力的考虑，将控费指标层层分解、逐级下达到各科室和医生，造成医疗服务数量和质量下降，甚至出现推诿患者的现象。2017 年 6 月，国务院办公厅颁发《关于进一步深化基本医疗保险支付方式改革的指导意见》，明确指出，医保支付是基本医保管理和深化医改的重要环节，是调节医疗服务行为、引导医疗资源配置的重要杠杆；提出"要全面推行以按病种付费为主的多元复合型医保支付方式。对于住院医疗服务，主要按病种、按疾病诊断相关分组（DRGs）付费，长期、慢性病住院医疗服务可按床日付费；对于基层医疗服务，可按人头付费，积极探索按人头付费与慢性病管理相结合；对不宜打包付费的复杂病例和门诊费用，可按服务项目付费。探索符合中医药服务特点的支付方式，鼓励提供和使用适宜的中医药服务"（见专栏 5－1）。

所以，在过去 20 年里，医保支付方式改革一直是中国医保改革工作的重心，全国各地按照国务院确定的目标和原则，对医保支付方式改革进行了积极、有益的探索，积累了丰富的实践经验。例如，江苏淮安市实行的按病种分值付费、上海实行的"总额预付制"、浙江金华市实行的 DRGs 等，都是典型的改革样板。这些改革的探索实践，推动了中国医保支付方式的两个重大转变进程，即开始由后付制逐步转向预付制、由单一支付方式逐步转向以按病种付费为主的多元复合型支付方式。

专栏 5－1　探索符合中医药服务特点的医保支付方式

中医药是中华民族的宝贵财富，习近平总书记高度赞扬中医药是维护人民健康的杰出代表。不同于现代临床医学，中医是建立在辨证论治、系统论治理论基础上的医学，具有鲜明的特色和优势。

由于中医的诊治视角、诊疗理念、治疗方式与西医大相径庭，相应地适合西医的医保支付方式不能照搬应用于中医药服务。传统医保支付方式都是符合西医分科细化、切割化验的特点，是对疾病的检查、检验、手术费用进行测算，制定合理的支付额度。而中医药以整体论为基础，贯穿整个生命周期的生命科学，其医疗服务过程是无法细分和割裂的。传统医保支付方式可能会破坏中医诊疗的整体性，使医生在诊断过程中不能制定个性化的诊疗方案。

此外，传统中医服务诊断方法是"望、闻、问、切"，以中草药、针灸、推拿等为主要治疗手段，主要依靠医生的经验进行诊治，耗时长，人力支出是开展服务的主要成本。这种诊疗思想在收费方式上产生的矛盾就是中医的人力成本难以用机器检查、检验替代，导致中医医疗服务价格偏低，不能体现中医医师的劳动价值。

为更好地发挥中医服务的优势，其支付方式应该着重突出中医医务人员的劳动价值，调动其各方面积极性，更好地实现中医技术的传承与创新。国家长期以来一直在不断探索符合中医药服务特点的医保支付方式。

2016 年 12 月 26 日，《中华人民共和国中医药法》出台，在“保障措施”中明确规定，“县级以上人民政府及其有关部门应当按照法定价格管理权限，合理确定中医医疗服务的收费项目和标准，体现中医医疗服务成本和专业技术价值；按照国家规定，将符合条件的中医医疗机构纳入基本医疗保险定点医疗机构范围，将符合条件的中医诊疗项目、中药饮片、中成药和医疗机构中药制剂纳入基本医疗保险基金支付范围。”各地市也纷纷出台政策探索中医药的医保支付方式，鼓励提供和使用适宜的中医药服务。如河北省出台《河北省人民政府办公厅关于进一步深化基本医疗保险支付方式改革的实施意见》明确指出，探索符合中医药服务特点的支付方式，遴选中医优势病种纳入按病种付费范围；需要长期住院治疗且日均费用较稳定的中医康复治疗性项目，采取按床日付费或按人头付费的方式。内蒙古出台《内蒙古自治区进一步深化基本医疗保险支付方式改革实施方案》，制定了蒙医药特色支付政策。积极探索按病种、按服务单元定价，在确定单病种付费标准时，可试行按区域内蒙医、中医、西医同病种综合平均成本测算，探索制定“同区域、同级别（医院）、同病种、同费用”的付费标准。相信不久的将来，通过医保支付方式改革，可以使中医药服务真正纳入我们的医疗保险体系。

资料来源：

[1] 谢俊明，章琦琴，王钟炎，仇婉如，倪娜，任洁．中医药服务医保支付方式及标准的思考［J］．中国医疗保险，2017（7）：51－53.

[2] 王志伟．试论中医医院特殊性对其医保支付方式选择的影响［J］．社会保障研究，2017（2）：77－81.

第二节　后付制

一、后付制的含义

后付制，又称为按服务项目付费，或按投入要素付费，是指医疗保险机构根据医疗服务供方提供的服务项目（如诊断、治疗、化验、药品、麻醉、护理等）或投入要素的数量进行付费，提供的服务项目越多，医保基金支付的就越多。需要强调的是，后付制和预付制的差异不在于支付时间的先后，而在于支付的依据是什么。如果是依据投入要素付费，就是后付制；如果是依据产出结果付费，就是预付制。在预付制下，医疗机构也可以先提供医疗服务，医保机构再支付医疗费用。

二、后付制的适用条件

在日常经济生活中，最常见的付费方式是按产出结果付费，而非按投入要素付费。消费者购买一件商品，往往不会考虑该商品生产最终投入了多少生产要素，而是根据商品的整体价格和质量付费。以工业产品定价为例，市场一般是根据产品整体使用价值来定价或按产出结果付费的，而不会考虑该商品的投入要素数量进行定价。如果根据投入要素定价，企业必然缺乏成本控制的动力。相比之下，按产出结果付费就有着明显优势，买方只需关注产品价格和产出质量，不用计较具体投入了多少生产要素，尤其是对一些标准化产品，例如电子产品、家用电器等，由于市场竞争已经使同类产品形成了相对稳定的市场均衡价格，购买者只需关注产品质量，就可以完成交易。所以，在市场交易中，按产出结果付费具有两个方面的优点：一是有利于减少交易次数，买方不需要与卖方就投入要素情况讨价还价，只需整体定价，从而降低了买方的交易成本。二是可以激励供方降低生产成本，严格控制生产要素投入，增强自己产品在市场上的竞争能力。①

然而，在医疗领域中，使用时间最早、应用范围最广的支付方式，恰恰又是按投入要素付费的后付制，即患者根据医生或医院提供的诊疗、检查和护理等项目数量付费的方式。医疗领域之所以长期采用后付制而非预付制，主要有两方面的原因：一方面，由于医疗领域存在着较大的不确定性，特别是治疗结果的不确定性，导致难以对某一疾病进行事先定价收费；另一方面，更重要的原因是，治疗结果难以观测和验证，患者对治疗质量的认知往往带有很大的主观性。

关于患者对治疗结果认知的主观性研究，瓦贝尔（Waberer，2008）招募了 82 个志愿者，做了一项随机实验。他让志愿者每人都服用一种药片，在服用该药片前后，将分别电击一下他们的腕部，志愿者需要对前后两次电击引起的疼痛进行排序。试验前，每一个参与试验的志愿者都被告知服用的药片（实际上安慰剂）是药品监管部门批准的一种新型止痛类药物，具有快速止痛的疗效。其中，一半的志愿者被告知该药片的价格是 2.50 美元，另一半志愿者被告知该药片已经从 2.50 美元降价到 0.10 美元。试验结果发现，两组志愿者尽管都已经知道该药可以减轻疼痛，但是正常价格组（85%）的疗效要远远好于折扣价格组（61%）。与正常价格组的 15% 相比，折扣组的

① 吕国营．测量成本、可验证性与医疗费用支付方式［J］. 财贸经济，2009（10）：65－70.

39% 声称有疼痛加重的现象。① 实验表明，患者对医学治疗结果评价的主观性是很强的，尽管实验患者（志愿者）表达的是真实主观感受，但很难做到客观准确。

上述实验结论广泛适用于实际生活中，有时情况还更为严重。在医疗付费实践中，如果选择按产出结果付费的预付制，患者就有可能谎称治疗无效而逃费或拒付费；医生（医院）则相反，往往会夸大治疗效果；第三方机构则无法对某些治疗效果进行观测和鉴定。当医患双方很难就治疗效果达成一致意见时，医疗服务就无法像其他产品交易一样采用按产出结果付费的预付制。换言之，在医疗领域采用按治疗结果付费的预付制方式，往往是非常困难的。相比之下，在疾病治疗过程中，由于各种投入要素的数量和质量是可观测、可验证的，而且可操作性更强。因此，采用依据投入要素或按服务项目付费的后付制，就成为历史最悠久、使用范围最广泛的支付方式。即使是在总额预付制和 DRGs 等新兴支付方式出现以后，后付制仍然不失为医保支付的一种重要方式。

当然，随着现代医学技术进步，出现了越来越多的先进诊疗技术，特别是循证医学的发展和临床诊疗路径的规范，使得少数疾病的治疗过程得以标准化，并可以对医疗服务项目进行打包，按治疗流程和治疗阶段进行付费，就为后付制开始转向预付制，推行按产出结果付费的预付制创造了条件。不过，由于目前大多数疾病的治疗过程还难以实现标准化，所以，按服务项目付费的后付制仍将被广泛应用。

三、后付制的弊端

在按服务项目付费的后付制下，医疗机构的收入规模是与医疗服务的项目数量直接挂钩，这种利益关系既造成医疗机构普遍缺乏成本控制意识，也容易引发医疗机构过度服务、高额收费的动机，从而诱发医疗服务供方的道德风险，例如，医生在诊疗过程中“滥开大处方”“滥开检查单”等。显然，后付制容易导致医疗资源浪费，医疗费用不合理增长，加大医保基金支出压力。同时，后付制还会大幅度增加医保经办的审查工作量及相应的管理成本。

在医疗保险制度建立之前，虽然也存在医生的“诱导需求”及其道德风险问题，但在 20 世纪 30 年代以前，一方面由于诊疗手段比较落后，即使是对一些能够诊断的疾病，也因医学技术限制而无法治疗，所以，“诱导需求”问题似乎并不严重。20 世纪 30 年代以后，随着医疗技术快速进步，新诊疗技术和新药品不断涌现。例如，核磁共振（MRI）、人工移植和内视镜检查法的出现，以及抗生素的普及，使很多过去难以

① 舍曼·弗兰德，艾伦·C. 古德曼，迈伦·斯坦诺. 卫生经济学（第六版）［M］. 北京：中国人民大学出版社，2011：215.

治疗的所谓疑难杂症有了治愈的可能。另一方面，新技术和新药品往往在上市初期价格昂贵，医疗机构出于投资发展和增加未来收入的考虑，往往争相购买先进的大型医疗设备（如CT、肾透析仪等）和使用昂贵药品，同时，鼓励医生滥开“大处方”“检查单”，以期增加收入，加快收回投资成本。在这种情况下，如果采用按服务项目付费的后付制，需求诱导和过度医疗的道德风险问题必然会越来越严重，最终导致医疗费用不断攀升。

后付制的弊端不仅在于医生的道德风险，更严重的还会助长医患合谋的道德风险。在医疗保险出现以前，医疗费用全部由患者独自承担，不存在第三方支付，因此，不会出现医患合谋现象。但是，医疗保险制度建立之后，由于引入了第三方付费机制，由医保机构向医疗服务提供方支付医疗费用，如果仍然采用按服务项目付费的后付制方式，结果就可能大不一样。在现行医保体制下，医疗服务供方与医疗保险机构在控制医疗费用方面存在着利益不一致，因此，供方或医院为了获得更多的医保支付，在诊疗过程中，不仅有可能提供某些不必要的医疗服务，出现供方或医院的道德风险，而且，由于医患双方都存在过度利用医疗服务的动机，医患双方很容易形成合谋，致使过度医疗问题越来越严重。

针对按服务项目付费的后付制存在的上述弊端，有必要也有可能对现行医疗保险费用支付方式进行改革。一是为了控制医疗费用过快增长，医保部门具有改革的压力和动力；二是医保机构作为购买大户，具有与医院等医疗机构进行谈判和讨价还价的能力；三是随着医学技术进步，某些疾病治疗过程可以实现标准化，并借鉴按产出结果付费的预付制方式，实行打包付费，这也为支付方式改革提供了路径条件。

目前，国际上关于医保支付方式的改革做法，大多是根据不同医疗服务的特点，分别采用不同的支付方式。总的发展趋势是，实行以总额预付制、按病种付费等预付制为主体，并辅之以按服务项目付费的复合型支付方式。医保支付方式的改革趋向表明，各国并未摒弃按服务项目付费的后付制，而是将后付制与预付制进行搭配使用，按项目付费的后付制一般用于那些不宜打包付费的复杂病例和门诊费用。

就中国情况看，国家有关部门早在医疗保险制度建立之初，就考虑到了按项目付费的后付制弊端，一开始就对基本医疗保险支付范围内的药品、诊疗项目、医疗服务设施范围和支付标准，作出了严格规定，形成了《基本医疗保险药品目录》《基本医疗保险诊疗项目目录》《基本医疗保险服务设施目录》，并按照“谁买单，谁点菜”①的原则，加强对医疗费用的严格控制。显然，通过制定医保目录，规定医保支付范围，一定程度上有效约束了供方或医院，以及医患合谋的道德风险。

① 医疗保险机构是买单人，而医保“三大目录”相当于菜单。

第三节　预付制

预付制的支付方式多种多样，本节主要介绍按人头付费、按服务单元付费、总额预付制和按病种付费四种重要支付方式。这些支付方式各具功能，各有利弊，并适用于不同的医疗条件。例如，从治疗方式上看，有的适用于住院，有的适用于门诊；从管理目的上看，有的侧重于控费，有的侧重于引导分级诊疗。本节试图从住院和门诊、慢性病和急性病、全科与专科等多个维度，介绍上述支付方式。

一、按人头付费

（一）按人头付费的含义

按人头付费是指医疗保险机构按照单个自然人定额付费，并在一定时期内（一月、一季度或一年），按照一定人数，实行医疗费用支付包干制。医疗保险机构按照与医疗机构之间合同约定的服务对象、服务项目和每人偿付标准，向提供医疗服务的医疗机构支付医疗服务费。

（二）适用条件

按人头付费一般用于门诊服务和家庭签约医生服务等全科类医疗费用的支付。由于采用包干制，预先确定了人均费用标准，医疗服务机构的收益主要取决于约定的人头费用总额与实际医疗费用总额之间的差额。这样，从医疗保险机构看，只需要事先确定好参保人数和每个人的偿付定额标准，不需要考虑最终可能发生的医疗费用，这实际上是将费用超支的风险转移给了医疗服务机构。从医疗服务机构来说，享受服务的参保人数越多，自己的收入越多，从而对医疗服务供方形成激励机制，鼓励供方签约更多的参保人，以增加医疗业务量。另外，由于单位收费标准是既定的，医疗服务机构在努力增加服务人数的同时，还必须尽可能地考虑如何减少医疗开支，加强成本控制，特别是要考虑如何积极开展预防保健服务，减少不必要的诊疗项目。

按人头支付模式的突出优点是，特别适合于基层医疗服务支付。一是在采用打包付费的制度下，基层医疗服务供方会积极开展健康体检、健康教育等活动，尽可能地降低发病率，这样不仅可以减少医疗开支，而且对于慢性病可以起到积极的防控作用。二是有利于分级诊疗制度和家庭医生签约服务制度建设。基层医疗卫生机构在推行门诊统筹、按人头付费办法的过程中，可以从糖尿病、高血压、肾功能衰竭等慢性病的治疗入手，开展特殊慢性病按人头付费，鼓励医疗机构做好健康管理。例如，天津市全面推广了糖尿病按人头付费办法，即规定全市承担糖尿病健康管理任务的所有二级及以下医疗机构，都要按照按人头付费原则，为患者提供医疗服务。

按人头付费也存在某些制度缺陷，主要表现在两个方面：一是医疗机构为了降低医疗成本，在服务对象签约环节，往往偏向于选择健康状况较好的患者，而不愿意为疾病风险较大的参保人提供服务。二是在签约人数和预算总额为一定的情况下，医疗服务机构的盈利状况主要取决于医疗成本高低，所以，有些医疗服务机构对于既定服务对象趋向于控制服务项目，甚至推诿病情较为严重的患者。

针对上述问题，如何完善按人头支付办法，首先，需要建立医疗保险机构与医疗服务机构之间的谈判机制，确定服务的参保人数、每人偿付定额标准以及费用支付周期等。其次，需要根据参保人的年龄、性别、慢性病发病率等因素，建立风险调整机制，不能采取“一刀切”办法，将整个人群的平均付费标准作为统一的偿付标准。否则，医疗服务机构将可能拒绝为那些患病风险较大的人群（如老年人）提供医疗服务。最后，还需要赋予参保人对定点医疗机构的选择权。各个医疗服务机构为了增加收入，需要争取更多的签约人数，他们之间必然展开争夺参保人的服务竞争，从而推动医疗服务机构不断提高自身的医疗服务质量。

（三）实践经验

国际上，一些国家很早就开始尝试按人头付费办法，典型的如英国全科医生制度。全科医生作为“社区守门人”，负责提供初级卫生保健服务。政府采用按人头付费的方式，根据每个全科医生的签约居民人数和固定偿付标准，向全科医生预付费用，全科医生则负责为签约居民提供一年的初级卫生保健服务。全科医生制度引进市场竞争机制，居民可以自由选择家庭医生，医生为了吸引更多居民签约，必须不断提高医疗服务水平。在英国，实行严格的全科医生首诊制，患病居民必须先经全科医生诊疗；需要转诊的，再由全科医生开具转诊单；不经转诊的，NHS 将不支付医疗费用。全科医生在同意转诊环节，需要向受诊的二级医疗机构支付一笔固定的转诊费。这种转诊付费机制促使全科医生十分重视居民疾病预防，以尽可能减少转诊人数，降低医疗费用支出。

在中国，按人头付费办法始于 2009 年在杭州、上海、镇江、珠海等地进行的改革探索。2003 年，杭州市出台了《退休人员门诊医疗费社会统筹暂行办法》和《退休人员门诊医疗费社会统筹管理办法》，对退休人员的门诊医疗服务采用按人头付费，门诊医疗实行定点管理。退休人员在劳保部门确定的门诊约定医疗机构中，可以选择两家作为本人的定点门诊约定医疗机构，其中一家必须是社区医疗卫生机构。退休人员的门诊医疗费用实行“协议管理、定额考核、弹性结算”，市医保经办机构根据约定医院的服务人数和门诊医疗费人均定额，按月向约定医院预拨医疗经费，年终结算。市劳保部门根据门诊医疗费的实际发生额，按不低于上年的标准，确定当年门诊医疗费的人均定额。

需要指出的是，按人头付费中的所谓“人头数”，指的是签约参保人数，而非到定点医疗机构就诊的人员数。在实际就诊过程中，签约参保人中可能有一部分人在一定时间内就不曾去定点医疗机构看病，相反，另一部分人则可能到定点医疗机构多次就诊，因此，两种“人头数”不能混淆。这种区分的意义在于，如果是按照定点医疗机构就诊人数作为付费依据，就难以发挥人头支付的控费作用，还会导致医疗机构推诿复诊病人，诱导更多初诊患者，以增加就医人数，甚至产生过度医疗问题。目前，中国大多数地区都以签约的参保人数作为支付依据，只有江苏镇江等少数地区是以定点医疗机构的就诊人头数作为支付依据。

如前所述，按人头付费方式多用于基层医疗卫生服务，且多用于门诊付费。因此，在分级诊疗体系和家庭医生制度的探索中，国家鼓励采用按人头付费的方式。目前，一些有条件的地区也正在探索将签约居民的门诊基金按人头数支付给基层医疗卫生机构或家庭医生团队。患者需要向上级或专科医院转诊的，由基层医疗卫生机构或家庭医生团队支付一定的转诊费用，其目的是激励全科医生以高质量的医术和医德，努力将患者留在基层享受便利的医疗服务。

二、按服务单元付费

（一）按服务单元付费的含义

按服务单元付费是一种常见的预付制支付方式，它是指医疗保险机构与医疗服务机构，根据谈判确定的日均住院费用标准或次均住院费用标准，来支付医疗费用的一种结算方法。首先，这种方法根据特定标准，将医疗服务全过程划分为若干个部分，每一部分即为一个服务单元。例如，一个门诊人次数、一个住院人次数和一个住院床日数等，均可构成一个服务单元。其次，在此基础上，医保机构根据往年数据，与医疗服务机构协商制定出每个服务单元的定额支付标准。对于同一医疗机构的所有单次门诊费用或单日住院费用而言，这一标准都是相同的和固定的。最后，医保机构根据每一个医疗机构提供的单元服务数量支付单元费用，总费用 = 平均单元服务费用 × 单元服务数量。按服务单元付费常用于按服务人次付费和按床日数付费。

（二）适用条件

按服务单元付费的适用范围比较广泛。其中，按服务人次付费既可用于门诊医疗费用支付，又可用于住院医疗费用支付；按床日付费一般适用于长期、慢性病住院服务。按服务单元付费的一个突出特点是“超支自负和结余留用”，具有预算包干特性。具体地，假定一个住院床日的实际医疗费用超过了规定标准，那么，超支部分将由医疗机构承担；反过来，如果实际医疗费用低于规定标准，其盈余部分也将归医疗机构所有。因此，按服务单元付费办法具有很强的激励和约束作用，医疗服务机构为了增加收入，会尽量降低单次医疗服务成本，减少不必要的用药和检查项目，减少过度医疗。此外，按服务单元付费还简化了医疗费用结算程序，操作方便，能够有效地降低医保经办部门的管理和监督成本。医保经办机构不再对诊疗服务项目进行逐一核查，代之以将主要工作集中于研究单元付费标准、关注患者投诉、监管医疗服务质量，以及分析病种分布变化等管理决策问题。

按服务单元付费办法虽有上述优点，但推广实施中的难点也是明显的，即如何规范医疗行为，防止医院分解服务次数，推诿重病患者。以按服务人次付费为例，由于次均服务费用标准是固定的，医疗机构的收入与医疗服务次数直接挂钩，其好处是可以激励医疗机构减少过度用药和不必要检查，主动降低次均医疗服务成本，积极控制次均医疗费用。但由此也产生两个弊端：一是由于门诊次数越多，医保支付就越多，因此，医疗机构可能通过分解门诊服务，增加服务次数来增加收入；二是医疗服务机构为了降低单元医疗服务成本，可能发生推诿严重病患者的情况。由于上述两方面缺陷，导致按服务人次付费并不能很好地解决医疗费用总额的控制问题。为了防范和解决这一问题，全国许多地区的实际做法是，在实施按服务人次付费的同时附加总额预付制，换句话说，总额“封顶”是按服务人次付费的基础和前提。

在按服务单元付费方式中，按病床日付费一般用于那些病情比较稳定、需要长期住院且住院床日费用比较稳定的疾病。例如，它适合于精神病、安宁疗护、医疗康复等疾病的长期住院治疗。相反，它不适合那些病情不稳、住院床日医疗费用变化较大、难以精确计算日均住院费标准的疾病。实行按病床日付费，将医疗服务的诊疗、用药和护理从过去的创收项目转变为成本因素，有利于激励医疗机构减少不必要的医疗服务，主动控制成本以增加收入。不过，在实际操作中，按床日付费办法也面临着两大难点：一个是怎样合理确定不同病种的平均住院日数和床日付费标准；另一个是如何加强对平均住院天数、日均费用以及治疗效果的考核评估。

与按服务项目付费相比，按服务单元付费在控制医疗费用过快增长方面的积极作用是明显的。同时，这种付费方式同样也存在缺点。由于医疗服务机构的医保付费收入是与医疗服务单元数量、人次数量或住院天数直接挂钩的，因此，在医疗服务过程中，难免出现机会主义倾向。例如，在实行按服务单元付费的情况下，医疗服务机构往往会分解医疗过程，以增加单元服务数量。在按人次付费的情况下，往往会发生“分解处方”“二次住院”等现象。在按住院床日付费的情况下，医疗服务机构往往会故意延长患者住院时间，增加住院天数。总之，医疗服务机构为了控制成本、增加收入，总是“你有政策、我有对策”。

（三）实践经验

近些年来，中国许多地区开始采用按服务单元付费的方式。镇江是最早采用该种支付方式的地区；上海把按住院床日付费办法运用于精神类疾病治疗；宁波的做法与镇江和上海不同，它采取的是总额预算控制下的按服务单元浮动付费办法。其背景是：宁波最初采用的也是单一的按服务人次付费办法，但在执行中发现，一些医疗服务机构为了获得更多的医保支付，经常采用缩短住院时间、拆分住院次数、分解处方、重复挂号等手段，来增加服务次数及服务收入。这样，单一地按服务人次付费方式就只能控制就诊的每人次医疗费用，而不能控制就诊人次，导致平均住院日和门诊次数增多，从而难以扼制医疗费用总额不断攀升的势头。

为了解决这一难题，宁波、扬州等地在按服务单元付费的方式中引入“人次人头比”这一指标，即改按服务人头数乘以人次人头比①，来确定医疗机构的有效服务人头数，年终医疗费用总额 = 服务人头数 × 人次人头比 × 次均费用标准。通过这样的调整和完善，一定程度上抑制住了医疗服务机构故意分解医疗服务次数的机会主义行为。

三、总额预付制

（一）总额预付制的含义

总额预付制，是指医疗保险机构根据年度预算总额对医疗服务机构支付医疗费用的一种结算制度。年度预算总额是由医疗保险机构与医疗服务机构通过谈判、协商确定的，医疗服务机构在年度预算额度内为参保人员提供医疗服务。总额预付制一般实行“超支自负和结余留存”，即医疗服务机构的年度医疗费总额如果发生超支，需独自承担；如果出现结余，则归医疗机构留用。实行总额预付制的目的，是通过整体打包付费的形式，对医疗保险基金进行预算管理和控制。

（二）适用条件

总额预付制主要适用于住院费用的支付。它有三个主要特点：一是医疗服务机构提供的医疗服务数量与医疗服务收入不挂钩，医疗服务机构为了加强成本控制，往往

---

① 人次人头比是指由医保经办机构核定的每家定点医疗机构上一年度就医的参保人员人次数与服务人头数的比例。例如在一年中，一个参保人在同一家机构住两次院，则人次人头比为0.5。

尽可能减少不必要的医疗资源开支，有利于控制医疗费用增长。二是总额预付制可操作性强，预算稳定，不受医保待遇调整政策的影响。三是有利于医疗保险机构降低管理成本，并将主要精力集中在预算制定和执行审核等管理上。

总额预付制能否取得预期成效，关键是能否合理确定预算总额。医保机构在确定预算标准时，往往要综合考虑区域参保人数、往年就诊患者数量、次均医疗费用、医疗技术进步和通货膨胀等因素。实际执行中，如果发生实际医疗费用超出预算标准的，其超支部分要由医疗服务机构自己承担，以便将医保费用控制在合理的增长范围之内（一般不超过医保基金收入的增长水平）。多数情况下，预算总额一般由医保机构直接分配给区域医疗服务机构，在允许参保人自由就医的情况下，医疗服务机构很容易出现实际医疗费用超支的问题①，但医保部门的预算额度和医保基金的收支平衡则基本不受影响。所以，如果不考虑不同病种之间的费用差异，仅仅从费用控制的角度看，总额预付制还是一种粗放式的预付费制度②，在无法精确计算具体病种治疗成本的情况下，它仍然不失为一种比较理想的费用支付方式。

总额预付制存在的主要问题，一是医疗服务机构为了有效控制成本，防止费用超支，实现结余留用，通常会人为控制住院率或缩短住院天数，推诿严重患者，导致医疗服务供给不足，甚至发生损害参保者利益的情况。例如，在每年的第四季度，当医院的年度医保资金即将耗尽时，医院就想方设法地不愿接收住院病人或者缩减处方，从而造成合理的药品及诊疗项目的供给不足。二是预算标准难以科学、合理地确定。预算标准不论是定得过高或过低，都会产生负面效应。例如，预算标准过高，会造成医疗费用不合理增长；预算标准如果过低，将导致医疗服务供给不足，损害参保患者利益。因此，解决预算额度标准“定不准”的难题，就需要根据医疗服务需求的变化，及时调整预算，建立风险共担机制，一方面保障预算充足和医疗服务数量供给，另一方面又能够对医疗机构形成足够的预算压力，促使它们努力降低医疗成本。

（三）实践经验

20 世纪七八十年代，英美等发达国家的医疗费用上涨很快，总额预付制开始被用作医疗保险费用支付方式。其中，英国的国民卫生服务体系主要采用的就是总额预付制。在中国，上海是较早采用总额预付制的地区，上海全部公立医院 2011 年推行总额预付制。其具体做法是，根据医疗机构等级划分预算总额，将全市的预算总额划分为

---

① 主要是因为我国的医疗机构服务能力和服务质量存在较大差异，服务质量好的医疗机构往往能够吸引更多的患者，然而，医疗机构接诊的患者越多，实际医疗费用超出预算控制指标的风险越大。

② 王宗凡．医疗保险总额控制的实践与思考［J］．中国医疗保险，2017（3）：37－40.

三个部分，分别为三级医疗机构预算总额、二级医疗机构预算总额和一级医疗机构预算总额。至于每一级医疗机构内的各家医院如何分配预算总额，医保部门一般不予干预，而只是负责搭建医疗机构协商谈判平台，由各个医疗机构自行协商确定。上海的做法有利于发挥医疗机构的信息优势，缓解医保机构与医疗机构之间的紧张关系。

在总额预付制下，容易产生医疗服务机构推诿患者和医疗服务供给不足的问题。为了解决这一难题，全国部分地区开始探索有效的应对措施。例如，有些地方的医保机构对“结余留存”中的结余规模，作有一定限制，防止医疗机构一味追求结余最大化，导致推诿患者、治疗不足的问题。还有的地方在实施总额预付中，只是根据医保机构与医疗机构事先确定的年度预算总额，“预付”部分预算经费，到了年终时，再根据医疗机构是否发生推诿患者、治疗不足的核查情况，决定是否足额支付医保基金。

最令人称道的是，有的地方在确定了该地区医疗机构的预算总额之后，不再将地区预算总额直接分配到每一家具体医疗机构，而是采取总额预付与点数法相结合的办法进行资金分配。具体地，在基金预算总额不变的情况下，先根据每种疾病发生费用的相对比例关系，确定单病种的具体点数。在年终结算时，用地区预算总额除以该地区所有医疗机构年度总点数，得出每一个点数的现金价值（即点值）。最后，用每一家医疗机构年度医疗服务的总点数乘以点值，就能得出每一家医疗机构应当获得的年度医保基金支付总额。① 显然，这种点数法类似于中国计划经济时期农村生产队使用的“工分制”，获得的工分越多，分值越大，收入就越高。运用总额预付制与点数法结合的办法，每一家医疗机构获得的点数越多，年终可以获取的医保基金支付也越多，这极大地调动了医疗机构提供医疗服务的积极性，不仅有利于解决医疗机构推诿患者的问题，激励医疗机构努力降低医疗成本②，提高工作效率，以获得更大收益。同时，还有利于加强对医保基金支出总额的目标控制，实现医保基金的收支平衡。

对于总额预付制下容易发生的医疗机构预算超支问题，全国一些地区也在探索建立某种超支分担机制。例如，有的地方规定，医疗机构的年度实际医疗费用如果超出预算总额，医保机构和医疗机构有责任在一定范围内共同承担超支费用。

四、按病种付费

（一）按病种付费的含义

按病种付费有狭义和广义之分，狭义的按病种付费也称为按单病种付费，是指医保

① 王宗凡．医保总额控制：疑问与思考［J］．中国社会保障，2017（4）：80－81.

② 医疗服务机构只有将医疗成本努力降低到该地区所有医疗机构的平均成本之下，才能获得收益。

部门对单一、独立的疾病治疗全过程的成本进行测算，按标准向医疗机构支付费用的一种方法。其中，单病种意味着不考虑合并症、并发症的情况。广义的按病种付费既包括按单病种付费，又包括按疾病诊断相关组付费（diagnosis related group system，DRGs）。

DRGs 支付是这样一种付费方法，它首先综合考虑患者的年龄、性别、住院天数、临床诊断、病症、手术、合并症与并发症等情况，将临床过程相近、费用消耗相似的病例分配到同一个 DRG 病组，在 DRGs 分组的基础上，通过科学的测算制定出每一个组别的付费标准，并以此标准对医疗服务进行预先支付。

（二）适用条件

按病种付费主要适用于诊疗明晰、临床路径规范、治疗效果明确的常见病和多发病的住院费用支出。按病种付费也是一种打包付费方式，采用“超支自负和结余留用”的原则，医疗机构的盈利水平与成本控制力度密切相关。在这种打包付费方式下，病人使用的药品、医用耗材和检查检验都属于诊疗服务成本，而非医院获取收益的手段。医疗机构为了取得合理的结余，需要降低诊疗过程中的各类资源消耗。所以，无论是按单病种还是 DRGs 付费，都可以激励医疗机构增强成本控制意识，在提供医疗服务中努力挖潜节支、提高诊断率、缩短住院天数，从而实现医保控费的目标，并大大减轻医保经办机构对医疗费用审核的工作量。

1. 单病种付费。在按病种付费方式中，单病种付费是最基本、最简单的形式，其支付标准通常是基于规范临床路径或历史费用水平计算得到的。单病种付费在选择具体适应病种时，主要考虑以下因素：一是疾病的发生频率。一般多选择发病频率较高的常见病和多发病。二是疾病治疗费用负担水平。在疾病发生频率相同的情况下，大多选择费用较高的病种。三是优先选择诊断过程规范、治疗效果明确的病种。四是尽量选择以手术治疗为主的疾病。手术治疗一般涵盖较多科室，能够反映医院的综合诊断和治疗水平，便于总结各个科室系统的单病种付费经验，为扩面推广奠定基础。

2. DRGs 付费。由于单病种付费不考虑并发症、合并症等因素，且容易产生大量的病种类别，操作较为复杂，因此，一些国家开始尝试按 DRGs 付费的方式。

DRGs 支付方式源于美国，它最早应用于医院管理，后来才用于医疗费用支付。从 DRGs 的起源和发展历程来看，DRGs 本身是一种医院管理工具，支付是衍生功能，它在作为绩效管理工具的过程中，引导医疗机构不断提高数据质量和对 DRGs 管理的适应性。随后的实践中，人们开始将 DRGs 用于调整医疗机构总额控制的指标或作为总额预算分配资金的关键参数，进一步引导医疗机构改善内部管理，提高病案等数据的质量和真实性，为其最后成为医保支付方式奠定了基础。

DRGs 作为医保支付方式，它首先是根据患者的年龄、性别、手术项目、并发症、合并症、住院时间、诊断内容、治疗效果等情况，将病人分成若干诊断组，每个诊断组又根据疾病的严重程度分为若干等级，然后对每一诊断组内不同等级的疾病制定相应的付费标准。同一诊断组中的每个病人均按照固定偿付标准支付费用。对有并发症的病人，医院可向医保申请追加支付，但不能超过固定偿付额的一定比例。

所以，DRGs具有医院绩效管理和医保支付双重功能。从理论上讲，无论是医保机构出于控费的目的，还是卫生部门出于加强医院管理的目的，双方都有动力组织实施DRGs。实践中，DRGs成为医保支付方式以后，虽然更多地是由医保部门来负责实施，但作为医保的一种支付方式，DRGs也是交易价格的一部分。显然，价格制定不能由一方决定，应该鼓励医疗机构积极参与。特别是医疗机构作为医疗服务的供方，在病种分组、病组定价方面，拥有更强的信息优势和专业优势。此外，同一种病组在不同等级医疗机构之间应该如何进行赋值，也需要各等级医疗机构积极参与平等协商和谈判。相反，如果仅仅由医保部门负责组织实施，很可能出现病种分组不合理、病组定价不科学等问题，很难让医疗机构满意，将直接影响DRGs的实施效果。所以，实施DRGs，需要由医保部门牵头组织，医疗机构积极参与，双方进行平等对话协商，才能实现医保和医疗机构双赢的结果。

3. DRGs付费和单病种付费的差异。DRGs不同于单病种付费的主要特点：一是DRGs的出发点是承认疾病的复杂多样性、患者个体的差异性，以及由此导致的多层次费用支付水平，因此，DRGs的组内同质性和组间差异性特征比较明显；二是DRGs总分组数量有600余种，而按单病种付费的疾病种类则多达上万个，因此，DRGs的管理成本相对较低；三是DRGs基本覆盖了整体疾病谱，而单病种付费仅仅覆盖了有限的疾病种类。

DRGs不仅是一种较为科学的医保支付方式，同时，它还是一种较好的医院管理和医疗评价工具。DRGs自带一整套指标体系，该体系作为医疗质量控制的补充手段，可以对医疗服务进行科学、客观的评价，有助于医院加强内部管理，规范医生诊疗行为，减少医疗资源的浪费。更重要的是，DRGs还有利于探索、催生既科学又经济的临床路径，因为医疗机构出于控制成本和保障医疗质量达标的考虑，需要制定既保证医疗质量又兼顾自身成本控制的诊疗方案，并作为临床医生的统一标准要求。所以，推行DRGs的过程，也是一个合理、规范临床路径的过程。

按病种付费方式虽有上述优点，但实践中也同时存在以下两个方面的突出问题：一是在这种支付方式下，医疗机构推诿患者、分解住院次数等问题也比较严重，需要加强服务质量监控，尤其是对定点医疗机构实施的按病种付费情况进行定期和不定期检查，防止出现将普通病种提高到高危病种治疗，以及推诿重病患者等现象。① 二是

---

① 褚福灵．按病种是外在，按质量是灵魂［J］．中国卫生，2018（5）：33－34.

按病种付费方式的操作较为复杂，并且前期需要收集大量临床数据，投入成本较大。例如，实施 DRGs 涉及很多因素，包括最小数据集、分组器、权重、基础费率、调整因素、除外病例支付等，所有这些构成因素都依赖于真实的数据进行构建。① 因此，实施 DRGs，首先需要统一收集系统化、标准化的数据，它们不仅涉及临床数据、成本数据，以及市场价格变化的相关指标（医生收入指数、药品价格指数、耗材价格指数等），而且，数据质量如何将决定实施的效果。其次，需要建立完善的信息管理系统，以利于引导和规范医疗机构的诊疗行为。

（三）实践经验

在中国实施按病种付费的探索实践中，各地做法主要有三种，即按单病种定额付费、DRGs 付费和按病种分值付费。

海南省试行的是单病种定额付费。2017 年，海南省人力资源和社会保障厅发布《关于开展基本医疗保险实行按病种付费工作的通知》，正式实施基本医疗保险住院按单病种付费的方法，并制定了呼吸系统疾病、消化系统疾病等 100 个病种的医保支付定额标准，实行单病种付费管理（见表 5－1）。

表 5－1　　海南省基本医疗保险按病种付费病种及医保支付标准（摘选）

序号	临床专业	病种	主要操作/治疗方式	ICD－10 编码	城乡居民医保支付标准（单位：元）		从业人员医保支付标准（单位：元）	
					3 级医院	2 级医院	3 级医院	2 级医院
1	呼吸系统疾病	支气管扩张	内科治疗	J47. X00	4 500	3 600	5 900	4 200
2		肺部感染	内科治疗	J98. 414	4 800	3 650	6 300	4 300
3		支气管哮喘	内科治疗	J45	3 700	3 200	4 800	3 700
4		自发性气胸	内科治疗	J93. 001	3 500	3 300	4 600	3 800
5		慢性支气管炎	内科治疗	J42. X00	5 300	3 600	6 900	4 250
6		支气管肺炎	内科治疗	J18. 000	1 900	1 500	2 500	1 760
7		支原体肺炎	内科治疗	J15. 700	2 400	1 800	3 100	2 100
8		社区获得性肺炎	内科治疗	J15. 903	4 940	3 000	6 400	3 500
9		慢性阻塞性肺疾病急性加重期	内科治疗	C44. 90	7 300	6 800	9 500	7 900
10		结核性胸膜炎	内科治疗	A16. 500	5 000	4 500	6 500	5 200

资料来源：海南省人力资源与社会保障厅官网。

江苏、广东等地进行了按病种分值付费的探索。按病种分值付费融合了点数法和总额预付两种支付方式，是中国本土化的 DRGs。2003 年，江苏省淮安市率先试点按病种分值付费法（见专栏 5－2）。其基本思路是，对每一个被纳入试点的病种，赋予一个固定分（点）值，医保机构根据定点医疗机构一定时期内完成的病种总分值，作

① 赵斌. 疾病诊断相关分组所需的数据支持：困境和破局［J］. 中国医疗保险，2018（8）：35－38.

为对其费用偿付的结算依据。实行这种付费办法，病种不直接与医疗费用发生关系，而是直接对应于分值。另外，分值单价又是动态变化的，这样可以淡化病种与费用之间的对应关系，减少医疗机构推诿重病患者和分解住院的现象。[①] 广东省云浮市推行总额控制下的按病种分值付费办法，其主要内容是“总额控制、病种赋值、分月预付、年度结算”。这种方法首先是将全市医疗机构划分为三个集团：三级医疗机构为第一集团，二级医疗机构为第二集团，一级医疗机构为第三集团。在确定全市当年基金付费总额的基础上，确定各医疗机构集团的预付总额。各集团按病种分值付费总额 = 全市当年基金付费总额 × 各集团按病种分值付费总额比例。其中，各集团按病种分值付费总额比例 = 各集团近两年统筹基金应付总额 ÷ 全市统筹基金应付总额 × 100%。然后，再根据医疗机构系数[②]和病种分值，计算出病种分（点）数。最后，根据当年医保基金的付费总额和病种分数，确定医保基金向医疗机构支付的费用额度。

专栏5-2　淮安市实施按“病种分值”付费

江苏省淮安市城镇职工基本医疗保险基金的结算于2003年3月开始采用“病种分值”付费方式。淮安市采用按“病种分值”付费方式的初始阶段并没有通过总量控制的手段对医保基金进行控制，导致了定点医疗机构的医疗费用只升不降，于是在2003年10月正式开始实施“病种分值”付费的改革，把各定点医疗机构每月实际发生的医保基金的总数量作为每月可分配的医保基金，改革后医保费用得到了有效控制，取得了显著成效。2004年二季度末，淮安市开始实施总额控制下的“病种分值”付费方式，并且该方式被沿用到现在。目前，淮安市“病种分值”付费项目有892个疾病病种、26个临床科室，病例数量占全市90%以上，涵盖了全市绝大多数病例。

一、病种分值付费方式经办管理的具体做法

（一）病种分值付费方式概念与作用机制

1. 病种分值付费的基本概念。“病种分值”付费方式是按不同疾病发生不同医疗费用之间的比例关系，给每一住院病种确定相应的“分值”，客观体现医疗耗费成本高低和多少的情况，根据月出院病种构成情况及每一病种出院人次计算出总分值，作为费用偿付结算依据的医保付费方式，被形象地称为医保“定工分”、医院“挣工

① 观点来源于2017年9月20日《中国医疗保险》杂志社举办的第四期“医”“保”对话论坛。

② 医疗机构系根据前两年的住院次均费用确定，各医疗机构系数 = 该医疗机构住院次均费用 ÷ 所属集团住院次均费用。

分”。每个分值等于多少钱是不确定的，它取决于当期统筹基金的可分配总量和各定点医院当期的分值总量。

2. 病种分值付费方式的作用机制。“病种分值”付费方式虽然以病种结算为基础，但与病种结算不同的是，病种结算中的病种直接与费用相对应，而“病种分值”结算是以病种间的消费比例确定分值，从而抽象和模糊了病种与具体费用间的直接对应关系，既实现了总额预付和按病种付费的优点互补，又弥补了付费方式自身的缺陷。

（二）病种及分值的来源

以出院时的临床主要诊断确定的病种名称来对应病种分值。病种的医疗费用数据来源于当地前三年的客观常见病种，把病种三年实际发生的平均人均住院费用除以固定参数折合成分值，使“分值”综合地反映出各病种在一定技术条件下的诊疗工作量（成本）关系，医院和专科医生根据近年的医疗实践给予修正。

（三）医院等级系数

不同的医院设定不同的系数。根据医院级别确定医院的等级系数以调节不同的医疗服务成本付出：如将三级医院确定为“1”，二级医院可为“0.85”，一级医院可为“0.6”，其中，专科医院的专科病种为“1”。以该病种分值乘以系数得折合分值，不同的医院不同系数的确定可以由以往的各级医院次均费用、结合临床成本核算、门诊就医住院率等指标综合确定。

（四）特例单议

例外病例的妥善结算问题，通过专家评议会，对例外病例进行特例单议，评议其合理费用，折合分值进行月结算，这样可以尽量保持病种分值结算的整体性和主体性。

二、病种分值结算管理要点

（一）确定年度统筹基金可分配总量

为实现“收支平衡、略有结余”的医保基金管理要求，就要确定病种分值付费的基金总额，而这就要预算年度基金总量以及参与基金支付的各个方面的数量，从而使我们既全面又清晰地了解年度基金的组成状态。

首先要确定参保人员的范围，其次是确定年度统筹医保基金总额，最后是计算定点医疗机构年度的可分配的统筹医保基金的总量。

（二）病种分值

病种的分值作为基金付费的权重参数，在病种分值结算中起着十分关键的作用。病种分值的确定有一套完整流程：

1. 广泛调查前三年病种及费用情况。对市区所有定点医院的前三年实际发生病种以及费用等情况做全面的调查，按“国际疾病分类标准（ICD－9 或 ICD－10）”统计出各定点医院汇总的前三年实际发生病种以及相关数据。

2. 选出常见病种。将每年实际发生10例以上的病种（剔除儿科、产科）挑出作为常见病种，分类、汇总得出涵盖该市病例数90%以上的病种500多种。

3. 根据病种平均费用初步确定分值。把各病种三年内实际发生的人均住院医疗费用与固定参数折合的病种分值相整除，计算出病种分值，使“分值”大体上反映出各病种在一定医疗技术条件下的诊疗工作量（成本）关系。

4. 经专家纠偏后确定修正分值。将500多个单病种列表印发定点医院专家，填写经验费用修正分值，得出“拟确定新分值”。

5. 综合医院反馈意见确定并公布病种分值。将此结果再次反馈各医院，广泛征求意见。最后，根据各家定点医院再次修改或认可的“分值”，平均后得出了“医院修正后分值”，以此作为实施的病种分值。

（三）病种分值的调整

受经济的突飞猛进、医学技术的发展、疾病谱的变化、药品的更新换代和疾病治疗手段的改进等因素的影响，疾病病种和病种的分值也在发生着改变。对病种进行每三年或五年的调整，旨在提升疾病病种和病种分值的计算水平。

资料来源：

[1] 唐霁松，吴光．医疗保险付费方式改革经办管理城市实例［M］．北京：中国劳动社会保障出版社，2012.

[2] 陈曼莉，赵斌．实行按病种分值付费制度的实践经验及启示［J］．中国卫生经济，2017，36（6）：38－41.

北京市和浙江省金华市是最早进行DRGs试点的城市。2003年，北京市开始进行DRGs基础数据采集；2005年，建立了病案首页数据基础上的DRGs分析模型；2011年，北京大学第三医院、北京大学人民医院、友谊医院、朝阳医院、宣武医院和天坛医院六家医院开始试点DRGs付费，并探索DRGs与预定额支付制度①（prospective payment system，PPS）相结合的方法。首先，试点医院按照临床诊断、治疗过程、病情（即风险）进行分类，将流程近似、资源消耗近似的病例组合为一个病种组；其次，再将所有病种分组，以北京市定点医疗机构若干年份实际发生的医保费用数据为基础，选择组内差异较小、病例数量相对集中的108个病种组作为试点病种。

在北京、浙江省金华市按病种分组支付方式改革的基础上（见专栏5－3），国家开始推行具有中国特色的DRGs试点工作，首批试点城市确定为广东省深圳市、福建省三明市、新疆克拉玛依市，首批试点医院确定为福建医科大学附属协和医院、福州市第一医院和厦门市第一医院。在改革试点过程中，试点城市和试点医院采用了中国自主设计的《全国按疾病诊断相关分组收付费规范》。这个规范由4部分组成，包括：

① 预定额支付制度，是依据社会经济水平、医疗保险缴费水平确定医疗费用预算总额。

“1套全国统一的DRG收费规范”“3个基础分组工具”“1个C－DRG收付费平台”“1套收付费管理制度”。2017年6月，深圳市首先启动C－DRG收付费方式改革试点。

专栏5－3　浙江金华“病组点数法”付费方式

自2016年7月起，浙江省金华市在市区7家主要医疗机构（占医保基金支付总量的85%）实施“按疾病诊断相关组＋点数法”的多元复合医保支付方式改革。

具体来讲，“金华模式”是在总额预算下，将主要住院医疗服务按照DRGs付费、长期慢性疾病住院服务按照床日付费、复杂住院病历通过特病单议按项目付费。同时，引入“点数法”，将疾病诊断相关组、住院床日、服务项目等各种医疗服务的价值以一定点数体现，年底根据医保基金预算总额和医疗服务总点数计算每个点的实际价值进行拨付清算。

在疾病诊断相关组的划分上，金华市按照国际通行标准，在考虑疾病诊断、并发症与合并症、疾病实际发生费用、病患年龄等个体特征因素的基础上，根据市区所有住院定点医疗机构前18个月21万例住院患者病历数据，完成595例疾病分组。在结合点数法进行DRGs付费上，每个病组的计价点数由病组成本、医院成本和医保基金预算动态形成。各个病组基准点数根据其历史平均成本（前18个月）计算，基准点数＝某病组历史平均费用/所有病组历史平均费用×100；某医院相关病组的点数计算以基准点数为基础，按照医院实际运行成本，通过成本系数（系数值＝该医院某病组平均费用/所有医院某病组平均费用）确定。例如，所有医院a病组的平均费用为1.2万元，A医院a病组的实际平均费用为1.3万元，而所有病组的平均费用为1万元，则a病组的基准点数为1.2万元/1万元×100＝120，A医院a病组的成本系数为1.3万元/1.2万元＝1.08，A医院a病组的实际计价点数为120×1.08＝130。医院服务总量最终以总点数确定，医保基金总预算除以总点数即得到了每点数代表的费用，医院收入等于医院总点数与每点费用价值的乘积。

“金华模式”实施以来成效显著。首先，提升了医院控费的主动性和精准化程度。与原医保付费方式相比，7家医院节支收益3 800余万元，432个病组费用下降或持平，154个病组费用小幅度合理上升。其次，减轻了患者就医负担。患者次均住院费用降低170元，患者就医总费用减轻2 370万元。患者自付医疗费用增长率由2015年的增长2%下降为2016年的负增长0.7%，患者就医现金总支出减少1 002万元。

资料来源：邵宁军，严欣．金华医保“病组点数法”付费改革成效评析［J］．中国医疗保险，2018（4）：41－43.

第四节　多元复合型医保支付模式

一、多元复合型支付模式的必要性

综上各种医保支付方式分析，可以发现，任何单一支付方式都有其优缺点，都有各自适用的条件，单靠某种支付方式“单打独斗”，难以解决最佳医保支付方式的选择问题。例如，按服务项目付费的后付制，虽然是一种使用范围广、简便易行的支付方式，但由于医疗机构收入与医疗服务项目直接挂钩，容易诱发医疗服务供方严重的道德风险。与按服务项目付费相比，按服务单元付费、按人头付费、总额预付制、按病种付费等预付制支付方式，虽然可以激励医疗服务供方主动降低成本，约束“滥开大处方”“滥开检查单”等过度医疗现象，但预付制普遍存在推诿患者、治疗不足的问题，从而影响参保人的医疗服务可及性和就医满意度。

所以，中国有必要根据不同地区实际情况，针对不同类型医疗服务的特点，逐步建立和完善多元复合型医保支付方式。从各地实践情况看，对于住院医疗服务，主要按病种分值法和按疾病诊断相关分组付费；对于精神病、慢性病住院医疗服务，一般按床日付费；对于基层医疗服务以及家庭医生服务，采取按人头付费的形式；对于一些不宜打包付费的复杂病例和门诊费用，仍然采用按项目付费的方式；对于适宜中医药门诊病种和中医住院治疗的病种，则采用按病种付费的方式。

不仅类型不同的医疗服务，即使是同一种类型的医疗服务，也不宜采用单一的支付方式，而应当将预付制、后付制两种支付方式进行组合使用，这样，既可以发挥预付制在总额控费方面的长处，又有利于发挥后付制在防止医疗机构推诿患者等方面的积极作用。如前所述，由于治疗结果的不确定和治疗结果难以测量，在医保制度建立以前，中国一直采用按服务项目付费的后付制。随着医保改革和第三方支付制度的日益完善，预付制的弊端越来越明显，问题倒逼各地进行医保支付方式改革，逐步扩大预付制支付方式。目前，可以将一些治疗技术成熟、治疗质量可控、治疗费用比较稳定的病种进行打包付费，在总额预付制的基础上，进行按点数法付费，即按病种分值付费，以充分发挥预付制和后付制两种支付方式的优势，同时，避免了单一支付方式可能导致的治疗不足和过度治疗的难题。

二、多元复合型支付模式

（一）适用于医疗联合体的多元复合型支付方式

医疗联合体（以下简称“医联体”）是分级诊疗的一个重要载体，广泛涉及门诊、住院、慢性病防治、健康管理等医疗服务，它在引导优质医疗资源下沉、服务基层方面，发挥着重要的作用（见专栏5-4）。医联体涉及的不同医疗服务，其差异是比较大的，单一支付方式不能较好地适用于各种类型的医疗服务，因此，需要具体问题具体分析，采用多元复合型支付方式。其中，门诊服务、健康管理等基层医疗服务比较适合按人头付费的方式，可以激励社区医生提供更多的健康管理服务，降低参保人群的患病率和发病率，减少医疗费用支出；对于疗养康复等需要长期住院且病情比较稳定的医疗服务项目，可以采用按病床日付费的方式；对于住院医疗服务，则可以采用总额预付制和按病种付费的方式，通过总额控制来降低医保基金超支的风险。

专栏5-4　医联体建设的初心与存在的问题

所谓“医联体”，即“医疗联合体”，是将同一区域内的医疗资源整合在一起，由一所三级医院联合一定区域范围内的二级医院和社区卫生服务机构，组成“医疗联合体”。“医联体”内各合作单位分工协作，目的是建立合理的就医格局和秩序，将优质医疗资源通过“医联体”内的渠道“下沉”到基层医疗机构，实现“基层首诊、分级诊疗、双向转诊、上下联动”的目标，方便患者就医。

在当前医疗资源配置严重失衡背景下，可以说“医联体”实施的初心是好的，并取得了一定的效果。2017年4月23日，国务院办公厅公布文件《关于推进医疗联合体建设和发展的指导意见》，截至2017年10月短短半年的时间，近90%的三级医院参与了“医联体”试点、实现了同级医院检查检验结果互认。政府和媒体均认为“医联体”建设取得积极进展。各地的“医联体”也建设得如火如荼，多种多样的“医联体”应运而生。但是，政策实施效果与设计初心尚有一些差距，主要存在以下问题：

一是利益分配、责任共担的有效动力机制尚不健全和完善。大多数“医联体”主要依靠行政推动、合作协议约定来维系，尚未建立健全利益分配、责任共担机制，不能让各方在“医联体”内获得利益，存在动力不足的问题。以北京为例，2016年前三季度，北京53个区域“医联体”内，上转患者共计222 436人次，下转患者40 352人次，差异明显。目前，医院的收入主要靠患者，把患者都送出去，医院的收入怎么保证？虽然很多“医联体”都建立起来了，但只要利益纷争格局不变，“医联体”的作用就很难发挥出来。

二是少数大医院参与“医联体”建设的逐利动机明显。三级医院提供医疗服务的能力远远高于基层医院，在逐利驱动下，个别牵头医院参与“医联体”建设不是为了促进分级诊疗，而是“跑马圈地”，牵头医院有可能对基层机构产生“虹吸”效应。这种“虹吸”效应，既包括从基层“虹吸”患者，还包括“虹吸”基层特别是县级医院的医生。

三是“医联体”内医保的支持和支撑不够。现在很多地方“医联体”开展困难，主要原因就是医保的结算政策支持不够。比如，三级医院在一、二级医疗机构开设联合病房和专家门诊，其医保定额如何结算、两家医院如何合理地分配利润等问题还存在，这些问题影响了“医联体”开展的积极性和分级诊疗的可持续性。

四是“医联体”内基层医院不能满足向下转诊的需求。中国医疗资源配置存在严重失衡，优质医疗资源集中在大城市，基层医疗机构难以满足患者的需求。一方面，基层卫生服务机构人才缺乏，学历偏低，专业技能和服务水平不高。全国近400万医生中，全科医生只有18万人左右，不到5%；另一方面，基层医院硬件设施缺乏，由于基层医疗机构药品种类的限制，一些常用药在社区医院没有，有些患者在社区康复治疗后，却不得不返回“医联体”内大医院开药，这给患者的治疗带来巨大不便。

从全国范围来看，“医联体”建设还处于起步阶段。从现实情况来看，“医联体”建设形式多样，但“医联体”能否发挥预期效果仍待观察。“让技术跑，而不是病人跑”这是当初政府组建“医联体”的初衷，显然，“医联体”要想真正建起来，且为医院、患者带来切实的好处，仅仅靠大医院“圈了多少地”、小医院“攀了多少亲”并不能解决问题，还需要在体制机制上下功夫，让“医联体”既“联”起来，又“动”起来。

资料来源：

[1] 曹斯．细说“医联体”里那些微妙 [N]．南方日报，2018-2-27（009）．

[2] 逄增志．医联体并非“一联就灵”[N]．医药经济报，2013-5-24（002）．

（二）适用于住院服务的总额预付制+点数法

总额预付制是一种粗放的打包付费方式，它有利于控制预算总额，防止医疗费用过快增长，但存在着推诿患者、治疗不足的缺陷。因此，需要在总额预付制基础上引入点数法，又称病种分值法。其中，点数法和按服务项目付费一样，都具有激励医疗机构提供更多医疗服务的作用，但它与按服务项目付费不同的是，每个病种的点数（分值）是根据平均治疗成本确定的，因此，点数法在一定程度上具有抑制过度医疗的效果。在这种情况下，将总额预付制和点数组合起来使用，既可以在一定程度上解决总额预付制下医疗机构推诿患者、导致医疗服务供给不足的问题，又可以解决按服务项目付费所导致的过度医疗、费用超支的问题。

三、实践经验

在中国，总额预付制是近些年来医保支付方式改革的主攻方向，其发展过程经历了两个大的阶段。第一阶段是以医院为单位，由医保机构直接与医院确定预算定额；第二阶段是以区域为单位，由医保机构确定整个区域所有医疗机构的预算总额，至于各医院之间如何具体分配预算额度，由各医院协商谈判，自主分配。在总额预付制发展的第二阶段，全国一些地区创造性地将总额预付制和点数法结合起来，形成了"总额预付制 + 点数法"的中国特色预付制。早在 2003 年，江苏淮安市就在总额预付制的基础上，对于一些常见病、多发病实行点数法。随后，广东、山东等十多个省份纷纷跟进推行该方法，使之成为目前中国主流的医保支付方式。"总额预付 + 点数法"的主要优点，一是督促医院努力降低医疗成本；二是激励医院增加更多、更好的医疗服务；三是可以促进分级诊疗，有利于不同等级医院根据疾病治疗难易程度，各自发挥比较优势①；四是有利于解决医院层层转嫁超支风险的问题。

2017 年，国务院发布《关于推进医疗联合体建设和发展的指导意见》，要求建立和完善适应区域性医疗联合体管理体制特点和医疗服务系统特征的医保总额预付管理办法，并按照符合医联体和分级诊疗的要求，建立医保支付激励约束机制，推动医联体内各个医疗机构落实功能定位，引导优质资源下沉，带动和提升基层服务能力，有效控制医联体费用。在各地贯彻落实的实践中，深圳市医保部门与该市罗湖医院集团②通过协议，建立起了"总额预付、结余留用、合理超支分担"的激励约束机制，对医疗费用实行整体打包支付，改变了以往按服务项目付费的支付方式，鼓励医院主动控制医疗服务成本、降低医药费用。③ 深圳市医保部门在总额预付制的基础上，在不改变医保基金与各医疗机构原有的支付方式协议的前提下，还开展按服务单元付费、按病种付费等多元支付方式的探索。④ 其中，家庭医生和社区基层医疗卫生服务采用按人头付费的支付方式，罗湖医疗集团不限制参保人的就医选择权，参保人可以选择到罗湖医疗集团就医，也可选择到其他医疗机构就医，如果参保患者到罗湖医疗集团外的医疗就医，医疗费用仍由罗湖医疗集团支付。显然，在这种体制机制下，罗湖医疗集团只有加强健康预防和健康管理，降低参保人疾病发生率，减少外出就医的医疗费用支出，才能实现盈余。从改革试点的最终效果看，罗湖医疗集团采用以总额预付制为主的多元复合支付方式，显著提高了运营效率，不仅有效实现了医保基金收支平衡的目标，也大大降低了居民自付医疗费用比例。

---

① 王宗凡．医疗保险总额控制的实践与思考［J］．中国医疗保险，2017（3）：37－40.

② 罗湖医疗集团是将罗湖区 5 家医院和 23 家社康管理中心整合在一起的医联体。

③ 孙喜琢，宫芳芳．深圳市罗湖区医疗卫生服务体系改革实践与研究［J］．中国医院，2017（11）：8－11.

④ 王虎峰．我国医联体的功能定位与发展趋势——以罗湖医疗集团为例［J］．卫生经济研究，2018（8）：6－9.

第六章　医疗保险管理体制

第一节　医疗保险管理体制概述

一、医疗保险管理体制的概念

医疗保险管理体制，广义上是指组织领导医疗保险活动的管理制度、管理方式，以及管理机构之间权责关系的总称，其主要功能在于规范和调节各类医疗保险机构之间的管理范围、职责权限和利益关系。

医疗保险管理体制涉及的主要内容，包括三方主体之间、两大市场之间的资源配置、利益关系等的调整与规范。如前所述，医疗保险的三方主体分别是指参保人、医疗保险机构和医疗服务机构。其中，参保人是医疗保险的投保人或被保险方。在强制性医疗保险中，参保人由特定区域的就业或非就业公民构成。在我国，就业人员参加城镇职工医疗保险，非就业人员参加城乡居民医疗保险。医疗保险机构是指在医疗保险市场中具体负责资金筹集、支付管理的医疗保险业务机构和组织。医疗服务机构是指为参保人提供基本医疗服务，并收取相应服务费用的单位和组织，可大体分为三种组织形态，即公办非营利组织（如公立医院）、民办非营利性组织（如慈善机构）、民办营利性组织（如私立医院和药店）。以上三方主体共同形成了两大市场，即医疗保险市场和医疗服务市场。参保人和医疗保险机构构成了医疗保险市场的需求方和供给方，参保人和医疗服务机构构成了医疗服务市场的需求方和供给方。

在医疗保险管理体制中，医疗保险机构是管理主体，参保人和医疗服务机构是管理服务的对象，这是医疗保险管理职能所确定的。医疗保险机构的主要职责是从参保人筹集保险资金，并在参保人发生疾病后，对他们给予医疗费用补偿，同时，还承担着对整个参保和支付过程进行监督和管理的职责。在实行强制性医疗保险的国家，医疗保险机构在医疗保险管理体制中的作用至关重要，具体体现在：(1) 医疗保险机构是医疗保险资金的筹集者和控制者。它负责资金的筹集和支付，是资金流动的控制者。

医疗保险机构的运行状况和管理水平，直接关系到医疗保险制度的效率与存续。（2）医疗保险机构是医疗保险业务的监督者。它通过监督医疗服务机构和参保人的行为，保证医疗保险基金支出的效率与正常运行。因此，在强制性医疗保险国家，医疗保险机构是医疗保险制度的管理主体，代表国家或社会整体利益，运用公共权力满足参保人的需求。医疗保险机构的管理对象包括参保人和医疗服务机构。从参保人管理的角度看，涉及筹资过程和医疗服务的支付环节，要确保医疗保险制度的持续、公平和可及性。从医疗服务机构管理的角度看，由于医疗服务机构的主要功能是为参保人提供基本医疗服务，并收取相应的服务费用，它们在医疗保险体系中有着重要作用，因此，医疗保险机构需要加强对医疗服务机构的管理。

在医疗保险管理体制中，强调医疗保险机构的中心地位，但不能忽视参保人和医疗服务机构在医疗保险体系中的主体地位。在医疗保险系统中，参保人的主体地位是由以下两方面因素决定的：一方面，参保人是医疗保险市场的需方，也是医疗保险资金的主要来源；另一方面，参保人是医疗服务的消费者，他们的健康状况和支付能力影响医疗保险政策的效果。由于医疗保险制度的根本目标是维护参保人的利益，因此，医疗保险的工作绩效最终要由参保人来评价。由于医疗服务的复杂性和信息不对称，医生往往在医疗消费中具有主动权，定点医疗机构实际上主导着医疗保险基金的支出。所以，从系统论观点分析，需要基于健康共同体的视角来看待医疗保险管理体制，形成管理主体与对象之间的互动式治理模式。这个问题将在第七章进行探讨。

二、医疗保险管理体制分类

在我国，医疗保险机构的职能可以分为行政性职能、公益事业类职能和公共服务类职能。其中，医疗保险机构的行政性职能，指的是医疗保险机构依照法律法规所行使的行政执法和监管职能；公益事业类职能，是指根据《国务院关于分类推进事业单位改革的指导意见》，被划入公益一类的社保经办机构所承担的医保管理与服务职能，包括医疗保险登记、参保人权益和缴费信息记录、档案管理、待遇支付和业务监管等；公共服务类职能，指的是依据《中共中央　国务院关于分类推进事业单位改革的指导意见》，被划入公益二类的医疗保险经办机构所承担的管理与服务职能，主要包括医疗保险费代扣代缴和咨询服务等。目前，我国正在积极推进“简政放权”，简化医疗保险行政职能，加强公益性和公共服务类职能，是未来的改革方向。

依据政治与行政的二分法，我国医疗保险管理体系中的上述三类职能，按照它们的管理属性不同，又可以分为两大类，即决策职能和执行职能，其中，行政性职能属于决策职能，公益职能和公共服务职能属于执行职能。由此，我国的医疗保险管理体制可以划分为两大类，即决策管理体制和执行管理体制。

1. 医疗保险决策体制。该体制涉及医疗保险决策权归属、机构设置、管理权限等重大决策问题。医疗保险的决策权通常由医疗保险行政部门行使，其决策职能通常包括调整政策和确定政策执行方式，还包括规定和监督下级机构的管理职责与权限等。需要说明的是，政策决策权不同于制度决定权，医疗保险制度重大内容的调整由全国人民代表大会和国务院决定，医疗保险行政部门只能在《社会保险法》的框架内和国务院的领导下，实施医疗保险政策的决策权，而且，政策执行中的自由裁量权也只能在上级机构授权下行使。

2. 医疗保险执行体制。也称为医保运行管理体制，是指医疗保险执行权力配置、执行机构设置，以及管理职能关系的统称，它涉及医疗保险政策与制度具体实施过程中诸多重要问题，包括医疗保险基金征缴、医疗服务购买、医药机构监管以及维护参保人权益等。作为一个完整的管理服务体系，医疗保险执行也称为运行管理或基金管理，其管理过程由收、支两个环节构成，一般包括医疗保险基金筹资管理和经办管理两大职能。

医疗保险执行管理体制需要解决以下三个问题：执行权如何配置、管理职能包括哪些内容、执行机构的性质如何定位。具体地：(1) 医疗保险的收与支两个环节的执行权，是授予单一主体，还是配置给多个主体；(2) 医疗保险基金由什么机构来负责征缴；(3) 医疗保险经办机构的性质是什么，商业保险公司可否经办基本医疗保险业务。对于前两个问题，我国已经形成了全国统一模式，即按照医疗保险基金的收、支分离管理原则，分别由不同机构行使收支管理权。其中，税务部门负责职工医疗保险基金的征缴工作。关于第三个问题，即在医疗保险经办机构的性质定位方面，目前尚未形成统一模式。我国各地医保统筹做法不尽相同，具体效果还需要实践和时间进行检验。

第二节　我国医疗保险决策管理体制

一、医保决策管理体制沿革

所谓决策体制，涉及的主要是领导权、管理权、决策权的归属与权力行使的问题。在中国，医疗保险事务的决策权和管理权归属随着医保制度的演进而不断调整。

（一）计划经济时期的医疗保险决策管理体制

从新中国成立至改革开放前，我国对各类企业人员实行劳保医疗制度，对国家公职人员实行公费医疗制度。

1. 劳保医疗管理体制。1949 年 11 月，中央人民政府劳动部成立，统一管理全国劳动工作。劳动部下设保险局，负责全国劳动保险的管理工作。1954 年，随着大行政区撤销和随后的社会主义改造完成，由当时劳动部主管的劳动保险业务逐步移交给全国总工会统一管理，撤销了劳动保险局。劳动部和全国总工会于同年 6 月联合发布《关于劳动保险业务移交工会统一管理的联合通知》，规定工会具体管理劳动保险业务，劳动部门履行监管职责的管理体制，形成了劳保医疗在执行和监督上的分离。1958 年 10 月，由于工会管理体制的调整，劳动保险下放给地方管理。

“文革”之前，我国劳动保险管理体制采取的是国际上“通行做法”，即由社会团体（工会）负责经办管理、企业行政配合、政府部门（劳动部门）负责监督的管理体制。① 总工会作为全国劳动保险业务的最高领导机构，其主要职责是统筹全国劳动保险事业、督导地方工会组织的劳保业务、各产业工会组织负责劳动保险业务的执行。各地基层工会是执行劳动保险业务的基层组织，它下设劳动保险委员会，具体负责监督、审核劳保医疗费用的开支，协助企业改进医疗卫生工作。在此体制下，劳动部作为劳动保险事业的最高监督机关，负责劳动保险制度的行政立法和宏观指导，但在“文革”期间，全国的劳保医疗工作实际上归由企业自行管理。

2. 公费医疗管理体制。计划经济时期，公费医疗由地方负责，地方各级卫生行政机关负责具体业务管理。各级政府成立了公费医疗管理委员会，负责公费医疗管理工作。该管理委员会由各级政府的卫生、财政、劳动、人事等部门负责人员参加，主任委员由卫生部门担任，劳动人事和财政部门为副主任委员单位。公费医疗管理委员会负责协调医疗机构与享受单位的关系，统筹管理公费医疗的费用支出，审核、监督各单位享受公费医疗的人数和经费使用情况。由于公费医疗的经费完全由财政承担，因此，公费医疗费用支出的监督职责主要由财政部门负责，主要是对公费医疗经费的预（决）算和预算执行过程的审查和监督。

总体来看，计划经济时期的公费医疗，实行的是由财政与卫生部门共同管理、以卫生部门为主的管理体制。需要说明的是，由于政府财政上的卫生事业费和公费医疗经费是一个科目，统一由卫生部门管理。所以，卫生部门实际上是“一手托两家”，它既是公费医疗经费的“付款员”，同时也是公立医院的“收银员”。

（二）改革开放以来的医疗保险决策管理体制

伴随着改革开放进程，我国开始重建医疗保险管理制度，逐步探索医疗保险制度

① 单大圣．我国计划经济时期的医疗保障行政管理体制及评价［J］．医学与社会，2014（6）：1－4.

和医疗保险管理体制的改革，其间大致经历了四个阶段。

1. 恢复重建阶段的医保管理体制（1978～1988 年）。在此十年间，首先是恢复了与医疗保险管理业务相关的组织机构，并重新明确了职责分工。一是恢复并成立了国家劳动总局，列为国务院直属机构。1979 年，国家劳动总局成立福利组，1981 年改为保险福利司，负责公费医疗的监督工作。二是在 1978 年 10 月，全国各级总工会恢复工作，建立生活办公室，1979 年改为劳动保险部，负责劳动保险管理工作。1980 年 3 月，国家劳动总局、全国总工会联合发布《关于整顿与加强劳动保险工作的通知》，规定劳动部门和各级总工会负责基层劳动保险的指导工作，各企业行政与基层工会共同负责基层单位的劳动保险经办管理工作。1982 年 5 月，由国家劳动总局、国家人事局、国家编委和国务院科技干部局等单位合并组建劳动人事部，综合管理社会保险（含医疗保险）工作，其下设的保险福利局具体负责包含医疗保险在内的社会保险工作。总之，此阶段的主要任务是恢复并重建医疗保险决策管理体制，同时，对相关机构的医保职能进行了小幅调整。特别是国家组建劳动人事部，为劳保医疗与公费医疗的改革奠定了良好的组织基础。

2. 制度转轨过程中的多头医保管理体制（1988～1998 年）。这一阶段，是我国行政管理体制改革较为频繁的时期。1988 年，在国务院机构改革中，撤销劳动人事部，分别组建人事部和劳动部，前者主管政府机关职工医疗保险，后者主管企业职工医疗保险，仍然沿袭了原来分散的医疗保险管理体系。同时规定，财政部协同卫生部门加强医疗保险经费管理，制定开支标准与管理支付的制度和政策。此外，由国家体改委参与制订和实施医疗保险制度改革方案。1988 年 3 月，经国务院领导批准，由卫生部牵头，体改委、财政部、劳动人事部、全国总工会等 8 个部门成立医疗制度改革研讨小组，负责研究医疗保险改革方案的试点工作。1994 年，国务院批准在镇江市、九江市按照社会统筹与个人账户相结合的模式，进行职工医疗保险制度改革试点。同时，在中央层面设立了跨部门的职工医疗保险制度改革试点领导小组，成员单位包括财政部、劳动部、卫生部等，领导小组办公室设在国家体改委，从而形成了职工医疗保险管理事实上的多部门参与、多头管理的体制。

3. 全民医保制度下的医保管理体制（1998～2017 年）。在不断推进全民医保建设的 20 年时间里，我国逐步建立起了覆盖全民的医疗保险制度。首先，建立了城镇职工医疗保险制度。1998 年，国务院颁布《关于建立城镇职工基本医疗保险制度的决定》，标志着城镇职工医疗保险制度的正式建立。该制度规定，城镇所有用人单位，包括企业、机关、事业单位、社会团体、民办非企业单位的职工，都要参加基本医疗保险，由劳动保障部统一管理。其次，建立了新型农村合作医疗制度，医疗保障开始从城市走向农村。自 2003 年起，本着多方筹资、农民自愿的原则，开始进行新型农村合作医疗试点，由卫生部负责管理。最后，建立城镇居民医疗保险，实现了医疗保险的全覆盖。2007 年，国务院发布《关于开展城镇居民基本医疗保险试点的指导意见》，规定居民医疗保险制度由当时的劳动和社会保障部负责管理。2008 年 3 月，国务院机构改革撤销人事部、劳动和社会保障部，重新组建了“人力资源和社会保障部”，负责管理包含医疗保险在内的所有社会保险。2013 年，国务院在又一轮机构改革中，将卫生部和人口计生委的计划生育管理和服务职责进行整合，组建“国家卫生计划生育委员会”，仍然管理新型农村合作医疗工作。

4. 新时代的医疗保险管理体制（2018 年至今）。2017 年 10 月 18 日，中国共产党召开了第十九次全国代表大会，提出中国特色社会主义发展进入新时代。随后，我国医疗保险管理体制进行了一项重大改革，即组建成立国家医疗保障管理局。这次机构改革的背景是，为了不断提高人民群众的医疗保障水平，更好保障病有所医，并确保医保资金合理使用、安全可控，同时，加快推进医疗、医保、医药“三医联动”改革。2018 年，国务院在新一轮机构改革方案中，决定将人力资源和社会保障部的城镇职工、城镇居民基本医疗保险和生育保险职责，国家卫生和计划生育委员会的新型农村合作医疗职责，国家发改委的药品和医疗服务价格管理职责，以及民政部承担的医疗救助职责进行整合，组建新的国家医疗保障局，作为国务院直属机构。国家医疗保障局的成立，结束了过去多年医疗保险管理中的“多龙治水”格局，统一了各级、各类医保的决策管理机构和管理职责，它在医疗保险管理体制的改革和完善方面，具有里程碑式的意义。

二、“一手托两家”与“第三方付费”体制比较

整合、优化医疗保险制度并理顺管理体制，一直是中央政府十分重视的问题。早在 2012 年 3 月，国务院在《“十二五”期间深化医药卫生体制改革规划暨实施方案的通知》中就提出，“加快建立统筹城乡的基本医保管理体制，探索整合三项医保制度的管理职能和经办资源”。2013 年 3 月，国务院又发布了《国务院机构改革和职能转变方案》，明确要求“为了减少部门职责交叉和分散，将职工医保、居民医保和新农合的职责分别整合由一个部门承担”。为了保证这一方案的落实和实施，国务院办公厅制发了《关于实施〈国务院机构改革和职能转变方案〉任务分工的通知》，要求整合医疗保险主管部门职责的工作应于 2013 年 6 月底之前完成。但是，由于人力资源和社会保障部与卫生和计划生育委员会之间在医疗保险决策权的归属问题上始终存在严重分歧①，导致整合部门职责的目标未能如期实现。2016 年 1 月，国务院发布《关于整合城乡居民基本医疗保险制度的意见》，提出整合城镇居民医疗保险和新型农村合作医

① 孟庆伟．三大医保整合方案“难产”［N］．中国经营报，2013－11－11（A10）．

疗，建立统一的城乡居民基本医疗保险制度。不过，该文件对整合后的城乡居民医疗保险的管理体制并未做出明文规定。那么，整合后的城乡居民医疗保险到底是归人社部门管理还是卫生部门管理，是“一手托两家”，还是实行“第三方付费”？一时间引起广泛争论。

截至2016年，在已经实施城乡居民医疗保险制度整合的地区，出现了三种决策管理体制：一是“一手托两家”的体制，将城乡居民医疗保险划归卫生部门管理。所谓“一手托两家”，是指主管部门既管医疗服务机构，又管医疗保险基金支付。当时，全国仅有安徽宁国市、福建莆田市、江苏常熟市、贵州毕节市共4个地级市采取这种体制。二是“第三方付费”体制，由人社部门负责管理城乡居民医疗保险。全国多数地区（浙江、山东、广东等8个省以及34个地级市）将城乡居民医疗保险划归人社部门管理。三是单独成立管理部门管理城乡医疗保险。福建三明市和广东东莞市单独成立医保管理部门管理医疗保险。从各地城乡医疗保险整合的实践来看，采取“第三方付费”管理体制的地区占据了绝大多数。由于国家组建医疗保障局，实质上是对“第三方付费”医疗保险管理体制的肯定。因此，下面着重对“一手托两家”和“第三方付费”两种体制的含义、机理和优劣进行分析，并就属地管理和垂直管理两个方面，对国家医疗保障局体制进行简要探讨。

（一）“一手托两家”：卫生部门主管体制

2010年，在全国卫生工作会议上，卫生部依据镇江模式提出“一手托两家”管理体制，即卫生部门既要管医疗服务机构，又要管医疗保险基金支付，所以，这种体制也称为卫生部门主管医疗保险体制。该体制在英国、加拿大、瑞典、新西兰，以及苏联和东欧国家比较普遍，美国联邦政府资助的老年医疗保险制度（Medicare）也由健康和人力资源部所属的卫生保健财务管理署（Health Care Financing Administration）负责。一项对50多个国家医疗保险管理体制的调查研究表明：一半以上的国家通过卫生部门调控和主管医疗保险，23%的国家通过社会保障部门管理，17%的国家通过劳动部门管理，10%的国家通过其他部门管理。

支持“一手托两家”体制的理由主要有三个方面：第一，有利于减少信息不对称。由于医疗服务的提供方和购买方之间存在严重的信息不对称问题，使得购买方对医疗服务行为的监管异常困难，卫生部门同时管理医疗服务机构和医疗保险，在监管医疗服务行为、减少信息不对称方面更有优势。因此，这种管理体制更有条件和能力降低医疗服务的交易成本，从而提高医疗服务资源的配置效率。第二，有利于实现医保基金支付与医疗服务的一体化管理。医疗和医保由卫生部门统一主管，可以有效克服分散管理的本位主义和短视问题，有利于医疗的全局性、长期性和协调性管理效果的实现。第三，卫生部门在农村基层医保管理方面更有经验和优势。经过多年的实践，卫生部门与乡镇基层医疗机构协作共建，在新农合的政策宣传、筹资、缴费和支付等属地管理方面，已经构建了一套规范的程序和网络，有利于保证城乡居民医保整合之后各项工作的顺利开展。但是，上述的“一手托两家”体制，在我国仍然属于典型的计划经济时代的做法，这种体制主要存在两个方面的激励问题。

一是缺乏控制成本和费用的激励。当卫生部门既管医疗保险又管医院的时候，实际上是同时管理医疗市场的两大主体（医院和医疗保险机构）。此时，卫生部门既是医疗服务供方的所有者，又为患者提供医疗保险服务，补偿医疗费用，在这种体制安排下，医院必然缺乏控费的内在激励。如果对卫生部门缺乏强制性要求，容易造成患者需求和医疗服务供给同时快速上涨的情况，最终可能导致资源的浪费和医保基金负担的加重。新型农村合作医疗管理中出现的问题，就是一个有力的例证。新农合中的“一手托两家”，使乡镇卫生院既是新农合的经办机构又是新农合的定点医疗服务机构，补偿政策向乡镇卫生院倾斜，新农合成为维系基层医疗机构资金投入的“救命稻草”，它们严重依赖新农合经办的职能而生存，可以说是新农合救活了乡镇卫生院。新农合制度原本是补需方的机制设计，本质上是为了保障农民因大病支出而开出的“药方”，现在却变成了补供方，偏离了政策初衷。这种管理体制以降低保障水平和资金使用效率为代价，最终必然削弱了新农合对大病保障的支持作用。

二是缺乏监管的激励。该体制的另一核心问题是缺乏监管的内在激励，难以控制医疗服务供方的道德风险。从理论上分析，医疗保险机构作为医疗服务的购买方，其主要作用是代表全体参保人与医疗服务供方进行市场谈判，充分发挥“议价”职能，以最合理的“采购价”购买最优质的服务。并且，通过多种支付方式，监控不合规的医疗行为，抑制医疗服务供方道德风险，防止不合理医疗费用的快速增长。但是，在“一手托两家”管理体制下，卫生部门是医疗服务供方的管理者，全面领导医疗机构，两者形成了紧密的利益共同体。卫生行政部门与医院之间的这种“父子关系”，事实上已经形成了管办不分和政事不分的困境。因此，卫生部门既管医院又管医保，极有可能出现“手心手背都是肉”的情况，卫生部门缺乏增强医保议价职能的激励，没有动力监管医疗服务机构，这不仅会使医疗保险难以购买到质优价廉的医疗服务，还会失去对医疗费用快速增长的管控，影响医疗保险基金的可持续发展。

需要指出的是，卫生部门管理医保虽然从表面上看符合国际主流，但在许多国家，卫生行政部门并不直接管理医院，这与中国卫生部门既管医院又管医保的“一手托两家”管理体制有着本质区别。此外，我国卫生行政部门“一手托两家”的医保管理体制，也不等同于商业保险企业“一手托两家”的商业运营模式。其中，前者是一种宏观概念，指的是医疗服务市场上供需双方不分，医保机构丧失应有的议价能力和监管功能的模式；后者是一种微观概念，指的是商业保险企业既提供医疗保险服务，还直接管理医院提供的医疗服务，将医疗服务与医保服务进行产业链上的整合，更好地为参保人提供优质、便捷医疗服务的模式。美国的健康管理组织（HMO）在这方面走在了世界前列（见专栏6－1）。

专栏6－1　美国健康维护组织

健康维护组织（HMO）是美国健康保险的一种组织形式，然而又不同于传统的商业性保险。HMO是集保险方与医疗服务提供方管理于一身的组织，既收取保费又提供医疗服务。这样，既减少了保险机构与医疗服务机构之间的交易费用，也使医疗服务机构有了控制成本的激励。它与许多医疗保健单位及医生签约，或拥有自己的医院和医生，对自愿参加本系统的每一个参保人提供医疗及保健。凡选择HMO的个人，必须首先选定该HMO认可的一名全科医生，病人从他认定的全科医生得到各种必要的医疗保健服务。如果医生认为病人的病情需要专科治疗，则由全科医生来做转诊决策。HMO的机制设计可以有效控制被保险人和保健服务方的行为，起到节约医疗资源，防止医疗费用不合理上涨和提升医疗质量的作用。

HMO的机制设计主要有以下特点。(1) HMO提供“综合性服务”。被保险人按期预付保险费给HMO组织后，就可享有该保险合同中约定的医疗服务。可供选择使用的医疗服务提供者通常仅限于HMO系统内的医生和医院。(2) 主要采用按人头付费制和按疾病付费制。在这种制度下，HMO按照人数将固定金额的医疗费用预付给医疗机构后，实际上是将风险转移给了后者。预付给医疗机构的费用一般是固定的，节约的经费归医疗机构留存为利润，超支费用由医疗机构自己承担，这种利益分配格局势必会激励医疗机构自我控制成本，从而达到有效控费目的。此外，为降低成本，医疗机构和全科医生重视预防性服务，如通过定期健康检查等措施来降低患病率。(3) HMO常使用“守门人制度”作为内部控制机制，主要作用在于限制与预防被保险人对昂贵医疗服务的使用。HMO的医院和医生有义务接诊参保的患者，有权决定患者的治疗方案和转诊决策。如果患者未经同意直接去大医院就诊，医疗费用将得不到偿付。HMO同时向守门医师提供奖金红利等激励措施以减少转诊量。

HMO的优势：(1) 该组织同时收取保费和负责提供服务，并且建立了有效的控费机制。一方面，对医院实行预付制度可以将风险转移给医疗服务供方；另一方面，对医疗服务进行严格的审核也是控制费用上涨的重要原因。(2) HMO对医疗机构的准入实行较为严格的筛选以保证医疗服务的质量。

HMO的劣势：(1) 对参保人就医的限制较多。通过指定医生和医疗机构以及实行守门人制度和转诊制度，较大地限制了参保人的就医自由，这也是后来HMO的参保率低于其他管理式医疗模式的原因。(2) 参保的非公平对待。为了控制风险，HMO通常有意筛选参保者，低收入和健康状况欠佳的人群常常因为不满足条件而被拒之门外。(3) 控制手段与医疗机构激励不兼容。由于实行预付制，医疗机构的利润在于预付费用所得和医疗服务成本之间的差额，为了逐利，医疗机构可能产生降低服务质量的动机。

资料来源：

[1] Navarro, V., Why the U.S. Health Care System does not Respond to People's Needs, Chapter in Dangerous to Your Health: Capitalism in Health Care [M]. By Navarro, New York: Cornerstone Books, 1993.

[2] 徐为山，酒喜明．美国健康维护组织及其借鉴 [J]．中国保险管理干部学院学报，2002 (3)：53-55.

（二）“第三方付费”：社会保障部门主管体制

“第三方付费”体制，是指由独立于需求方（参保人）和供给方（医疗机构）之外第三方来管理医疗保险的体系。在这种体制下，作为第三方的社会保障部门统一制定医疗保险的方针和政策，由其所属的社会保险经办机构来负责医疗保险基金的收支管理（包括医疗服务的购买）。这种管理体制多出现在拉丁美洲等发展中国家。我国医疗保险制度整合之后，所有业务都将实行这种第三方付费方式。

支持“第三方付费”管理体制的理由概括起来也有三个方面：第一，尊重社会保险制度的基本规律。我国基本医疗保险是建立在权利与义务相结合、参保人与企业（或政府）分担缴费责任的社会保险模式基础上的，它不同于以财政拨款为基础的福利型医疗制度，社会保险一般由社会保障部门主管。并且，在社会保险的管理中，第三方的外部制衡是核心，只有社会保障部门主管才能实现这一核心要求。第二，符合《社会保险法》的要求。我国2010年颁布的《社会保险法》明确规定，全国的社会保险管理工作由社会保障行政部门负责，同时，该法也将新农合与职工医保、居民医保同时纳入“基本医疗保险”范畴。因此，整合之后的城乡居民医疗保险归口社会保障部门管理，具有法理和逻辑上的双重合理性。第三，顺应地方实践的发展方向。在国务院发布《关于整合城乡居民基本医疗保险制度的意见》前后，全国已有多个省份明确将城乡居民医保统一调整到社会保障部门主管。相较于调整到卫生部门管理的省份，前者在数量上占据了绝对优势。有学者据此认为，这种选择是在医保管理体制的实践探索中，经由自下而上的方式自发形成的最佳实践模式，证实了这种管理体制的可操作性与合理性。

（三）两种体制比较

不论是由社会保障部门主管，还是由卫生部门主管，虽然两种体制在理论上都具有一定的合理性，但是，从世界各国的实践来看，还没有形成最佳决策管理体制的共识。应当说，任何一种管理体制的优劣，需要以医疗保险制度的目标作为衡量标准，应该与各国的国情相符合。医疗费用和医疗服务质量是衡量医疗保险制度绩效的两个重要指标，它们关系到医疗保险基金的可持续性和参保患者的就医获得感，因而可以作为分析我国医疗保险管理体制之争的客观标准。

如前所述，医疗保险管理体制争论的焦点是，医疗保险事务究竟应该由谁来管，是社会保障部门还是卫生部门？问题的实质是：医疗保险机构和医疗服务机构之间的关系究竟是“统合”还是“制衡”？“一手托两家”体制主张对医疗服务购买方和提供方实行统一管理，认为其优点是有利于解决信息不对称问题和降低交易成本，缺点是缺乏对医疗服务质量和医疗成本的监管动力。“第三方付费”体制主张将医疗服务购买方和提供方分开管理，认为其优点是医疗服务购买方有动力监督医疗服务机构降低成本和提升质量。那么，哪种体制更有利于医疗保险制度目标的实现？

从国情来看，我们应该选择“第三方付费”管理体制。一是因为全国多数地区自主选择了“第三方付费”体制。2016 年《关于整合城乡居民基本医疗保险制度的意见》发布后，多数省区将新整合的城乡居民医疗保险制度归口到社会保障部门管理，或者成立独立的机构来管理。二是由于国家成立医疗保障局，独立管理医疗保险。组建国家医保局，可以说是在总结过去医保管理经验的基础上，对“第三方付费”体制的认可与肯定。那么，我国为什么会采用“第三方付费”体制，而没有采用“一手托两家”体制呢？（见专栏 6 – 2）

专栏 6 – 2　医保管理体制争论

为什么不能采用“一手托两家”的管理体制？第一，采用“一手托两家”的管理体制相当于退回到历史上的公费医疗和劳保医疗时期，由此可能将我国的医疗保险制度变成了医疗福利制度，体制改革反而变成了倒退。我国 20 年的医保制度被国际社会公认为成功的典型，医疗福利体制已经被历史证明是行不通的。第二，实施城乡居民医疗保险整合的目的在于提高统筹层次和理顺管理机制，最终和职工医保形成一个全民医保制度。如果采用“一手托两家”的管理体制，那么就分割了城乡居民医疗保险和城镇职工医疗保险，将整合变成了分割，背离了我国医保体制发展的规律。第三，一些学者借鉴国际上卫生部门管理医保的例子，建议新整合的城乡居民医保归卫生部门管。但是，此卫生部非彼卫生部，这些国家中管理医保的卫生部并不直接管理医院，它们本质上是“第三方付费”机构，而我们国家卫生部是医院的行政主管部门。因此，要从我国实际国情出发，不可盲目照搬国外经验。还有一些学者认为，美国的 HMO 同时管理医保和医院，并且发展得很好，建议采用将医院和医保放在一起的“一手托两家”管理体制。但是，HMO和卫生部不是同类性质的机构，它们的机制和行为也大相径庭。HMO是市场主体，这种医院办保险或者保险办医院的模式是市场主体的运行机制，是微观市场行为。而“一手托两家”是指同一政府部门同时管理医保和医院，是政府行为下的宏观管理体制。

为什么采用“第三方付费”的管理体制？第一，我国社会保险制度一直采用该管理体制，管理效果得到认可。我国从1998年建立城镇职工医疗保险之初就明确了实行社会保险制度，2010年，颁布《中华人民共和国社会保险法》更是将这种制度上升为国家法律。基本医疗保险制度是一种保险制度，需要医保机构作为第三方履行监督职责，医保机构作为受托人（第三方）代表参保人员向医疗服务机构购买服务，以团购的形式与提供方进行协商谈判，使参保患者得到高性价比的医疗服务。所以，我国基本医疗保险的性质决定了，必须采用“第三方付费”的管理体制。第二，采用“第三方付费”的管理体制有助于引入市场机制，让医保机构更好地发挥第三方的作用。一是谈判机制，作为参保人代表的医保机构跟医疗服务机构谈判，利用谈判机制为参保人获取最大的收益。二是制衡机制，通过支付方式改革、基金监管等措施对医疗服务提供方进行管控，使其为参保人提供合规的医疗服务和合理控制医疗费用。

资料来源：

［1］袁涛，仇雨临．从形式公平到实质公平：居民医保城乡统筹驱动路径反思［J］．社会保障研究，2016（1）：55－60.

［2］朱恒鹏．医保管理另起炉灶有违社保体制要求［J］．中国医疗保险，2016（9）：29.

［3］仇雨临．医保管理体制归属要尊重法律、规律和事实［J］．中国医疗保险，2016（9）：29－30.

［4］王东进．莫把缺失当优势［J］．中国医疗保险，2012（10）：5－8.

［5］梁鸿．医保管理不能“一手托两家”［J］．中国医疗保险，2016（9）：28.

（四）国家医疗保障局体制

组建成立新的国家医疗保障局，是深化医疗保险体制改革的重大举措。为什么要组建国家医疗保障局；它的成立能够给医疗保障管理带来什么；医疗保障管理局的纵向体系如何管理。这是需要回答的三个主要问题。

总结我国医改的经验教训，一是需要整合现有的医疗保险资源，充分发挥其社会安全保障作用。整合医保资源，就需要统合医保基金管理，改变此前的基金碎片化和职权分散化倾向，使医疗保险基金成为有力的市场型资源配置者；二是需要提升医疗保险管理部门的管理能力，充分发挥医保部门的管理作用，平衡与协调各方利益关系，使之成为改革进程的撬动者。第十三届全国人大第一次会议上，国务院机构改革方案明确指出，组建国家医疗保障局是为了实现两个目标：一是完善统一的医疗保险制度，提高保障水平，确保基金合理使用、安全可控；二是统筹推进医疗、医保、医药“三医联动”改革，更好地保障病有所医。

国家医疗保障局在加强医保管理、深化医保改革等方面，承担着重要的管理职能。主要包括：拟订医疗保险、生育保险、医疗救助等医疗保障制度的政策、规划、标准并组织实施；监督管理医疗保障基金，完善国家异地就医管理和费用结算平台；组织制定和调整药品、医疗服务价格和收费标准；制定药品和医用耗材的招标采购政策并监督实施；监督管理纳入医疗保险范围内的医疗机构的服务行为和医疗费用等职能。以上职能表明，成立医疗保障管理局对于推动医疗保险体制改革，有着两个方面的重要意义：一方面，有利于实施独立的第三方管理。国家医疗保障局作为国务院下属机构，掌握着医保制度、医保政策的制定权和管理权，从宏观上加强医疗保险业务管理，是国务院赋予该机构三大职能之一，因而有利于更好地推动医疗保险事业发展。另一方面，有利于大幅度提升医疗保险管理能力。“超级医保局”的成立，进一步强化了医保作为第三付费方的“议价”功能，可以通过医保支付方式的不断完善，加强对医疗服务提供方不合理经营和诊断行为的监管，有效遏制不合理医疗费用的增长。

当然，国家医疗保障局作为新机构，也面临着新的运行体制的选择问题。概括地说，新的国家医疗保障局在今后的运行中，是采用“属地管理”还是实行“垂直管理”体制（见专栏6－3）。所谓属地管理，是指地方各级医疗保障局纳入同级地方政府管理的体制。所谓垂直管理，是指将地方各级医疗保障局统一上划国家医疗保障局直接管理，不再接受地方政府管理的体制。在垂直管理体制下，国家医疗保障局属于总局，地方医保局为总局的分局或派出机构，地方局直属总局领导。两种管理模式如何选择，要取决于诸多因素，也与医保基金的统筹层次息息相关。具体来说，如果医保基金能够实现全国统筹，国家医疗保障局就有能力以医保基金统筹安排为抓手，通盘考虑并顺利实施对地方局的垂直管理。反之，如果医保基金统筹层次仍然维持现状，以市县统筹为主，那么地方局频发的道德风险问题将使垂直管理体制难以顺利地运行。因此，在医保基金全国统筹尚不具备条件的目前阶段，为了防范各地医保局可能产生的道德风险，提升基金运行能力和效率，建议仍以属地管理为宜。从未来看，实行医保基金全国统筹和医保垂直管理，不失为改革发展的总趋势。

专栏6－3　统筹层次与垂直管理和属地管理关系

我国大部分政府职能部门长期以来实行“条块结合、以块为主、分级管理”的行政管理体制，一般称为属地管理。在属地管理体制下，由地方政府来管理地方的职能部门，名义上地方职能部门受到地方政府和上级部门的双重领导，但是地方政府能够通过“人、财、物”有效控制地方职能部门。属地管理体制既有优点也有缺点，属地管理体制的优点在于：容易调动和激发地方政府的积极性和主观能动性，有利于地方政府根据实际情况统筹安排属地内的行政事务。缺点在于容易导致地方保护主义，削弱中央对地方的宏观调控能力。

垂直管理也称“垂直领导”，实行垂直领导的国家行政机关，从中央到地方构成一个系统，从上到下实行独立、统一的领导，不列入地方组织序列，只在遵守法律和政策方面接受地方政府的监督，业务上不受地方政府的指挥和干预。垂直管理体制的优点主要包括：（1）有利于职能部门摆脱地方政府的干预，保持中央政府的政令畅通；（2）能够较为真实地反映基层的实际情况，使行政机关决策在制定时更科学；（3）有利于整合行政执法资源、优化资源的配置。垂直管理体制的缺点主要包括：（1）垂直管理下的行政部门与地方政府之间各自为政，地方政府职能的完整性由此受损，对地方政府的行政效能带来不利影响；（2）垂直管理的行政部门与地方政府之间有可能出现权力摩擦和权责不清，容易引发利益冲突和激化条块矛盾；（3）垂直管理会弱化直管部门的监督激励，容易滋生腐败问题。

以税务部门为例。为了搞活地方经济，1994 年，我国进行分税制改革，依据各种税种本身的特征、税源大小和征管难易程度，划分和建立中央与地方两个税收体系，国税实行垂直管理，地税实行属地管理，分别发挥两种税收体系对宏观与微观经济的调节作用。分税制改革极大地提高了地方政府的自主权和激励性，为各地的经济发展注入了活力，成为中国经济高速增长的重要推动力。但随之也带来了一些问题，如一些地方政府采取对当地企业过于友好的政策，实行地方保护主义；国税、地税分开征缴也带来了偷税漏税等问题。这些问题不仅对社会经济发展有害，也违背了中央实行分税制的初衷。2018 年 3 月，第十三届全国人民代表大会审议并通过了《关于国务院机构改革方案的议案》，将国税与地税合并建立国家税务总局，实行垂直管理体制。

那么，新整合的国家医疗保障局与各地区的医保局之间应该是垂直管理还是分级管理呢？医保局的管理体制应该和统筹层次相对应。实行市级统筹的省份，省和市之间应该实行属地管理，省内的市和县之间应该实行垂直管理。如果在已经实行市级统筹的县区仍然实行属地管理，在机制上容易引发道德风险。此时的市级医保局和县级医保局之间形成了一种委托代理关系，县级医保局仅仅负责医疗保险的监督管理，剥离了医保基金管理和收支平衡的职责。市级医保局的主要目标是维持医保基金的收支平衡，而作为代理人的县医保局则会想方设法为本地争取更多的医疗保险基金，这种道德风险行为将弱化筹资动机、削弱对医保基金的监管动力，控费积极性下降，失于监督职责。例如，属地管理中曾经出现过如下道德风险问题：在医保基金市级统筹的地区，县级医保局为了“讨好”掌握其领导职务任命权的地方政府，客观上会发生“花别人的钱为自己办事”的现象，将市级统筹的医保基金视作“公共资源”，在不顾市级统筹基金运行稳定的情况下，以随意提高医保报销水平换取当地居民和政府的满意作为政绩。这种县级医保局"损人利己"的道德风险问题无疑会加大市级医保统筹基金的穿底风险。以江苏省为例，由县级统筹过渡到市级统筹的过程中，统筹层次的提升使得江苏省医疗保险基金损失（支出增加）33.65亿元。因此，医保局的管理体制应该与统筹层次相对应，做到权责对等，医保局才能发挥监督职能，合理控制医疗费用，维持医保基金的收支平衡和可持续发展。

资料来源：

[1] 尹振东，聂辉华，桂林．垂直管理与属地管理的选择：政企关系的视角［J］．世界经济文汇，2011（6）：1－10.

[2] 周黎安．中国地方官员的晋升锦标赛模式研究［J］．经济研究，2007（7）：36－50.

[3] 杜万平．对我国环境部门实行垂直管理的思考［J］．中国行政管理，2006（3）：99－102.

[4] 王永钦，张晏，章元，陈钊，陆铭．中国的大国发展道路——论分权式改革的得失［J］．经济研究，2007（1）：4－16.

[5] 尹振东．垂直管理与属地管理：行政管理体制的选择［J］．经济研究，2011，46（4）：41－54.

[6] 沈荣华．分权背景下的政府垂直管理：模式和思路［J］．中国行政管理，2009（9）：38－43.

[7] 任进．规范垂直管理机构与地方政府的关系［J］．国家行政学院学报，2009（3）：21－24.

[8] 皮建才．垂直管理与属地管理的比较制度分析［J］．中国经济问题，2014（4）：13－20.

[9] 王虎峰．中国社会医疗保险统筹层次提升的模式选择——基于国际经验借鉴的视角［J］．经济社会体制比较，2009（6）：60－67.

[10] 李勇杰．社会医疗保险体制中道德风险的防范策略——基于委托代理理论的视角［J］．社会科学家，2008（8）：123－125，131.

第三节　我国医疗保险执行体制

一、医疗保险执行体制的含义和意义

医疗保险执行体制，是指医疗保险基金从筹集到支付的整个运行过程中，其管理机构、管理职能、管理方式等执行体系配置的总称，它是整个医疗保险管理体制的重要组成部分。按照职能划分，医保执行主要涉及筹资（征缴）管理和支出（经办）管理两大主要领域或环节。医疗保险执行体制涉及医疗保险基金筹资和支付环节中的执行活动、职责分工与权力配置，关系到医疗保险基金的可持续性、制度公平性和服务可及性，对医疗保险制度目标的实现具有重要意义。

1. 医疗保险执行是保障医疗保险基金正常运行的重要程序性职能。基金是医疗保险制度的生命线，医疗保险制度的正常运行最终必须以基金的稳定运行为基础。为此，首先需要建立一系列规范的医疗保险基金运行制度，保证基金的收支平衡；其次要通过设计合理的医疗保险补偿方案，建立方便快捷的支付流程，提高医疗保险制度各环节的运行效率，实现参保人员就医后医疗费用的报销和补偿；最后通过支付方式改革，对医疗服务供方进行有效管控，建立和完善医疗保险基金风险预警体系和控制系统。

2. 医疗保险执行是医疗保险制度可持续发展的重要保证。医疗保险制度可持续发展的基础是医保基金收支平衡。医疗保险执行就是要通过协调医疗保险需方（参保人）、供方（医疗服务机构）、医疗保险服务方（医疗保险经办机构）的利益关系，谋求基金收支平衡，实现医疗保险制度的可持续发展。其中，对需方来讲，医疗保险经办机构应当通过加强定点医疗机构的管理，保证参保人能及时得到基本医疗服务支出的补偿，降低个人医疗费用负担，同时，对于骗保、重复参保等行为进行管理和控制；对供方来讲，医疗保险经办机构的首要任务是补偿医疗机构的合理资源消耗，同时，通过定点服务协议和相应监管措施，促使医院提供合理的诊断和治疗，防止不合理医疗行为的发生，提高医疗保险基金的使用效率；对医保自身来讲，要在保障基金收支平衡的基础上，充分发挥医疗保险基金的经济杠杆作用，协调医疗保险需方和供方的利益，制订适合当地经济发展和医疗消费水平的补偿方案，加强医疗保险费用的征缴管理和医疗费用的支出管理。

3. 加强医疗保险执行管理，有利于提升政府治理能力。在全民医保背景下，人民群众对身心健康的需求与医疗（医保）资源不平衡不充分之间存在较大矛盾。参保患者医疗需求的逐步释放、医疗费用的持续上涨、保险待遇水平不断增高，考验着政府管控医疗保险基金的能力。在当前医保模式下，政府既是医保基金筹资的责任主体，也是医保资金的重要提供者，当筹资规模难以持续扩大时，政府将成为基金超支的最后承担者和保障者。来自西方高福利国家的教训表明，过高的医疗支出是造成政府财政赤字的重要原因，危及政府的治理根基。因此，能否实现医保基金的效率、安全、持续和稳定等执行目标，体现着政府的执行能力。

二、医疗保险筹资（征缴）管理体制

（一）医保筹资体制的类型

医疗保险筹资体制，指的是在医疗保险基金的筹集过程中，各筹资主体或征收主体及其上下级之间的职能定位与权责关系的统称。征收主体的筹资能力直接决定着筹资效率。目前，通行各国的筹资体制大体上有两类。

1. 税务部门筹资体制。在许多发达国家，政府向公民免费提供医疗、养老等社会服务，其资金主要来源于社会保障税。1889 年，德国俾斯麦政府首创社会保障税。之后，英国于 1905 年、法国于 1910 年、瑞典于 1913 年、意大利于 1919 年、美国于 1935 年先后开征社会保障税，该税现已成为西方国家的主要税种之一。据国际货币基金组织（IMF）统计，2010 年，全世界至少有 132 个国家实行社会保障税制度。在征收社会保障税的国家，他们一般采取收、支分离的模式。税务部门是征税主体，负责纳税人登记、征收、审核和稽查等整个过程的管理。由于税务部门在社保费征收上的效率优势，目前，一些过去由医保等其他部门收取医疗保险费的国家，也开始委托税务机构来征收医保费。

2. 医疗保险部门筹资体制。该体制采取由医疗保险部门所属的医疗保险经办机构来筹集资金。在这种体制下，医疗保险经办机构具体负责参保人登记、申报审查、费款征收和管理稽核等执行工作。这种体制主要存在于以“费”的形式缴纳医疗保险的国家，它的优势在于收支管理的一体化，但存在两个方面的不足：一是医疗保险机构既管支又管收，可能出现资源和管理能力不足的问题；二是与税务部门相比，医疗保险经办机构缺乏税费征缴的专业化能力，在征收效率方面居于劣势。

（二）我国医保筹资体制的变迁

1. 城镇职工基本医疗保险筹资体制。1998 年，国务院《关于建立城镇职工基本医疗保险制度的决定》规定，医疗保险经办机构负责医疗保险基金的筹集、管理和支付，即医疗保险基金的收支管理都由医疗保险经办机构负责。1999 年，国务院发布的《社会保险费征缴暂行条例》规定，国务院劳动保障行政部门负责全国的社会保险费征缴管理和监督检查工作。县级以上地方各级人民政府劳动保障行政部门负责本行政区域内的社会保险费征缴管理和监督检查工作。同时还规定，社会保险费的征收机构由省、自治区、直辖市人民政府规定，可以由税务机关征收，也可以由劳动保障行政部门按照国务院规定设立的社会保险经办机构征收。

从我国各地实践看，多数地区城镇职工基本医疗保险筹资体制，已由医疗保险经办机构征收逐渐转变成税务部门征收。长期以来，我国的社保税务征收体制在实际运行中，主要有两种征管模式。一种是“统一征收”模式，即包含养老、医保在内的所有的社保费，均交由税务部门统一征收，但缴费标准和缴费基数核定，以及稽查、处罚等管理工作依然由人社部门或医疗保险机构负责。另一种模式是“全责征收”，即各项社保费不仅交由税务部门统一征收，而且将涉及社保费征缴的所有管理权和行政执法权，全部交由税务部门“全责”管理。2018 年，国务院决定将全国社保费（含医保基金）的征管工作，全部交由国家税务总局实行“统一征收、全责征收”。

2. 城乡居民基本医疗保险筹资体制。城乡居民医疗保险是由原来的城镇居民基本医疗保险和新型农村合作医疗制度整合而成的。在原征缴体制下，新农合保险费的征缴工作由卫生部门所属的基层经办机构（新农合办公室）负责。偏远地区新农合保险费则由村委会代征。城镇居民医疗保险费由各级医疗保险经办机构负责征缴管理，通常情况下，以社区为单位由居委会代为征收，有的地方可以持居委会证明到商业银行网站缴纳保险费。城医保和新农合两个制度合并之后，开始形成由基层经办机构和社区（村）委会合作征收的局面。

（三）我国医疗保险筹资体制改革

由于历史的原因，我国地区间医疗保险筹资体制差异较大。在一些地区，所有的医保基金业务都由社会保险经办机构征收；另一些地区则全部交由税务机构征缴；还有的地区则对不同的医疗保险基金实行不同的征缴体制，甚至对同一险种的不同人群，交由不同的征管主体征缴。例如，有些地方的企业职工医保费由税务部门征收，个体工商户和灵活就业人员的医保费则规定由社保机构征收。这种“多龙治水”的征收体制人为割裂了社会保险基金经办管理的统一性，造成缴费基数分别申报、征缴基数多头核实，实际收入账户和实际应收账户不一致，导致地区之间、缴费人之间医保费负担不均衡等一系列问题。同时，这种多头征收体制有可能诱使部分本该参加职工医保的参保人滑向居民医保，导致参保人的逆向选择行为。而且，还造成医保基金在计入个人账户和统筹账户过程中，无法进行准确划分的情况。理论和实践证明，现行的社保费“双重征缴”体制效率低下，改革和统一医保费征缴体制势在必行。

根据《社会保险法》规定，“社会保险费实行统一征缴，实施步骤和办法由国务院规定”。那么，医疗保险费究竟交由哪一个政府部门统一征缴，才更有效率、更加适合国情和未来发展的需要？对此，需要比较税务部门与社保等部门在社保费征收管理方面的优势和劣势。

社保部门征缴管理的主要优势是，其社保费经办机构已经形成覆盖城镇的网络。但它有三个方面的弱点：一是缺乏专业征收和稽查人员；二是缺少行政处罚权，对欠缴行为惩罚力度小；三是在参保人信息核实等方面完全依靠村和社区等自治组织的支持。这些缺陷直接影响到社保部门经办机构的征缴力度和效率。从现实情况看，社保部门征收社保费难以做到应收尽收，原因在于两个方面：一方面，社保部门征收社保费存在许多征管漏洞。例如，陕西省 2016 年进行税务登记的企业为 40 多万户，而同期社保费参保缴费登记的企业只有十多万户。另一方面，社保部门在确定社保费缴费基数时，由于难以有效、充分掌握企业生产经营信息，导致社保费难以足额征收。例如，北京市税务机关通过对 2014 年和 2015 年的个人工薪所得申报数据与社保经办机构公布数据进行比较，发现北京市社保费实收金额比应收金额分别少了 381.1 亿元和

747.9 亿元，其实收金额占比分别仅为 18% 和 29%。[①]

以上分析表明，虽然税务部门在流动人员、特殊人群医疗保险费征缴方面同样存在一定局限，例如，困难群体的情况审查和核实也需要依靠社区居委会和村委会了解信息。但是，从总体上说，税务部门在社保费征缴方面比社保部门有更强的征管能力。一是税务部门在征收技术、稽查效率和行政处罚等方面更有优势，不仅拥有大批的专业征收人员和稽查人员，还建立有覆盖城乡的税费征收网络。二是由税务部门征收社保费，有利于降低征收成本。社会保险费（含职工医疗保险费）与税收的征收对象基本重合，都要涉及企业、事业单位和城乡居民个人，社保费交由税务部门与税收一同征收，其额外增加的边际成本几乎为零。三是税务部门依据《中华人民共和国税收征收管理法》，享有独立的行政处罚权，其征缴力度要比社会保障部门大得多。四是由税务机关征收社保费，可以改变目前社保部门一家独自负责“收、支、管”的状况，有利于形成税务部门征收、财政部门管理、社保部门支出、审计部门监督，各方权力相互制衡的治理格局，有利于社会保险基金征缴工作的透明和公开，有效降低包含医疗保险在内的社会保险基金被挪用和侵吞的风险，保证基金的安全。五是国税和地税合并之后，由税务机关统一征收社保费，有利于医疗保险全国统筹的逐步实现。六是税务机关实行垂直管理体制，有利于抑制地方政府对社保征缴工作的干预，确保医疗保险的独立运行。七是税务部门在涉税、涉费信息方面，有着社保部门难以具备的巨大优势，依靠信息管税、管费，有能力做到应收尽收。

基于上述原因，2018 年 3 月，中共中央关于《深化党和国家机构改革方案》决定，将社保费的双重征缴模式调整为税务部门“统一征收、全责征收”的模式，将基本养老保险费、基本医疗保险费、失业保险费等各项社会保险费交由税务部门统一征收，以利于全面提高社会保险基金的征缴效率。同年 7 月公布的《国税地税征管体制改革方案》明确规定，税务部门统一征收各项社保费的工作自 2019 年 1 月 1 日起实施。由此，我国推行多年的以双主体、多元化征管为特征的社保费征管体制宣告终结，持续 20 年的社保费征收主体之争，也将暂时画上句号。

需要指出的是，在现行体制下，税务部门要做好统一征收社保费的工作，也将面临以下挑战：一是要平衡提升征缴率与企业负担的关系。由税务部门统一征收社保费，一方面，将加大社保费基的核实力度、征收力度和处罚力度，极大提升市场主体的缴费率，这是有利于基金收入增长的；另一方面，在过高的社保费率尚未下调的情况下，如果加大征缴力度，必然导致部分地区、部分行业和企业的缴费负担进一步加重。二是税务部门将面对新业态下灵活就业人员和无业人员征缴困难的问题。城乡居民医疗保险费今后也将划入税务部门的征缴职责，但由于灵活就业人员、城镇居民等群体没

① 梁发芾．社保费为什么改由税务机关征收？[N]．中国经营报，2018-4-16（47）．

有雇主代扣代缴，这就需要税务部门做好信息管理和征缴服务工作，以免这些群体出现社保断缴的问题。三是税务机关作为社保费统一征收主体，存在一个执法地位确认问题。税务机关虽然具有执法优势，但在立法层面上，还需要通过修订相关法律，尽快明确税务机关的相应职能和义务，特别是在涉及社保费申报、核定的“源头”管理上，要在法律上赋予税务机关相应的职责和职权，以利于进一步提高社保费的申报率和征缴率。

三、医疗保险经办管理体制

（一）医保经办管理体制的类型

所谓经办管理，有广义和狭义之分。广义的经办管理是指对医保基金全过程的管理；狭义的经办管理则是指基金支出端的管理。本节主要从狭义角度来界定医疗保险经办管理体制，它是指涉及医保基金支出的管理主体、权责划分和程序性职能的构成体系。

依据管理主体的不同，经办管理体制分为三种类型。（1）公共机构经办体制。例如，美国老年人和低收入人群的医疗保险都由联邦政府的社会保障管理署（SSA）负责经办管理。SSA 是 1995 年从健康与人力资源部（DHHS）中分离出来的联邦政府机构，主要负责养老保险、遗属保险、残疾保险和补充保障，在全国范围内建立了 1 300 多个办事处，垂直管理保险项目。（2）第三方管理体制。法国的社会保险经办机构由政府外的第三方非营利性组织来负责，采取半官方性质的自治型管理模式，政府只对这类经办组织进行必要的监督和管理，不干预其具体的经办服务。（3）商业保险公司经办管理体制。目前，世界上尚未出现商业保险公司经办全国统筹的公共医疗保险的先例，但在我国少数地区开始出现了这种创新模式。例如，我国一些地区率先将大病补充医疗保险业务交由商业保险公司经办管理，安徽、青海等省份还先后试点过商业保险公司经办城乡居民医疗保险业务。

（二）我国医保经办体制的现状与问题

改革开放 40 年来，随着社会保险制度改革的推进，社保经办管理服务体系建设也取得了重要进展。一是经办组织体系基本建立。截至 2014 年底，全国县及县以上经办机构有 8 031 个，实有工作人员近 18 万人。二是基本建立起了较为健全的公共服务网络。据统计，全国城镇的街道和社区、农村部分乡镇及行政村建立的基层服务站（所）超过 19 万个，专兼职工作人员 37.6 万人。三是服务能力不断提升。我国社会保障信息网络构架已经初具规模，全国实现省部联网，社会保障卡已经发行 6.6 亿余张。而且，通过信息化建设创新管理手段，加快推动异地就医结算系统建设。四是服务保障的功能得到了较好的发挥。截至 2014 年末，全国五类社会保险的参保人数累计达到近20亿人（次），各项保险待遇水平持续提高，并且全部做到了按时足额支付。①

同时，需要指出，我国现行的医保经办管理服务体系还存在一些比较突出的问题，集中表现在三个方面：第一，服务保障能力仍显不足，跟不上社会保险事业发展的需要。随着社保覆盖人群的迅速扩大，服务对象和内容日益增多，部分地区经办机构人员普遍超负荷工作，影响服务质量的进一步提升。同时，经办队伍的专业化程度较低，技术水平跟不上时代步伐，经办效率难以较快提高。第二，依法经办能力和水平尚有差距。《社会保险法》没有完全落实到位，法律修订和完善工作不及时，配套法规的制定进展较慢，参保、征缴、监管等环节存在执法不严等问题。② 第三，经办机构信息化水平仍需进一步提高。信息和数据是社会保险经办管理的核心，但在我国多数地区，经办机构信息化建设滞后，难以满足社会保险业务发展的需要。例如，某些省份城镇职工社会保险实现了全省经办软件的统一，但未实现全省数据的联网，信息孤岛现象还比较突出。

（三）我国医疗保险经办体制的改革

1. 改革的必要性。伴随全民医保政策的深入推进，参保人员的医疗需求日益扩大，医疗费用也随之明显上涨。主要表现两个方面：在医疗服务利用方面，我国2015年城镇职工医保参保人员住院率为16.5%，比医改前提高了6.7%。2015年，居民医保参保人员住院率10.4%，比医改前提高了7.9%（见图6－1和图6－2）。在医疗费用支出方面，参保职工和居民次均住院费用明显上升。2015年，参保职工次均住院费用达到10 414元，是医改前的1.46倍；居民次均住院费用达到了6 821元，是医改前的1.4倍。

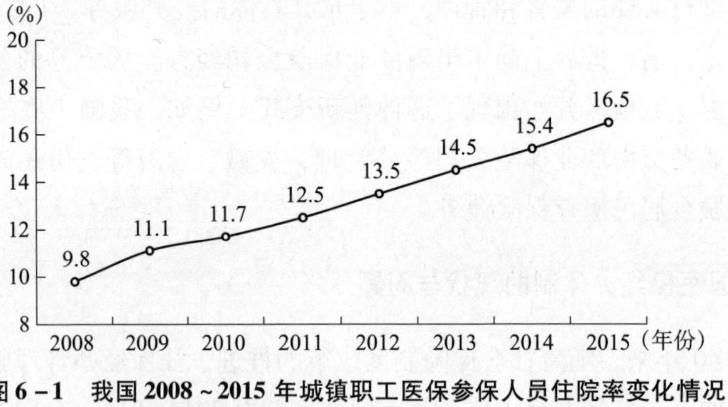

图6－1　我国2008～2015年城镇职工医保参保人员住院率变化情况

资料来源：唐霁松．医保经办管理与时俱进的几点意见——基于建立"四更"全民医保推进健康中国建设的思考［J］．中国医疗保险，2016（12）：30－35.

① 人力资源和社会保障部．人力资源社会保障部对政协十二届全国委员会第三次会议第3280号（社会管理类315号）提案的答复［EB/OL］．http：//www.mohrss.gov.cn/gkml/xxgk/201509/t20150924_221394.htm，20180924.

② 加快健全社会保障管理体制和经办服务体系课题组．加快健全社会保险管理体制和经办服务体系［J］．中国社会保障，2015（6）：34－37.

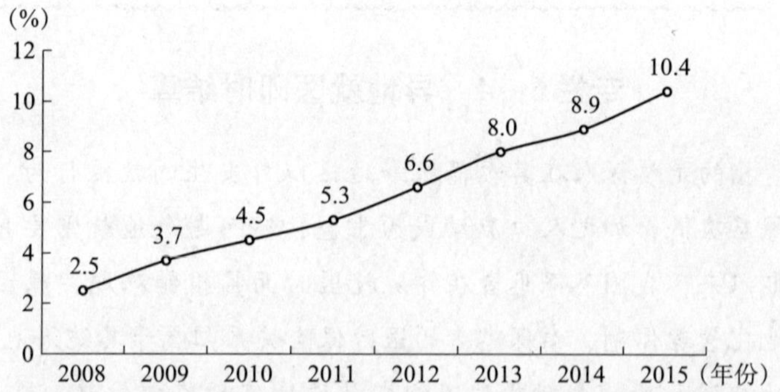

图6－2　我国2008～2015年居民医保参保人员住院率变化情况

资料来源：唐霁松．医保经办管理与时俱进的几点意见——基于建立“四更”全民医保推进健康中国建设的思考［J］．中国医疗保险，2016（12）：30－35.

目前的问题是，首先，与较快增长的医疗服务和医疗支出相比较，医疗保险基金收入却增速趋缓。如图6－3所示，城镇职工医保统筹基金收入的增长速度从医改前的32%已经下降到了2015年的16%。其次，医保经办机构的经办能力、服务水平和监管效率，不能完全满足参保人不断增加的多样化服务需求。例如，在所有统筹地区，医保机构基本实现了医疗费用的直接结算，30个省份建立了省内异地就医结算系统，部分地区还通过区域之间的点对点协作，开展跨省异地就医的直接结算（见专栏6－4）。但是，医保经办管理服务的信息化、标准化、专业化水平仍显不足。最后，医保经办业务量的快速增长和经办力量不足的矛盾也越发突出。[①] 因此，需要进一步深化改革，进一步理顺经办体制，不断提升经办能力和服务质量。

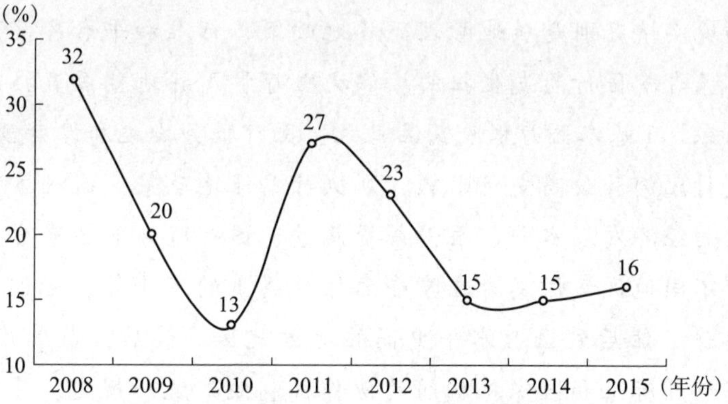

图6－3　我国2008～2015年职工医保统筹基金增长情况

资料来源：唐霁松．医保经办管理与时俱进的几点意见——基于建立“四更”全民医保推进健康中国建设的思考［J］．中国医疗保险，2016（12）：30－35.

① 唐霁松．全民医保下经办管理不可替代的作用与亟待解决的问题［J］．中国医疗保险，2012（9）：20－22.

专栏6-4 异地就医即时结算

异地就医，指的是参保人在其参保统筹地区以外发生的就医行为。由于我国基本医疗保险的统筹层次低，加之人口流动成为常态，不可避免地就需要异地就医或异地结算服务。长期以来，我国参保患者在异地就医时面临报销难题，原因在于我国基本医疗保险的属地化管理体制，参保患者的医疗保险关系归属于其统筹地区的医保部门，很大一部分异地就医人员的医疗费用不能在就医地实现直接结算，需要患者先垫付，后携带相关凭证回参保地报销，所需时间较长，不仅给患者带来了不便，还增加了医疗保险部门的管理难度。

2016年12月，人力资源和社会保障部、财政部联合印发了《关于做好基本医疗保险跨省异地就医住院医疗费用直接结算工作的通知》，要求全面启动基本医疗保险全国联网和跨省异地就医直接结算工作，规定医保异地结算采用就医地统一管理患者，资金结算采用“先预付、后清算”的模式，优先解决最迫切的安置退休人员的异地就医结算，然后再扩大至其余三类异地就医人群。目前，直接结算只覆盖住院费用，不包括门诊费用。

异地就医即时结算工作虽然已经取得显著成效，但仍然面临着诸多挑战。首先，制度设计存在缺陷。要建立异地就医即时结算系统，前提是全国医疗保险“三统一”（待遇统一、服务标准统一、信息平台统一），因此，需要妥善协调医患保三方之间、地方医保机构之间的关系，需要医保主管部门制订统筹的规划方案并推行。而现实情况则是属地管理下各地政策、标准和平台各异，难以完全对接。其次，参保者就医行为发生扭曲。住院医疗费用异地就医直接结算执行就医地的“三个目录”（基本医疗保险药品目录、医疗服务设施和诊疗项目范围），而起付标准、支付比例和最高支付限额，则执行参保地政策。这种方案虽然考虑到了我国地区间的经济发展水平、医保筹资总量、医疗服务能力等方面的差异，但是同时也导致不同地区参保患者在享受参保待遇上的不平等，他们都希望在待遇较好的地区参保，然后到医疗水平更高的地方就医。最后，监管难度大。目前，我国医保费用结算标准和医保机构间的协作机制缺乏统一规定，导致我国异地就医结算监管难度很大，极易诱发道德风险问题。例如，患者可以通过伪造异地就医材料来骗取保险金，保险机构若无法核实文件的真实性，将会给保险基金带来巨大的损失；就医地医疗服务供给者更有动机诱导患者进行“过度医疗”甚至是“不必要医疗”，造成医保资源的不合理配置，这种医患合谋骗取参保地的保险金也不利于保险基金的安全。

资料来源：

［1］陈利芳．我国医疗保险异地结算的制度优化探讨［J］．重庆交通大学学报（社会科学版），2017（5）：88－92.

［2］谢莉琴，陈庆锟，胡红濮．我国基本医保制度异地就医相关问题研究进展及启示［J］．中国医院管理，2018（6）：25－27.

［3］汪书怡，刘宝．基本医疗保险异地就医结算和管理的思考［J］．中国卫生资源，2018（4）：346－350.

［4］肖周燕，石郑．中国异地就医的困境与路径优化研究［J］．江汉学术，2015（3）：19－24.

2. 继续深化经办体制改革。医保经办管理体制改革的总体原则应该是：权责清晰、精简高效；垂直为主、属地为辅；管理集中、服务下沉；标准统一、运行流畅；统分结合、逐步过渡。[①] 改革的主要措施包括：

第一，科学设置经办机构及职能体系。在机构设置过程中，需要区分政策职能和具体经办职能，要协调好各级医保机构之间的职能关系。在中央层面，国家医疗保障管理局负责拟订经办规范和标准、办理医疗保险全国统筹有关事宜、办理跨省医疗保险关系转移以及异地就医结算等业务。在地方层面，省、市、县应该分别设立三级医疗保障管理局。其中，省局主要负责所辖范围内医疗保险经办业务的领导动员、监督和协调工作，组织省内跨地市的社会保险业务办理和基金结算工作，负责省属机构的经办服务工作。市（地）局和县（市）医疗保障管理局主要负责落实中央和省颁布的医疗保险政策，办理各项医疗保险经办事务，向参保单位和个人提供咨询、查询服务；同时负责对街道（乡镇）、社区（行政村）工作系统和工作人员的业务指导。街道（乡镇）、社区（行政村）设立工作网点——医疗保险服务中心，按分工要求具体承办医疗保险服务。

第二，积极稳妥推进垂直管理。在当前全方位推进垂直管理条件尚不成熟的情况下，可以先从业务垂直管理入手，对职工医疗保险业务进行垂直管理。因为职工医疗保险基金不涉及地方政府的财政资源，对地方的利益影响较少。待城乡居民医疗保险的财权和事权逐步划分清楚之后，再逐步向全面垂直管理转变。

第三，推动经办服务模式创新，探索商业保险经办和“第三方经办”体制（见专栏6－5）。在医疗保险经办人力、能力不足的地区，可以试行政府购买商保公司服务的模式，将基本医疗保险等经办业务委托商业保险公司承担，发挥商保在人员、业务和监控信息平台方面的专业优势。另外，还可以积极探索独立“第三方经办”体制，推动医保业务的管办分离，不断提升经办管理效率。

① 加快健全社会保障管理体制和经办服务体系课题组．加快健全社会保险管理体制和经办服务体系［J］．中国社会保障，2015（6）：34－37.

专栏 6-5 商业保险公司在社会医疗保险经办中的作用

随着国民经济发展进入新常态，医疗卫生投入趋于平稳，在财政投入有限的情况下，医改更要注重机制建设和制度创新。2009 年，新医改曾经明确提出“委托具有资质的商业保险机构经办各类医疗保障管理服务”；2012 年，六部委共同发布的《关于开展城乡居民大病保险工作的指导意见》中，进一步提出由商业保险机构承办大病保险；党的十八届五中全会报告中明确“鼓励商业保险参与经办”。商业保险公司经办基本医疗保险业务，是借助其专业化管理和市场化运作的优势，解决政府机构管理医保低效率、适应性不强的弊端。

商业保险公司参与医保经办属于公共服务外包，可以采取多种形式。形式之一是参与城乡居民大病保险经办。自 2012 年以来，国家在逐步推行并全面推开城乡居民大病保险制度的过程中，商业保险经办体制已较为普遍。其中很重要的原因是，商业保险机构在精算定价、风险管理以及信息系统等诸多方面沉淀了良好的技术基础，而公办的医保经办机构则在这些方面差强人意。形式之二是参与基本医疗保险经办。湛江模式就是商业保险参与城乡居民基本医疗保险的尝试。

当然，商业保险经办社保业务也存在着一系列问题。首先，商保的营利性本质与社会医疗保险的公益性要求之间存在矛盾。其次，要达到商保的经办成本低于政府经办的成本、经办效率高于政府经办，还需要良好的机制设计。最后，商保经办医保业务面临较大风险。最大风险是频繁更换管理主体出现的管理服务真空与漏洞，造成公共服务断档或参保人隐私泄露，由此可能引致公众不满而迁怒于政府。

资料来源：

[1] 刘玉娟. 商业保险与社会医疗保险合作的实践——基于湛江模式和番禺模式的比较分析 [J]. 卫生经济研究, 2016 (6): 41-44.

[2] 长策智库. 湛江模式的启示：探索社会医疗保险与商业健康保险的合作伙伴关系 [J]. 中国市场, 2011 (3): 35-39.

[3] 傅子恒. 医疗保障城乡“一体化”制度创新探索——“湛江模式”的成功与不足 [J]. 保险研究, 2011 (7): 42-46.

[4] 陈仰东. 商保经办的优势与风险 [J]. 中国社会保障, 2016 (4): 39.

第七章 医疗保险现代治理

加强医疗保险现代治理意义重大，它不仅有助于克服医疗保险体系中长期存在的道德风险问题，而且有助于增强医疗保险的资源汲取和配置能力。本章将阐述医疗保险治理需要遵循的原则；从横向和纵向两个角度，探讨如何处理好各治理主体之间的关系；研究如何通过深化改革和市场手段，建立起公平竞争、多元共治的医疗保险治理体系及其运行机制。

第一节 医疗保险现代治理概述

一、医疗保险治理的背景和意义

（一）医疗保险治理的背景

医疗保险体系有两个主要特点：一个是医疗保险体系中存在大量的道德风险。医生与患者、医疗机构与医保机构、参保人与医保机构之间都或多或少存在信息不对称，容易引发道德风险问题。另一个是医疗保险市场作为一个协作体系，涉及医药、医疗和医保之间的联动关系。参保者的健康维护涉及医疗服务、药品供给和保险补偿与支付，这就需要医保、医疗和医药等治理主体的充分协作，形成协同治理的格局。实践经验表明，鉴于医疗保险体系的特殊性，过去那种单纯依靠政府强制性管理的体制和方法已难以奏效，而必须在现代治理架构下，通过协同与互动才能实现既定的目标。

我国医疗保险制度经过20年的发展，虽然已从国有企业改革的“配套工程”逐渐演变为具有“民生基本、执政基础、稳定基石、增长基点”等重大意义的“社会工程”，但是，医疗保险发展在基金可持续、资源合理配置、服务可及性、区域不平衡以及统筹层次等方面，还存在着一系列需要深化改革、强化管理的问题。党的十八届三中全会提出，“全面深化改革的总目标是完善和发展中国特色社会主义制度，推进国家治理体系和治理能力现代化”。党的十九大进一步指出，在中国特色社会主义的新时代，我国所面临的基本矛盾是人民日益增长的对美好生活的需要与经济社会发展不平衡、不充分的矛盾。在医疗保险领域，这一矛盾主要体现为医疗服务水平和医疗保险能力还不能适应人民群众的需求。所以，需要大力加强医保领域的现代治理能力建设，解决突出矛盾，破解发展瓶颈，建立起具有中国特色的医疗保险治理体系。只有这样，才能全面提升医疗保险治理能力，建立更加公平、可持续的医疗保险制度。

（二）医疗保险现代治理的意义

推进医疗保险改革与发展，需要以新理念、新视角，审视新时代全民医疗保险制度改革，需要加快中国特色医疗保险现代治理体系和治理能力的建设。其主要意义可以概况为以下四个方面：

1. 建设和完善医保现代治理体系，是医疗保险制度改革的内在要求。党的十八届三中全会首次提出富有新时代特征的“国家治理”概念。习近平总书记指出，一个国家选择什么样的治理体系，是由这个国家的历史传承、文化传统、经济社会发展水平决定的，没有坚定的制度自信，就不可能有全面深化改革的勇气，同样，离开不断改革，制度自信也不可能彻底、不可能久远。经过20年的改革探索和艰辛努力，我国已初步建立起具有中国特色的医疗保险制度，我国有理由充满自信。同时，这个制度还不完善，还存在这样或那样的问题，需要我们通过改革，通过加强治理体系和治理能力的建设，巩固和完善医疗保险制度。

2. 建设和完善医保现代治理体系，是建设现代国家和文明社会的重要标志。

由“管理”到“治理”是一次理念的提升和飞跃，其意义重大而深远。纵观世界发达国家的医疗保险发展历程，一般都经历了由统治到管理再到治理的发展过程。所谓“统治”，其内涵更多地体现为集权、专制和垄断；“管理”则不同于统治，它不仅体现了理念创新，而且，它在实践中较为重视决策民主与科学，重视管理的规范性。不过，这种模式化管理的一大特质是单向度的、垂直的，即“上管下”式的管控约束；“治理”又不同于管理，它是多元的、开放的、综合的和包容的，属于社会各利益相关方共同参与的现代管理体系，故可称为管理的高级阶段。所以，建设和完善医保现代治理体系，符合社会发展、文明进步的历史趋势。

3. 建设和完善医保现代治理体系，是各国社会保障制度的发展趋势。国际社会保障协会（ISSA）曾明确提出，治理是实现社会公平正义的重要基础和载体，善治是社会保障的根本目标，世界上多数国家都在努力实现社会保障的善治。在中国，医疗保障制度同样需要以“善治”为目标，有效解决诸如谁更需要医疗保障、由谁来保障以及如何保障人人享有基本医疗服务等重大问题。因此，国家应通过改革，促进医疗保障“善治”体系的形成，培养“善治”能力，从而实现“公众参与、符合健康人权标准、良好回应性和运转高效”的治理要求。

4. 建设和完善医保现代治理体系，是建设公平、可持续全民医保制度，解决“不平衡、不充分”矛盾的内在要求。医疗保险制度作为社会保险制度的重要组成部分，对促进社会公平正义、增进人民健康福祉具有重要作用。因此，在建立具有中国特色医疗保险制度的过程中，为了解决人民群众的健康需求与医疗资源不平衡不充分发展之间的矛盾，需要以新的理念、新的医保观，把推进国家治理体系和治理能力现代化作为医疗保险决策、执行、评估、监督的出发点和落脚点，不断完善医保治理体系、提升治理能力，努力实现医疗保险领域的良好治理。

二、医疗保险治理的内涵

（一）治理的内涵

人类社会的治理实践经历了从“统治”到“管理”再到“治理”的演变。现代意义上的治理理论形成于20世纪90年代，詹姆斯·N. 罗西瑙在《没有政府的治理》一书中首次提出了“治理”的概念。他认为，治理是指一种由共同目标支持的活动，活动的主体不一定是政府，也不需要依靠政府的强制力推行。1992年，世界银行在其年度报告《治理与发展》中，将治理定义为权利使用方式的决定，公民参与能力和公众决策的传统、制度和过程。此外，全球治理委员会在1995年发布名为《天涯成比邻》（*Our Global Neighbourhood*）研究报告，其中将“治理”定义为各种公共的或私人的机构管理其共同事务的诸多方式的总和，它是指调和相互冲突的利益和采取联合行动的持续过程。总之，与传统的政府管理方式相比，“治理”意味着如下五个方面的变化：

第一，管理主体由单中心向多中心转变。多元主义是治理的最重要特性之一，“多元”包含治理主体的多元化、权力的多中心化两层含义。首先，治理不再是政府唱“独角戏”，而是由纵向多个层面、横向不同类型组织的广泛参与。其次，治理与分权相联系，没有分权就很难形成治理。因为权力分化容易形成多个权力中心，多个权力中心的竞争有助于克服权力垄断所带来的弊端，增强治理的合理性。

第二，管理方式由单向管控向多边协商转变。虽然治理和管理都包含生产与服务过程中的资源配置，但是，治理活动既不是官僚体制下的行政命令，也不同于市场模式下的交易与契约。传统治理强调政府的角色是掌舵；新治理理论进一步提出，政府在治理过程中除了具有“掌舵”职能之外，还包含协调、谈判与合作等复杂管理成分。在治理过程中，政府作为参与者之一，不一定充当权威者的角色，而是应该与其他组织构成平等的伙伴关系。

第三，集体行动下规则的重构。治理秩序必须由制度来保障，治理范式下的制度形成过程是一个集体行动的过程，这个过程必须是由所有参与者共同主导，通过自下而上形式所构建的自我规范体系。

第四，管理技术和手段的创新。传统政府在权力上具有垄断性，通常采用法律和行政命令等强制手段来管理社会。现代治理不仅引入了竞争和激励等市场机制，而且，它在管理公共事务的过程中，大量运用私人部门的技术来提升治理能力。例如，服务外包、私营化和公私伙伴关系等。

第五，以善治为绩效的结果导向。治理打破了传统的公共与私人二元化格局，公共与私人之间的边界变得模糊，要求彼此在行动体系中形成伙伴关系。同时，政府与社会之间的关系越来越相互整合，合作性的政策制定、参与式决策越来越普遍。此外，市场与层级之间的差异逐渐消失，网络整合了市场与层级之间的优势，弥补两者的失灵。由于治理破除了二元划分导致的部门间、层级间和主体间的限制，所谓“不管白猫黑猫，抓住老鼠就是好猫”，从而可以为实现效率和公平的善治铺平道路。

（二）医疗保险治理的概念与特点

医疗保险治理可以视为影响医疗保险组织体系和行为规则的一系列相关因素的总和，主要包括医疗保险的治理体系、治理结构、治理机制、治理手段等主要因素。它具有以下特点：

1. 多主体性。在整体治理或协同治理的视角下，“三医”（医保经办机构、医院、医药企业）是三个核心的主体。根据利益相关者理论，如果从更广泛的治理视角分析，与以上三大核心主体相关的外围组织也应该纳入治理主体的范畴，它们包括医生群体、医师协会、医疗机构主管部门、医疗保险政策主管部门、商业医疗保险机构、参保机构和人群（企事业单位、政府机关和参保群体）、参谋智囊机构（研究会、高校等）。因此，医疗保险治理主体是一个由中心主体和外围主体组合在一起的治理集合体。

2. 系统性。医疗保险治理是一个系统性工程。从管理过程看，它涉及各主体的协同性；从管理组织层面看，它要求管理机构和经办机构明确职责和权限；从医疗保障服务的可及性来看，它要求各主体之间的合作共治；从管理职能来看，它涉及各个主体之间的分工与配合。总之，医疗保险治理体系要求在各主体之间合理界定并配置“权、责、利”关系，运用各种规制和机制，保障医保治理体系有效运转。

3. 复杂性。医疗保险治理的复杂性主要表现在三个方面：一是医疗本身具有复杂性。首先体现在医疗机构性质和组织架构的多样复杂。例如，我国一些医疗机构的布局和规模，容易使大型医院具有相当大的垄断性，而且医院和主管部门之间往往管办不分。二是作为一种特殊服务行业，医疗服务的过程比较复杂，结果难以事先确定，这也为医疗保险治理带来了挑战。三是诱发道德风险的复杂性。医疗保险市场中的委托代理关系发生在参保者和医疗保险机构之间，其中，参保者是委托方，作为受托方的医疗保险机构难以对参保者的行为进行有效监督，从而引发参保者的道德风险。医疗服务市场中的委托代理关系发生在患者和医生之间，由于患者在医疗上缺少消费自主权，医生实际上成了患者消费的代理人。由于医学知识的专业性，医生相比患者拥有信息优势。所以，医生可能出于自身利益考虑而诱导患者的医疗需求，进而诱发医生的道德风险。

4. 多样性。治理是一个平等参与的体系，传统的、以行政控制为主的管控手段通常难以在现代治理中发挥有效作用。医疗保险治理既要以行政管理手段为基础，更需要辅之以多种现代治理方式，例如经济、协商和互动等手段。与此同时，治理体系内的资源分配也是竞争与合作并存的，注重在效率导向的基础上兼顾公平。总之，由于治理方式的多样性，需要在竞争机制的基础上，强化各主体之间的合作机制，并在合作过程中建立起有效的各方沟通机制、谈判机构和激励机制。

第二节 医疗保险治理体系

一、医疗保险治理体系架构

（一）医疗保险治理体系建构的原则

医疗保险治理的功能和作用是通过其治理体系及其构成要素的运行来实现的。根据医保治理的特点，建构医疗保险治理体系，需要遵循以下原则：

1. 系统性原则。医疗保险治理的主体、客体和环境之间是一个相互作用的体系。一方面，主体（医保机构）根据政策对象（参保人）的要求，在决定客体（医疗机构）的资源分配政策时，需要考虑客体的行为特点和环境因素影响；另一方面，政策实施效果又会动态地反馈给作为主体的医保机构，为后续的医保政策调整提供依据。另外，医疗保险政策实施的外部环境直接影响主体和目标群体的行为，同时，后者的行为方式又成为政策环境的影响者。概括地说，在医疗保险治理的主体、客体和环境之间，构成了一个共生的演化体系，因此，建构医疗保险治理体系，需要有系统思维，遵循系统性原则。

2. 利益相关者原则。治理离不开多元主体，尤其是离不开利益相关主体的参与，所以，医疗保险治理体系需要依照利益相关者原则来构建。医保领域的所谓利益相关者，是指在医疗保险活动中有直接利益关系，或者涉及医保资源配置活动的群体，通常包括医疗服务机构和药品供应商（医院和药企）、医疗管理机构（卫生健康委员会）、医疗保险管理和经办机构（医疗保障管理局及其下属机构）、财政税务部门（财政局与税务局）和参保方（参保人和企业）。

3. 整体协同原则。医疗保险治理是“健康中国”治理体系的一个组成部分，从这个角度讲，医疗保险治理体系需要在“健康中国”战略框架下，进行整体谋划和总体设计。根据整体性原则，医保治理体系中的各个部分需要围绕治理目标协同推进，即通过相应的运作程序、职责分工、体制机制等制度化方式，实现彼此的互动和协同。

（二）医疗保险治理体系的构成

医疗保险治理体系是一个开放的系统，治理结构是体系正常运行的关键。医疗保险治理结构由价值、主体、权力、制度、机制、技术和财政等基本要素构成。不同的要素组合会产生不同的结构，也预示着功能的差异。第一，医疗保险治理是价值引导下的治理，价值观念和政策伦理直接决定了医疗保险制度的基本走向。第二，不同的参与主体在医疗保险治理中扮演不同的角色，它们在动态的环境中相互作用，形成了复杂多变的治理结构。第三，权力和力量的对比在制度变化中起关键作用，力量的对抗和博弈影响权力结构的变化，进而影响制度的形成和调整，左右着治理结构的演进。第四，医保治理效果不是由单一主体决定的，而要受体系内部各主体之间互动的影响，换言之，要受制度和机制的影响。医疗保险机构虽然是医保治理的中心角色，但医药机构和参保方等社会组织和个人对医疗保险治理也发挥着重要影响，各类主体在医疗保险的“舞台”上扮演着不同角色，他们之间的频繁互动影响着医疗保险发展的进程。第五，医疗保险治理离不开技术和财政等“基础设施”的支持，它们是提升医保治理能力和治理绩效的物质基础。

由价值、主体、权力、制度、机制、技术和财政等基本要素构成的医保治理体系，可以从以下三个层面进行具体分析。

1. 从保障范围上看，医疗保险治理体系由制度和政策体系构成。首先，制度体系是医疗保险治理的基石。由于制度具有全局性、稳定性与可靠性，因此，医疗保险治理现代化必须要有完善、成熟、定型的医保制度作为基础和保证。其次，医保政策体系是实现有效治理的关键。医保政策是城镇职工和城乡居民医疗保险制度的核心或精髓，建立更加公平、可持续的全民医保制度的过程，就是医保政策体系不断改革和完善的过程，也是实现医疗保险善治的重要途径。

2. 从实施过程来看，医疗保险治理体系由决策、执行、评价和监督四大子体系构成。

医保决策体系。决策是政策制定的重要环节，只有当决策是按规则和程序进行的情况下，才能保证决策的民主性和科学性。医疗保险的决策体系由信息、咨询、决断三大子系统组成。

医保政策执行体系。一项好的政策若要取得好的效果，执行非常重要。医疗保险的执行体系由筹资体系和经办体系构成。需要强调的是，医保经办体系是政策执行体系的重要层面，经办机构的付费方式和监管力度直接影响制度的存续性。国内外的经验教训表明，医保经办体系应该是多元、开放、公平且卓有效率的，而不应该是单一、封闭、僵化的，更不应该成为行政权力的附庸。

医保绩效评价体系。由医疗服务评价子系统和医保服务绩效评价子系统构成。其中，医疗服务评价，指的是医保经办机构依据客观标准，对医疗服务绩效进行的评判，并依据评判结果决定医保资金的分配。医保服务绩效评价，是指相关机构和个人根据客观标准对医保经办机构的工作绩效所进行的评判，并以此作为对经办机构进行奖惩的依据。在进行上述两类绩效评价的过程中，都必须坚持三项原则，即评价主体的多元性、评价标准的客观性和系统性，以及评价程序的公正性和公开性。例如，为了保证评价的客观性，医疗服务评价体系需要引入卫生经济学、药物经济学、临床医学等专业知识，以便对医疗行为、医疗效果做出客观、公正的评价。又如，在医保服务绩效评价体系中，需要建立客观和全面的系统化评价标准，特别是需要形成一整套适用于评估的技术标准和行为规范。

医保运行监管体系。以防范风险为导向的监管体系，是全民医保健康运行和可持续发展的坚强卫士，需要建立健全相关法律和制度，不断完善由标准和信息等元素集成的立体监控体系，实行全程、全方位的实时监控。

3. 从保障层面来看，医疗保险治理体系是由一系列医保法律法规支撑的。医疗保险的善治，本质上是依法治理，如果没有健全的法律法规体系，医保治理只会沦为少数个人和利益集团牟利的工具。因此，需要修订和完善《社会保险法》，做到有法可依、有章可循，将涉及医保的一切政策举措和工作程序都纳入法治的轨道，切实做到依法参保、依法施保、依法维护参保者的合法权益，实现“法治医保”。①

二、医疗保险治理主体之间的权责关系

医疗保险治理各主体之间的关系较为复杂，但权责关系是构建治理秩序的核心，它主要体现在横向权责关系和纵向权责关系两个方面。

一般地，横向权责关系以平等协商为基础，以资源交换过程的契约为纽带，通过契约来约定交换双方的权利与责任，形成一种双方合意的资源配置规则，最终实现市场环境的有序治理。医保中的横向权责关系主要表现在三个层面：（1）参保者和保险机构之间围绕保险交易形成的权责关系。参保者为了规避疾病带来的经济风险而购买医疗保险，他们有责任按期缴纳保险费，有权利在生病时从保险机构获得约定的资金补偿，同时有监督医疗保险机构的权利；医疗保险机构有权利获得参保者的保险费用，同时承担对参保者医疗费用进行补偿的责任。（2）患者与医疗机构（包含医生）之间围绕医疗服务交易形成的权责关系。患者有自由选择医院（医生）和监管医疗服务

① 芮立新. 全面推进医疗保险依法治理［J］. 中国医疗保险，2017（12）：8－10.

行为的权利,但同时也有义务付清自费部分的医疗费用。医院（医生）有自由行医和获取报酬的权利，但有义务提供高质量的医疗服务和为患者保守秘密。(3）保险机构与医疗服务机构之间围绕医疗服务购买与支付而形成的权责关系。医疗服务机构有责任为患者提供符合规定的医疗服务，有权利从医疗保险基金中获得相应的补偿；医疗保险机构有监督医疗服务机构服务行为的权利，有责任按规定支付医疗保险费，补偿医疗服务成本。

所谓纵向权责关系，指的是医保行政管理部门与各医保主体之间，例如，政府的医疗保障、卫生行政部门与医院、药企和医疗保险经办机构之间的关系。具体的有三方面关系：一是卫生健康委员会与医院之间，尤其是与公立医院之间的管办关系。卫生健康委员会全面领导公立医疗，是公立医院的管理机构；公立医院作为公益性的“办医”实体，实行行政化管理且接受前者领导，形成了实质性的管办不分。二是医疗保障局与医保经办机构之间的关系。它们之间同样属于管办关系，从形式上看，前者享有运用政策对后者行为进行规范和调节的权责，但在实际工作中，两者的职责界限往往难以明确划清。三是价格管理部门与医药企业之间的关系。在我国，医药价格要受价格管理部门的管制，现行药价管控职能由医疗保障管理局价格司负责。

总之，医疗保险治理体系是一个围绕医保目标，由多主体共同协商、平等参与、协同行动、互利共赢的复杂体系，只有厘清了各主体之间的利益诉求和作用机制，合理划分好彼此之间的权责关系，才能实现治理体系的良性运行（见专栏7－1)。

专栏7－1　基本医疗保险中央与地方财政事权与支出责任的划分

2016年，国务院《关于推进中央与地方财政事权和支出责任划分改革的指导意见》指出，要合理划分中央与地方财政事权和支出责任。财政事权是一级政府应承担的运用财政资金提供基本公共服务的任务和职责，支出责任是政府履行财政事权的支出义务和保障。一般情况下，应该按照“谁的财政事权谁承担支出责任”的原则，确定各级财政的支出责任。对属于中央并由中央组织实施的财政事权，原则上由中央承担支出责任；对属于地方并由地方组织实施的财政事权，原则上由地方承担支出责任；对属于中央与地方共同财政事权，根据基本公共服务的受益范围和影响程度，区分情况确定中央和地方的支出责任以及承担方式。我国基本医疗保险的提供属于中央与地方共同财政事权，应当区分情况确定中央和地方的支出责任以及承担方式。

2018年8月，国务院办公厅发布《关于印发医疗卫生领域中央与地方财政事权和支出责任划分改革方案的通知》，文件中将基本医疗保险明确为中央与地方共同财政事权，由中央财政和地方财政共同承担支出责任。中央制定人均经费国家基础标准，并根据经济社会发展情况逐步提高。城乡居民基本医保支出责任实行中央分档分担办法：第一档包括内蒙古、广西、重庆、四川、贵州、云南、西藏、陕西、甘肃、青海、宁夏、新疆12个省（自治区、直辖市），中央分担80%；第二档包括河北、山西、吉林、黑龙江、安徽、江西、河南、湖北、湖南、海南10个省，中央分担60%；第三档包括辽宁、福建、山东3个省，中央分担50%；第四档包括天津、江苏、浙江、广东4个省（直辖市）和大连、宁波、厦门、青岛、深圳5个计划单列市，中央分担30%；第五档包括北京、上海2个直辖市，中央分担10%。

虽然目前，我国医疗卫生领域中央与地方财政事权和支出责任划分的体系框架初步形成，但是也存在五个方面的问题：一是划分体系不够完整，缺乏系统性的制度规范；二是部分事项财政事权划分不明确，地方缺乏执行依据；三是部分事项财政事权划分不科学，仍然存在职责交叉重叠；四是在全国存在多种中央和地方分担比例，支出责任划分缺少合理依据；五是部分项目依然实行分散的多头管理，可能导致财政资金使用效率不高等。以上问题仍需要通过财政事权和支出责任划分改革加以解决。

资料来源：http：//szs. mof. gov. cn/mofhome/mof/zhengwuxinxi/caizhengxinwen/201808/t20180814_ 2987057. htm.

第三节　医疗保险治理机制

我国医疗保险治理体系的运行，主要依靠的是市场机制、契约机制、协商机制、监督机制四种机制。

一、市场机制

由管理走向治理，其本质是在规范政府权力的基础上，分权于社会，激发社会组织的活力，矫正市场和政府失灵。在解决医疗保险系统治理难题方面，重点要发挥市场机制的作用。

第一，优化医药和医疗服务价格的形成机制。为了有效降低诊疗成本，医保经办机构可以采取谈判定价等方式，对医疗服务和药品价格进行必要调控（见专栏7－2）。

第二，形成合理的医疗服务资源采购和分配机制。医疗服务资源配置不平衡是妨碍医保治理的顽疾，因此，需要发挥医疗保险的市场引导功能。一是推动医疗资源下沉，引导和鼓励三甲医院的医生下到基层医疗机构，提高基层医疗服务对患者的吸引力。二是推广社区家庭医生制度，逐步形成社区首诊和双向转诊为主流的就医方式。三是探索建立药品流通、配送新体制，降低药品价格。

第三，完善医保与医疗服务机构和药店之间的协议管理机制。在协议管理过程中，要公示医生的不良行为记录，充分发挥医生个人声誉机制对医生道德风险的抑制作用；建立患者对医疗服务和医保管理服务的定期满意度测评制度，帮助患者选择可信赖的医疗机构和医生，以利于缓解医患矛盾；设定合理的起付线、共付比和封顶线，建立针对患者道德风险的防范措施。另外，对有骗保行为的参保者和医疗机构，要建立警示和处罚制度。

第四，引进商业保险机构承担基本医保经办业务。医疗保障局可以采取招标采购方式，鼓励商业保险公司通过竞标获得基本医保的经办权，并对商保公司的经办服务进行实时监督。商保承担医保经办业务的好处是：一方面，这种方式可以充分利用商保公司在核保、理赔以及克服道德风险等方面所拥有的专业和技术优势，提升基本医保的经办水平；另一方面，医保经办业务又被置于医疗保障局的全程监控之下，有利于防范医保经办主体变更所带来的风险。

专栏 7－2　取消药品加成难以改变“以药养医”体制

以药养医，就是用药品的销售费用来养活整个医疗系统。新中国成立初期，由于政府无法给予公立医院足够的投入，于是规定公立医院可以将药品加价 15% 后销售给群众。这项政策延续到后来就变成了今天的“以药养医”价格补偿机制。

“以药养医”产生了不正确的激励导向。允许药价 15% 加成的政策导致了医院趋向于采购高价药，因为药价基数越大，加成绝对值就越大，医院赚取的利润也就越多。现阶段，药品加成已成为医院的重要经济来源，大约占到医院收入的 40% 以上。而加成所产生的费用最终分摊到患者身上，引发了药价虚高并造成了“看病难、看病贵”等社会问题。2016 年 11 月出台的《关于进一步推广深化医药卫生体制改革经验的若干意见》明确指出，所有公立医院取消药品加成，彻底破除“以药养医”。

实际上，“以药养医”长期难以取消的主要根源在于医疗服务价格背离市场价值规律。由于当前我国医疗服务由政府定价，这种价格管制使得医院提供门诊、手术等服务基本上无利可图。医院想要增加收入，只能利用其垄断地位，通过药品销售弥补医疗服务价格的不足。如果要真正破除“以药养医”体制，还需要进一步改革医疗服务价格的形成机制。因此，如果医疗卫生机构与公立医院之间这种管办不分格局不改变，如果医疗服务价格是政府定价而不是市场定价，又可能会出现以其他的形式来“补医”的情况。例如，当医院难以通过市场机制形成价格时，公立医院可能利用他们在医疗服务领域上的垄断地位，通过垄断信息优势过度医疗，比如乱开“大处方”“高价药”等。应该看到，医疗价格和医疗行为的扭曲，其根源就是医疗价格背离市场价值规律。

如果医疗卫生行政部门与公立医院管办分离，医生具有了自由执业资格，那么医生的劳动技术价值和尊严就能体现，破除以药养医的阻力就会大大减少。要改革这种畸形价格补偿机制，唯一出路就是改革公立医院，由计划走向市场，放开对医疗服务价格的管制。同时，市场定价会使民营医疗机构获得更大发展空间，形成民营医疗机构与公立医院充分竞争的局面。以此为基础，再辅以全民医保的资源配置机制，人民群众看病难、看病贵问题就能得到明显的缓解。

资料来源：

[1] 朱恒鹏，姚宇，杜创，程锦锥．药品零差价制度应缓行 [J]．中国社会保障，2010 (7)：79－81.

[2] 朱恒鹏．取消“以药养医”唯有放开医疗服务价格 [N]．21世纪经济报道，2012－4－18 (008).

二、契约机制

（一）契约机制的含义

契约，又称为合同。《牛津法律大辞典》将合同定义为：“两人或多人之间为在相互间设定权利、义务而达成的具有法律强制力的协议”。合同中的协议条款实质上是一种承诺。例如，英国《不列颠百科全书》定义合同为“可以依法执行的诺言”。

所谓契约机制，是指以契约为载体，通过激励与约束并用、权利与责任相统一、效率与公平并举等内在机理，实现各方共同治理和互利共赢的一种形式。契约机制主要有三大优点：一是能够给签约双方带来权利与义务的平衡；二是有利于效率与公平的统一；三是有利于自由与秩序的结合。①

（二）医疗保险中的契约关系

作为交易双方达成的一种规范交易行为的制度安排，契约可以简单地理解为双方就某些权利义务达成的协议。在医疗保险系统中，存在四种类型的契约：一是医疗服务契约。它是医疗服务机构与患者之间缔结的契约，直接体现了医疗服务的供给与需求关系。二是保险契约。即以保单形式出现的保险合同，它是指参保人与保险机构之间因保险交易而缔结的契约。三是医疗保险服务契约。除了医疗契约和保险契约之外，第三种契约是医疗保险机构和医疗服务机构之间缔结的服务供给契约，它规定医疗服务机构以何种方式向医保机构的投保人提供特定的服务，以及医保机构对医疗服务机

① 吕俊生，杨金凤．从身份自律到契约机制——“契约信息服务”的实证分析 [J]．图书情报工作，2006 (9)：43－45.

构的支付方式。四是雇佣契约。它是雇主和雇员之间缔结的契约，企业作为医疗保险的主要缴费人，必须在劳动契约中规定企业对职工所应承担的医疗保险缴费义务。由此，可以将医疗保险系统抽象为由医疗、保险、支付、雇佣等多种契约关系交织而成的利益相关体系，医疗保险治理的主要目标就是要协调这一复杂体系中的契约关系。

与其他类型的契约相比，医疗保险中的契约关系有其自身特点。首先，医保契约关系的协调与执行，受不对称信息和资产专用程度的影响较大。在医疗保险系统中，虽然交易各方具有很强的依赖性，设备专用程度也比较高，但是交易各方之间或多或少存在信息不对称问题，因而难以准确设计出完备的合同条款。因此，医疗保险中的多数契约都属于不完全契约，通常容易导致价格调节失效，需要政府、社会以及交易各方通过监督、谈判等多种非价格机制进行调控。其次，从合同的持续期来看，由于疾病发生和治疗效果的不确定性，医疗保险系统不仅需要专业化合作，还需要长期契约关系的维持，因此，医疗保险系统需要的是长期契约关系。以上两个方面的分析表明，医疗保险契约是一种兼具新古典契约和关系型契约特征的复合型契约，亦即所谓的新古典关系型契约。

（三）医疗保险的契约治理

医疗保险治理是以医疗保险系统中的各种契约关系为基础的，其治理行为本身就是将契约关系具体化。所谓医疗保险的契约治理，是要以契约为载体，充分发挥市场机制作用，综合运用多种手段来实现医疗保险目标。

1. 医疗保险契约治理的重点是道德风险。从医疗保险契约关系的主体来看，医疗保险治理的首要任务是解决各利益主体之间的“道德风险”问题。道德风险是在信息不对称、不确定或不完全合同条件下，负有责任的经济行为主体不承担其行动的全部后果，而做出的不利于他人行为的现象。医疗保险领域存在着产生道德风险的全部条件，主要面临三种类型的道德风险：（1）患者的道德风险。由于“第三方付费”制度的存在，以效用最大化为目标的患者会客观上降低他们对医疗费用的敏感度，因而滋生“过度消费”医疗服务的倾向，产生患者的道德风险问题。（2）医生的道德风险。以利润最大化为动机的医生，倾向于利用自身的信息优势来诱导患者过度消费，从而滋生医生的道德风险问题。（3）医保机构的道德风险。不同性质的保险机构可能存在着不同的行为动机，例如，社会医保机构注重筹资和服务提供的公平性，商业性的医疗保险机构则看重利润。但是，无论何种性质的医保机构，都应该加强对医疗机构的成本控制，维护参保人的利益。然而，现实中不排除部分保险机构为了追求自身利益而产生“损人利己”的道德风险。

2. 医疗保险契约治理需要形成以市场机制为主、政府机制为辅的混合治理结构。由于医疗保险契约的不完全性和不确定性，在医疗保险体系中，就必然存在代理方利用信息优势，损害委托方利益的机会主义行为。在这种情形下，如何设计最优的激励和约束机制来克服代理方的道德风险，这是医疗保险治理关注的重点。医疗保险契约作为一种典型的新古典关系型契约，更适合采用混合型的治理结构，即发挥价格机制、政府干预机制的共同作用，采取激励和约束并举的措施，实现医保的有效治理。

3. 医疗保险契约治理依赖于从宏观到微观的立体治理体系。从医疗保险体系的结构来看，契约关系不仅构成了医疗保险治理的基础，而且契约安排又与外部因素相互作用，形成了从宏观到微观的复杂治理层级。由于医疗保险的各种契约关系都嵌入在特定的制度环境中，形成了特定宏观环境下的“微观制度”；同时，外部宏观环境因素又反作用于该“微观制度”，促使其不断调整和完善。给予医疗保险治理所具有的根植性特点，需要依据不同的国情和地域特点，采取不同的制度安排，确保治理的弹性。随着我国老年人口比重的持续增加，以及疾病模式变化和医疗技术进步，未来的医疗保险治理更加复杂多变。因此，医疗保险契约应该建立起以四种微观契约与多层次宏观环境相适应的治理体系。

三、协商机制

协商机制，一般是指在公共领域中，通过公众诉求的表达和交流，以及与政府部门的协商沟通，以促进达成共识，提升各项立法和政策的社会支持度的一种治理形态。协商机制要求政府部门改变封闭的管理方式，遏制部门私利行为，以保障各项公共政策得到有效落实。在医疗保险治理中，协商机制贯穿于横向契约关系和纵向权责体系之中。

协商机制运行的主要方式是沟通机制、信息共享机制和谈判机制。

沟通机制。沟通是协商过程必不可少的环节。加强沟通主体、沟通渠道和沟通反馈等机制建设，对于消除隔阂和分歧、达成共识意义重大。如前所述，医疗保险治理是一种多主体、多任务、多层次的复杂体系，尤其需要加强沟通和协商。在我国现行医疗保险治理中，重点是要加强医、保、患三方之间的沟通，在决策、执行、监管各环节都要建立公开的、制度化的沟通机制，如此才能确保医疗保险善治目标的实现。

信息共享机制。在现行医保治理格局中，信息孤岛现象比较严重，医院之间、医疗机构与医保机构之间缺乏必要的信息共享和交流，由此带来了许多问题。例如，由于缺少医学诊断信息共享机制，患者从一个医院转诊到另一个医院需要做重复检查，既增加了医疗保险开支，也给患者带来了沉重负担。又如，由于缺乏必要手段，医保经办部门很难实时、真实地掌握医生诊疗行为的相关信息，增加了对医生道德风险的监管难度。可以看出，信息共享机制建设不仅是一个技术层面的问题，它所体现的更是一种全新的治理理念，它在医保决策、执行和监督中能够发挥重要作用。所以，在治理机制设计过程中，应该优先重视信息共享机制建设。各级政府则应该从宏观层面协调“信息孤岛”背后的利益纠纷，促进信息共享机制的实现。

谈判机制。在具体的经办服务中，医疗保险作为付费方，需要运用谈判机制，解决医保机构与医药机构之间的利益分配问题，努力为参保人降低医药成本费用。我国十分重视医疗保险方与医院和药企之间的谈判机制建设，力图通过支付方式改革，完善战略购买谈判的方式和手段。在此基础上，政府需要制定规章制度，对谈判程序、谈判标准予以进一步规范。

四、监督机制

医疗保险监督是医疗保险治理的重要组成部分和经办管理的重点。它是指享有监督权的主体依据法定程序，采取法定方式，对医疗保险体系中的各方主体行为进行监督和控制的综合监管过程。医疗保险监督包括政府监督和社会监督，主要任务是确保医疗保险体系的正常运行和参保者的合法权益。

政府监督，也称行政监督，其监督主体是政府相关部门，监督对象是涉及医保的各项业务，具体包括五个方面：一是政府部门对相关主体在医保基金征缴和支付等涉保业务的检查监督。例如，税务部门对企业缴纳保险费行为的检查、医保经办机构对医药企业的监督等。二是保险机构内部进行的财务、审计监督。三是医疗保障行政部门审核医保经办机构编报的医保基金预算和决算草案，对基本医疗保险基金筹集、管理和支出情况的监督。四是财政部门对医保机构财务会计制度执行情况的监督检查，包括对医保基金财政专户核算、拨付医保经办机构事业性经费的审查。五是审计部门对社保基金财政专户收支情况的审计监督。经办机构和筹资机构依法监督政策对象，业务执行主体的监督是指相关政府部门和政策对象依法监督。

社会监督，是指社会组织和个人对政府和单位的医保工作进行的监督。国务院《关于建立城镇职工基本医疗保险制度的决定》规定，统筹地区应设立由政府有关部门代表、用人单位代表、医疗机构代表、工会代表和有关专家参加的医疗保险基金监督组织，加强对基本医疗保险基金的社会监督。我国一些省区还具体规定，社会保险监督机构可以对医疗保险法律、法规、规章的执行情况和基金收支、使用、管理进行监督，规定任何单位和个人有权检举医药机构、参保人和医疗保险经办机构的违规行为。从医保监督实践来看，目前的社会监督在组织实施和现实效果方面还不尽如人意，这也是今后医保监督机制建设的重点。

总之，加强医保监督机制建设，要在医保机构和医药机构的自我监督基础上，综合运用行政监督和社会监督等多种方式，形成完善的监督网络，以利于充分发挥医保监督的作用，惩治医疗保险主体的不合规行为，防范道德风险，维护参保人利益。

第四节　现代信息技术与医疗保险治理

现代信息技术的突出特点是信息化和便捷化，医保部门可以借助“互联网+”、大数据与云计算等现代信息技术工具，创新治理模式，完善治理手段。

一、信息技术在医疗保险治理中的作用

在医保领域，“互联网+”与大数据和云计算，是现代信息技术运用的两大主要载体。其中，“互联网+”属于创新2.0模式下互联网发展的新业态，是互联网思维的深度运用，它可以推动经济形态不断地发生演变，从而为改革、创新、发展提供广阔的网络平台。“互联网+”技术就是“互联网+传统行业”，该模式是利用信息通信技术以及互联网平台，让互联网与传统行业进行深度融合，创造新的发展生态。依托互联网建立的大数据和云计算技术，则是另一种重要信息技术手段，它以信息为中心，充分挖掘数据潜能，使数据产生巨大的政策和经济价值。大数据具有大体量、多维度和全样本等特征，其中，“大体量”是指数据信息量大，超出了传统的数据规模；“多维度”指的是数据包含多方面内容，不限于某个或某些维度；“全样本”是指大数据通常针对总体，而不是某部分，几乎包含了特定范围内每个微观个体的信息。

在全民医保时代，迫切需要“互联网+”和大数据的新思维和新技术，来解决复杂的医保问题，它不仅可以创新医保服务模式，而且，它大大提升了医保数据的可获得性以及数据运用的可能性。所以，现代信息技术在整个医疗保险治理过程中有着十分重要的作用。

1. 现代信息技术有助于提高医保治理决策的科学性。首先，大数据技术在医保待遇政策调整方面，具有重要的辅助决策功能。长期以来，我国各地区在医疗保险待遇调整上缺乏科学依据。大数据有利于决策部门具体把握医疗保险费率与待遇调整对医保基金收支平衡的长短期影响，以及分析这种调整对不同人群医疗费用负担和就医行为的影响，从而制订出更为科学的待遇调整方案。又如，通过大数据技术，可以准确预测人口年龄结构变化、地区间人口流动等情况，以便为医保基金收调节支建立预警机制。此外，大数据还可以应用于卫生技术评估和制定医疗保险报销目录等，使得医疗保险政策调整更加科学合理。

其次，运用大数据技术，还有利于科学确定医疗保费的缴费标准。从理论上讲，要提高医保筹资的公平性，可按照家庭收入的一定比例确定缴费标准。但是，在执行

的过程中，如何准确弄清家庭收入却是一个难题。现在运用大数据技术，医疗保险经办机构可以通过整合来自多个部门的大数据，获得参保人家庭收入的相关信息，并以此作为制定医疗保费的征收标准。

2. 现代信息技术有助于改进医保治理的执行效果。医保治理的一个重要指标是参保率，运用大数据技术有助于提升参保率。现阶段，中小企业就业人员和灵活就业人员医疗保险的参保率还比较低，部分流动人口也未参加流入地的基本医疗保险。因此，可以在传统参保登记的基础上，通过对手机数据的挖掘，适时掌握未在属地参保的中小企业就业人员、灵活就业人员和流动人口的情况，敦促他们参加医疗保险。此外，运用信息技术还有助于医保执行模式创新。一方面，医保部门可以通过“互联网+”模式，节省征缴和支出环节的成本；另一方面，通过运用大数据技术来创新执行方式。例如，建立12333咨询热线，通过对咨询和留言的数据，分析各地经办机构的咨询重点和热点问题，不断改进医保政策的宣传方式。

3. 现代信息技术有助于提升医保治理的监管水平。运用“互联网+”和大数据技术，可以加强对医疗服务机构和参保人行为的监督。在医院监督方面，医保经办机构通过智能监控技术，可以实时观察医生的诊疗行为；通过对医院大样本数据的挖掘分析，可以监控药品滥用与过度医疗情况。在参保人监督方面，通过大数据分析，有助于发现某些参保者突然大量就医或某类疾病就诊次数和医疗支出明显高于同类人群等异常情况，并据此对参保者的就医情况进行深入调查。

二、信息技术在医疗保险治理实践中的应用

（一）“互联网+”与医保服务便利化

我国在2012年首次出现“互联网+”概念。2014年11月，李克强总理在首届世界互联网大会上指出，互联网是大众创业、万众创新的新工具。2015年7月，国务院颁布《关于积极推进“互联网+”行动的指导意见》，人力资源和社会保障部于2016年印发《“互联网+人社”2020行动计划》，要求人社系统在2020年之前运用“互联网+”技术，在基础能力提升、管理服务创新和社会协作发展三项行动方面完成指定计划。近年来，医疗保险成了社会保险服务中“互联网+”发展最快的领域。各地推行的主要服务模式有：

1. “互联网+医疗保险移动支付”模式。主要体现在缴费和支付两个服务环节，参保人或患者能够运用手机，通过微信和支付宝等移动支付端，完成缴纳医疗保险费和支付个人医疗费用。这种服务模式极大地方便了异地居住和老弱病残等不方便出行的缴费人或续保人，他们可以通过微信公众号实现在家缴费或远程缴费，既减轻了社

保经办窗口压力，又减轻了参保人来回奔波的负担。对于就诊、住院患者来说，方便快捷的支付方式减少了缴费排除现象，加快了就医流程。

2. “互联网 + 医保 + 社保卡”模式，又称为“一卡通”模式。这种模式以社会保障卡为载体，将身份证、就医结算、移动支付和金融支付等功能结合起来，实现社会保障卡与移动支付软件“捆绑”，取代过去的就医卡和银行卡功能。在“一卡通”模式下，参保患者可直接使用社会保障卡进行挂号、就诊、结算、查询等全流程就医服务，实现诊疗信息、结算信息实时共享，极大地提高了就医效率。为了配合“移动就医”功能，部分地区还联合微信或支付宝等公司，实现了线上就医即时结算。截至 2018 年 3 月底，全国社会保障卡持卡人数已达 11.2 亿人，覆盖 80.6% 的人口和所有地区。除医院就医结算普遍用卡外，社保卡在 93% 的地市支持药店购药结算，92% 的地市支持医疗服务过程中的身份认证，76% 的地市可用于挂号，72% 的地市支持商保大病和医疗救助“一站式”结算。此外，社保卡还作为异地就医联网结算的唯一凭证，实现了跨省通用。①

3. “互联网 + 政务”模式。这种模式以网络平台为载体，实现了医疗保险公共服务的网上办理和异地就医的互联互通。目前，全国各统筹地区都开通了网上服务大厅和 12333 公共服务平台，少数地区还开通了微信公众号、医保 App 等服务端口，多数医保服务都可以通过网上进行办理，有效推进了以简政放权、便利服务为特征的服务型政府建设。

（二）大数据与医疗保险智能化

在医疗保险领域，大数据技术主要应用于基金运行情况动态监测和对医疗机构的智能监控等方面。

1. 基金运行情况动态监测。医疗保险基金运行的可持续性，需要建立相应的监测和预警机制，大数据技术在准确监测医保基金动态、防范基金风险等方面，有着重要作用。例如，利用数据挖掘技术和云计算技术，可以对医疗机构提供的诊疗数据和结算报表，并结合人口结构和人口流动数据，实现对有关数据信息的筛选、分类、综合与排序，提前预测医疗保险基金收支的变动趋势。利用大数据技术，还可以为保险费率、支付待遇和医保三大目录等医保政策调整和防范基金风险，提供关键的数据支撑和决策依据。

2. 智能审核与监控。由于医疗领域存在严重的信息不对称，当医保部门难以实现完全监管的情况下，应用大数据技术，可以实现对医疗服务机构的智能审核与监控。

---

① 宋京燕．“互联网 +”与大数据在医疗保险领域中的创新应用［J］．中国医疗保险，2018（6）：27 – 30.

例如，依托诊疗大数据，可以对诊疗信息进行自动筛选、分析和预警，从中发现违规诊疗行为，总结诊疗规律，并预测具体诊疗行为的合规情况。近年来，我国医保部门在对医疗机构的智能监管方面取得了长足发展。早期，他们主要是运用数据分析技术，通过对医疗就诊人次、医疗费用增长、药占比等核心指标进行深度分析，排查医疗机构的不合规行为。后来，他们又运用视频监控技术，对定点药店和基层医院进行监督管理；利用生物特征识别技术，监控医院的挂床住院、冒名就医、串换药品等违规行为。此外，我国一些地方还实现了医保和医疗网络的互联互通，实时监控医生诊疗行为和费用支出情况。总之，在互联网和大数据技术的支撑下，全国各地已开始逐步构建起“事前预防、事中控制、事后扣款”的全链条医保监控体系。

第五节　提升医疗保险治理能力的路径

我国的全民医保事业正在经历由扩大范围向提高质量的历史性转变，要求我们在深入解决医疗保障“不平衡、不充分”矛盾的同时，进一步解决医疗保障的“提质”问题。显然，深化医保改革、落实“依法治保”、完善医保现代治理体系、不断提升医疗保险治理能力，是实现上述目标的必然路径。

一、在机构改革、优化职能中提升医保治理能力

2018 年，新一轮国家机构改革已经落幕，我国医疗保障工作由新成立的国家医疗保障局统一管理。机构改革的主要目的是，通过构建系统完备、科学规范、运行高效的国家机构职能体系，形成职责明确、依法行政、职能优化的政府治理体系，有利于三个转变（转职能、转方式、转作风），提高服务效能。从这个意义上看，组建国家医保局只是改革迈出的第一步，随之而来的将是一系列需要深入研究的机构改革及其职能调整问题。

1. 医疗保障局、人力资源和社会保障部的职责划分问题。组建医疗保障局固然铲除了导致医保工作多头管理的痼疾，但在一些方面也人为割裂了社会保障系统的完整性，给参保人带来额外的负担。譬如，原来在一个部门就可以办完全部社会保障事务，现在需要跑两个部门。另外，组建医疗保障局并没有完全消除部门之间的职能重叠矛盾。例如，不属于医保管理的工伤保险，在经办中要涉及大量的医疗费报销等管理事务。这类问题如果在下一步改革中得不到有效解决，势必造成部门之间的工作推诿，增加群众的办事负担。

2. 医保经办机构的改革问题。目前阶段，我国的医保经办机构属于事业单位，但履行着部分政府行政职能，造成这种状况的直接原因是管办不分，深层次原因则是缺少对经办机构的科学定位。从医疗保险现代治理的要求看，医保治理应该是多元、协商和竞争的，因此，医保经办机构改革就需要坚持社会化、竞争化的原则。这样改革的好处是，一方面可以有效实现管办分离，消除医保经办机构的行政垄断地位，更好地与医药机构进行协商和对话；另一方面，一个社会化、竞争化的医保经办机构更具体制的灵活性，有利于形成与商业保险之间的竞争与合作局面。

二、在加快推进信息化建设中提升医保治理能力

目前，我国医疗保险信息碎片化现象十分严重，主要成因包括政策差异、管理部门差异、统筹层次差异、设计标准差异等。组建国家医疗保障局有利于整合、统一全国的医疗保险信息系统。亟须解决的问题包括：

一是如何整合现行医疗保险信息系统。目前，不论是职工医疗保险还是城乡居民医疗保险，其信息系统的数据容量都较为有限，如果不进行扩容改造或建设新的信息系统，便难以容纳整合后的“海量”参保人信息。如果进行新系统建设，主要困难是资金问题。尽管如此，从长远来看，我国需要重新规划全民医保体系下的信息系统建设。

二是如何提高医保信息系统的统筹层次。全国医保信息系统的现行统筹层次一般限于地市级，如果依然维持目前的信息统筹格局，不仅要增加地方财政压力，还会人为造成信息孤岛。如果将信息统筹仅仅提高至省级层次，又会增加全国信息系统协调上的困难。因此，由中央政府统一建立全国基本医疗保险信息系统，应当是一个最佳选择。这样，不仅可以从根本上解决重复参保、重复补贴和重复建设的问题，而且有利于从根本上解决医保关系转移接续、异地就医等未来医保发展的重大问题。

三是如何整合医保与医院信息系统。医院信息系统与医保信息系统难以对接，关键是统计口径差异和接口不统一。因此，解决上述问题，尽快实现定点医疗机构和医保机构之间的系统统一和信息互通问题是当务之急，更是经办机构对医疗机构实现有效监管的有效之举。

基于上述考虑，我们建议国家医疗保障局应当着手建立全国统一的医保信息系统，形成统一的标准和规范，并保持系统的兼容性。同时，将职工医保和城乡居民医保参保者的涉保信息，统一纳入信息管理系统（见专栏 7－3）。

专栏7-3 医保信息平台建设

医保信息管理系统以网状的形式，将全国的各个医保机构与医疗机构相连接。在医保管理中，医保信息管理的作用十分关键：一是通过医保信息平台，医保机构和医疗机构之间可以共同查看患者信息，对患者的基本情况和就医信息进行核实和审查，这既可以监控患者的道德风险，又能够简化医保报销流程，提高资金使用效率；二是医保信息平台可以强化对医疗机构的管理，规范其诊疗行为，在一定程度上可以防止大处方、虚假收费、违规补偿等现象的发生；三是医保信息平台可以整合和积累碎片化的医疗数据，这不仅可以为医疗保险的制度设计提供重要的决策依据，也可以助力于疾病预防与公共卫生体系完善。

但是，我国的医保信息平台的发展还存在一些问题：一是医保信息化水平总体较低，各地信息化建设不均衡。多数地方虽然建立了医保信息平台，但处于起步阶段，数据没有得到很好的利用。二是医保信息平台缺乏统一的规范和标准，各地医保信息系统不统一。即使在同一地区，职工医保、城乡居民医保也存在系统分割情况。这不仅会导致重复建设、资源浪费等问题，也会弱化了信息系统在提升医保管理水平方面的作用，增加医疗机构的工作负担。三是医保信息平台的建设经费投入缺乏保障，信息化相关的专业技术人才缺乏。四是患者个人隐私泄露风险问题。信息安全既关系到个人隐私和社会伦理，也关系到公共卫生安全。如何在保障信息相对安全的前提下，充分发挥信息的作用，是医保信息平台建设中需要解决的难题。

资料来源：

[1] 高臻耀. 医保信息化人本内涵的三个要义 [J]. 中国医疗保险，2011 (11)：34-36.

[2] 耿韬，陈兴明. 上海市医保信息化监管成效及完善建议 [J]. 中国医疗保险，2013 (7)：16-18.

[3] 唐丽萍，王韫秀，王波. 医院信息化推进医保管理的规范化科学化 [J]. 现代医院管理，2014，12 (3)：58-60.

三、在法治建设中提升医保治理能力

在许多发达国家，社会保障制度建设以“立法先行”为原则，注重用法律来规范医疗保险行为。我国的情况则比较特殊，某些社会保障立法滞后于制度实践，导致部分医保行为无法可依。新中国成立已近70年，我国到2010年才颁布《社会保险法》和2012年颁布《军人保险法》两部正式法律。除此之外，医疗保险工作的其他政策依据大多是国务院或有关部委制定的条例、办法、意见、通知等行政法规和地方规章。由于我国医保法制不健全、立法层次低、部门立法取代人大立法的情况普遍，影响了医疗保险制度的权威性、稳定性和统一性，弱化了医保治理能力。因此，加强医保法治建设，有些工作刻不容缓，有些工作任重道远。

（一）医疗保险法治建设的短期措施

医疗保险法治建设可以循序渐进、分步实施。在目前阶段，要抓紧做好三个方面的工作：一是需要明确医疗保险立法理念；二是尽快出台医疗保险法规；三是要提高立法层次。逐步将部门立法转变为人大立法。

首先，制度成熟和社会共识是医疗保险立法的前提条件。目前，社会各界对我国医疗保险制度的模式和走向存在较大争议。例如，部分学者认为，基本医疗保险应以保基本为主，实行多层次医疗保险制度。也有学者认为，我国应该建立医疗保障的福利体制，实现全民健康保险。此外，在职工医疗保险个人账户存废方面、在老年人是否应该缴纳方面、在基本医疗保险统筹层次方面，均存在不同的观点。因此，我国医疗保险法治建设的当务之急，是要凝聚社会共识，明确未来的主要改革目标。只有在尽快达成大致共识的基础上，才能进一步考虑中国医疗保险法治建设的具体框架。除了立法内容的考量外，还要加强医疗保险领域的程序法建设，应当尽快出台《行政程序法》，规范医疗保险行为；在考虑医疗保险重大决策时，要将公众参与、专家论证、风险评估、合法性审查等作为法定程序。

其次，在凝聚共识的基础上，要着力健全医保法律法规。一是需要尽快修订《社会保险法》，调整其中与医疗保险实践不相符合的内容。甚至可以考虑专门制定《基本医疗保险法》，将基本医保和生育保险等相关内容纳入进来。二是如果在短期内修订《社会保险法》或制定《基本医疗保险法》有困难，可以考虑由国务院以行政法规的形式颁布《基本医疗保险暂行办法》，细化基本医疗保险要件。三是短期内还可以通过完善司法解释，来规范医疗保险行为。具体来说，可以由最高人民法院颁布基本医疗保险有关问题的司法解释，以解决实际工作中经常遇到的诸如个人账户使用范围是否合法等问题。

最后，要提高医保立法层次。针对我国基本医疗保险立法层次低、执行力度弱，以及容易与上位法产生冲突等问题。进一步加强中央统一立法工作，防范基本医疗保险立法碎片化；要逐步将部门立法升级为人大立法，减少部门利益对基本医疗保险的干扰。

（二）医疗保险法治建设的中长期措施

从中期来看，在《基本医疗保险法》出台后，首先要修订、完善基本医保制度的参保、缴费、待遇、管理等配套法律、法规体系。其次，要同步推进相关法律的修订和清理工作，确保基本医疗保险法律体系与其他相关法律法规的协同性和兼容性。

再次，要强化基本医疗保险法的贯彻执行工作，特别是需要加强对基本医疗保险执法行为的监督，确保法律有效实施。最后，需要加大政策宣传力度，加强对医保行为各方违规行为的监督与惩罚，通过提高惩罚力度等方式，提高公民医保守法意识，减少违法违规行为。

从长期来看，随着国民素质的提升和公民权利意识的日益强化，未来围绕基本医疗保险方面的纠纷与矛盾将会日益凸显，所以，必须加强与基本医疗保险有关的司法建设，其目的在于增强司法力量对行政力量的约束，切实保障公民权利。就基本医疗保险而言，法院的作用主要表现为三方面：一是维护公民的基本医疗保险权利；二是通过强制力，确保医疗保险法律的有效执行；三是在执行过程中完善医疗保险法律体系。

基于上述考虑，未来可以进一步降低法院受理医疗保障事务的门槛，对于当事人维护个人医疗保障权益的活动，给予必要的援助；可以尝试在法院内部设立社会保障法庭，专门审理包括医疗保险在内的各类社保案件。条件成熟后，可以借鉴德国等发达国家的做法，建立专门的社会保障审判机构，吸收社会各界人士参与审判，以确保医疗保障审判的专业性，增强民众对于司法维护社会保障权利的信心。①

四、在加强专业标准化建设中提升医保治理能力

在我国，由于评价医疗机构绩效的技术标准在医疗机构与医保部门之间还不统一，造成了许多利益纷争和管理难题。因此，需要在国家医疗保障局主导下，抓紧建立全国统一的基本医疗保险标准体系。首先，要在广泛调查的基础上，科学设计我国医疗保险技术标准体系的总体框架及其重点领域和各个细分领域，确定医疗保险技术标准。其次，建议组建包含医保经办、医疗服务、公共卫生机构和药品生产企业，以及相关领域专家的医保技术标准专家团队，集中攻关，力争在2~3年内完成技术标准体系的建构工作。最后，由国家医保局组织在全国部分地区试行新标准体系，取得试点经验后在全国普遍推广采用。②

五、在加强人才队伍建设中提升医保治理能力

经办机构人才队伍建设关系到医疗保险治理能力。当前，主要存在三方面问题：

---

① 娄宇，于保荣．我国社会医疗保险法治建设的若干问题与解决思路［J］．兰州学刊，2016（9）：150－157.

② 程茂金．医保技术标准体系如何构建？［J］．中国社会保障，2013（1）：77－78.

一是人员编制少，人均业务量大，难以实现有效管理；二是经办人员的知识结构和专业能力难以适应现代经办管理的要求；三是基层经办人员薪酬低，难以留住人才。为此，需要采取以下三个方面的措施，进一步加强医保经办队伍建设。

第一，加强经办人员定编定岗管理。较为科学、可行的办法是，区分发达、中等发达、经济欠发达三类不同地区，综合考虑辖区面积、就业人口、企业数量、城乡居民人数、就医规模、医药机构数量等因素，综合核定工作任务量；在此基础上，区分不同服务对象和服务方式，根据工作需要，科学设定人员编制配备标准。至于部分医保监管任务，可以采取合同形式，聘用编外人员来承担。

第二，加强经办队伍专业化建设。建立一支专业化的医保经办队伍，需要在精选增量和优化存量两方面实行“双措并举”。在精选增量方面，随着智能审核技术的逐步推广，大大降低了对经办人员的数量需求，但对经办人员的专业素质要求更高了。因此，招聘新进经办人员需要考虑专业背景，更多地引进医学、药学、计算机和统计学等相关学科背景的人才，以提升经办队伍的专业层次。在优化存量方面，需要进一步加强对现有经办人员的专业知识和业务技能的培训工作。①

第三，加强经办人员薪酬与绩效管理。在一些国家，医疗保险经办机构的业务经费主要来源于四个方面，即财政拨款、提取管理费、政府购买服务，以及多渠道混合收入。② 我国在1999年以前，医保经办机构的业务经费主要是从基金中提取的，难免出现挤占、挪用医保基金等问题。1999年，国家制定了《关于社会保险经办机构经费保障等问题的通知》，规定不允许再从基金中提取管理费，而是改为财政全额拨款。但是，由于受地方财力限制，经办费用保障不力，导致一线经办人员的薪酬水平普遍低下。据调查，在我国的街道、社区层面，多数地区没有配置专门的经办机构和专职人员，而是从下岗职工中聘用临时人员从事经办业务。虽然近年来，经办人员薪酬水平有所改善，但仍然难以激发他们工作的积极性。因此，未来还需要进一步加大政府财政投入，逐步提高经办机构人员薪酬水平，稳定经办人员队伍，鼓励提升服务质量与效率。

---

① 《加快健全社会保障管理体制和经办服务体系》课题组．加快健全社会保险管理体制和经办服务体系［J］．中国社会保障，2015（6）：34－37.

② 劳动和社会保障部社会保险研究所．国外医疗保险经办机构管理费用研究分析，http://www.docin.com/p－616599318.html.

第八章　医疗保险制度的绩效评估

在以目标和绩效导向的经济与社会管理中，绩效评估对于完善中国医疗保险的运行机制和执行监督制度，有着重要的实践意义。

第一节　医疗保险制度绩效评估概述

一、医保制度绩效评估的含义与特点

（一）医保制度绩效评估的概念

评估一般是指估量和评价，即通过一定的标准对事物做出优劣判断，它是衡量事物绩效的一种重要方式。评估活动由来已久，制度化的绩效评估起源于企业管理。早在20世纪初期，科学管理之父泰勒在他的诸多著作中提出了以效率为中心的绩效管理观点，经过后人的演绎，逐渐形成了以结果为导向的绩效管理理念。按照这种理念，效率是衡量一切生产活动绩效的最重要标准，通过施行以结果为导向的绩效评估，辅以相应的奖惩等激励约束机制，有利于提升企业整体的业绩。

20世纪80年代，世界主要工业国家的政府部门掀起了一场声势浩大的新公共管理运动（new public management，NPM），这场运动的一个显著特点是将私人部门的管理技术引入政府部门，其中就包含了私人企业的绩效评估管理技术。公共部门绩效管理既是公共管理学的一个新分支，又是当代的公共部门管理的一种新实践。它是一种以实现公共部门管理的经济、效率、效益和公平为目标的全新的公共部门管理模式，对于提高公共部门的管理效率、增进公共部门及其工作人员的服务意识和顾客至上的服务理念、增强公共部门的成本意识、推进公共管理由“治理”向“善治”转变具有重要意义。

制度绩效评估，也称为政策评估，它是采用绩效管理技术对政策的效果进行评价，并以此来判断政策走向的一种管理方法。医疗保险制度绩效评估是指依据一定的价值标准和事实标准，通过规定的程序和步骤对医疗保险制度内容、运行过程和运行结果

进行全面分析，判断医保制度发展方向的一系列活动过程。理解这个概念要注意三点：第一，医疗保险制度绩效评估是一个系统性工程，该体系由评估主体、评估对象、评估标准、评估程序和步骤、评估方式方法等要素构成；第二，评估标准是医疗保险绩效评估的关键环节，它不仅包括参保率、覆盖人群等事实标准，也包括公平、正义等价值标准；第三，评估的作用或目标是全方面检验政策的效果，为医保政策的调整与完善提供决策建议。

（二）医保制度绩效评估的特点

首先，医疗保险制度绩效评估不同于一般意义上的医疗保险绩效业务管理，两者虽然都属于以结果为导向、以服务为宗旨的管理活动，但是，二者之间有着重要区别。一是管理活动的层次不同。医疗保险制度绩效评估是评估医保政策的效果，并据此决策未来的政策，属于宏观层次的绩效评估；一般意义上的医疗保险绩效管理是指医疗保险公共部门内部组织机构和人员的绩效考核，是一种微观的管理方式。二是评估的主体和对象不同。医疗保险制度的绩效评估主要是通过多元主体对政策内容和执行效果进行综合评价；医疗保险绩效管理则通常是上级部门对医保内部各职能部门及其人员的考核评价。前者通常由第三方进行评价，后者则是医疗保险机构系统内部上级对下级的年度管理工作。三是评估标准不同。医疗保险制度绩效评估的标准以医保制度目标实现程度为参考标准，评价的是政策综合效果；医疗保险绩效管理是以组织的目标（通常是年度目标）为标准，评估职能部门或个人任务的落实和完成情况。

其次，医疗保险制度绩效评估也不同于医疗卫生制度绩效评估。医疗保险制度与医疗卫生在促进参保患者健康、减轻参保患者经济负担方面，虽然具有共同的经济和社会价值，但是不可混淆这两个制度体系的绩效评估。第一，两者的评估对象和评估内容不同。医疗保险制度的绩效评估是针对医疗保险制度进行评价，评价内容涉及医保制度实施的效率、公平和效果；医疗卫生制度绩效评估是评价医疗政策的实施情况，通常包括对医生执业、公立医院财政投入和产出、私立医院准入等制度内容的效率、公平性和效果进行评判。第二，两者的评估标准不同。医疗卫生制度绩效评估是采用卫生体系通用的指标和标准来进行评价。例如，世界卫生组织在《2000年世界卫生报告》提出的卫生评价框架中，从质量、公平和效率三个维度提出了五个医疗体系测评项目，包括健康水平、对医疗需求的响应性、医疗资源配置的公平性、平均水平和分布状况。① 医疗保险制度绩效评估则主要是依据医疗保险制度的覆盖率、收支效率和公平性作为依据进行评估。例如，国内有学者利用医疗保险覆盖人群占总人口的比例、

---

① Murray C., Frenk J. A Framework for Assessing the Performance of Health Systems. Bull World Health Organ, 2000 (78): 717 - 731.

医疗保险可提供范围、医疗保险承保的卫生服务费用比例、报销比例等指标来评估医保制度。第三，两者的评价目标不同。医疗保险制度绩效的评价目标是要判断医保制度与政策的成败得失，它是决定医保制度改革方向的依据。医疗卫生制度绩效评估的任务是判断卫生投入的效果，决定卫生政策的走向。

二、医疗保险制度绩效评估的作用

医疗保险制度绩效评估秉承公共责任和顾客至上的新公共管理理念，以优化医疗保险管理和服务能力为宗旨，它在持续改进和提高行政管理绩效、提升医疗保险服务水平、推进医疗保险管理民主化建设方面，能够发挥重要作用。

（一）有助于形成医疗保险管理的新理念和新机制

马克斯·韦伯倡导的科层制在行政管理实践中持续占据主导地位。科层制以行政权力集中、规章制度刻板、非人格化管理等为主要特征，在传统行政管理活动中发挥着重要作用。随着社会多元化发展，科层制不断呈现出“科层制仪式主义”（bureaucratic ritualism）的弊端，难以满足现代社会多样化的需求。所以，时代呼唤“后层级制行政模式”①，以改变僵化的行政组织管理。在医疗保险领域，中国仍然采用自上而下的科层管理制度，同样存在严重的官僚化倾向，导致行政组织管理效率低下，忽视民众医疗保障和公共服务问题。这种状况与医疗保险宗旨，即通过科学的制度设定和有效管理，最大限度地保障公众医疗服务需求不相吻合。医疗保险绩效评估是落实制度、消除弊政的监督阀。通过医疗保险绩效评估，在设定的绩效评估标准框架下，引入外部评估机制，纳入参保者意愿，有利于管理部门转变医疗保险管理理念，改变官僚式的医疗保险工作作风。通过绩效评估，有利于不断塑造并形成重视公众与患者需求的新理念，努力构建社会公众责任机制。

（二）有助于提高医疗保险的管理水平

现代政府绩效管理的核心是不断提高管理效率、改进公共服务水平。公共部门中的计划、监控、激励等活动均是围绕政府绩效的提高和改进而展开的。在备受克林顿推崇的《改革政府》一书中，作者以“业绩测量的力量”为题，以诸多事例阐明了绩效评估对提高政府绩效的重要作用。绩效评估为衡量特定职能的合理性与必要性提供了一种较为清晰的标准和尺度，有助于理顺各种关系和转变行政职能，进而建立行政

① 庄德水，李成言．行政绩效评估与行政监督：一种互动的现实分析［J］．学习与实践，2008（9）：85－89.

与社会之间的良性关系。在医疗保险领域，绩效评估的结果有利于诊断医疗保险管理工作中的问题症结，根据问题对症下药，从而合理配置和使用资源，协调整个组织系统和落实管理人员的责任，增强医疗保险管理工作的针对性和实效性。在整个医疗保险绩效评估体系中，由于涵括了多个评估主体，并从医疗保险的政策目标、运行过程，以及考虑参保者满意度来建立评价标准，不仅有助于考核管理方式的运行效率，也能对管理队伍与人员的工作效率进行有效评估，从而促进整个管理队伍素质的提升。

（三）有助于提升公共服务质量

在现代社会，公共行政人员既是公共服务的提供者，也是公共服务的监管者；公众既是公共服务的消费者，也是公共服务的评价者。新公共管理理论强调，政府行为需要以公众偏好为导向，政府提供产品和服务的质量好坏取决于公众评价，并通过公众对于政府服务的评价，来提高政府公共服务的质量。医疗保险绩效评估在推进医保制度民主决策和提升公共服务质量方面的积极意义在于：

第一，绩效评估有助于更好满足公众偏好。医疗保险绩效评估涉及政府的工作职能，蕴含着公众导向的理念，需要突出绩效指标设计的外向特征和多样化满意度调查。因此，它需要十分重视公众、社会组织、基层医疗工作者对医疗保险运行状况和相关服务质量的独立审视和评价。

第二，绩效评估有助于决策民主。从医疗保险绩效评估过程看，它特别强调公众参与医疗保险管理的决策和执行过程，注重建立信息收集、传递与反馈机制，对医疗保险工作做出尽可能全面、科学的描述并公之于众，从而为公众对医疗保险及其所提供的医疗服务进行抉择，提供客观依据。

第三，绩效评估有助于提升服务质量。通过建立公众参与的医疗保险绩效评价机制，不仅有利于医疗保险服务成效的公众认可，也促使医疗保险管理主体能接受公众评判，并积极改进工作。同时，由于公众意见能及时反映到医疗保险管理部门，有利于增进公众与医疗保险管理部门之间的交流、沟通与信任。

（四）有助于医疗保险的执行和监管

医疗保险制度绩效评估强化了执行和监督的导向机制。一方面，在评估过程中，评估主体根据评估标准，利用有效的评估方法，对医疗保险的政策目标、运行过程、运行效果等进行客观评价，找准偏离制度目标的问题，可以确保医保政策的顺利执行。另一方面，以评估工作为基础，发现医保制度执行中的不规范行为并进行惩治，可以确保制度执行的有效性。在医疗保险监督体系中，有必要将绩效评估纳入其中，以绩效促监督、以监督指导评估。

第一，通过绩效评估可以控制医疗保险制度的执行。绩效评估是对政府行为进行核查与监督的一种组织控制系统和社会控制系统，它既是对政府施政行为的评估，又是一种管理和监控工具，更是进行核查和监督的过程。[①] 绩效评估能在医疗保险的各个环节发挥监督作用，例如，在医疗保险的运行和管理活动中，审视政策目标是否偏离；医疗保险基金的累计结余是否处于合理范围；医疗支出变动是否稳定有序；患者的满意度是否有所提升等。总之，通过绩效评估，将被评估单位的管理活动及其效果与医保制度的绩效标准进行对照，排查医保机构行为背离政策的原因，确保医保政策的顺利执行。

第二，以绩效评估为依据的奖惩制度可以规范医保制度的执行行为。绩效评估不仅是对执行活动的客观评价，而且在评估的基础上实行问责，完善行为规制，使相关人员能够对本职工作、对公众和患者负责。医疗保险制度的绩效评估除了评估制度的决策内容外，还需要评估执行主体的行为和能力。我国医疗保险制度在执行过程中还存在待遇调整的随意性、经办队伍能力素质不高等问题，通过医保制度的绩效评估，可以找准问题的症结，对偏离医保制度标准和经办服务中存在问题行为以及责任人予以问责和惩治，以提高执行的有效性。

三、医疗保险制度绩效评估的类型

（一）非正式评估与正式评估

非正式评估是指对医疗保险制度的评估者、评估形式和评估内容不做严格规定，对评估结论不作硬性奖惩要求的一种评估方式，可以由医疗保险机构及相关团队根据自身掌握的信息，对医保政策的有关方面加以分析和评判，并及时调整政策及其执行情况。其具体表现形式如领导者的公开视察和调研、媒体的宣传报道、平民百姓的街谈巷议等。正式评估是指法定的评估机构依照事先制定的评估方案和程序，对医保政策效果进行全面评估。正式评估需要以经费、人员和设施作为保障，评估的程序和要求较为严格，评估结果往往与奖惩挂钩，它是主要的评估形式。

（二）内部评估与外部评估

内部评估一般是指政府部门内部的评估者对医疗保险制度的评估，它主要包括主管部门对下级的执行情况评估和专职机构的政策评估。主管部门对下级的执行情况评估，是指医疗保障局依据制度目标和组织任务对经办机构的执行情况的评估；专职机构的政策评估是指政府监督机构（例如审计、监察等部门）依据专项标准，对医保制

① 付亚和，许玉林．绩效考核与绩效管理［M］．北京：电子工业出版社，2009.

度执行中的专项活动进行评估。所谓外部评估，也称为第三方评估，它是指由政府以外的第三方机构对医疗保险制度所进行的评估。它一般采用委托评估的形式，受托对象常常是非营利性机构，例如高等院校、医保研究组织等。

第二节 医疗保险制度绩效评估的要素与过程

一、医疗保险制度绩效评估的要素

一般来说，评估需要回答五个方面的问题，即为什么评估、谁来评估、评估谁、用什么标准评估、以何种方式来评估。这五个问题构成了绩效评估的五大要素：评估目标、评估主体、评估客体、评估标准和评估方法。

（一）评估目标

评估目标是评估工作的出发点，它要求回答“为什么进行评估”的问题。评估目标一般涉及政治、行政、法律和方案四个方面。在政治方面，医疗保险制度是否促进了社会的安全、稳定和凝聚，是否有助于政权的巩固和发展，是否得到了社会各界的认可和支持，医保政策是否取得了合法性的地位。在行政方面，医保执行机构在政策执行中发挥了多大功效，执行资源和能力是否充足，管理中存在怎样的问题。在法律方面，重点关注医保政策的合法性，即执行程序和执行行为是否合乎法律规范。在方案方面，重点评价医保制度是否实现了既定目标，制度的投入与产出是否合乎预期，政策的社会效益如何，有无副作用，等等。

（二）评估主体

医疗保险绩效评估要求坚持客观、公正、全面、准确的原则，坚持专家学者与实际工作者相结合，深入基层倾听群众意见。因此，绩效评估不应当是医疗保险决策部门的“关门评估”，而应借鉴国际通行的做法，广泛吸收具备专业资格的学术团体、研究机构、评估组织，以及公众代表、医院代表、医保工作者代表参加。只有这样，评估结果才具有客观性、公正性和准确性，才会在检验政策、发现问题、深化改革、完善制度、创新体制等方面有所裨益。所以，医疗保险制度绩效评估应该在医疗保险管理部门的统筹领导下，由专业研究机构、公众代表、医疗机构代表、经办机构代表组成评估小组，由他们共同参与，各司其职、相互配合，完成医疗保险评估工作。

1. 医疗保险管理部门。它是评估工作的组织主体，负责绩效评估的统筹实施工作。不论是制订评估计划、评估重点、评估方式和评估情况分析，还是起草评估报告和审定报告，医疗保险管理部门都要全面负责。作为独立于医、患两方之外的第三方机构，医保管理部门有责任通过全面和客观的评估，对医保政策及实施举措是否可行、实际效果如何、存在哪些问题以及如何整改等方面做出及时评鉴，提出改进建议。

2. 专业医疗保险研究机构。将从事医疗保险研究的学术团体、高等院校专家纳入评估工作，有利于增强评估的独立性和科学性。专业研究人员运用学术理论和专业知识，可以对医疗保险制度的公平性、资金可持续性等重大问题进行客观、科学的评估，并基于评估结果提出整改意见。同时，专业研究机构在评估过程中，还往往采取测评、问卷等形式，对评价标准进行量化考核，以增强评估的针对性和真实性，确保评估质量。

3. 基层医疗和医疗保险机构的代表。他们是评估工作的主要参与者，也是推进评估工作极为重要的主体。基层医疗和医疗保险工作者直接参与医疗服务供给、医疗保险经办活动，他们与公众和患者之间的关系密切，同时还是医疗保险制度和政策的具体执行者，成为上接制度、下连群众的中间载体。当前，医患关系紧张，究其原因，除了部分患者存在某些偏激或者不正确的认知之外，大多还是很多时候都源于患者对医院、医生工作服务的不满意。将基层医疗和医疗保险工作者纳入评估主体，有利于从医疗服务供给方的角度，对医疗保险工作进行反思和绩效评估，并听取医疗服务提供方的意见和建议，形成全面的评估整改意见。

4. 公众代表。公众对社会医疗保险满意不满意，应成为医疗保险绩效评估的根本标准。所以，在进行医保绩效评估过程中，应当坚持“开门评估”的原则，从公众视角出发，广泛倾听群众的呼声和建议考量绩效评估标准的合理性。公众代表参与绩效评估，采取自下而上的评估方式，可以在一定程度上减少评估工作中的官僚习气，增强评估的民主之风。

（三）评估客体

评估客体是指绩效评估的对象，包括直接对象和间接对象。直接对象是指评估的制度或政策本身，间接对象是指与政策相关的机构、团体和个人。医疗保险制度绩效评估的直接对象就是指具体的医保制度，例如，城镇职工医疗保险制度、城乡居民医疗保险制度等；间接对象包括医保政策的执行机构、单位和个人。之所以将这些间接对象纳入医保制度绩效评估，是因为评估侧重于政策效果的分析，而政策效果又主要是通过政策对象的投入和产出方面，因此，在评估过程中，医保政策的执行主体也应当作为评估调查的对象。

（四）评估标准

建立标准是评估的前提，没有标准就无所谓评估。医疗保险制度绩效评估的标准就是制度的目标，或者说是决策标准。评估标准就是通过回溯性反馈来验证决策时的标准，它们之间是时间上的先后顺序，事前的决策标准需要事后的评估标准来检验。

一般情况下，构建公共部门绩效评估指标体系普遍采用“4E”价值标准，“4E”即经济（economy）、效率（efficiency）、效益（effectiveness）和公平（equity）。该标准体系在医保制度评价中具体体现在：（1）经济（economy）。经济标准是一个与成本相对应的概念，该标准要求在提供与维持既定数量和质量的医保服务时，投入成本要尽可能低。（2）效率（efficiency）。效率可以简单地理解为投入与产出之间的比例关系。效率标准通常包括医保制度执行的时效成本、医保服务活动的单位成本等。（3）效能（effectiveness）。效能通常是指医保服务实现目标的程度、医保服务符合政策目标的程度，通常以产出与结果之间的关系加以衡量，例如，实际参保人员占总人口的比重、实际缴费企业占应缴费企业比重、参保患者实际就医人数占应就医人数比重，等等。（4）公平（equity）。公平作为衡量绩效的标准，它主要关心接受服务的团体或个人能否都受到公平的待遇，弱势群体的权利是否得到保障。例如，职工和居民缴费与待遇的差距问题、地区之间报销比例差异问题等，都涉及公平问题。

（五）评估方法

绩效评估需要大量的资料和信息，更离不开科学的评估方法。这些方法包括评估调研、专题座谈、问卷调查、部门调查、深度访谈等。为了更加准确地了解制度运行状况和存在问题，在评估过程中，需要运用数据和典型案例进行定量分析，并以定性评估为补充，实现评估结果的科学性。具体来说，有以下四种常用的评估方法。

1．统计抽样分析评估法。众所周知，对一个省或市县进行全面绩效评估，其成本高昂，故采用抽样分析法，通过对典型样本的解剖，同样能够反映特定地区的工作成效。对医疗保险制度的贯彻实施情况进行抽样分析，并利用绩效评估标准对样本进行评价，可以在保留客观性的同时减少评估成本。在抽样分析过程中，由于不同地区的经济发展水平、行政工作效率等存在差异，需要注意抽取样本的代表性，为此，可以采用随机抽样和非随机抽样相结合的方法。

2．对比分析评估法。首先是纵向对比分析，即将评估年度的医疗保险执行效果在评估年度与过去年度之间进行前后对比分析，从纵向的、历史的、动态的视角对医疗保险实施绩效进行评估。进行纵向比较分析，需要深入了解多个年度的医疗保险运行情况，同时，考虑不同年度制度执行过程中的特殊因素、偶然事件、社会变动等的影响。其次，是对医疗保险执行效果进行横向比较，分析不同地区、不同人口结构、职业等群体的医疗保险绩效状况，以弱势群体的医疗保险服务为重点。需要强调的是，不论是纵向还是横向对比分析，都需要与统计抽样分析相结合，即在抽样的基础上进行对比分析。

3. 问卷调查分析评估法。利用设计好的绩效评估标准，抽取一定的调查样本，向被调查者发出问卷表，以获取具体的绩效材料信息。绩效评估标准为调查问卷的设计提供了基本逻辑方向，每个维度下的指标设置、问题选择都需要专家学者、医疗工作者、公众代表共同协商，以尽可能全面地反映各个主体的医疗权益。问卷调查方法可以采用多种形式，除了面对面的问询，还可以采取网络问卷、电话采访等方式。调查的对象主要包括地方医疗保险管理部门主要责任人、接受医疗服务的参保人、基层医疗机构工作人员等。在收集、整理资料的基础上，进行历史的动态分析与横向比较分析，形成科学而有效的评估结果。

4. 定性分析评估法。定量分析法虽然在量化指标评估方面有着重要作用，但是，也需要定性分析对于医疗保险工作的目标价值与社会影响做出评价。目标价值与社会影响往往很难通过具体的量化指标进行有效测度，而定性分析则可以通过把握社会功效的大小和目标选择的正确与否，来评价医疗保险工作的社会效益。例如，在纵向动态对比分析下，量化分析结果表明的往往是某个时期的医疗保险绩效，但在对绩效高低进行评定时，则依赖于定性分析，需要考虑不同时期特定的社会事件、经济状况以及其他政策的影响态势，从而做出客观合理的判断。

二、评估过程

评估过程包括计划与准备、组织与实施、评估结果总结与反馈三个阶段。

（一）计划与准备

在评估工作的计划和准备阶段，主要包含五个环节：成立评估组织、挑选评估人员、确定评估对象、拟订评估方案和落实评估条件。（1）成立评估机构。它是评估活动的组织保障，要求成立负责组织评估工作的相关机构，并配备该相应的权力和政策资源，确保该机构能够独立组织评估活动。关于评估组织的设立，可以在医疗保障局下设一个独立的绩效评估中心来负责医疗保险绩效评估。（2）挑选评估人员。需要精心挑选能力强、素质高、知识互补的评估人员，可以考虑适当选取高校和行业协会的专家、医药机构代表和参保人代表作为评估人员。所有评估人员必须经过规范的培训，确保评估的客观性和科学性。（3）确定评估对象。绩效评估的起点在于确定被评估的单位或部门。如何确定评估对象，实际工作中往往是根据抽样结果或“问题导向”原则来确定。如果评估力量比较充裕，应该尽可能地扩大评估覆盖面，实现医疗保险的全面绩效评估。（4）拟订评估方案。评估方案直接关系到评估质量的高低，有效的评估方案应包括以下内容：评估主体、评估对象、评估目标、评估标准和评估方法。在医疗保险绩效评估中，特别要注意由于医疗行为的复杂性而引起的评估标准争议，评估指标应该尽可能地征询多方意见。（5）落实评估条件。主要包括时间、场地、经费、设备和生活保障等。

（二）组织与实施

组织与实施是绩效评估过程中最为重要的一环。从组织管理的角度看，医保制度绩效评估组织与实施的主要任务是：分配并下达评估任务、准备评估所需要的资源、做好协调管理工作、进度安排等，具体包括以下四个环节的工作。

1. 全面收集信息。信息是评判的基础，制度评估必须依据所收集的信息来评判打分，综合分析政策效果。一般来说，正式评估的前期工作主要是收集信息，掌握原始材料，要尽可能做到全面、系统、准确和可靠。信息收集的方法通常是查阅资料、实际调查、观察与访谈等。需要注意的是，医保制度所要收集的信息源头多，涉及医、患、保三方情况，且这些主体有隐藏信息的动机，因此，在收集信息中要综合运用多种方法，确保数据信息的真实性和准确性。

2. 加工整理信息。信息的整理加工，是指运用科学方法对所收集的信息进行审核、检验和初步加工，使之系统化，以更加集中和简洁的方式对评估对象的总体情况进行信息处理。评估资料一般有文字资料、数字资料、视听资料、实物资料，整理加工信息主要是指文字资料和数字资料的整理工作。在医疗保险制度绩效评估过程中，信息整理加工必须遵循三个基本原则：（1）定性和定量相结合。定性资料往往能更有深度地或者更加生动和详尽地反映评估对象的主观信息，能够描述未知或模糊的问题和现象，但是，定性资料带有主观性，缺少价值中立，因此必须与定量资料相结合。定量资料的优点在于用量化的方式来统计、分析评估对象，其分析具有较高的可信度和客观性。（2）宏观和微观相结合。在资料的归并与分类整理中，应该把宏观的总体经济资料与微观的具体资料结合起来。进行综合比较，才能客观反映出事物的实质性问题。例如，在评估医保制度效果时，不能简单地分析人均住院天数、次均住院费用等宏观指标，而应当将这些指标与单个患者的微观数据相比较。（3）动态和静态相结合。把当期资料和历史资料结合起来进行动态比较，更能说明实际问题。例如，在分析医保基金可持续性问题时，就需要把基金的当期节余和增长率与过往年份进行比较。

3. 评估政策效果。效果评估环节的工作包括，在加工整理的基础上，对政策的效果进行描述、解释和分析，全面综合评价制度的成效、问题和不足。

4. 形成综合评价。综合评价是指在前期评估的基础上进行总结，给出结论性意见并提出政策建议。政策建议可以是全面的总体建议，也可以是局部的整改意见。

例如，对城镇职工医疗保险制度的评估建议，既可以是制度的整体改进（例如，职工医保与城乡医保合并），也可以是局部的政策调整（例如，个人账户的去留、退休职工缴费等）。

（三）评估结果反馈

评估结果反馈是评估过程的最后一环，包括总结评估工作、形成评估报告。评估结果的反馈对象是组织评估的机构和被评估单位。评估团队首先应当向被评估单位反馈评估结论，作为后者改进工作的依据；同时，评估团队还要向评估的组织机构反馈评估过程和结论，汇报履职情况。

需要强调的是，反馈评估结果只是评估活动的收尾，并不意味着绩效管理工作的终结。对于被评估单位而言，后期还需要根据评估意见和建议进行整改。例如，对于涉及制度公平、基金可持续等方面的重大问题，需要通过完善制度设计、改进医疗保险管理、提高医保基金运行效率等措施进行整改，确保制度成果长期、稳定地惠及每一个居民。因此，医疗保险制度绩效评估应该是一项长期制度，而具体评估工作只是该制度中的一个周期性活动。

第三节　医疗保险制度绩效评估指标体系

客观、科学的评估标准是评估活动的前提，也是评估制度得以存续的基础。不同的政策需要建立不同的评价标准和评估体系，但所有政策的评估标准都要基于价值前提和事实前提。

对于我国医疗保险制度而言，其评估目标在总体上可以用“公平、持续、可及”三个关键词来概括，医疗保险的事实标准体现在制度内容、运行过程和执行结果三个方面，具体来说，包括制度目标、运行效率和政策效果三个维度。因此，结合医疗保险的价值标准和事实标准，医疗保险绩效评估标准可以概括为三个方面，即政策目标的公平性、制度运行的有效性、医疗服务的可及性与获得感（见表8-1）。其中，政策目标的公平性是确保参保者享受政策惠顾的根本，也是绩效评估的基础，只有建立在政策公平基础上，基金运行体系才能可持续；只有制度公平，才能提高医疗服务的可及性和患者满意度。医疗保险制度运行的有效性，主要体现在医疗保险基金可持续与医疗资源使用效率方面，它是绩效评估的核心。不断提高运行效率，是确保制度公平和患者满意度的重要举措。医疗可及性与患者满意度是绩效评估的出发点和落脚点，参保者获得基本医疗保障的实际效果是评估医疗保险绩效的第一要义。

表 8－1 医疗保险绩效评估指标体系

维度	指标	参考性的代理指标
政策目标有效	权利公平	参保率
	参与公平	不同社会成员公平参加医疗保险
	分配公平	不同群体间缴费和报销比例的比较
运行过程有效	征缴效率	实缴和应缴数量之比
	经办管理效率	医疗资源配置效率、宏观医疗支出合理增长
政策结果有效	看病方便	就诊率、应就医未就医人数与实际就医人数比率等
	医疗费用减轻	自付费用占个人医疗费用的比重，或者次均住院费用
	主观满意度	患者对医疗服务的可及性、支付方式、医疗保险报销手续、医疗费用承担比例等的感知

一、政策目标的公平性

政策目标的公平性，是指政策目标设计能够最大限度地体现时代要求的社会公平，实现社会资源在不同个体之间的合理分配，确保每一个社会成员都能公平享受医疗服务资源。要按照权利公平、规则公平、分配公平原则，努力克服社会发展过程中不平衡、不充分的医疗资源配置问题。就医疗保险而言，政策目标公平体现在：人人享有基本医疗保险，医疗服务可及性高，且在这一过程中体现社会公平公正。2009 年，《关于深化医药卫生体制改革的意见》提出了，“建立健全覆盖城乡居民的基本医疗卫生制度，为群众提供安全、有效、方便、价廉的医疗卫生服务”的医疗保险政策目标，这一目标能否实现、实现程度如何，应当成为医疗保险绩效评估的首要标准。在一个人口众多的大国，在人口日趋老龄化、医疗技术和医疗需求日益提高的情况下，要实施一个能够保障全民健康的医疗保险制度，必须使制度的设计体现社会公平，使制度运行体现应有的目标取向与制度价值。① 医疗保险政策目标的公平性，主要是立足起点公平、创造机会公平、维护过程公平，尽量缩小结果不公平。具体来看，医疗保险政策目标的公平性主要体现在医疗保障权利公平、全体公民参与公平，以及医疗资源分配公平三个方面。

（一）医疗保障上的权利公平

人与生俱来被赋予两项基本权利，即生存权与发展权。生存权是每个社会个体的一项最基本的权利。医疗保险制度的设计应该以人为本，围绕个体的基本生存权的保障而展开，为社会成员的生活和发展创造条件，充分体现社会成员基本权利的公平

① 吴贵明，王永礼. 医保政策目标实现的制度期待［J］. 中国社会保障，2010（11）：32－33.

性。为了实现权利公平，在制度设计中需要做到以下三点：一是在制度设计层面，要尽可能扩大基本医疗保险的覆盖面，努力实现全民医保目标；二是确定合理的保障范围，即根据基本医疗保险的保险属性和参保的风险溢价大小，在实现医保基金可持续发展的条件下，逐步扩大医疗保险对大病（如癌症、罕见病等）的保障范围；对于治疗费用低、治疗方式多样、需求弹性较高的门诊小病，则应排除在保障范围之外；三是设定科学的报销比例。由于医疗保险在分散疾病经济风险的同时，会产生道德风险，因此，报销比例并非越高越好。报销比例的设定既要满足分散疾病经济风险的需要，也要有利于抑制患者的道德风险行为。

（二）医疗保险参与公平

任何一项社会制度规则对于全体社会成员来说，应当具有统一性和普遍性，它对全体社会成员具有相同约束力，而不允许因身份、地位不同而在制度和政策上实行区别对待，这是确保社会成员公平参与、共享发展成果的前提条件。各国医疗保障制度表明，社会成员只要符合法律规定，不论年龄、性别、职业、民族等，均可参加基本医疗保险，均享有法定的医疗保障待遇。参与医疗保险制度的公平性，决定了社会成员在获得基本医疗保障后，能够降低因病致贫、因病返贫的风险，并通过心理上的保障预期，提升参保人未来生活的期望值和进取心。中国医疗保险制度下一步需要解决的问题是，如何实现城镇职工与居民医疗保险的统一，打破因医疗保险制度分割所造成的筹资和待遇差异，实现不同人群在医疗保障待遇上的统一和公平。

（三）医疗资源分配公平

分配公平是衡量制度公平的标尺，也是社会公平所追求的结果。医疗保险制度的分配公平，是指每个参保者尤其是社会弱势群体享有最基本的医疗保障待遇，在制度安排上通过“再次分配”，尽量缩小并逐步消除城乡之间、区域之间、群体之间不平等的差别，对施行普遍关联性原则的保障项目及待遇一视同仁。目前阶段，中国医疗保险制度仍然分为城镇职工基本医疗保险和城乡居民基本医疗保险两大类，这决定了城镇职工与城乡居民在医疗保险资金来源、享受待遇和保障范围等方面存在一定差别。城居保基金由政府和个人共同筹集，而城职保则由个人和单位共同缴费，不享受政府补贴。这样一来，随着城镇职工与城乡居民在医疗待遇方面差别的逐步缩小，两者缴费不公平的问题开始显现。又比如，在医疗保险实践中，健康状况较好、收入水平较高的城市人群参保后，反而比健康状况相对较差的农村低收入人群占用了更多的医疗服务资源，这是另一种资源分配不公。凡此种种表明，要实现医疗资源的公平分配，中国医疗保险制度建设还有很长的路要走。

二、制度运行的有效性

基金可持续是医疗保险可持续发展的生命线。为了实现基金的可持续，必须增加医疗保险基金投入，确保基金的保值增值，提高基金的使用效率。近些年来，中国把加快推进社会保障体系建设作为保障和改善民生的重要举措，各级政府公共财政支出越来越多地投向社会保障领域，财政性社会保障支出在财政总支出中的比重不断提高。但是，随着医疗改革不断深化，基本医疗保险覆盖面逐步扩大，基本医疗保险基金面临的压力也越来越大。基金作为保障整个医疗保险制度正常运转的基础，它的可持续增长不仅关系着参保人员的切身利益，还关系到基本医疗保险制度的公信力。因此，需要采取切实有效的措施，确保医疗保险基金的可持续性增长（见专栏 8-1）。

医疗保险制度运行的有效性，是实现医疗保险政策目标的关键和保障。效率高低主要是通过基金的可持续性状况体现出来的。基金的可持续性可以从收支两个环节来衡量，尤其是通过征缴效率和经办效率两个方面的指标来衡量。

一是征缴效率。近年来，一些缴费单位故意少报、瞒报职工真实工资，压低缴费基数，甚至恶意拖欠医疗保险费。为了保障医疗保险基金的可持续增长，需要建立与基金筹集机制相关的绩效评价标准，将医疗保险基金的征缴绩效纳入评估范围。征缴效率状况可以采用基金的实缴与应缴之比来衡量。在这个指标中，实缴数容易获取，但应缴基金数不容易测量。但医保基金征缴工作由人社部门移交税务部门之后，应缴数是可以准确测算出来。

二是经办效率。控费是维持医疗保险基金可持续性的另一重要环节，控费主要通过经办管理来实现，因此，经办管理效率决定了控费的效果。医保控费是一个世界性难题，它涉及医疗机构的行为，已经超出了经办机构的可控范围，因而难以设计一个体现经办机构控费效率的指标。一个可以替代的办法是，用经办机构的工作效率来替代控费效率，具体来说，可以采用两个指标，一个是经办机构案件查处力度；另一个是查处违规金额占经办机构投入之比。

专栏 8-1 城镇职工医疗保险个人账户低效率运行

1998 年，国务院发布了《关于建立城镇职工基本医疗保险制度的决定》，确立了社会统筹与个人账户相结合的职工医疗保险制度。政策规定，保险费由用人单位和职工共同缴纳，用人单位缴费率控制在职工工资总额的 6% 左右，职工缴费率一般为本人工资收入的 2%，职工个人缴纳的保险费全部计入个人账户，用人单位缴纳的保费中30%计入个人账户，70%计入社会统筹账户。具体比例由统筹地区根据个人账户的支付范围和职工年龄等因素确定。

医疗保险个人账户在推动中国医保制度顺利转轨方面发挥了积极的作用，但它也确实偏离了医疗保险互助共济的客观规律。个人账户的不良效应至少包括三个方面：一是削弱了基金的互助共济功能，损害了整个医疗保险制度的保障能力。在学理上，职工医疗保险社会统筹账户属参保人共有资金，成员互助共济，风险共担，这部分是真正的社会保险。而个人账户则属个人所有，不具共济性，不是社会保险，将个人账户内置于基本医疗保险之中，学理上是不通的。近年来，由于医疗费用的高涨、老龄化的加剧以及报销待遇的提高，多地医保的统筹基金面临着“穿底”的风险，却有大量资金沉淀在个人账户之中或被滥用，这一状况导致医保的共济功能受到了严重制约。二是个人账户制度还会加速医保基金的过度使用，造成大量的基金浪费。其中，还包括不必要或异化的基金消耗，部分定点医疗机构违规刷医保卡，医保卡变为购物卡购买非药品行为并不罕见，指定药店药价畸高现象也普遍存在，医保套现、倒卖药品的现象屡见不鲜，造成基金的巨大浪费。三是居高不下的个人账户积累基金事实上在大幅贬值。《2017年度人力资源和社会保障事业发展统计公报》显示，2017年，城镇职工基本医疗保险基金个人账户积累6 152亿元，比上年增长18.3%。

综合来看，学界对个人账户的存废已经形成了一致的意见，个人账户由于其互助共济性差、资金浪费和滥用严重以及保值增值难等问题已经不再适应我国的现状，亟须对个人账户进行改革，实行门诊统筹将是大势所趋。

资料来源：尹纪成．管理方向是改革医保个人账户［J］．中国社会保障，2018（5）：85.

三、医疗服务的可及性与获得感

政策举措的成败优劣，不仅取决于决策者的初衷和对实施过程的把控，更在于实施效果如何，而这一过程有赖于绩效评估的有效实施。评价基本医疗保险的实施效果，关键在于参保患者是否获得了性价比较好（质优价廉）的基本医疗服务。让民众获得较好的基本医疗服务，是深化医药卫生体制改革、加大政府财政投入、加快推进基本医疗保险建设的出发点和落脚点，其意义在于实现“两个明显”的目标，即实现群众看病贵、看病难的问题明显好转；患者的医药费用负担明显减轻。民众对医疗保险的评价也是“不看广告看疗效”“不看招数看绩效”。如同改革开放总设计师邓小平所言，要把人民群众满意不满意、高兴不高兴、答应不答应作为衡量改革和政策得失成败的标准。就医疗保险的实施效果而言，公众评价是衡量其绩效的重要标准，看病比过去少掏钱、看病方式比过去更方便等，就成为医疗保险绩效评估的本质要义。

医保制度的效果在患者身上体现为医疗服务的可及性和获得感。主要表现在以下三个方面：

一是医疗服务的可及性。是指生病能不能及时去医院就医，它体现的是医疗需求的满足程度。从医疗保险方面来分析，有两个因素影响医疗服务的可及性：一是定点医药机构的数量和区域分布，它们决定了就医的便捷程度。二是报销手续是否方便，便捷的报销方式可以减轻患者提前支付的压力。事后报销虽然降低了患者的经济压力，但很多家庭因为无力承担提前支付的医疗费而放弃就医或减少就医。全国许多地区已经开通的医药费报销实时结算系统，使患者的医疗费用在发生环节就可及时报销，个人只是承担自付部分，将使更多需要就医的患者能够得到及时治疗。所以，医疗服务可及性可以用应就医而未就医的人数与实际就医人数的比率来反映。

二是医药费负担程度。医疗保险的功能就是为了减轻患者因疾病而产生的经济负担。另一方面，医疗保险的“两线一段”“三大目录”等制度设计，都会对疾病经济负担产生影响。总体来看，自付费用占医疗费用的比重可以作为反映患者疾病经济负担的重要指标，或者采用次均住院费用来间接反映患者经济负担的程度。

三是群众满意度。看病方便和医药费负担减轻，是评判医疗服务可及性的两个客观指标，而群众满意度作为一种对医疗保险和医疗服务的主观感知，是患者基于医疗服务可及性、医疗费用支付方式、医疗报销手续、医疗费用负担等做出的综合评价。如果患者评价积极，说明医疗保险成效显著；如果患者评价负面，说明医疗保险工作还不尽如人意。当然，由于患者诉求不同，医疗保险实际工作不可能实现人人满意，但绝大多数人发自内心的服务满意感，是医疗保险工作得到认可的根本标尺。换言之，群众的满意度不失为一种有效的评估维度，透过公众对医疗保险制度及其相关政策的整体感知，可以评判政府医疗保险政策对于居民生活的影响程度。

第四节 中国医疗保险绩效评估制度的改革与完善

一、中国医疗保险制度绩效评估的实践

20 世纪 90 年代，受西方公共部门绩效管理思潮的影响，中国学者开始关注西方国家的绩效评估理论与实践，并将其引入我国政府行政管理活动之中，先后试行了公务员绩效、预算绩效等评估制度，同时，还在教育、科技等领域实施正式的制度性评估。显然，这些尝试彰显了中国政府公共管理的进步，标志着中国行政管理开始破除传统官僚式封闭型管理模式，转向全新的政府绩效管理模式，它深刻地影响着我国的

行政改革进程。

我国有组织的、专项的医疗保险制度绩效评估工作始于2007年10月，城镇居民基本医疗保险试点评估专家组在京成立，中国医疗保险研究会会长王东进任专家组组长，专家成员共34人。该评估组的主要任务是根据城居保试点工作部署，对试点工作从启动到全面推开展开同步评估，找出问题并发现规律，为完善基本医疗保险政策体系，逐步建立比较、稳定、可持续的城镇居民基本医保制度提供决策参考。该评估组的工作后来扩展到对基本医疗保险制度的全面评估。十多年来，评估组先后开展了50场次的评估活动，足迹遍布各大省市，为医疗保险制度建设做出了突出贡献。

二、中国医疗保险制度绩效评估存在的问题

医疗保险属于专项行政管理活动，其政策目标、运行与管理模式，以及服务对象都有其自身特点。第一，以参保人利益的实现程度作为评估目标。就中国基本医疗保险制度的绩效评估而言，其主要目标包括：基本医疗保险是否分散了参保者因疾病而产生的经济风险；是否降低了参保者因疾病而形成的经济负担；是否保障了参保者的基本医疗服务需求。第二，多元化的评估主体。中国基本医疗保险体系包含了三大主体两大市场，其中，医保机构与患者构成医疗保险市场，患者与医疗机构构成医疗服务市场。围绕医疗保险绩效评估上述目标，三大主体既是评估的主体，也是被评估的对象。除此之外，专业的学术团体、审计部门、医保机构的上级行政部门也要作为评估主体，参与医疗保险的绩效评估。第三，逆向选择和道德风险问题是评估的重点。逆向选择是基本医保在“扩面”过程中面临的最大挑战，如何克服逆向选择，扩大基本医保的覆盖面（参保率）就成为评估医保机构工作绩效的重要指标。同时，医疗保险绩效评估还会对医生的道德风险和患者的道德风险进行监督。医疗保险机构作为第三付费方，确保医疗保险基金的可持续是其重要职责，在这一过程中，医疗保险机构要对医生的诊疗行为和患者的就医行为进行监督，以便有效控制医生和患者的道德风险，避免医保基金损失浪费。

基于上述目标和任务，我国医疗保险管理的绩效评估工作经历了10年探索，取得了积极成效，初步形成了适合中国国情、具有中国特色的医疗保险绩效评估体系。同时，也应当看到，中国医疗保险绩效评估刚刚起步，存在的问题亦不容忽视。主要表现在：一是绩效评估缺乏刚性的规章约束。对于许多医疗保险项目，是否应当评估、评估结果如何公布、评估后的整改与惩处、评估与绩效之间的关系等，都缺乏明确的制度规定，使得绩效评估缺乏权威性，评估过程难免随意性。二是绩效评估内容单一。目前，中国医疗评估指标体系呈现碎片化趋势，往往局限于对某一项医疗保险制度，例如，仅就医疗保险的基金运行效率，或管理人员队伍建设，或医疗保险运行效果等进行单一评价，缺乏综合性的管理效率和服务质量评估。三是绩效评估标准不尽统一。

学术界和实际工作部门大多从各自角度提出绩效评估标准，形成了各自为政、多样复杂、内容重叠的评价标准体系，从而制约了中国医疗保险制度绩效评估工作的统一与规范。四是绩效评估主体单一。往往强调上级行政机关自上而下的监督，忽视基层医疗工作者、社会公众参与绩效管理的积极意义。在医疗保险实践和医疗服务过程中，提供医疗服务的基层医疗工作者以及对服务效率和服务质量感受最深的社会公众，才是评价医疗保险绩效的关键主体，但他们又往往被排除在评估主体之外。五是评估过程不透明与非公开。不透明的行政部门绩效评估已然成为公共管理的一大弊端，绩效评估更多是在行政部门内部进行，并作为考核晋升的重要标准之一，使得社会公众很难及时了解到政府活动的真实状态。① 医疗保险绩效评估同样存在类似问题。政务公开、信息公开等制度安排虽然也提供部分信息，但公众、患者很难及时了解医疗保险运行和管理过程中的真实情况，不能满足公众的知情需要。六是重评估、轻改进。绩效评估的根本目的在于以评促管、以评促建、以评促改，要求根据评估结果对症下药、精准施策、真正整改。因此，绩效评估后的改进工作理应成为评估的重要任务，但现实的情况是，评估往往流于形式、评而不改的现象比较普遍。

三、中国医疗保险制度绩效评估的改革方向

绩效评估是由一组既独立又相互关联并能完整地表达评价要求的考核指标组成的评价系统。建立绩效考核体系，有利于评价医疗保险工作的实际状况，也是保证考核结果客观、准确的重要因素。借鉴国外绩效评估的成功经验与科学方法，针对中国现行医疗保险绩效评估存在的问题，需要进一步加大改革力度，尽快建立起规范、有效的医疗保险制度绩效评估体系。

（一）建立适合医疗保险特点的绩效评估制度

需要强调，医疗保险活动与一般行政管理活动是有区别的，应当结合医疗保险管理活动的特殊需要，建立具有针对性的绩效评价指标体系。另外，医疗保险绩效与企业绩效评估在方式和方法上也是不同的，在合理借鉴企业管理绩效评估的基础上，探寻适合医疗保险绩效管理特点的评估方法，提高医疗保险绩效评估的针对性和时效性。

（二）规范医疗保险制度绩效评估标准

首先，有必要加强制度的约束性，将医疗保险绩效评估作为一项常规性工作纳入

① 何丽梅，王桂敏．完善医疗保险监督机制促进医疗保险事业健康发展［J］．中国卫生质量管理，2009，16（2）：32－34.

医疗保险管理活动中，成为规范具体行政行为的准则。其次，加强绩效评估的规范化管理，将评估过程与结果公开予以制度化，充分保障医疗保险各利益群体的知情权，加强对相关主体行为的约束。最后，要抓紧构建统一的评估标准。改变医疗保险绩效评估标准多、不全面、不统一的状况，建立起对医疗保险制度进行全方位、综合性绩效评价的制度体系。新的评价体系务必注重从政策目标的公平性、运行过程的有效性、政策结果的满意度三个评价维度，对医疗保险绩效评估标准进行全面重构，以利于对不同地区、不同类型、不同层次、不同利益群体的医疗保险绩效进行综合考评与比较。

（三）构建多元的医保制度绩效评估主体

在实施医疗保险绩效评估的过程中，要实行“开门评估”的政策，不仅需要相关行政人员自我评估，更需要公众特别是患者参与评价；不仅需要政府内部从上到下的行政评估，也需要吸纳专家、学者，尤其要吸收基层医疗、医保工作者参与评估。通过上下结合、社会监督与行政监督相结合的方式，构建多元化的绩效评估主体，以克服现行的自上而下内部评估与监督存在的诸多缺陷。

（四）重视绩效评估后的整改工作

要建立评估整改制度，完善评估整改机制，使绩效评估不仅重视评估过程，更重视评估之后的工作改进。一是将绩效评估与行政监督结合起来，强化评估与监督的互动，真正实现以评促管、以评促建、以评促改的目的。二是将绩效标准作为医疗保险管理活动的行为指南，一方面，根据绩效评估结果来检验工作成效，另一方面，在评估过程中及时发现、整顿、规范医疗保险从业人员的工作作风问题，使绩效评估真正发挥事前、事中、事后全方位监督的作用。三是将评估结果与履职奖惩结合起来，切实提高管理效率，督促改进工作。

第九章　中国医疗保险改革模式

陕西省神木县、广东省湛江市以及福建省三明市，是我国较早进行医疗保险改革探索的三个城市，由于它们的改革思路各具特色且反响较大，因而形成了中国医疗保险改革的典型代表。本章分别对这三种模式的改革背景、改革内容、模式特色和存在问题进行比较，着重分析改革后医疗机构、患者道德风险等对医疗保险基金运行的影响。概括地说，神木模式通过增加政府财政投入，实现了特定时期的“全民免费医疗”，但制度改革的目标仍然是“全民医疗保险”，而没有落入“全民福利陷阱”；湛江模式率先实现了新型农村合作医疗与城镇居民医疗保险并轨，并引入商业保险公司参与经办医疗保险，建立智能系统规范医生的诊疗行为，从而有效地抑制了医生道德风险；三明模式通过改革药品和耗材采购机制、公立医院和医疗保险管理体制，有效降低了医疗机构和患者的道德风险。

第一节　神木医疗保险改革模式

一、神木医疗保险改革的背景

神木县（现为神木市）是陕西省北部的一个煤炭资源丰富、能源化工发达的城市，常住人口 40 多万人。2008 年，神木县 GDP 为 290 亿元，人均 GDP 达到 6.87 万元，财政总收入高达 72.27 亿元，县域经济综合实力位居全国第 92 位（见表 9 - 1），陕西省第 1 位。基于雄厚的经济实力，神木县在全国范围内率先实行高报销、高补偿的“全民免费医疗”。

表 9 - 1　　2007 ~ 2018 年神木县在全国百强县排名

年份	2008	2009	2010	2011	2012	2013	2014	2015	2016	2017	2018
排名	92	44	36	—	—	—	59	54	52	40	48

资料来源：《全国县域经济基本竞争力与县域科学发展评价报告》《中国中小城市科学发展指数研究成果报告》。

2007 年，神木县就已经提出了“全民免费医疗”的构想。2008 年 1 月，神木县康复工作委员会成立，负责“全民免费医疗”政策的制定、指导与协调、基金的使用和管理等工作。2009 年 2 月，神木县政府颁布的《神木县全民免费医疗实施办法（试行）》规定，“全民免费医疗”制度将于 3 月 1 日起在神木县正式实施。2009 年 4 月 6 日，《中共中央 国务院关于深化医药卫生体制改革的意见》公布，正式拉开了新一轮医疗卫生体制改革的序幕。神木的医疗保险改革引起了社会各界广泛关注和激烈讨论。

二、神木医疗保险改革的主要内容

神木“全民免费医疗”制度包括三项基本内容：改革管理体制，明确管理责任；实施覆盖城乡的全民免费医疗制度；实施门诊医疗卡制度。制度的具体内容包括：

（一）实施对象限定为参保人员

神木县的全民免费医疗对象为全县干部职工和城乡居民。具体包括：县属党政机关和事业单位的干部职工，县属国有企业、社会团体、民营企业、私营企业中神木籍户口的职工，以及神木籍户口的城乡居民。未参加城乡居民医疗保险和职工医疗保险的人员不予享受免费医疗。中央、省、市驻神木县的各单位、各企业职工继续执行《神木县城镇职工基本医疗保险制度实施办法》。①

（二）统筹协调、分类管理

神木县的全民免费医疗工作由县康复工作委员会统一指导，由县医疗保险办公室和合作医疗办公室（以下简称“医保办”“合作办”）具体实施。县康复工作委员会由县委书记担任主任，是跨部门的领导机构，康复工作办公室统筹协调（各管理机构），县医保办和合作办负责全民免费医疗制度的推行工作。县康复办主要履行以下职责：负责全民免费医疗工作的协调和落实；督促政策制度的实施；实施机构的考核工作；负责资金的运行监管；负责制度的宣传咨询与信息收集等。② 需要指出的是，县医保办主要负责的是干部与职工的免费医疗，具体职责有：负责制度的推行，经办医疗各项业务；负责医疗基金的筹集、管理与使用；负责认定免费医疗干部、职工身份；负责慢性病门诊的审核报销；检查定点医疗机构的管理和服务情况；协调解决工作中的有关问题。县合作办的服务对象是城乡居民，其职责与县医保办

①② 《神木县全民免费医疗实施办法（试行）》。

大体相同。

（三）收支两条线，管理与使用相分离

神木全民免费医疗实行收支两条线，基金管用分离。全民免费医疗基金由四部分组成：县医保办收缴的医疗保险基金；县合作办收缴的合作医疗基金；社会募捐的资金；县财政拨付的资金。全民免费医疗基金实行专款专用，由财政局社保科设立专门账户进行管理。具体工作由医疗保险办和合作医疗办根据全民免费医疗支出需要报康复工作办公室审定后，由财政局社保科给予拨付。①

（四）凭全民门诊医疗卡，分类报销门诊医疗费

神木实行全民门诊医疗卡制度。加入合作医疗的城乡居民每人每年享有100元的门诊医疗卡待遇，干部职工医疗卡内的资金，按《神木县城镇职工医疗保险制度实施办法》从基金中直接划入。门诊医疗卡的结余可结转使用和继承，但超额自付。老红军、离休人员、二等6级以上伤残军人门诊医疗费用（定点医院）实行全额报销。慢性病患者的门诊医药费用实行全年限额报销。②

（五）推行住院报销起付线制度

神木全民免费医疗实行住院报销起付线制度。起付线以下（含起付线）的住院费用，由本人自付起付线以上费用由基金按规定报销，但最高限额为每人每年累计报销不超过30万元。起付线规定有分类、分级标准，乡镇医院每人次200元；县级医院每人次400元；县外医院每人次3 000元。住院产生的一般检查费、治疗费、药费、手术费、普通床位费、护理费等全部报销。患者在县境外医院接受治疗的各种检查费由本人自付，医药费报销70%。③ 特殊病情需要的营养药品可以报销80%～90%。对于特殊的检查、治疗费和材料费，例如CT、ECT、核磁共振等大型仪器，设备检查的费用报销90%。安装人工器官和做器官移植或导管、支架等介入治疗的，其报销比例根据材料差别而有所不同，国产材料报销90%，进口材料报销70%。

2014年11月，神木县卫生局发布《关于城乡居民医疗保障制度补充规定的通知》，规定将乡镇医院住院报销起付线每人次200元降低为100元，报销比例为100%。对于县外非定点医院的报销比例为50%（见表9－2）。同时，神木县还实行分级诊疗转诊制度，未办理技术转诊、自行到县外医院住院治疗的报销比例降低10%（急诊急救住院除外）。

---

①②③ 《神木县全民免费医疗实施办法（试行）》。

表 9－2　　神木县城乡居民住院报销规定

<table>
<tr><th rowspan="2">医疗机构</th><th rowspan="2">起付线（元/人次）</th><th colspan="5">报销比例</th><th rowspan="2">封顶线</th></tr>
<tr><th>范围内医药费</th><th>特殊检查费
特殊病血费
国产材料费</th><th>特殊病营养药品费</th><th>进口材料费</th><th>范围外医药费</th></tr>
<tr><td>乡镇定点卫生院</td><td>100</td><td>100%</td><td rowspan="2">90%</td><td rowspan="2">80%</td><td rowspan="2">70%</td><td rowspan="2">自付（省医保目录外药品费）</td><td rowspan="4">每人每年30万元</td></tr>
<tr><td>县级定点医院</td><td>400</td><td>100%</td></tr>
<tr><td>县外定点医院</td><td rowspan="2">3 000</td><td colspan="4">70%</td><td rowspan="2">自付（各种检查费）</td></tr>
<tr><td>县外非定点医院</td><td colspan="4">50%</td></tr>
</table>

资料来源：神木县人民政府网。

（六）创新医疗付费管理方式

为了保障全民免费医疗制度的推行，神木县改革了医疗付费方式，加大政府财政投入，缓解医疗机构的经费压力；合并县中医院和县医院，整合资源以降低成本；推行药品招标采购直接配送制度，统一零售价，以此降低药品价格；政府补贴药品成本，取消“以药养医”做法；实行总额预付制、单病种付费制、人均总费用限额制相结合的付费方式，以控制医疗费用过快上涨；利用信息化网络管理平台对医院的定点资格、服务费用和服务质量进行监控，促使医院提高服务质量，控制医疗成本。

三、神木医疗保险改革的特点

（一）高保障水平的“全民医疗保险”

“神木模式”与前述的英国模式有所不同，它不是“全民免费医疗”，而是“全民医疗保险”模式。在“全民免费医疗”制度下，所有参保者无须缴费，自动成为受益者。“神木模式”则规定，未参加城乡居民合作医疗和职工医疗保险的人员不能享受免费医疗，换言之，参保者只有缴费才能享受免费医疗待遇。其实，神木县同全国其他很多地方一样，都建立了以城镇职工医疗保险和城乡居民医疗保险为主干的医疗保险体系，只是城乡居民医疗保险在神木县被称为“城乡合作医疗”。“神木模式”的医疗保险保障水平很高，或者说在某种条件下参保者所接受的某些医疗服务或药品基本上“免费”，但前提是必须缴纳保险费，所以，它在实质上仍是一种医疗保险制度。

神木县2009年提前实现了国家“新医改方案”所要求的全民覆盖目标，但这并非“神木模式”的独有之处。相比神木的“全民”仅局限于当地户籍人口，我国很多地方医疗保险的覆盖面已扩展至常住居民，尤其是覆盖了当地的外来务工人员。此外，将新型农村合作医疗保险与城镇居民医疗保险合并，建立一体化的城乡居民医疗保险，这在很多地方都已经付诸实践。因此，无论就“全民”而言，还是就城乡一体化而言，“神木模式”并没有特殊之处。

“神木模式”的特殊之处，主要在于提高了城乡居民医疗保险的筹资水平和保障水平。“财政补需方”原则在“神木模式”中得到落实，医疗保险的筹资水平和支付水平得到相应提高，最终结果是，参保者医疗费的自付比重大幅降低。2009年，神木县将当年财政支出的5.2%，约1.5亿元的预算，用于了“全民免费医疗”。其给付范围包括三部分：一是普通门诊。每一参保居民每人每年获得100元的门诊补贴；二是慢性病年度限额报销。2010年，有36种慢性病纳入了医疗保险报销范围；三是住院费用报销。神木“全民免费医疗”的住院费用报销设立起付线和封顶线，对于县内就医的患者，凡在起付线与封顶线之间，且符合医疗服务和药品目录的医药费用，规定给予“全额报销”。此外，神木县还就不同层级的定点医疗机构设定了差别起付线，以引导参保者更多地利用当地医疗服务资源，实现患者就医合理分流。

以上情况表明，“神木模式”的核心是加大政府财政投入，提高参保居民住院费用的实际报销比例。从2009年3月到2010年8月，神木县患者在县内住院费用的实际补偿率由最初的不到72%上升到86%左右，接近城镇职工的住院费用报销比例，它满足了参保者大病治疗的基本需要，这也是“神木模式”最让人称道的地方。因此，所谓神木的“全民免费医疗”，实际上就是一种政府补贴力度较大、保障水平较高的全民医疗保险制度。①

（二）公共财政补需方

“神木模式”的另一个重要特点是，根据公共财政“补需方”的原则，大幅提高城乡居民医疗保险的筹资水平和待遇水平，医疗保险机构按照需求导向，推进医疗保险供方付费方式的改革。神木县财政投入的对象不是医疗服务的供方（医院），而是集中加大了对医疗保险筹资的支持力度，政府通过对医疗需求方的高补贴，实现了全民免费医疗。在神木，医疗保险付费方式改革的主要目标是住院服务，基本上采用按服务人次付费，再加上少量的单病种付费。

之所以说神木全民免费医疗是保险模式，而非全民福利模式，是因为全民福利模式的侧重点是“补供方”，政府财政注重对医疗服务机构的投入。例如，由政府直接建医院、购买仪器设备等，即政府主要是通过对医院实施补贴来实现免费医疗服务。

---

① 顾昕，朱恒鹏，余辉．“神木模式”的三大核心：走向全民医疗保险、医疗保险购买医药服务、医疗服务市场化——神木模式系列报告之一［J］．中国市场，2011（7）：4－6.

"神木模式"则不同，它不是全民福利模式，它参照一般医疗保险模式的基本原则，在筹资环节强调个人缴费责任，并明确规定，未参加城乡居民合作医疗和职工医疗保险的人员不能享受免费医疗。同时，它还设置了起付线和封顶线，在县内就医时，凡在起付线与封顶线之间的医疗费可以100%报销，且报销范围仍然要受到医疗保险三大目录的限制。

（三）医疗服务机构市场化

截止到2010年，神木县内共有14家县级定点医院，除1家公立医院之外，其他13家均为民营医院。显然，神木县的医疗服务市场是以民营医疗机构为主体、以市场机制为主导的，这为神木县全民医疗保险制度的建立与运行创造了良好的条件。

我国传统医疗服务行业的行政化格局，使公立医院既"套牢"了政府，又剥夺了患者的选择权，降低了医疗服务的质量和数量。神木县医疗服务的市场化，有利于民营医院与公立医院公平竞争，避免产生公立医院垄断医疗服务市场，以及现行医疗体制中的"管办不分"问题。由于神木县的公立医院与政府脱离"父子"关系，医疗保险机构就能够真正发挥第三方付费的功能，例如，自由选择定点医疗机构、代表参保者同医疗供方讨价还价或者取消不合格的医疗保险定点单位等。在医疗市场化情况下，患者和医疗保险机构都有更多的选择权。患者可以选择医疗质量高、服务态度好的医疗机构，医疗保险机构可以选择签约或取消定点医院的资格，而医疗保险付费改革也能对医疗机构的短期化行为产生制约作用。公立医院只有在提高医疗质量、改进服务态度、控制医疗成本的基础上，才能在医疗市场中占据一席之地。①

四、神木医疗保险改革存在的主要问题

（一）过分强调公平，影响医保效率

"神木模式"实施的初衷是为了增进居民福利水平，减轻民众医疗负担。但是，由于医疗费报销水平过高，个人自负比例偏低，实际上鼓励了"小病大养""小病大治"，由此造成医疗费用的不合理上涨。在"神木模式"中，政府在医疗保险基金筹资方面承担主要责任，参保人只需缴纳非常少的费用，参保人享受的医疗保险待遇与缴纳保费之间不平衡，形成权利与义务不对等。其结果是，参保人缺乏节约医疗费用的内在激励机制，导致保费资源浪费严重，医疗保险制度运行效率低下。

---

① 顾昕，朱恒鹏，余辉．"神木模式"的三大核心：走向全民医疗保险、医保购买医药服务、医疗服务市场化——神木模式系列报告之一［J］．中国市场，2011（7）：7－8.

（二）供方诱导消费，道德风险加剧

神木县实施“全民免费医疗”之后，住院率及住院人次都呈快速上涨趋势。据神木县康复办统计资料显示，2009 年 3 月 ~2018 年 8 月，神木县住院人次增加 3 075 人次，参保者年均住院率达到 11.2%，远远超过全国平均水平。其中一个主要原因是，“神木模式”放弃了按服务项目付费的方式，转而主要采用按服务人次付费和按病种付费的方式。采用按服务人次付费，患者诊疗次数越多，医院收入越高。所以，医院为了降低单次医疗服务成本，往往故意分解住院，增加诊疗和住院次数，同时，尽可能多地接收轻病患者，推诿危重病患者，从而诱发医院和医生的道德风险。对于按服务人次付费，虽然也规定有限额支付制度（例如，日均和次均住院费用控制标准），能够对高额医疗费用产生一定抑制作用，但效果极为有限。① 显然，在这种付费模式下，医院和医生必然会追求和诱导患者增加医疗服务消费次数，从而造成医疗资源浪费，损害医保制度的公平性和互济性。

（三）政府压力陡增，财政负担加重

“神木模式”的基金来源主要是县政府财政投入。实施“全民免费医疗”制度后，由于住院人数陡增，医疗费用快速上涨，神木县财政支付面临巨大压力。众所周知，神木县是依托煤炭产业发展起来的单一资源型城市，煤炭产业是神木县的经济支柱和主要财政收入来源，其他非煤产业发展严重不足，经济结构严重失衡。近些年来，由于环保政策趋紧、清洁能源崛起，神木的煤炭产业举步维艰，导致县级财政收入增长难以跟上医疗费用的快速增长，“全民免费医疗”也随之面临不可持续的困境。因此神木县近年来拓展了全民免费医疗的筹资渠道，通过建立“民生慈善基金会”等形式来缓解财政压力。

五、神木医疗保险改革的启示

神木模式所提供的改革经验，以及改革中出现的问题及其教训，对于深入推进全国的医疗保险制度改革，具有重要的启示作用。

（一）加快推进改革公立医院，促进医疗服务供给市场化

神木改革的重要经验之一，是政府采取积极措施吸引社会资本进入医疗行业，促

① 对于医疗服务提供者来说，与传统的“按项目收费”相比，按服务单元付费能够鼓励医院或医生降低每住院床日和每门诊人次成本，刺激其降低服务成本，通过提高工作效率以获得更多的费用，费用控制效果比较明显。

进民营医院的发展，打破公立医院垄断医疗服务市场的局面，形成了竞争较为充分的医疗服务市场化格局。神木还建立了医疗保险机构与医疗服务供方的谈判机制，有利于真正发挥第三方付费的功能。在神木，参保者具有充分选择权，可以自由选择医疗服务质量好、性价比高的医院就诊，促进了医疗机构之间的良性竞争，有利于降低医疗成本，节省宝贵的医疗资源。

（二）建立费用合理分担机制，兼顾公平与效率

医疗保险制度改革的一大难点，是如何处理好公平与效率关系。在神木，医疗保险改革虽然减轻了参保人的医疗费用负担，老百姓获得了实惠，但也诱发了道德风险，造成资源浪费，加重了政府的财政负担。所以，医疗保险制度改革如果过分强调公平，容易引起参保人“大锅饭”的意识，造成过度消费甚至浪费医疗资源的局面。反之，如果过分强调医保改革的效率，参保人的医疗负担又不能得到有效分担。为了协调好医保改革中的效率与公平的关系，必须建立合理的费用分担机制，合理界定医疗保险各个主体的责任范围，引导参保人理性就医。

（三）重视医保信息化建设，强化费用控管机制

神木将全县的县乡两级医院都纳入医疗信息网络平台进行科学管理，实时监控医院动态，督促医院改善医疗服务，主动控制医疗费用。神木县通过医疗信息网络平台建立起了多种医疗费用控制机制，例如，总费用控制机制、单病种定额付费制等，通过设定人均费用限额等措施来控制医疗成本。医疗保险信息系统的完善，还有利于合理引导参保人就医行为进行合理引导，控制医疗费用过快增长，减少医疗资源浪费，提高医疗保险制度的运行效率。①

（四）坚持保基本原则，适度控制医疗保险待遇

我国医疗保险制度按照“保基本”原则来确定医疗费报销待遇。在全国不同地区，由于经济发展和政府财力存在差别，医保“保基本”的内涵和外延是不同的。对于神木县来说，由于县级经济实力较为雄厚，医疗保险的报销水平比较高，但在全国其他地区，医疗保险的报销水平就可能要低一些。从各地改革的经验教训看，医疗保险报销水平不能片面地追求越高越好，参保人缴费标准也不是越低越好。另外，医保制度不宜片面强化政府责任，要求政府大包大揽。中国目前国情下，政府只能对医疗保险承担有限责任，参保人个人和家庭也需要承担一部分责任。一个好的医疗保险制度通常强调的是责任分担和互助共济，不能完全淡化个人责任。正是从这个意义上讲，

---

① 王莹．陕西省神木县“全民免费”医疗的再思考［J］．劳动保障世界，2016（5）：16－17.

我国的医疗保险制度务必坚持保基本的原则，保持医疗保险待遇的适度性，只有这样，才能实现医疗保险制度的可持续发展。

第二节　湛江医疗保险改革模式

一、湛江医疗保险改革的背景

湛江市总人口800多万人，其中，农业人口超过500万人，是一个农业大市。湛江市在2004年和2007年分别建立了新型农村合作医疗保险和城镇居民医疗保险制度。两种制度由于在政策设计和管理上存在明显差异，引发了诸多问题。主要表现在：

一是城乡居民二元身份难以清楚界定。湛江市每年都有大量农业户籍人口转为非农业户籍人口，造成城镇居民和农村居民身份模糊，尤其是2006年以后，湛江市将市区农村户籍人员全部划入城镇户籍，参保人员身份更加难以界定，影响到城镇居民医疗保险覆盖面的扩展。

二是城乡居民缴费与待遇差别较大。城镇居民医疗保险按照成年人120元、未成年人60元的标准缴费，年度最高医疗保险支付待遇为4万元；而新型农村合作医疗保险人均只需缴费10元，年度最高医疗保险支付待遇为3万元。两项制度在缴费和待遇上的差距容易引发医疗保险攀比问题，影响城乡居民参保的积极性。

三是两项制度分块管理，造成体系分割。新型农村合作医疗由卫生部门管理，实行的是县级统筹；城镇居民医疗保险则由人社部门管理，实行的是市级统筹。两种医疗保险制度由于实行不同部门分块管理，造成两套体系分割运行、政出多门，不仅浪费行政管理资源，还降低了管理服务水平和医疗保障水平。

四是新型农村合作医疗看病报销流程烦琐。新农合参保者的医疗费用报销仅限于统筹地住院的医疗费用，外地就医的医疗费用报销则需要办理转院手续，医疗费用报销还要经村委会、合医办、财政所、镇领导层层审核确认，不仅环节多，而且报销周期长，群众对此颇有怨言。随着湛江市城镇化程度不断提高，两种分割的医疗保险模式不仅难以适应城乡统筹发展的需要，也难以适应医疗保险体系建设的需要，更难以满足群众要求提高医疗保险待遇的迫切愿望。

2008年，湛江市委、市政府针对医疗保险制度存在的城乡分割、政策差异性大等体制机制性障碍，决定将湛江市新型农村合作医疗和城镇居民医疗保险两项制度进行整合。在充分调研和广泛征求意见的基础上，湛江市政府决定自2009年1月1日起实施新的《湛江市城乡居民医疗保险试行办法》，将湛江市新型农村合作医疗和城镇居民医疗保险两项制度予以合并，实行全市统一的城乡居民医疗保险制度和一体化管理体制。

湛江市在具体实施城乡居民医疗保险一体化的改革中，开拓思路，创新机制，大胆引入商业保险机构参与经办医疗保险，减轻了政府经办负担，方便了参保群众看病就医，提高了医疗保险基金的管理水平和运行效率，放大了医疗保险的保障效应，努力实现参保者、政府、医院、保险公司四方利益的均衡，进而形成了我国医疗保险改革的“湛江模式”。

二、湛江医疗保险改革的主要内容

“湛江模式”的主要内容可以概括为：城乡一体、市级统筹、商保参与、诊疗规范和大病保险。

（一）城乡一体、市级统筹

“湛江模式”实现了管理制度、筹资标准、待遇标准、服务规程的“四个统一”，构建起了全体居民参保、待遇不分城乡、住院就医结算全市一证通的均等化医疗保险大格局。① 一是统一管理制度。将新型农村合作医疗和城镇居民医疗保险两项制度进行整合，实行“两网合一”，统一归口到一个部门管理。二是将县级统筹升级为市级统筹。三是统一筹资标准。目前，城乡居民缴费标准统一确定为每人每年 50 元和 80 元两个档次，居民以家庭为单位自由选择缴费档次，按年缴纳医疗保险费用。四是统一待遇标准。参加城乡居民医疗保险的人员不分户籍身份，享受同一水平的住院和门诊医疗保险报销比例。根据乡镇卫生院、一类、二类、三类医院四个等级，住院费用报销比例分别为 80%、75%、65% 和 50%，并对四类困难群体（五保户、低保户、重度残疾人、农村 70 岁以上的老人）提高 10% 的报销比例。五是统一服务规程。参保扩面实行统一动员、统一宣传、统一下达参保任务；基金管理实行统一收缴、统一核算、分级管理；参保人可在市内任何一家医疗保险定点医院就医，医疗费用出院可即时结算，患者只需付清自付部分费用。② 同时，湛江在全国率先编写实施了《基本医疗诊疗常规》，实现了诊疗规范，控制了医疗费用不合理增长。

（二）政府主导、商保参与

“湛江模式”创新之处在于，按照“政府主导、资源整合、业务对接”的原则，

---

①② 湛江：健全完善“湛江模式”探索医保新路子，中华人民共和国财政部，2016 年 3 月 7 日。

将商业保险机构引入城乡医疗保险统筹管理。①

1. 政府引导购买商业保险。医疗保险部门按 12.1 元/人的标准，从个人缴费中划出部分保费，交由中国人民健康保险公司承保。当患者报销医疗费用时，报销金额在 3 万元以上、16 万元（二档 18 万元）以下的费用，由商业保险公司进行理赔，扩大了医疗保险统筹基金的互济共助功能。

2. 医保商保联合服务。湛江城乡居民医疗保险基金引入商业保险公司参与管理和运营，与医疗保险机构共同经办保险业务。政府医保机构只负责重要保险环节的管理，如业务培训、待遇复核、基金拨付等，具体的常规性、辅助性业务则交由商业保险公司负责办理，如政策咨询、日常监管、待遇初审等。在湛江医疗保险改革中，商业保险公司共聘请了大量的专业人员参与湛江市医疗保险管理服务，协助市、县社保局和定点医院提供服务，有效弥补了政府社保经办机构人力不足的问题。

3. 规范支付程序流程。为了规范管理，合理划分了财政、商保和经办机构之间的责任和工作流程。湛江市财政每年分期将保费拨付给商业保险公司。当基金用于支付费用时，商业保险公司将基金提前划入湛江市医疗保险经办机构专设的基金账户，由医疗保险经办机构支付给医院。

4. 提供"一站式"服务。湛江市医疗保险经办机构与商业保险公司共同在定点医院设立服务窗口，负责确认参保人身份、引导患者就医、提供医疗保险政策咨询、巡查住院费用、费用结算等工作。同时，医保经办机构、商业保险公司、定点医院、基层劳动保障平台实现一网通，既实现了资源共享，又提升了服务效率。

（三）建立大病保险制度，提高保障待遇

为了更好地解决"因病致贫、因病返贫"的问题，湛江市从 2012 年 1 月起实施了大病保险制度。其具体办法是：

1. 设立大病保险基金。建立大病保险制度最大的难题，是如何解决资金来源问题。2012 年，湛江市从医疗保险基金结余中按 2 元/人划出一部分，建立大病医疗保险基金。对于重大疾病的参保患者，其医疗费超过住院统筹基金和大额医疗补助年度限额以上的部分，允许再按一定比例予以报销。2014 年，湛江市将大病医疗保险基金的筹资标准从 2 元/人提高到每人 15.8 元/人，全年最高支付限额，第一档为 25 万元，第二档 30 万元，较大程度地减轻了大病患者的医疗费用负担。

2. 实行分段递增报销办法。参保者住院费用在 3 万元以下的，由住院统筹基金支付；对于超过 3 万元至 16 万元（第一档）或超过 3 万至 18 万元（二档）的，由大额医疗补助基金支付；对于住院统筹基金和大额医疗补助累计支付超过 5 万元至年度最

① 湛江：健全完善"湛江模式"探索医保新路子，中华人民共和国财政部，2016 年 3 月 7 日。

高支付限额的个人自付比例部分，由大病医疗补助支付50%；对于超过年度最高支付限额，且符合医疗保险政策的住院费用，由大病医疗保险补助70%。①

3. 委托商业保险公司经办。湛江医疗保险改革通过公开招投标形式，引入中国人民健康保险公司经办大额医疗补助保险和大病医疗补助保险。经办合同约定，商业保险经办业务实行自负盈亏，即要求商保公司在盈亏3%的范围内自求财务收支平衡。当保费盈余超过3%时，需要从超出盈余中提取50%，划入城乡居民医疗保险基金；如果保费收支发生亏损并超过3%时，其超亏部分由医疗保险基金分担50%。②

（四）加强诊疗的规范管理

2004年4月，湛江市组织编写了全国第一本《基本医疗诊疗常规》，在全国率先实施医疗保险诊疗常规。诊疗常规主要从诊断标准、入院标准、入院检查标准、入院治疗标准、出院标准、出院带药标准六个方面，规范医护人员的诊疗行为，有利于抑制过度医疗需求和过度治疗行为，控制非理性医疗消费行为，避免医疗保险基金浪费，同时，还有利于在一定程度上降低参保患者的投诉率。据统计，湛江广东医学院附属医院试行诊疗常规后，患者投诉率由原来的9%下降到1.2%，药品占医疗总费用比例由50%下降到40%，参保人二次返院率由13%下降到0.9%。鉴于湛江市实施医疗保险诊疗常规所取得的显著成效，2013年，广东省卫生厅、人力资源和社会保障厅在总结湛江经验的基础上，联合编印了《广东省基本医疗保险诊疗常规》，并在全省推广使用。

三、湛江医疗保险改革的特点

（一）推行城乡一体、农民受益的医保政策

2009年1月，湛江市率先将新型农村合作医疗和城镇居民医疗保险进行整合，实现了两项制度的并轨运行。这项改革有效解决了两种医疗保险制度存在的缴费标准悬殊、统筹层次不同，以及由此产生的参保积极性不高、基金调剂能力弱等问题。合并后的城镇居民医疗保险与新型农村合作医疗（原由卫生行政部门管理），统称为城乡居民医疗保险，归属人社部门管理，有利于医疗保险更好地发挥第三方支付作用。同时，改革还将医疗保险统筹层次由原来的县级统筹，提升到市级统筹，参保居民可在全市182家定点医院自主选择看病就医，而不再仅限于县内医院，从而打破了由于两

---

① 《关于调整城乡居民医疗保险待遇有关问题的通知》。

② 湛江：健全完善"湛江模式"探索医保新路子，中华人民共和国财政部，2016年3月7日。

种医保制度分块运行所造成的城乡医疗二元结构。

湛江市根据“一个制度、两个层次、城乡统筹、自愿选择”的原则，实现了筹资标准、参保补助、待遇水平等方面的城乡统一。城乡居民根据自身收入状况以及对医疗服务的需求层次，自行选择缴费档次，然后以家庭为单位按年缴纳保费。通过“一制两档”的制度设计，有效地将医疗费用支出高风险人群和低风险人群区分开，前者可以选择缴费水平高且保障待遇好的档次，后者则可以选择缴费水平低且保障待遇一般的档次。高低收入两类人群自动“对号入座”，实现“分离均衡”，有利于克服参保环节的逆向选择问题。

湛江整合新型农村合作医疗和城镇居民医疗保险两项制度，其目的是为了实现医疗保险改革的公平性。改革之前，湛江市城市职工医疗保险参保人数约有40万人，城镇居民参保人数约为30万人，而新型农村合作医疗参保人数约有480万人。改革后，广大农村居民成为受惠最大的群体。统计显示，2011年，湛江市城乡居民医疗保险参保人数达631.2万人，参保率达98.4%，基金总规模14.5亿元，年度住院47.6万人次，年度住院率为7.54%，住院统筹基金人均次报销2 066元，政策范围内报销比例为70%，实际平均报销比例为58%。[①] 显然，改革后的湛江市医疗保险，不论是在覆盖面和保障率，还是在城乡居民的医疗保障水平方面，都有了明显提升。

（二）鼓励商业保险积极参与医保经办服务

“湛江模式”最大的亮点是，在政府部门主导下，引入商业保险公司经办医疗保险。通过建立“一体化咨询服务平台”，向全市城乡居民提供医疗保险、健康管理、商业健康保险等政策咨询服务；通过建立“一体化支付结算平台”，实现了患者医疗费用结算信息在商业保险公司、医疗保险部门和定点医院之间的共享，实现了城乡居民医疗保险和补充医疗保险的一体化管理与公开透明，有效避免了两项制度并轨后可能产生的医疗保险报销手续烦琐、管理成本增加、资源配置不均衡等问题。

湛江市引入商业保险公司参与医疗保险的目的之一是降低经办成本，在政府不提高补贴标准，以及个人不增加缴费的前提下，尽可能提高医疗保险的保障水平。湛江模式将城乡居民医疗保险基金中的个人缴费部分划分为两部分，其中的85%仍然划入住院统筹基金池，由人社部门直接管理；剩余的15%以保险费形式支付给人保公司，委托其承担医疗保险统筹账户中的部分风险偿付责任。在缴费标准基本不变的前提下，形成了“政府+个人+商业保险公司”三方支付体系，较大幅度地提高了医疗保险赔付金额（主要用于支付大病医疗保险），充分发挥了保险机制分散风险的作用，放大

① 陈红林．“湛江模式”——统筹城乡医改的有益探索［N］．中国改革报，2012-10-22.

了保障效应。①

在城乡医疗保险一体化改革之前，湛江市的医疗保险经办体制与全国其他地区一样，由人社部门负责全市城镇职工医疗保险和城镇居民医疗保险，由卫生部门负责新型农村合作医疗。为了实现城乡医疗保险一体化，湛江市将城镇居民医疗保险和新型农村合作医疗进行了整合，合并后的城乡居民医疗保险由人社部门统一管理，覆盖的城乡居民参保人数达到546万人，医疗保险定点医院有182家，而人社部门负责医疗保险基金管理的人员编制只有27人。对于如此庞大的参保人数，以及管理成本和服务压力，单靠人社部门的力量是难以承担的。所以，湛江市选择引入商业保险公司参与经办医保业务，有利于发挥商业保险公司的系统管理和团队优势作用，承担对医疗机构和参保人的监管职能；有利于减少不合理诊疗行为，提高保险基金使用效率，降低骗保风险；有利于减轻政府部门负担，提高医保管理效率。

湛江引入商业保险公司经办医疗保险的做法，也在实践中引起过争议。2012年，广东省鉴于“湛江模式”的效果逐渐显现，出台了《广东省城乡居民医疗保险引入市场机制扩大试点工作方案》，肯定了“湛江模式”经验，选定汕头、肇庆、清远、云浮等城市不断扩大试点。从实际效果看，试点地区医疗费用报销比例普遍达到70%以上，医疗保险最高支付限额平均达到了当地居民年支配收入的6倍以上。

（三）建立了“基本医疗保险+大病医疗保险”制度

湛江市通过医疗保险改革，建立起了多层次医疗保险体系。参保患者发生医疗费用时，首先由医疗保险住院统筹基金报销，它设置有“两线一段”，住院医疗费用的报销起付标准和报销比例为：乡镇卫生院100元，报销80%；一类100元，报销75%；二类300元，报销65%；三类500元，报销50%；医疗保险年度报销封顶线分为两档：一档缴费50元的，封顶线为16万元；二档缴费80元的，封顶线18万元。此外，对于五保户、低保对象、丧失劳动能力的重度残疾人，以及农村户籍70岁以上的老人，实行零起付标准，并提高10%的报销比例。②

湛江医疗保险体系的多层次性还体现在，他们在基本医疗保险基础上建立了大病医疗补助保险，由商业保险公司承保。大病保险的起付标准是基本医疗保险报销5万元以上的部分，换言之，当医疗费用超过5万元后，即可进入大病医疗补助保险。其报销比例规定为：对于超过医疗费用5万元至16万元的个人自费部分，由大额医疗补助报销50%。对于超过基本医疗年度最高报销限额16万元（二档18万元）以上的部分，在没有建立大病医疗补助保险前由个人全部负担；实施大病医疗补助保险后，对

① 王晓玲．构建统筹城乡医疗保障制度的机制创新［J］．农业经济问题，2014（2）：98.

② 《关于调整城乡居民医疗保险待遇有关问题的通知》。

于超过部分中符合医疗保险政策的住院费用，再给予报销70%，全年医疗保险累计报销可达25万元（二档30万元）。这样，就大大减轻了大病患者①，尤其是恶性肿瘤、尿毒症、器官移植等参保患者的经济负担，提高了城乡居民医疗保障水平。

四、湛江医疗保险改革存在的主要问题

（一）政府强势主导容易导致政策的随意性和不稳定性

在湛江医疗保险改革的过程中，政府部门引入商业保险公司参与医疗保险的经办，政府部门始终处于主导地位，决定着商业保险公司准入条件、大额医疗补助保费水平、支付标准、报销水平等。显然，政府支持是“湛江模式”取得成功的重要因素，同样，政府的政策变动也会对商业保险公司造成较大影响。由于商业保险公司在合作中很难与政府部门进行平等谈判，医疗保险与商业保险合作又缺乏制度性保障，因此，离开政府的支持，市场主体甚至可能寸步难行，这可能是湛江模式面临的最大风险。

（二）商业保险机构经办医疗保险可能出现收入成本倒挂

湛江市引入商业保险公司经办城乡居民医疗保险后，由商业保险公司负责大额医疗费用的审核报销和待遇支付。商业保险公司承诺保本微利运行，且自负盈亏。2009年，商业保险公司在经办大额医疗补助基金的过程中，实际花费2 910万元，而获得的拨付资金只有1 732万元，亏损1 178万元。② 此外，为了实现与社保信息系统对接，商业保险公司前期投入巨大，再加上雇佣人员报酬，前期投入高达数百万元。

（三）商业保险机构经办医疗保险存在风险隐患

目前，商业保险公司负责湛江大额医疗补助基金的运营，承诺保本微利运行。在商业保险公司经办业务中，实际的利润空间很小，甚至可能出现亏损，同时，还要和医疗保险共同承担大额医疗补助基金运营的风险。在商业保险公司招标环节，各商业保险公司竞争激烈，明知一项业务难以盈利，但都希望成为中标企业。个中原因值得思考。一个普遍的感觉是，商业保险公司争办医保业务，一方面可以赢得良好的企业声誉，另一方面可以获取参保者的相关信息，为其商业保险产品开发、销售提供数据支撑。众所周知，参保者数据信息的保密性和安全性至关重要。今后，如果更换保险

---

① 《关于调整城乡居民医疗保险待遇有关问题的通知》。

② 杨燕绥，李海明．公共服务外包的治理机制研究——医疗保险外包的中美案例比较［J］．中国行政管理，2013（9）：116－120.

公司，就可能导致医疗保险数据泄露。所以，商业保险公司参与医疗保险经办业务所面临的最大问题，就是如何保证医疗保险隐私信息的安全。①

五、湛江医疗保险改革的启示

（一）坚持“保基本、保大病”原则

湛江从医疗保险基金中划拨一部分资金，建立大病医疗保险制度，对住院大额医疗费用实行梯次保险，进一步强化了基本医疗保险重在“保基本、保大病”的功能定位。在我国，因疾病治疗而产生的大额医疗费用给患病家庭带来了沉重经济负担，“因病致贫、因病返贫”问题依然普遍。医疗保险的初衷，就是为了防范疾病带来的大额医疗费用风险。从实践层面看，湛江的大病医疗保险在本质上仍属基本医疗保险，只是强化了大额医疗费用的报销力度。城乡参保居民一旦因疾病发生大额医疗费用，除了通过住院统筹基金进行报销之外，还可以通过大病医疗保险基金进行补偿，从而较大幅度降低了参保者的经济负担。湛江经验表明，医疗保险只有坚持“保基本、保大病”，才能保证制度的可持续发展。

（二）依法明确政府责任与商保责任

湛江市在医保改革过程中，制定出台了市场主体参与医疗保险经办业务的具体政策，明确了政府医疗保险经办机构与商业保险公司之间的权责划分；出台了定点医院医疗服务管理办法，进一步明确了定点医院、医保经办机构、商业保险公司三者之间的权责划分，并对费用支付方式、起付标准与报销比例、违约处罚等作了清楚界定。政府还组织制定了商业保险公司与医疗保险经办机构之间信息交流和业务衔接制度，以及与之配套的医疗保险信息管理系统。总之，湛江市通过规范政府部门与商业保险之间的权责关系，建立起了相应的激励约束机制，促进了管理的规范化和信息化，推动了医疗保险事业发展。

（三）注重发挥商保专业化优势

由于受人事编制和经费预算等因素制约，我国医疗保险经办机构的人力和财力投入十分有限，医疗保险面临经办服务能力不足的问题。湛江模式鼓励有资质的商业保险公司参与经办医疗保险业务，可以充分发挥商业保险公司在风险控制和资金管理等方面的专业化优势，弥补政府医保机构经办服务能力不足，提高医保经办的效率和服

① 陈仰东．商保经办的优势与风险［J］．中国社会保障，2016（4）：39.

务水平。另外，引进商业保险公司，有利于加强医疗保险基金管理，形成政府医保经办机构和商业保险公司“双管齐下”的监督制约机制，有效遏制医疗机构和参保人的道德风险，确保医疗保险基金的可持续运行。当然，在引入商保经办医疗保险时，也要考虑其中的潜在风险。

第三节 三明医疗保险改革模式

一、三明医疗保险改革的背景

三明市地处福建省中西部山区，是先有重工业后有城市的老工业基地之一。2011年，三明市全年地区生产总值1 231.17亿元，人均GDP和城镇人均可支配收入分别位列福建省第5位和第7位。作为东南沿海地区经济相对不够发达的城市之一，三明市青壮年人口外流情况较为突出。2011年，三明市常住人口251万人，低于其户籍人口20余万人。另外，作为老工业城市，三明市未富先老的特征比较明显，其城镇职工赡养比，2011年为2.06∶1，2015年降至1.71∶1。由于政策规定退休人群不再缴纳医疗保险，因此，随着退休人员的不断增长，三明市的医疗保险基金压力也不断加重，城镇职工医疗保险基金亏空，财政不堪重负。2010年，三明市城镇职工医疗保险统筹基金亏损1.44亿元；2011年亏损2.08亿元，占当年地方公共财政收入的14.42%。医疗保险基金亏损、收不抵支的背后，是人口严重老龄化和医疗费用的快速增长。正是在这种背景下，三明市不得不进行医疗保险制度改革。

2012年，三明市政府召开“关于努力降低医疗成本，提高三险资金运行使用效率”的专题会议，决定调结构、建机制、防浪费、增效益、减负担①，并由此拉开了三明市医疗保险改革的序幕。

二、三明医疗保险改革的主要内容

（一）改医药，降低药品费用

降低药品费用，解决看病贵问题，是三明医疗保险改革的一项重要内容，其目的是要切断药品流通领域不合理的利益链条，使药品回归治病根本。主要有两方面的措

① 吴亚栗．三明医改 星火燎原——专访福建省三明市卫生计生委主任包著彬［J］．人口与计划生育，2016（8）：16－19.

施：一方面，针对药品、耗材虚高定价，推出了诸如取消药品耗材加成、限价采购、采购联盟、两票制等改革举措，尽量压低虚高药品价格。同时，医疗机构可以自行采购价格低于10%该市同一品规价格的药品，以此调动医疗机构降低药品价格的积极性，挤压中标价中的虚高水分，降低医生收受药品回扣的空间，还原药价。另一方面，针对药品、耗材滥用情况，严格用药监管，筛选出了129种辅助性、营养性类药品进行跟踪监控，开展了处方点评、药品用量排名等工作，调整品种结构，降低药品耗材用量。

上述举措成效显著，药品收入与药占比不断下降，有效降低了虚高药价。据三明市人民政府网站统计资料显示，2011年，22家县及以上公立医院的药品总收入8.13亿元，药占比为47.10%。2017年，22家县及以上公立医院药品收入为6.48亿元，药占比则下降为历史最低水平23.61%。

（二）改医疗，合理提高医疗服务价格

三明市22家县及以上公立医院在不断降低药品收入比重的同时，不仅手术、治疗收入比重得以提高，而且还通过适当调整门诊费用、提高医疗服务收费和建立新的医院薪酬制度，以充分体现医务人员的医疗服务价值。

改革中，三明市22家县及以上公立医院建立和完善了工资总额制度。医务人员实行目标年薪制或年薪计算工分制，年薪所需资金由医院负担。同时，为了防止医院科室盲目追求高收入，他们在严格控制工资总额的同时，根据医护人员的不同级别、不同岗位进行薪酬分配，使薪给报酬与职务、职称和工龄等基础性因素，以及工作量、绩效等奖惩性因素挂起钩来，斩断了科室人员薪给报酬与医疗服务收费、药品耗材收入、检查检验收入的利益联系，从而有利于规范与引导医务人员行为，调动医务人员积极性。另外，医院实行院长年薪制，薪资由财政全额支付。与之配套的是，建立了包括“七大类40项”的院长工作绩效考评体系，实行严格考核、奖惩兑现。①

通过改革，既改进了医疗服务质量，也较大幅度地提高了医务人员的年薪水平。2017年，22家县及以上公立医院在岗职工平均工资从改革之初的4.22万元，提高到10.43万元；住院医生、主治医生、副主任医生、主任医生封顶年薪分别为10万元、15万元、20万元和25万元；院长的平均工资从11.2万元提高到33.88万元，最高的达到了50.28万元。

（三）改医保，实行“三保合一”

三明市在医疗保险制度改革中，逐步实现了地级市“三保合一”。早在2010年，

---

① 刘静，毛宗福．福建省三明市公立医院改革阶段性评价与分析［J］．中华医院管理杂志，2015（5）：325－328．

三明市提高城镇职工医疗保险基金统筹层次，就实现了基金的市级统筹。2013 年，三明市大力推进城乡居民医疗保险并轨改革，将城镇居民医疗保险与新型农村合作医疗合并为城乡居民医疗保险。通过整合 24 家隶属于人社、卫计部门的医疗保险经办机构，成立三明市医疗保障基金管理中心，实现了“三保合一”。该中心归属于市政府，暂由市财政局代管，从而统一了三类医疗保险的管理体制。2015 年，三明市开始统一三类医疗保险的用药目录、诊疗目录和服务标准。合并后的城乡居民医疗保险参照城镇职工医疗保险目录，扩大了用药目录和诊疗目录的范围。总之，三明市通过医疗保险制度改革，提高了基金风险分担能力与使用效率，全市医疗保险基金从 2011 年亏损 2. 08 亿元转变为 2017 年结余 1. 69 亿元，6 年滚存结余 5. 68 亿元。

（四）完善医疗保险管理的奖惩机制

三明市在改革中不断完善医疗保险管理的奖惩机制。一方面，医疗保险基金结余部分可直接纳入医务性收入。他们在“全民健康四级共保工程”试点工作中，按照“统筹包干、结余归己、超支自付”原则，将医疗保险基金打包给县级总医院，明确医疗保险基金结余可以直接纳入医务性收入，作为年终计算医院工资总额的依据。这样，既可以倒逼各级医疗卫生机构主动从事健康、保健的宣传教育工作，适当增加医务人员收入，又有利于推进参保人的防病治病工作，实现患者和医务人员双赢。另一方面，三明市首创了医疗保险医师代码制，加大了对医疗保险违法行为的惩戒力度，将医疗保险对医疗机构的监管逐步延伸到对医务人员服务行为的监管。

三、三明医疗保险改革的特点

（一）注重发挥支付方式、报销比例等医保杠杆的作用

三明市在医疗保险改革过程中，一方面，建立了医保支付范围和支付比例的动态调整机制，注重加强医保基金及结余的预算管理，严格以收定支、统筹资金管理，提高了医疗保险基金的使用效率。另一方面，三明市注重合理调整医疗保险报销比例。2016 年，城镇职工医疗保险的报销比例，一级医疗机构门诊报销比例从 40% 提高至 90%；二级及以上医疗机构由 30% 提高到 70%。同时，同步调整了统筹区域内住院报销比例，不同级别医院的报销比例，在扣除起付线后，一级医院为 95%、二级医院为 90%、三级医院为 85%。此外，还取消了城镇职工住院费用分段报销制，并将大病报销比例提高 5%。通过实施上述政策，三明市医疗保险报销比例高于全国和福建平均水平，次均费用远低于全国和福建平均水平。

（二）注重健全公立医院院长激励约束机制

三明市22家县级以上公立医院院长实行目标年薪制，经卫生、财政等部门考核后发放，理顺了卫生行政部门与院长之间的委托代理关系，恢复了院长的代理人身份。同时，建立和完善了医院院长的年薪制考核办法，包含服务评价、办院方向、医院建设、管理有效、持续发展、党的建设、遵纪守法七大类40项考核指标。考核结果与院长的薪酬、奖惩、任免等挂钩，进一步强化了对公立医院的行业监管，推动了公立医院管理质量稳步提升。

（三）注重建立现代医院管理制度，实现管办分离

2018年，三明市制定出台了《关于建立现代医院管理制度的实施意见》，要求进一步明确和规范政府与医院之间的责任关系。其中，卫计委不再履行公立医疗卫生机构的直接管理职能，改为行业监管；逐步取消公立医院行政级别制度，推动医院管理模式和运行方式转变；明确总医院“两个主体”责任，即代表政府办医的责任，以及监管公立医院国有资产的运营责任；落实总医院人事、分配、经营及财务自主权，实行责、权、利相统一的管理机制。

三明市的“总医院”，相当于紧密型医联体模式，建立县总医院，有利于将县、乡、村级医疗机构的人、财、物整合在一起，建立起统一的财务、人力和医疗管理。在这种模式下，乡镇卫生院和社区服务中心等基层医疗机构统一划归县总医院管理；县总医院则不再隶属于卫计委，而由县政府直接管理，从而初步实现了政府部门与医院之间的管办分离。

四、三明医疗保险改革存在的主要问题

（一）“挤压”药价水分影响药品供给的数量和质量

由于三明市的医药改革降低了药品采购价格，压缩了药商巨大的利润空间。所以，一些以“皇帝女儿不愁嫁”自居的药商为了阻挠改革，故意不向三明市配送药物，造成部分药品出现少货、无货，甚至断货的尴尬情况。

三明市实施的药价控制政策对于某些急需用药的患者，尤其是需要使用抗生素的患者非常不利。医药改革目标原本是为了节省医疗保险费支出，解决“看病贵”问题，但在三明市，许多质量好但价格贵的抗生素进入不了医疗保险药品目录，又进一步凸显了“看病难”问题。

三明市在降低药占比、提高医疗服务费的过程中，一些医院或医生的“对策”

是，由“以药养医”转向“以查养医”，通过增加检查项目来获得高额收入。而且，一味降低药占比，药品质量不能得到保证。医生为了规范用药，不敢开质量好但价格高的药品；药品企业为了降低售价，往往偷工减料生产劣质药品。这样，就形成了“劣质”药品驱逐“优质”药品的效应。①

（二）医疗保险支付方式趋向单一化

三明市22家县级及以上公立医院在改革过程中，对住院费用全部采取按病种付费的方式。② 按病种付费虽然是国际流行的医疗费用支付方式，但从我国的实践情况看，任何单一付费方式都存在各自的优点和短板，难以抑制医疗费用的不合理增长。③ 例如，三明市在实施按病种付费过程中，就出现了医院或医生为着自身经济利益，推诿重病患者、分解住院、分解收费，导致医疗不足的问题。因此，有专家就建议，三明市有必要在坚持总额预算管理的基础上，采取多种付费方式，建立适应不同病种、不同服务特点的多元复合式医疗保险支付方式，真正发挥医疗保险基金支付的杠杆调节作用。

（三）落实医务人员年薪制存在较大困难

根据改革政策规定，三明市公立医院的院长和医务人员实行的是目标年薪制，但在实践中，这种年薪制往往只是一种愿景，院长和医务人员每年实际到手的年度薪酬与政策标准相差甚远。究其原因，一是落实年薪制有着非常严格的考核指标，以院长为例，他在获得目标年薪制之前，需要进行七大类40项指标考核。可以说，大多数院长是很难达到目标年薪考核要求的。二是落实目标年薪制，缺乏一个长效的资金供给机制。由于医院自身的医务性收费价格太低，可供分配的医务性收入不多，因此，很难筹集到政策规定的年薪制资金来源。退一步说，即使医生群体能够兑现目标年薪制，那也是以减少护士及后勤人员的收入为代价的。政府虽然也可以通过增加财政投入，兑现高额年薪，但要权衡医院员工薪酬与当地一般收入水平的匹配问题。

（四）存在忽视医疗保险基金运行效益的情况

三明市在提高医疗保险基金统筹层次，完成基金市级统筹的同时，也进行了管理

---

① 沈念祖．好榜样三明医改：何时不再是孤岛？[N]．经济观察报，2015－4－20（33）．

② 三明市自2018年1月1日起正式实施C－DRG收付费改革工作。C－DRG是全国按疾病诊断相关分组付费规范，是在借鉴国际经验和我国部分省市推行DRG的经验基础上，结合我国具体国情和医疗保障体系以及公立医院补偿机制的实际情况，所创建的供全国应用的公益性支付、收费规范体系。

③ 王东进．从“三可”视角看三明医改［J］．中国医疗保险，2014（12）：5－8.

体制整合，实现了“三保合一”。但是，从医疗保险基金的运行情况看，虽然三明市在近两年实现了基金收支的扭亏为盈，但主要得益于调低个人账户划入比例、加强基金征缴、推行基金统筹，实现“三保合一”等改革性举措，但这些增收措施大多是一次性的，不可能形成持续的收入来源机制。三明市面临的现实挑战是严峻的，高赡养比、大量外出人员、城镇化提速、老龄化加剧等，所有这些都会加大医疗保障刚性需求，医疗技术进步则将进一步增加医疗保险支出，所以，加强医疗保险基金管理，不断提高基金运行效益，刻不容缓。

五、三明医疗保险改革的启示

（一）三医联动、全面改革

我国医疗卫生体制改革坚持医药、医保、医疗“三医联动”的原则，医疗保险体制改革在客观上也需要医疗、药品流通体制的改革联动和配套建设。令人欣慰的是，三明市的医疗保险改革符合“三医联动”的原则，改革不是单项的，而是全面推进的。在管理体制上，把涉及医疗、医保、医药等的部门职能综合起来，组建了医疗保障管理局，履行药品耗材采购、医疗服务价格调整等职能，从而在组织架构上解决了“九龙治水”问题。在药品流通体制改革方面，采取药品零差率销售、“两票制”、“一品两规”、联合限价采购等措施，挤压药品水分，降低不合理的高药价。在医疗卫生体制改革方面，推行现代医院管理制度，强化院长代表政府管理医院的责任，调整医务人员的薪酬绩效制度，调动医务人员工作积极性。在医疗保险体制改革方面，推进三保合一，成立医疗保障基金管理中心，并改革医疗保险付费方式，充分发挥医疗保险基金的杠杆作用和控费监管功能，促进“药、价、保”深度融合，实施医药行为全过程监管，推进药品（耗材）联合限价采购等，从而深化和配合了“三医联动”改革。

（二）深化医疗保险“管办分离”改革

新型农村合作医疗在建立之初的主管部门是国家卫生部，由卫生部门为医保需求方提供基金支付，而医疗服务的提供方则是包括乡镇卫生院在内的各级医院，他们的主管部门也是卫生部门。换言之，卫生部门既是供方也是需方，即新型农村合作医疗采用的是“一手托两家”、管办合一的管理体制。这种体制容易诱发患者和医院的道德风险，造成医疗资源浪费，不利于医疗保险基金的可持续发展。另外，当时的城镇居民医疗保险和城镇职工医疗保险，实行的是“第三方付费”管理体制，即医疗保险由人社部门管理，而不是由卫生部门管理。显然，整合医疗保险管理体制，建立“第三方付费”机制是大势所趋，但是，“三保”体制的分割状态造成了整合困难，增加了整合成本。

2013年，三明市在整合医疗保险基金经办机构的过程中，成立了三明市医疗保障基金管理中心，实行垂直管理，实现了“三保”管理体制的统一。医疗保险基金管理中心的主要职责是，确定与调整医疗服务价格、管理医疗保险基金、组织实施药品限价采购等。随后成立的三明市医疗保障管理局，主要负责医药卫生体制改革工作，制定医疗保险政策，并作为监管者对医保政策实施情况进行监督管理。

（三）完善和落实医疗卫生领域的收入分配改革

三明市在探索医疗卫生领域的收入分配改革中，综合考虑经济发展、财力状况、城镇单位在岗职工平均工资水平等因素，实施了“全员目标年薪制、年薪计算工分制”，其主要目的是，将个人收入与医疗服务质量挂钩，收入分配向技术水平高的医务人员倾斜，构建医务人员工资正常增长机制。三明市在实施“全员目标年薪制、年薪计算工分制”过程中，十分重视医院和医护人员的绩效考核工作。其中，对医务人员重点考核岗位工作量、服务质量、行为规范、技术难度、风险程度和服务对象满意度等指标；对医院院长重点考核七大类40项综合性指标的完成情况；对医院总会计师按照五大类22项进行考核评分。显然，三明市在医疗卫生领域收入分配改革方面的探索实践，是有意义和借鉴价值的。

（四）加强县域医保数据平台建设

三明市在推进医疗保险改革中，十分重视与医保工作息息相关的县域医疗数据集成平台建设。在医疗领域，建成了县级医院“六大中心”（消毒供应中心、心电诊断中心、临床检验中心、医学影像中心、病理检验中心、远程会诊中心），在医疗信息平台上按月发布公立医疗机构运行情况，包括医院收入、患者人次、医务人员报酬、院长考核情况；在医药领域，公开、透明招标采购信息；在医疗保险方面，建立了统一的医疗保险信息平台，公开参保人群的医保筹资和支付情况。

专栏9－1为江苏省宿迁市的改革案例，供拓展阅读。

专栏9－1　宿迁医疗卫生体制改革

一、改革背景

穷极思变引发的改革冲动，是宿迁医疗保险改革的原始动力。位于江苏省北部的宿迁下辖三县二区（泗阳县、泗洪县、沭阳县、宿豫区、宿城区），是江苏经济最不发达的城市。落后的经济基础，使当地政府难以拿出足够的资金投入卫生事业，卫生事业发展极为滞后。医疗机构的总资产是60亿元，医院218家，三级医院4家，二级医院22家，其他的都是一级医院。面对当地卫生事业发展的困难和问题，政府面临两种选择：或继续沿袭过去的老办法，由政府包管包办；或机制创新闯新路，蓄势一搏。因此，在这种特殊情况下，宿迁医疗保险改革让医院到市场上去参与竞争，解决生存问题。

二、整体布局

1999年，宿迁市开始酝酿医疗保险改革，2000年，开始实施以“社会办卫生—卫生产业化—产业民营化—民营规范化”为改革思路的医疗改革，形成了后来的“宿迁模式”。宿迁改革的思路有两个，首先是扩大资源总量，引进优质资源。内容包括投入多元化，鼓励社会办医，政府加大投入。在人才上内培外引，壮大医技人员队伍。合理利用外部资源，“靠大、靠外、靠强”，引进医疗资源和技术，提升本地医疗服务能力和水平。引入市场竞争机制，激发医疗机构自身发展的内在动力。其次是盘活存量，主要对公立医院进行改革，包括市医院和乡镇医院的改革。吸收社会资本参与124家乡镇医院和11家县以上医院产权改革，改造成股份制、合伙制、混合所有制等多种形式，形成多元化办医。

具体的做法有以下两个方面：一方面，大力鼓励社会办医。放开社会办医准入，给予社会办医与公立医院同等政策，土地可由政府划拨，减免有关建设税费。允许社会办医有合理回报。另一方面，推进公立医疗机构的产权改革。首先改的是乡镇医院，在沭阳县里选3个经营好、中、差的乡镇医院作为试点，成功以后推向全县，推向全市。经过一年多的试点，全市124个乡镇卫生院进行了改革。后面就是县级及以上医院的改革，县级医院有11所。最后到2003年进行市级医院改制。

改革的核心是政府退出医疗服务市场，由“办医院”转向“管医院”，同时负责公共卫生；从医疗供给的角度看，改革的核心是建立社会投资机制、鼓励市场竞争机制、引入企业经营机制。宿迁医疗保险改革在推进过程中形成了一套方案：

一是“管办分开”，在办医主体上把办医者和管医者分开。卫生部门不再管理医院的人、财、物，主要执行行业管理；原有政府办医院经过产权改革，改造成为股份制、合伙制、混合所有制、个人独资医疗机构。

二是“医卫分开”，严格界定卫生和医疗两个领域的服务职能。政府全额出资办公共卫生；多元化社会资本办医疗，以民间办医为主。政府鼓励社会资本进入医疗领域，并实施鼓励民间资本办医院的措施。随着改革的推进，对于公共卫生的投入也转变为依靠市场，吸引民间资本。在“一乡两院”制的构想下，宿迁在全市111个乡镇建立乡镇卫生院和乡镇医院。乡镇卫生院由政府举办，主要承担预防医疗保健服务、卫生监管等公共卫生的职能，不从事一般医疗活动，其人员、业务隶属县级卫生行政部门管理，人员经费列为县级财政预算；而乡镇医院则完全实现民营化。

三是“医防分开”，从体制上把医疗和卫生两类不同性质的机构分开。在全市各乡镇分别设立乡镇卫生院和乡镇医院，卫生院履行公共卫生职能，由政府主办；乡镇医院履行医疗服务职能，进行股份制和民营化改造。

四是“医药分开”，从利益上把医和药两个行业分开，不再以药养医。这一条当时还处于考虑阶段，并没有实施。但是，宿迁市实施了扩大开办药店的政策，使医院和药店在药品销售上竞争。

三、改革成效

医疗资源总量明显增加。截至2014年底，全市医疗卫生的资产总量突破100亿元，达105.3亿元，是改制前的21倍。全市医院总数达到226家，比改制前增加了81家，千人拥有床位由1.06张增加到4.20张，增长3.96倍。

医疗服务能力明显增强。全市二级以上医疗机构由8所增加到30所，三级医院由空白发展到4家，省级临床重点专科由空白发展到5家，一些疑难重症在宿迁本地能够得到及时救治。

群众的满意度明显提升，城乡居民15分钟健康圈基本建成，就医更加方便。根据省新型农村合作医疗的数据，宿迁市门诊、住院次均费用分别比苏北平均水平低19.07%和2.15%，医患关系和谐度处于省内较好的水平。

医疗影响力明显扩大。全国百强民营医疗机构中宿迁占据7席，2014年，全国县级医院竞争力排名中，沭阳、泗洪县人民医院位列全国百强。

四、存在问题

（一）农村基层医疗卫生机构的力量被削弱

医院数量快速增加，市场对医务人员的需求随之增加，而宿迁地区经济落后，很难吸引到足够多外来的医务人员。新医院的医务人员多是从乡镇卫生院提上来的，有些甚至是无照医生。而乡镇医疗机构开始吸收一些村医，这一方面使农村或者社区的基层医疗服务机构服务质量受到削弱；另一方面，如果监管力度不足，一些新兴医院的医疗质量无法保证。

（二）医院对培养医生的积极性不高，高水平医疗队伍发展的持续性不足

医疗人员的流动性加强，稳定性下降，使得医院缺乏培养医疗技术人才的动力，高水平医疗队伍发展的持续性面临挑战。医疗机构不断增加，医生随时可以跳槽，这使得各个医院目前宁可“抢人”而不“育人”，不愿意培养自己的技术人员，以防培养好后人才流失。

（三）政府对医疗的监管能力还有待提高

按照宿迁医改的设想，改革要实现“管办分离”，政府职能要从“办医院”变为“管医院”。但是“从现实情况来说”政府对医疗的监管能力还有待提高。一方面是医疗准入的监管缺失。医疗行业的管理具有相当的专业性，政府本应在进入时设置准入

门槛，可宿迁政府由于审批手续简单，只要有钱，任何人都可以申办医院，这就不利于保证医疗服务质量。另一方面，行业监管手段单一，质量监管不足。政府对民营医疗机构的监管到底管什么、怎么管，还是一个需要探索的问题。江苏省卫生厅和宿迁市卫生局目前还没有明确的相关法律规定，因此，在监管过程中，主要采用奖励和惩罚等经济手段，导致监管不足。

五、总结

对于宿迁医改的做法，学界形成了两种观点。第一种观点认为，市场化加剧了医疗乱象。李玲2006年撰写的《江苏省宿迁地区医改调研报告》认为，将全面市场化的改革手段用于医疗卫生领域以后，宿迁地区医院盈利动机并未消除，反而得到加强；出现了医疗设备竞赛、竞相引进专家技术、盲目追求高端、诱导病人多做检查和手术等现象；缺乏低成本和有效的医疗服务，导致目前宿迁市"看病贵"问题没有得到解决，老百姓的医疗负担反而加重。第二种观点认为，市场化可以形成有序竞争，能规范医疗行为。朱恒鹏在2011年的《宿迁医改评估报告》提出，没有证据表明，宿迁的民营医院比其他地区的公立医院存在着更为明显的诱导需求行为。恰恰相反，各种证据表明，宿迁民营医院的诊疗行为更为规范，过度医疗现象更为少见。

2015年5月16日，江苏宿迁市召开了《我国公立医院改革与发展模式研究课题研究》开题讨论会，参会人员来自国务院发展研究中心、国家发改委、国家卫计委、科技部、财政部等相关部门。在这次研讨会上，与会人员对宿迁医改均持肯定态度，当地政府也明确表示了改革不可逆转的态度。从现实情况来说，宿迁医改确实缓解了患者的"看病难""看病贵"问题。在医改进入深水区的当前，继续深入剖析宿迁医改这只"麻雀"，当会从中得到诸多教益。

资料来源：

[1] 蔡江南．寻路医改：中国卫生政策的创新与实践［J］．理论与当代，2017（3）：44.

[2] 国家科技部软科学项目《国有医院产权制度改革研究》课题组．中国医院产权制度改革操作技巧［M］．北京：中国协和医科大学出版社，2004.

[3] 章敬平．中国的自我探索［M］．杭州：浙江人民出版社，2008.

第十章　基本医疗保险与经济社会发展的关系

本章分别阐述了中国基本医疗保险在社会经济发展中需要处理好的三大关系，即基本医保与经济发展的关系、基本医保与国家医疗保障体系及其改革的关系、基本医保与健康中国及其社会发展的关系。旨在进一步明确基本医疗保险的功能定位，充分发挥基本医保在促进中国经济与社会发展的作用，并做到不缺位、不越位，以利于基本医保的可持续发展。

第一节　基本医疗保险与经济发展的关系

自 20 世纪 80 年代以来，中国经济经历了近四十年的高速增长，2017 年，国内生产总值达到 827 122 亿元，已成为世界第二大经济体。伴随着经济的高速增长，中国医保制度建设步伐不断加快，覆盖人群不断增多。2017 年，社会基本医疗保险的参加人数约为 11.77 亿人。① 显然，没有改革开放带来的经济发展巨大成就，医疗保险制度就不可能得到有效的财力保障。同时，基本医疗保险作为社会保险体系的重要组成部分，也在促进居民消费、提升劳动效率、改善收入分配和促进社会稳定等方面，发挥着越来越重要的作用。

一、基本医疗保险与居民消费

消费是社会再生产的重要组成部分，它对经济增长的速度和质量有着较大影响。在中国谋求经济增长方式转变的现阶段，扩大消费需求已然成为经济持续增长的重要动能。但在现实生活中，消费和储蓄又是一对矛盾，两者呈此消彼长关系。在收入约束的前提下，未来的不确定性风险将增加人们的预防性需求，鼓励增加储蓄，进而对消费需求产生“挤出效应”。因为对于家庭或个人而言，突如其来的巨大医疗开支，

---

①　资料来源：《2017 年度人力资源和社会保障事业发展统计会报》。

常常会带来经济风险，并且，风险强度随着人们收入水平的提高而减弱。换言之，收入水平较高的人群面对巨额医疗费用冲击时，其经济风险相对较低；而低收入者面临的经济风险往往较大，有着更强的储蓄意愿，他们试图通过增加预防性储蓄来抵御疾病造成的经济风险。因此，疾病风险对居民的储蓄有着明显的刺激作用，并对居民消费产生一定的抑制效应。

医疗保险可以在一定程度上降低居民的预防性储蓄，促进居民消费。格鲁伯和耶洛维茨（Gruber & Yelowitz，1999）的研究表明，作为美国基本医疗保险之一的医疗救助计划（Medicaid）的普及，降低了17.7%家庭的财产持有率，增加了居民5.2%的消费。① 周等（Chou et al.，2003）的研究发现，台湾地区1995年推行的全民医保制度，显著降低了居民的储蓄水平。② 通过参与政府提供的基本医疗保险制度或者市场提供的商业保险制度，人们能够降低自身面临的潜在疾病经济风险，从而减少其预防性储蓄，最终促进居民消费增长。

二、医疗保险与人力资本

人力资本的效率基础是人的健康，一个健康的人力资本对于一国经济社会发展至关重要。布卢姆等（Bloom et al.，2000）从四个方面分析了健康如何影响一国的经济发展。③ 一是在生产力方面，一个国家经济发展的动力往往是由该国家的国民生产力所决定的，健康状况较好的个体通常具有更高的劳动生产能力，因而能够在生产活动中投入更长的时间，带来更高的产出。二是在教育投资方面，健康状况较好的个体，投资自身教育的动机较强，因为健康通常意味着更长的生命周期，因此，个体对教育水平的投资能够带来更长的收益期限。受教育程度的提升，也能够促进生产力的提高，进而获得更多的收入。三是在物质资本方面，预期寿命的不断延长，鼓励个体不断进行储蓄，储蓄率的增加，可以为物质资本的投资积累充足的资金。四是在人口红利方面，婴幼儿死亡率得到控制是人类健康的一个重要标志，它使得年轻劳动力的数量不断增加，新增的劳动力将很快投身于生产工作中去，成为促进国家经济发展的新生力量。

医疗保险作为分散居民疾病经济风险的主要手段，可以有效保障居民的健康，提

---

① Gruber J., Yelowitz A. Public Health Insurance and Private Savings [J]. Journal of Political Economy, 1997, 107 (6): 1249-1274.

② Chou S. Y., Liu J. T., Hammitt J. K. National Health Insurance and Precautionary Saving: Evidence from Taiwan [J]. Journal of Public Economics, 2003, 87 (9-10): 1873-1894.

③ Bloom D. E., Canning D., Sevilla J. The Effect of Health on Economic Growth: A Production Function Approach [J]. World Development, 2004, 32 (1): 1-13.

升人力资本的质量。首先，基本医疗保险能够在居民患病就医时，提供相应的经济补偿，鼓励居民的合理就医行为，有利于治愈疾病和恢复健康，从而增进人力资本价值，提高人力资本投资回报率。其次，基本医疗保险的兜底作用，有利于稳定人们的医疗开支预期，鼓励居民积极参与体检等预防性保健项目。在医保的分担机制作用下，人们积极查病、看病，避免了疾病的进一步恶化与传播，减少了人力资本的损失。

三、医疗保险与劳动力流动

健康充足的劳动力是一个国家或地区经济有效运行的重要条件。医疗保险对劳动力的保障作用，一方面体现在对劳动力供给的保障上，即劳动者的健康水平下降，会减少劳动时间和劳动供给，医疗服务虽然不能决定健康状况，但可以治疗疾病。医疗保险通过分散医疗经济风险，降低就医成本，有利于劳动者及时恢复身体健康，从而提高劳动的供给数量和质量。另一方面，也是更重要的，现行医疗保险体系实行异地就医即时结算办法，有利于促进劳动力的地区间合理流动。过去，由于无法实现异地就医即时结算，农村外出务工人员往往不能在工作所在地及时报销医疗费用，而是需要自己先垫付，然后回原籍地报销，其经济成本和时间成本都比较高。2016 年 12 月，人社部出台《关于做好基本医疗保险跨省异地就医住院医疗费用直接结算工作的通知》，决定在全国范围内实现基本医保联网和实现异地就医住院费用即时结算。这项制度改革极大地方便了外出务工人员就医，既有利于劳动力自由流动，同时也减少了重复参保现象。

四、医疗保险与收入分配

英国剑桥学派经济学家庇古在《福利经济学》中提出了两个经典命题：第一，国民收入总量与社会经济福利水平正相关；第二，国民收入分配的均等化水平与社会经济福利水平正相关。显然，提升社会福利水平需要缩小收入差距、改善社会分配。因为收入分配作为平衡社会发展、维护社会公平、促进经济健康发展的重要机制，它在一国经济社会发展中有着十分重要的作用。

社会保险制度是国民收入初次分配和再分配的重要手段。在初次分配环节，社会保险能够直接影响劳动者的收入。以医疗保险为例，制度要求个人根据其工资收入的一定比例，缴纳医疗保险费，并且对不同参保人群缴费负担有不同的规定，这对于社会收入分配不均问题，能够起到一定的调节作用。在再分配环节，各级政府对社会保险基金的财政补贴，也在一定程度上改善了收入分配的公平性。所以，在谋求效率与公平均衡的帕累托最优目标下，医疗保险的收入再分配功能，一方面能够缓解收入差距，另一方面有助于满足人们的基本医疗服务需求，促进医疗服务资源享用的社会公平。

党的十九大报告指出，中国社会主要矛盾已经转化为人民日益增长的美好生活需要与不平衡不充分发展之间的矛盾，体现在社会保障领域，一个突出矛盾是医疗保险的公平性问题。在中国相当一部分地区，不仅居民基本医疗需求还未实现充分保障，而且还存在着较为严重的不均衡问题，部分高收入群体享有的医疗服务水平要远远高于低收入群体。众所周知，相对于高收入人群而言，医疗服务的消费对低收入群会产生更大的边际效用。基本医疗保险制度的互助共济功能，可以分散大额医疗费用支出风险，有利于减轻低收入患者的医疗费用负担，间接地缓解社会收入分配矛盾。

五、医疗保险与精准扶贫

在发展中国家，贫困和健康问题相互交织，严重制约社会经济发展。“十三五”规划指出，农村贫困人口脱贫是全面建成小康社会最艰巨的任务。在中国 7 000 多万农村贫困人口中，因病致贫人口占比达到了 42%。疾病特别是大病，是导致中国农村居民致贫的主要原因，解决好贫困人口“看病贵”问题，是做好脱贫攻坚战的重要一步。

医疗保险制度的目的在于分散疾病经济风险，防止人们因为过高的医疗费用而陷入生活困境。为了有效发挥医保在精准扶贫中的作用，首先，需要在指导思想上明确，医保扶贫的对象应当是“因病致贫”“因病返贫”的易发或高发人群，需突出重点地区、重点病种和重点人群。其次，针对贫困群体，政府财政需要承担基本医保的个人缴费部分，并将其纳入基本医保的保障范围。在医保报销过程中，可适当提高贫困群体住院费用的报销比例。最后，要注重发挥大病医保的功能，即基本医保需要“抓大放小”，集中力量解决看病贵的问题，而不宜轻易降低大病报销的起付线，使大病医保真正起到分散“大病”经济风险的作用。

此外，还需要明确基本医保在多层次医疗保障体系中的功能定位，注重发挥商业保险、医疗救助和慈善救助在防止“因病致贫、因病返贫”中的积极作用。基本医保的定位是“保基本、保大病”，对于很多重特大疾病，基本医保往往无能为力，还需要整个医疗保障体系共同发力。要通过构建多层次医疗保障体系，真正使贫困群体能够看得起病、看得好病，以筑牢社会安全网。所以说，单靠基本医保的“单打独斗”是无法有效解决“因病致贫”和“因病返贫”问题的。在扶贫攻坚过程中，基本医保一定要回归本位，做到既不缺位，也不越位，真正起到分散大额医疗费用风险，解决“看病贵”问题的作用。

第二节　基本医保与“三医联动”的关系

一、“三医联动”的概念

所谓“三医联动”中的“三医”，指的是医疗卫生体制、医疗保险体制和药品流通体制。“三医”改革所强调的“联动”，意在要求医疗、医保和医药三项制度改革共同推进、协调统一，而不能各自为政。“三医联动”是推进中国医疗卫生体制整体性、系统性和协调性改革的一项重大原则，它不仅明确了改革的目标和路径，而且它的改革成效如何，对于进一步完善中国的基本医疗保障制度有着重要影响。

二、“三医”关系及体制症结

医保、医疗和医药是医疗保障系统中密切联系的三个子系统，在产业链中，“三医”呈上下游关系；在体制上，三者之间呈“一体两翼”关系，即医疗卫生体制改革是主体，药品流通体制和医疗保险体制改革是两翼。因此，“三医联动”不是并列关系，而是有主次之分。其中，医疗卫生体制改革处于核心和枢纽地位，是其他两项改革的前提和基础，只有在医疗卫生体制改革的基础上，医疗保险制度和医药流通制度改革才能有效推进，医疗保障系统内存在的诸多问题才能迎刃而解。

之所以这么说，首先从医疗卫生体制上看，中国医疗服务市场以公立医院为主体，公立医院具有明显的供方垄断地位，可以决定参保患者的检查项目、用药数量和治疗方法等。医疗机构滥开大处方、滥开检查单等过度治疗行为，都直接影响着医保基金的支出。虽然医保对支付方式采取了许多改革举措，希望制约医疗机构的道德风险行为，但始终处于被动地位。此外，在分级诊疗的实施过程中，尽管医保努力发挥“杠杆”作用，但收效甚微，其中一个主要原因是，中国的优质医疗资源主要集中在大城市公立医院。其结果是，大医院往往人满为患，基层医疗机构则门可罗雀，这种状况长期得不到解决。因此，分级诊疗实施的关键在于医疗卫生体制改革，而不是医疗保险体制改革。

从药品流通体制看，医院和医生拥有药品及医疗器械采购的权力。食品药品监督部门在确定医疗器械规格及推广使用时，必须考虑大型公立医院的使用情况及其评价，形成以大型公立医院为标准的医疗器械规格标准。[①] 为了控制药价虚高问题，中国虽

① 高和荣．以医疗为中心的“三医”联动改革：路径与策略［J］．南京社会科学，2018（7）：65－71.

然已经采取了“两票制”“双信封”“量价挂钩”等措施（见专栏10－1），还建立了省级层面的药品统一招标采购平台，但是医院仍然是药品的真正采购方和买单方，医院和医生拥有用药自主权，垄断了药品零售，患者根本就没有讨价还价的能力。此外，政府还试图通过取消药品加成、降低“药占比”等措施，解决“以药养医”问题。然而，在“药占比”下降的同时，又出现了“耗占比”过高的问题。实际上，医院及医生的行为直接影响着“药占比”和“耗占比”的高低。“以药养医”问题的根源在于医疗服务价格背离市场价值规律，要真正破除“以药养医”体制，还需要进一步改革医疗服务价格的形成机制。

以上问题表明，“三医联动”的核心在于医疗卫生体制改革，改革的关键在于建立医疗市场声誉机制，实现医疗服务价格的市场定价；改革的切入点是“管办分离”，发挥市场在资源配置中的决定性作用。同时，强化医疗保险机构的信息征集功能和谈判功能。

专栏10－1　双信封制和量价挂钩

双信封制

双信封招标是指在招标时，投标企业需要分别制作经济技术标书和商务标书。经济技术标书是“质量标”，主要对企业生产规模、配送能力、市场信誉、药品质量抽验抽查历史情况、GMP（GSP）资质认证等指标进行评审，确保药品质量。实行双信封制招标时，首先需要对企业的经济技术标书进行评审，只有该标书合格的企业才能进入商务标书评审。商务标书是“价格标”，主要对企业给出的报价进行评审，价格最低的企业才能竞标成功。

理论上，双信封制既可以降低药品的价格，又能确保药品的质量，但在中国医药市场上的作用并不理想。主要原因在于，首先，中国药企评价体制不健全，没有全国统一、科学可量化的基药生产企业综合评价指标体系，导致经济技术标形同虚设，药品质量得不到保证。在一些省份的药品招标采购实践操作中，“双信封制”变成了“唯低价是取”，劣币驱逐良币，造成市场上存在大量的“合格假药”。其次，由于中国没有将具体的药品质量指标作为评分项目，一些大量与药品质量无关的指标，如企业的生产规模、销售额、行业排名、市场信誉等被列入了评分项目，最后入围的多是大型药企，多数中小企业在经济技术标中被淘汰，导致其价格优势无法发挥作用。在没有中小企业参与竞争的商务标评审中，大型企业可以抬高报价从而导致药价虚高。

量价挂钩

量价采购是指药品集中采购的中标价应当与采购数量、回款时间和配送半径挂钩，采购数量越多、回款时间和配送半径越短，价格越低。

量价挂钩的实质是通过需方“团购”的方式，降低交易成本，实现降低药价的目的。但是，量价采购的方法在实际操作中，招标部门在药品采购时，只有招标价格，却无法给药品企业提供具体的药品数量清单，不能做到“带量采购”。一些地区医疗机构并不按照省级招标采购确定的中标价执行采购，而是与药品生产企业或供应商进行“二次议价”，借此获取回扣，导致企业没有利润空间，被迫退出市场。

针对该问题，2019 年 1 月，国务院办公厅印发《国家组织药品集中采购和使用试点方案》，选定了北京等 11 个城市组织药品集中采购和使用试点，按照“带量采购，以量换价”的原则进行采购工作。在试点地区公立医疗机构报送的采购量基础上，按照试点地区所有公立医疗机构年度药品总用量的 60% ~70% 估算采购总量，进行带量采购，量价挂钩、以量换价，形成药品集中采购价格，试点城市公立医疗机构或其代表根据上述采购价格与生产企业签订带量购销合同。剩余用量，各公立医疗机构仍可采购省级药品集中采购的其他价格适宜的挂网品种。

资料来源：

[1] 宁博，李士雪，邵辉．“双信封”制度在基本药物招标中的应用与评价［J］．中国卫生经济，2012 (1)：29 – 31.

[2] 胡善联．药品购销“两票制”政策的理论和实践［J］．卫生经济研究，2017（4）：8 – 10.

[3] 郭志刚，洪冬喆，刘伊，郭娜，王宝敏，韩晟，史录文，管晓东．我国基本药物集中采购量价挂钩实施影响因素分析［J］．中国卫生政策研究，2015，8（12）：1 – 6.

[4] 马建忠．“量价挂钩”招标政策将覆盖全部药品［J］．中国招标，2011（7）：15 – 16.

[5] 边吉．明确采购主体　坚持量价挂钩和质量优先——国办印发《关于建立和规范政府办基层医疗卫生机构基本药物采购机制的指导意见》［J］．中国医疗保险，2011（1）：53 – 55.

三、“三医联动”的主要内容和实施路径

“三医联动”改革的实质是，解决医疗领域各方面的体制机制和治理模式问题。党的十八届三中全会指出，“要发挥市场在资源配置中的决定性作用”。依据这一原则和《社会保险法》的立法理念，需要在医保领域积极引入竞争机制，让医保机构、药品生产和流通企业，以及所有的医疗服务提供方，在平等基础上进行谈判、协商和交易。也只有采取这种市场化治理模式，而非计划经济的行政化治理模式，才能真正推动“三医联动”改革，清除束缚中国医保事业加快发展的体制机制障碍。

改革目标主要有以下四个方面：一是推进医疗卫生体制改革，核心是建立完备的市场声誉机制，以约束医疗供方及其医生的行为，破除“以药养医”困境，减少不合理的医保费用支出，实现医保的可持续发展；二是要解除卫生行政部门与公立医院之

间的管办关系，落实公立医院独立法人地位；三是充分发挥医疗保险机构的谈判作用与约束能力；四是以医疗卫生体制的改革促进药品生产、流通领域的改革，抑制医疗领域的道德风险，进而解决药品流通环节的各种乱象。围绕上述目标，中国需要积极、稳妥地推进医保、医疗、医药三方联动改革。

（一）医疗保险体制联动改革

如前所述，社会医疗保险的属性首先是“保险”，医保基金来源于参保者缴费和政府的财政补助，其特点是通过互助共济的方式，分散参保成员的疾病经济风险。参保人与医保机构之间是一种权利、义务对等的委托代理关系，医疗保险机构代表的是全体参保人的利益。因此，在整个医疗卫生体制中，医疗保险机构所扮演的角色是代表参保人利益的医疗服务购买方和付费方，公立医院则是医疗服务的提供方。换言之，在医疗保险机构与公立医院之间，不存在行政隶属关系，而是平等的市场交易关系。

如果医疗保险在医疗卫生体制中的这种角色定位得以确立，那么，在“三医联动”改革中，医保机构作为社会最大的医疗服务和医药购买方，其主要职能就是代表参保者对医疗供方进行选择。医保机构通过比较不同医疗服务供方的价格和质量，在保障疗效的前提下，负责为参保者筛选出价格较低的医疗服务。众所周知，对于医疗服务供方的选择，医保机构和参保者最为关注的是服务质量和价格。所以，只要医疗服务质量与价格满足参保者的要求，医保机构就会做出公正、合理的选择，而不论供方是营利性还是非营利性、是公立医院还是民营医疗机构，更不会因为公立医院的所有权性质和行政级别而歧视其他民营医疗机构。由于医保机构的参与，能够激发医疗服务供方之间的良性竞争，促使医疗服务供给者提供更高质量、较低成本的医疗服务，并以此推动公立医院改革。此外，医疗保险联动还要深化支付方式改革，将过去的单一后付制方式改为多元复合式支付方式，进一步抑制医疗供方的道德风险，控制医疗费用的不合理增长。

（二）医疗卫生体制联动改革

医疗卫生体制改革的关键，是要破除各级公立医院与国家医疗卫生行政部门的“父子”关系，切实落实“管办分离”，推动公立医院参与市场竞争。

要使公立医院成为真正的市场主体，参与市场竞争，首先需要取消公立医院的行政评级制度，以市场声誉机制代之。因为在现有的行政评级制度下，政府给予的行政级别决定着医院的声誉，这种由政府而不是由消费者（患者）来评价医院专业水平的做法，误导了消费者选择决策，容易被所谓的医院等级“牵着鼻子走”。也就是说，患者往往不是根据医生的专业水平，而是根据医院的行政等级来选择就诊医院。在这样的制度下，医生个人靠的是医院声誉而非“货真价实”的诊疗水平来吸引患者，容易导致医生个体行为发生扭曲，出现“滥开大处方”“滥开检查单”等现象。对于这种现象的危害，公共经济学的解释是，医院声誉属于集体声誉，它相当于公共资源，每个人都有过度利用的动机，从而导致集体声誉被滥用。另外，由于医院的声誉是由上级卫生行政部门评定的，患者无法改变，医院可以依靠政府部门评级获得更好的声誉，医院缺乏对滥用行为进行监管的动力和约束机制。其后果是，医生滥用医院声誉，医院滥用政府声誉，许多不合理的医疗费用支出不仅增加了患者负担，而且对医保基金的可持续造成了冲击。因此，在三医联动改革中，不仅要对医院去行政化，还要对医生去行政化，取消医生的行政级别和事业编制，解除束缚医生的“黄金绳”，使医生能够自由地多点执业，逐步建立医生个人声誉，发挥市场在医疗资源配置中的决定性作用。

显然，推动公立医院改革，需要优质医生。但从短期来看，优质医生是有限资源，既无法均质化，也无法做增量，只能依靠盘活“存量”，即合理利用现有资源。盘活存量要双管齐下，利用好两条路径：一是通过继续教育，提升现有医生的业务水平；二是取消医生单点执业管制，逐步推进自由执业，充分发挥市场配置资源的作用（见专栏 10－2）。长期以来，中国的定点执业使优质医疗资源不能合理流动，尤其是占主导地位的公立医院对市场的虹吸效应过大，集中了绝大部分优质医生，造成优质医疗资源难以下沉。与此同时，中国基层医疗服务需求量大，但社区医院却门可罗雀，原因在于中国基层的高水平医师匮乏，医疗服务质量不高。并且，由于医疗行业的特殊性，患者宁愿花高价也要享受高质量的医疗服务，这就造成了医患双方在社区层面的供求矛盾。所以，需要鼓励医生自由执业，引导优秀医生分流到社区，使人民群众能够就近获得高质量的医疗服务。同时，优质医生下沉后，再通过传、帮、带的方式，提高基层医生的业务水平，缓解大医院和基层医院之间的医生异质性问题。

专栏 10－2　医生多点执业与自由执业

与国际上普遍存在的自由执业制度不同，医师多点执业是中国医疗执业的特有概念，是在中国目前制度约束、政策环境、监管体制下医疗执业的过渡形式，其最终将走向自由执业。通俗点说，多点执业就是医生在保留编制这一体制内身份和完成“第一执业地点”的本职工作前提下，去其他医疗机构兼职。所以，在多点执业的概念中，医生仍然是隶属于单位的“单位人”，只需要考虑医疗技术问题，而无须把自己当成一个经营者，这和市场化领域的很多行业中可以随意找工作的“社会人”存在本质的区别。而自由执业，是指医生不再受编制的羁绊，不再是“单位人”，而是一个“社会人”，并和其他市场化领域中的很多行业一样，可以随意按照自己的意愿找工作，也可以自己开诊所。

随着医师“兼职”和“走穴”现象的增多，建立合法规范的医师多点执业或自由执业制度成为业界和学界强烈呼吁和关注的焦点，也成为人们对新一轮深化医改的期待之一。早在2009年4月，《中共中央　国务院关于深化医疗卫生体制改革的意见》明确提出，稳步推动医务人员的合理流动，促进不同医疗机构之间人才的纵横向交流，研究探索医师多点执业。2013年9月，《国务院关于促进健康服务业发展的若干意见》提出加快推进规范的医师多点执业，鼓励地方探索建立区域性医疗卫生人才充分有序流动的机制，不断深化公立医院人事制度改革。

虽然医师多点执业制度是医改的重要内容，但是其推行存在一定的困难。原因归结起来有两点：一是愿不愿意流动。在各地试点工作中，尽管政策放开，鼓励医生多点执业，医生反而又不愿意流动，例如，广东试点医师多点执业的一年多时间中，仅有100多名医生登记。二是能不能流动。阻碍中国医师多点执业制度难以推行的根本原因在于中国现有人事分配制度存在缺陷，中国医生是事业编制内的医生。尽管中国在不断深化卫生人事制度改革，但目前医师的档案、人事等关系以及医疗、住房等保障，都固定在一家医院，与医院之间是行政隶属关系，医师是“单位人”，而非“自由执业者”，流动性较差。在这种人事分配管理制度下，医师的人力资本产权归其医院所有，医师本人不能自由转让支配。如果不从根本的管理体制上尝试改变的话，现行的多点执业政策很难实现预期目标。要真正实现多点执业，就要参照国际做法，让医生成为真正的自由执业者，卫生行政部门主要负责提供政策保障和监督。

资料来源：

[1] 王琼，黎志敏，杨艳．我国医师多点执业制度推行受阻的原因及其对策［J］．医学与法学，2012，4(2)：53-55.

[2] 谢宇，杨顺心，陈瑶，王禅．我国医师多点执业研究综述［J］．中国卫生政策研究，2014，7（1）：8-13.

（三）药品流通体制联动改革

长期以来，中国卫生行政部门与公立医院实行管办不分的体制，不论是药品还是医院的医疗服务，一直都由政府定价，实行医疗服务价格管制。然而，政府定价有很大缺陷：一方面，由于医疗领域存在信息不对称，经常导致定价不准，最终扭曲药品价格；另一方面，价格调整存在滞后性，政府定价往往出现该升不升、该降不降的局面。这种定价机制导致医疗服务价格不能体现医生的劳动价值，医院提供门诊、手术服务基本上都处于亏本状态。在这种情况下，医院、医生想要增加收入，只能利用自身垄断地位，采取药品和检查项目创收，通过提高药品销售价格来弥补医疗服务价格的不足，最终导致药品价格虚高不下。

目前，中国的药品价格虽已开始尝试市场定价，但是，如果不能消除公立医院在医疗服务领域的垄断地位，实现“管办分开”，那么，公立医院就可能继续将检查项目和耗材作为营利重点，争相购买大型设备，出现“滥开检查单”和“以耗养医”的现象（见专栏10-3）。因此，所谓医疗服务的市场化改革，不能只是药品价格市场定价，也需要实现医疗服务的市场定价。

专栏10-3 “以药养医”转向“以耗养医”

“以药养医”在一定程度上加剧了医疗服务供方道德风险的滋生和蔓延。医院为了激励医生增加业务收入，采取了开单提成、工效挂钩等方法。医生在治疗过程中普遍出现了提供高价药、乱开大处方的行为。因此，政府近年来一直在出台政策取消药品加成。2012年4月，国务院办公厅印发《深化医药卫生体制改革2012年主要工作安排》，规定公立医院取消药品加成。2016年11月出台的《关于进一步推广深化医药卫生体制改革经验的若干意见》中明确指出，所有公立医院取消药品加成，彻底破除以药养医。

实际上，“以药养医”问题的根源在于医院和医生收入问题仍未解决。由于政府对医疗服务价格实施了严格管制，造成医院和医生的价值被低估，致使医疗服务收入较低。然而，在医疗服务收入不足的情况下，由于医疗服务的“非同质性”和“供方信息垄断性”等特征，医院和医生就可能通过信息垄断优势来增加收入。因此，即使取消药品加成，如果不放开管制，医院及医生还是会利用垄断优势为自己增加收入。

取消药品加成遏制“以药养医”的直接后果就是，“以药养医”转向“以检查养医”“以器械养医”，医疗费用高速增长的局面没有得到有效缓解。在此背景下，政策开始向取消医用耗材加成转变。但是，如果不根本改变医疗价格补偿机制，只是头痛医头、脚痛医脚，即使取消了药品加成和耗材加成，又会有其他的“加成”现象出现，医生又会转向其他隐形收入。

不合理的医疗价格体系，是医生由“以药养医”转向“以检查养医”“以器械养医”的根源。政府对医疗服务价格进行管制，导致医院提供门诊和手术服务难以维系其成本。因此，医院及医生要想增加收入，只能通过不合理医疗行为获取高额回报。在这种情况下，虽然没有了“大处方”，但多了“大检查”“大治疗”，患者因此而多付出的费用并不低于大处方。可以说，扭曲的医疗价格，催生了扭曲的医疗行为。

资料来源：

［1］李红梅．医疗耗材价格为何虚高［N］．人民日报，2011-11-24（019）．

［2］朱恒鹏．取消“以药养医”唯有放开医疗服务价格［N］．21世纪经济报道，2012-4-18（008）．

在“三医联动”中，医疗卫生与医疗保险两项制度的成功改革，有利于推进医疗市场声誉机制和第三方购买机制的形成，从而为药品流通领域的改革创造良好的条件。在改革推进下，医疗服务供给方与医疗保险机构将成为药品市场上的有力谈判者，通过与药品供方的讨价还价，药品价格将有望大大降低。一些发达国家的实践经验已经证实了上述判断。例如，美国医院提供的药品售价就明显低于零售药店的药品售价，因为在美国，政府对药品监管的重点是药品的质量和安全性，但政府不参与药品直接定价（见专栏10－4）。

专栏10－4　美国药品领域的第三方机构——美国药品福利管理

美国医疗费用连年高速增长，人均私人医疗卫生支出位列世界第一，其药品费用也居高不下。2016年，美国药品费用达4 500亿美元，约占美国个人医疗总费用的17%。美国药品价格十分高昂，其原因主要有以下几个方面：一是对专利药的保护以弥补药企的研发成本；二是营销成本，美国允许药企直接对消费者做广告，这在一定程度上提高了药品价格；三是严控药品进口和再进口的低价药品来减轻患者负担。事实上，美国政府不直接制定药品价格，而由市场机制自由决定。医疗保险公司不允许直接参与定价，但可以对药价间接施加影响，包括制定报销目录、鼓励使用通用名药（仿制药）以及要求药品制造商给予保险公司回扣等。

在美国，医院并不是患者最主要的购药渠道，药品收入只占医院收入的很小一部分，而零售方式才是最主要的渠道，占药品销售的50%以上。美国的医药分开模式和强大的医疗保险覆盖网络，促成了零售药店的主渠道地位。在美国的药品流通模式中，医生的利益不与药品直接挂钩，美国的医院住院部均设有药房，但是否成立门诊药房要根据门诊患者需要决定，诊所均不允许设药房。因此，每年从公立医院售出的药并不多。美国的药品零售机构包括：连锁药店、独立药店以及大型零售企业的店中店等。在美国，药品流通环节很少，药品从出厂到消费者手中一般只需要经过分销商（批发商）和零售商/医疗机构两个环节，药品成本被大大降低。

药品福利管理（Pharmacy Benefit Management，PBM）是美国独立于保险机构、制药商、医院和药房间的第三方企业，它的服务对象主要为购买保险的各个机构、保险公司、医疗服务机构以及政府健康保健计划。PBM业务几乎涵盖了医疗服务的整个过程，包括药品购买、药房管理及药品目录管理、处方行为和医疗检查的监督、报销管理等各个方面。这些业务的初衷都是为了提高医保资金的使用效率，它的核心竞争力在于专业控费能力，能够合理地控制药品费用的增长。美国的医疗保险制度虽然尽可能地满足了不同人群的不同需求，但它却导致参保人因选择过多而难以抉择，增加了参保人合理使用保险政策的困难，同时，使保险市场在运作、管理和监控方面也变得越来越复杂。在这种情况下，PBM 应运而生。为了控制美国急速增长的药品费用，PBM 顺应时势，经过不断的改革和发展，现在已经成为具备药品费用控制及其他相关作用的重要机构，已经成为美国医药市场不可或缺的重要组成部分。

PBM 的主要功能有以下几个方面：（1）从 PBM 与保险公司等支付方和制药商的关系来看。第一，它与保险方共同决定药品报销范围和报销比例，PBM 下设药学和医学治疗委员会，具有十分专业的队伍来考核药效，其在药品目录中明确报销药物品种、成本效果最佳和临床效率最高的药品以供参考。同时，其在药店具有发达的网络系统能够了解消费者的消费习惯，从而能够科学地制定药品目录。第二，与医院和健康维持组织等签订合同，然后从药商处大规模购买药物，通过低价折扣来为其客户节约费用。基于 PBM 能够决定药品目录这种特殊地位，为了进入目录，药企会与 PBM 就药品价格与折扣谈判，通过降低单价或折扣获得高订货量。设定药品目录以及药品集中采购使其具有更强的议价能力。因此，由 PBM 所制定的药品目录兼具有效性和经济性。第三，PBM 同时通过构建网络平台，共享会员资格、补偿额度和处方集等相关信息。药店在患者购药时通过 PBM 系统直接结算，如患者具有报销资格则只需支付自付部分药品费用，保险公司等支付方将费用支付给 PBM，最后再由 PBM 与药店进行直接结算。由于不同的患者属于不同的处方集目录，医生可以通过网络平台直接获得患者的信息，直接开出处方；再对处方进行远程交流、处理和评价，确保医生的处方不会违反要求，同时节省了成本。由于 PBM 在美国影响极大，绝大多数消费者对 PBM 持认可和信任的态度，每年有90%左右的处方是 PBM 来进行报销。（2）从其与药店的关系来看，一般患者购药的过程主要为患者持医生开的药方去药店购药，药剂师会将处方上传到 PBM 系统，PBM 系统检测处方是否有效并反馈给药剂师，然后药剂师给患者配药，对于系统中可赔付的处方药进行自动结算，患者需自付部分现场支付，付款方如保险机构将费用结算至 PBM，再由 PBM 与药店之间进行结算。这种情况下，药店有没有报销资质至关重要，获得报销资质的药店类似中国的定点药店。药店为了获得更多客户，会想方设法进入 PBM 的药店网络，同时，也会接受 PBM 降低价格、降低保险公司赔付率的要求。如此一来，PBM 可以在与保险公司的相关业务中赚取更多差价。医保资金和药品处方的实际控制权已经掌握在 PBM 手中。

PBM 的优点主要在于：（1）较强的议价能力能有效降低药品费用，其为了降低药品费用也采取一定的激励机制，主要通过设置不同共付计划和付费方式来鼓励患者使用通用药，如提高患者购买品牌药的自付费率。（2）通过网上处理处方赔付申请，方便了患者、药店以及保险人各方，极大地降低了管理成本。但是，PBM 是否能够真正地控制医疗保险费用增长、是否会与药商进行勾结、对医生自主性的抑制、独立药店的生存危机以及隐私问题等也有不少的争议。PBM 已于2009 年引入中国，其与杭州和长沙等地的医保管理机构都有合作，但由于中国与美国国情存在很大不同，所以实施效果到底如何还有待商榷。

资料来源：

[1] QuintilesIMS. Medicines Use and Spending in the U. S.：A Review of 2016 and Outlook to 2021 [R]. Parsippany NJ，QuintilesIMS Institute. 2017.

[2] 赵雯．药品福利管理（Pharmacy Benefit Management，PBM）在我国医疗保险和商业健康保险中的运用 [D]. 西南财经大学，2014.

[3] 马晓艳．美国药品福利管理（PBM）分析及对中国启示 [D]. 广东外语外贸大学，2017.

第三节　基本医疗保险与多层次医疗保障的关系

基本医疗保险与国民医疗保障是既有联系又有区别的两个概念。中国现行的国民医疗保障制度是立体的、多层次的，在这个制度体系中，除了职工、居民个人的基本医疗保险之外，还包括医疗救助、大病医疗保险、企业补充医疗保险以及商业医疗保险，它们共同构成了一张保障中国国民身体健康的安全防护网。

一、基本医疗保险与医疗救助

在现代医疗保障体系中，医疗救助和基本医疗保险是最为核心的两个部分，两者的共同点是，都由政府主导实施，具有大致相同的政策目标，其保障对象的范围也存在较大的重叠性。不过，它们在功能定位、保障对象和保障程度等方面，还是有所不同。其中，最为显著的差别是，医疗保险的主要功能是要分散由于不确定性带给参保者的疾病经济风险，人们是在疾病发生之前参加医疗保险；而医疗救助的对象则是已患病者，它是在疾病发生后采取的帮扶措施。所以，基本医疗保险和医疗救助作为医疗保障的两大子系统，它们相辅相成，发挥着不同的作用，共同保障全社会所有需要医疗服务的群体，都能实现病有所医。

从基本医疗保险制度看，当参保者发生疾病或者非因工伤而产生的医疗服务需求时，可以依靠社会医疗保险基金，通过风险分担机制，为自己提供经济支持，达到分散疾病经济风险的目的。这种风险分担机制可分为两类：一类是横向互助行为，即将部分经济风险从不健康人群向健康人群转移分担；另一类是纵向个人累积，即在个体生命周期内，使疾病经济负担在年轻低风险阶段与年老高风险阶段平滑过渡。

从医疗救助制度看，它是兜底的社会“安全网”，主要由国家动员、引导社会资源向底层困难民众提供基本医疗服务。政府设立医疗救助基金的目的是，将社会弱势群体的医疗需求纳入保障体系，尽可能分散他们的疾病经济风险，减轻他们的经济负担。目前，中国农村医疗救助计划的主要对象为“五保户”“低保户”，以及各类优抚人员；城市医疗救助的目标群体主要是城镇“低保”家庭。

二、基本医疗保险与大病医疗保险

大病医疗保险是基本医疗保险的延伸。其主要资金来源由基本医疗保险基金中划拨，专门针对符合三个基本目录规定的大额医疗项目，以解决费用报销的资金来源问题。在筹资方式上，大病保险资金主要来自社会基本医疗保险基金，有条件的地区可以利用城镇居民医保和新农合的基金结余来补充大病保险资金；基本医保基金有限的地区，政府可以通过加大城镇居民医保和新农合的筹资力度，解决大病医保资金的来源问题。在保障方式上，它是在参保人因患有三大医保目录所列的重大疾病而出现高额医疗费用时，大病医保在社会基本医疗保险提供一定补偿数额的基础上，对仍需由个人负担医疗费用的剩余部分，给予再次补偿。“高额医疗费用”的判断标准是，个人年度累计负担的合规医疗费用是否超过当地统计部门公布的上一年度居民年人均可支配收入或人均纯收入，凡超过标准的，即为高额医疗费用。

大病医疗保险的保障对象是因患重大疾病而产生高额医疗费用的城乡居民，主要目的是为了解决“因病致贫、因病返贫”问题。国家六部委《关于开展城乡居民大病保险工作的指导意见》指出，建立大病医疗保险制度，有利于缓解城乡基本医疗保险参保（合）人因重大疾病而出现的过重负担，要求各级政府引入市场机制，建立大病医保，减轻城乡居民的大病负担。

三、基本医疗保险与企业补充医疗保险

企业补充医疗保险，顾名思义，它是职工基本医疗保险的一种补充。在中国，基本医疗保险的举办主体是政府，它通过强制性手段为所有职工和居民提供基本的医疗保障，是医保体系的主渠道。企业补充医疗保险作为社会医疗保险体系的一个重要组成部分，它是根据国家有关政策规定，由企业依据自身经济实力和发展状况，自愿为员工提供的除基本医疗保障之外的医疗保险。在市场经济环境下，企业员工的自我保护和保险意识的日益增强，传统的城镇职工基本医保已经难以满足员工的需要，他们期盼和要求企业能够提供更好的医疗保障。另外，企业补充医疗保险也是企业人力资源管理的重要手段，他们愿意通过提供补充医疗保险的方式，增加员工福利，增强企业的吸引力和凝聚力。

建立企业补充医疗保险的目的，在于解决基本医疗保障不充分，即要解决那些基

本医疗保险报销范围之外的自付费用的风险分担问题，从而减轻参保者的经济负担，满足参保者对不同层次医疗服务的需求。在企业内部，补充医疗保险对所有员工具有强制性，意在防范参保过程中的逆向选择，以便更好地满足全体员工日益增长的健康保障需求，同时，也有利于吸引人才，适应企业发展需求。

四、基本医疗保险与商业医疗保险

基本医疗保险与商业医疗保险在保障范围、实施方式、经营目的、费率设定、保费来源和保险金给付等方面存在较大差异。在采用社会保险制度的国家和地区，大多实行以社会保险为主体、商业保险等为补充的医疗保险体系。例如，中国根据现阶段的基本国情，建立起了以基本医疗保险为主体，以企业补充医疗保险、公务员医疗补助、商业医疗保险等为补充，以医疗救助为托底的多层次医疗保障体制。这种制度体系既有普惠性的制度安排，又有特殊性的政策照顾。它依据“广覆盖、保基本、多层次、可持续”的基本原则，正确处理“保基本”与“多层次”“主体”“补充”的关系，将社会保险与商业保险的医疗保障功能有机地结合在一起。

由政府主导的基本医疗保险具有义务与受益对应、公平与效率统一、待遇水平与经济发展水平相适应等特征。但是，处于“补充”地位的商业医疗保险则不同，它是在国家政策支持下，由商业保险公司针对特定人群的特殊需要所提供的医疗保险产品。商业医疗保险坚持自愿原则，由参保人自主选择缴纳保费。当参保人发生医疗费用风险后，商业保险公司负责按合同契约赔付。所以，企业自主经营、追求盈利，投保人自愿参保、缴费与受益挂钩，是商业医疗保险的显著特征。

五、多层次医疗保险制度的协调配合

经过40年的改革开放和经济发展，中国医疗保障事业取得了巨大成就，建立起了以城镇职工基本医疗保险和城乡居民医疗保险为主体，以企业补充医疗保险、商业医疗保险、医疗救助为补充的多层次医疗保障体系，基本覆盖城乡的全体居民。同时，也应当看到，由于受财力和国情制约，现阶段的基本医疗保险主要还是保基本、保大病，而且，还不是所有大病都纳入了医保三大目录报销范围。此外，对于封顶线以上的费用不予报销，部分参保者在基本医保报销待遇之后，仍然面临着自付高额费用的压力，医疗支出的经济风险尚未完全化解。另外，随着经济社会发展，人们对医疗服务的需求开始呈现多样化、多层次的特征。在这种情势下，补充医疗保险或商业医疗保险作为基本医疗保险的有益补充，能够进一步分散基本医疗保险未能解决的风险，进一步满足人们对高端医疗服务的需求。医疗救助则是社会医疗保障体系的最后一张安全网，它主要针对生活贫困的低收入群体、遭遇灾害和突发事故的重症病人，所提供的以减免医疗费用为主要形式的低层次医疗保障。

总之，基本医疗保险与企业补充医疗保险、商业保险、医疗救助等在中国的社会医疗保障体系中各司其职、互为补充、相互衔接和相互配合，可以有效协调医疗保险中的强制性与自愿性平衡、储蓄与保险的平衡、公共保险与私营保险的平衡、集体互助与个人自我保障平衡等关系，增进医保制度的强度、弹性和结构功能，更好地保障人民群众的身心健康。

第四节 基本医疗保险与其他社会保障的关系

一个国家的社会保障制度是包括各种医疗保障（保险）在内的、功能复杂的庞大社会安全防护体系。在这个体系中，除了医疗保险或基本医疗保险之外，还包括养老保险、工伤保险、生育保险、长期护理保险等，它们不仅守护着人们的身心健康，还呵护着国民的生老病死。

一、基本医疗保险与养老保险

基本医疗保险与养老保险都属于社会保险范畴，两者都源于不确定性。医疗保险针对的是疾病经济风险，由于疾病的发生时间、患病种类、病情等都具有不确定性，因此，大额医疗支出的发生也具有不确定性。养老保险针对的则是人们退休后生命期限长短的不确定性，为了防止出现所谓“人活着，钱没了”的风险，养老保险可以对人们退休失去收入来源后的基本生活予以保障。由于基本医疗保险和养老保险的功能定位不同，两者不仅在缴费水平、缴费年限、待遇享受等方面有着较大差异，而且，它们在基金管理使用方面也存在着很大不同。

首先，在基金流动性方面，医疗保险基金的管理更强调基金流动性。因为疾病风险具有较大的随机性和不可预知性，不仅老人、儿童，就是成年人都会患病，而且患什么病、需要多少费用都很难预测，因此，医疗保险基金支出的时间和数额具有很大的不确定性，因而对基金流动性要求很高。养老保险则不同，它要求参保人在工作时期就必须缴纳一定年限的费用，而只有从退休之日起才开始支付养老金，直至被保险人离世之日终止。所以，养老保险作为一项长期保障项目，它更加注重基金积累。

其次，在基金使用方面，医疗保险更加强调互助共济性。在医疗保险中，只有患病的被保险人才能使用医疗保险基金，而且使用的金额取决于诊疗的需要，它与被保险人的缴费基数关系不大。然而，对于养老保险，不管是采取缴费确定型还是待遇确定型，被保险人只要达到退休年龄，就可以领取养老金，而且，养老金领取数额通常要与被保险人的缴费年限、缴费基数挂钩。因此，医疗保险较之于养老保险，前者更加强调“富人帮穷人、健康人帮病人、年轻人帮老年人”的互助原则。

最后，在保险管理方面，医疗保险管理的难度更大。医疗保险管理的范围除了保险方和被保险方外，还涉及医疗服务提供方。由于医疗服务具有很强的专业性和垄断性，医疗服务容易形成卖方市场；再加上病人和医生之间存在信息不对称，保险方和被保险方往往很难辨别医疗服务的合理性。在这种情况下，医疗服务提供方为了追求自身利益，通常会诱导患者过度消费医疗服务，如果第三方支付制度造成患者对医疗费用关切度低，那么，患者也容易产生过度消费医疗服务的动机，甚至可能出现被保险方和医疗服务提供方结成利益共同体，一致对付保险方的情形。其后果必然导致医疗费用不合理上涨，甚至产生医疗保险透支风险。所以，医疗保险不仅要加强对被保险方的管理，而且还要强化对医疗供方服务的监管。相比之下，养老保险管理通常只涉及被保险方，其管理对象、管理环节就要少一些，难度也要低一些。

二、基本医疗保险与工伤保险

工伤保险，是指劳动者在生产经营活动中或在规定的某些特殊情况下，遭受意外伤害、职业病，以及因这两种情况造成死亡、劳动者暂时或永久丧失劳动能力时，劳动者及其家属能够从国家、社会得到必要的经济补偿的保险制度。工伤保险待遇的一个重要内容是偿付职工因工负伤或者患职业病后治疗所发生的医疗费用，如挂号费、诊疗费、治疗费、药费、住院费等。从这一点看，工伤保险与基本医疗保险之间存在交叉，但二者在筹资、保障范围和待遇水平方面存在差异。

在筹资方面，基本医疗保险基金由政府财政、雇主以及参保者个人共同筹集。而工伤保险费只是由雇主缴纳，雇员不承担任何费用。工伤保险强调“雇主责任”，即一旦发生工伤事故，无论雇主有无过失，雇主都要承担责任。此举可将雇主降低安全标准等潜在的道德风险内部化。因此，工伤保险由雇主承担全部的工伤保险费，最终分散的是雇主的风险。

在保障范围方面，与基本医疗保险不同的是，工伤保险将预防性支出纳入保险基金的支付范围。因为在生产过程中，雇主通过事先采取预防措施，可以大大降低工伤事故的发生概率。而基本医疗保险则不可能将体检等预防性医疗服务纳入保障范围，主要是因为体检等预防性医疗服务本身是确定的，是可以提前计划的，而医疗保险制度的职能是分散风险和经济补偿，分散的往往是随机的、非预期的、具有不确定性的非系统性风险。体检等预防性医疗服务作为一种个人消费行为，消费者个人可以决定去不去体检、什么时候去体检、选择什么样的体检项目，这些选择都是可以确定的，而且，体检带来的经济损失也在消费者可以承受范围内。因此，体检行为本身是一种确定的、风险低的项目，不能也不应该将体检费用纳入医疗保险报销范围内。

在保障水平方面，基本医疗保险基金只对参保者发生的直接经济损失进行补偿，而对参保者因就医而产生的误工损失、差旅费等间接经济损失不予补偿。工伤保险则将因工伤而产生的间接经济损失也纳入了基金支付范围。

三、基本医疗保险与生育保险

生育保险是国家和企业为怀孕和分娩的妇女提供医疗服务、生育津贴和产假，以保证那些因生育而造成收入中断的妇女的基本生活的一种社会保险制度。中国政府早在20世纪50年代，就实施了职工生育保障措施。随着经济改革的不断深入，职工生育的保障方式也由企业单位保障转变为社会保险，国家通过立法，建立了由用人单位缴费筹集基金，对生育和计划生育的参保者按规定给予经济补偿，并保障其基本医疗需要的一项独立的生育保险制度。

21世纪初，原劳动保障部提出“协同推进生育保险和医疗保险”的政策，确定对生育保险与医疗保险实行统一管理、统一缴费和统一参保，但分定费率、分设账户和待遇支付。协同推进政策的主要目的是，利用医疗保险的推进机制和管理系统，快速建立生育保险运行管理机制。另外，中国的生育保险与职工基本医疗保险在经办服务、覆盖范围、基金管理和保障待遇等方面，存在诸多共性或重合之处，因此，“两险”合并运行，势在必行。一是有利于实现社会保险的一体化；二是两险共用管理平台，有利于降低管理成本，提高管理效率；三是两险合并后能够扩大基金池，充分发挥基金的互助共济作用，提高生育保险的保障能力和可持续性；四是从国际上看，只有极少数国家单独实施生育保险制度，大多数国家是将生育保障纳入了医疗保险待遇之中。基于上述考虑，国务院办公厅于2017年发布了《关于印发生育保险和职工基本医疗保险合并实施试点方案的通知》，决定对生育保险和职工基本医疗保险进行合并运行的试点工作。

需要指出的是，生育保险和基本医疗保险在目前阶段的合并运行，主要限于管理层面，即实行“统一管理”，而非制度层面的“整合”，不是“合二为一”。主要原因是，两险除了存在上述共性以外，也存在各自的特性。具体表现为：第一，两险所面对的不确定性及其风险不同，这是它们之间的本质区别。生育行为是可以做到有计划的，即可以提前决定生育时间和生育数量，其不确定性程度很小。从这个意义上讲，生育保险具有一定的福利色彩；而疾病以及治疗的费用具有很大的不确定性。第二，两险的制度功能不同。生育保险具有保护女性就业权益和生育妇女围产期权益的独特功能，基本医疗保险则无此功能。第三，两种保险基金筹集的责任主体不同。生育保险的筹资方式体现的是“雇主责任”，即由用人单位负责，而基本医疗保险则是企业（单位）和个人责任合理分担。第四，两险待遇支付的方式和标准不同。生育保险对于符合规定的医疗费用，实行实报实销，而且还规定有生育津贴（一般占基金支出的60%以上）；而基本医疗保险待遇支付遵循的是“保基本”原则，实行“两线一段”（即起付线、共付段和封顶线）的支付方式，医保基金按政策规定，实行按比例支付。第五，制度覆盖的范围不同。生育保险所要保障的是生育妇女在人生一个特定阶段，即围产期的基本权益；医保则是保障全体居民一生的基本医疗需求。

四、基本医疗保险与长期护理保险

按照国际公认的老龄化标准，中国已经进入老龄化社会，部分地区和城市甚至进入了深度老龄化阶段，例如，上海等一些大城市的老龄人口已经超过20%。而且，中国社会老龄化的一个重要特点是失能、失智老人增长迅速，加之普遍存在的家庭少子化、小型化、空巢化，使一些家庭无力承担“长期照护”的重任。所以，在中国建立长期护理保险制度显得十分必要和迫切。

目前，中国虽然建立了全民医保制度，但医保制度的作用在于分散人们的疾病经济风险，其保险对象是因大病而发生的大额医疗支出。并且，中国医保制度是一项保险而非福利制度，出于医保制度可持续发展的考虑，不可能让医保承担无限责任。正是基于这样的考虑，国家就没有将那些失能、失智老人的生活照料和日常护理纳入全民医保的保障范围。因此，为了解决由于失能、失智的不确定性所引发的长护风险，人力资源和社会保障部于2016年发布了《关于开展长期护理保险制度试点的指导意见》，决定探索建立长期护理保险制度。以上分析表明，长期护理保险和基本医保在保障群体上存在明显差异。其中，基本医保的保障对象是参保的全体人员，不论是老人、儿童或者成年人，只要缴费都可享受基本医保待遇；而长期护理保险的保障对象则是因失能、失智导致生活不能自理的群体。

长期护理保险与基本医疗保险虽有上述差异，但也存在共同点。首先，两者都具有保险属性，目的都是要分散由不确定性所引发的风险。基本医保分散的是由于疾病发生、治疗等不确定性引发的大额医疗支出风险；长期护理保险所要分散的是由于失能、失智发生时的不确定性所引发的护理支出风险。其次，两者都强调权利、义务对等的原则，参保者在筹资过程中都要承担一定比例的缴费责任。目前，基本医保的筹资渠道主要是雇主和个人缴费，以及政府财政补助；长期护理保险的筹资渠道主要有医保基金、个人缴费和财政补助（见专栏10－5）。

目前，中国的长期护理保险制度还处于试点阶段，在试点实施过程中，需要总结基本医保的经验和教训，避免使其过度依赖政府财政或承担应保范围之外的其他责任。

专栏10－5　长期护理保险的筹资

根据主要筹资来源不同，全球共有三类长期照护保险制度：一是来源于税收的福利模式，以奥地利、丹麦和瑞典等国家为代表；二是来源于个人缴费的长期照护商业保险模式，以美国和法国为代表；三是来源于企业缴费的社会保险模式，以德国、日本、韩国和中国台湾地区为代表。关于中国长护制度的选择，国内学术界已达成共识，即中国长护制度应采取保险模式而非福利模式，也非商保模式。商保以盈利最大化为目标，保费相对高昂，覆盖面较窄。福利模式与我们国家现阶段的国情不符。借鉴国际经验和已经实施的五大保险的经验，中国长期照护保险采取的是社会保险模式。

当前，全国有15个地区进行了长期照护保险制度试点。就15个试点地区的筹资方式而言，主要通过基本医疗保险基金进行划拨，因城镇职工医保制度和城乡居民医保制度筹资模式不同，长期照护保险筹资模式也不同。城镇职工长期照护保险筹资渠道主要包括医保基金划拨、个人缴费、财政补助、单位缴费和福彩公益金五个方面，各试点地区筹资模式主要包括以下五种：一是采取“城镇职工医保基金统筹结余”模式，如广州市按照130元/人的筹资标准从职工社会医疗保险统筹基金划拨。二是采取“城镇职工医保统筹结余＋个人缴费”模式，典型地区有长春市、齐齐哈尔市、青岛市、重庆市和安庆市。如齐齐哈尔市规定参保人员缴纳30元，医保基金为每人筹集30元。三是采取“城镇职工医保统筹结余＋财政补助”模式，典型地区有苏州市和石河子市。如苏州市规定职工基本医疗保险统筹基金结余按70元/人每年划转，政府按50元/人每年补助。四是采取“城镇职工医保基金统筹结余＋个人缴费＋财政补助”模式，典型地区有荆门市、成都市、南通市和承德市。如南通市规定每人每年100元，其中，个人缴纳每人30元，医保统筹基金筹集每人30元，政府补助每人40元。五是采取“个人＋单位”筹资模式，典型地区有宁波市和上海市。如宁波市规定单位按照职工医保缴费基数的0.2%，在职职工按照职工医保缴费基数的0.1%，灵活就业人员、失业人员按照职工医保缴费基数0.3%进行筹资。

城乡居民长期照护保险筹资渠道主要包括城乡居民医保统筹基金、个人缴费、财政补助和福彩公益金，其筹资模式主要有以下几种：一是采取“城乡居民医保统筹基金”划拨方式，典型地区有青岛市和长春市。如青岛市规定从居民社会医疗保险基金中按照不超过当年居民社会医疗保险费筹资总额的10%划转。二是采取“城乡居民医保统筹基金＋财政补助”模式，典型地区有苏州市和石河子市。如苏州市规定城乡居民基本医疗保险统筹基金结余按35元/人每年划转，政府每年按50元/人补助。三是采取“城乡居民医保统筹基金+个人+财政补助”模式，典型地区有荆门市和南通市。四是采取“个人+财政补助”模式，典型地区有上海市。总体来说，相比较于城镇职工长期照护保险，城乡居民长期照护保险的筹资渠道更加强调政府的责任。

资料来源：

[1] 王保玲，孙健．三种筹资模式下老年人长期护理保险缴费与财政补贴研究［J］．重庆社会科学，2018（11）：18－35.

[2] 吴海波，邵英杰，周桐．长期护理保险筹资机制研究——基于全国15个试点方案的比较［J］．金融理论与实践，2018（10）：98－101.

第五节　基本医疗保险与健康中国的关系

一、健康与医疗保险的关系

关于健康与医疗保险之间的关系，大体上有两种观点。

一种观点认为，医疗保险能够明显影响参保者身心健康。其影响机制主要表现在以下四个方面：一是医疗保险作为一种为个人医疗服务需求提供保障的制度，能够为参保者就医治病提供一定的经济支持，有利于降低个体心理负担，进而影响其健康状况。二是由于医疗保险为参保人提供了一定程度上支持与保障，可以鼓励参保者的医疗服务消费行为，提高全社会的医疗卫生服务利用率，进而改善人们的健康状况。三是医疗保险可以通过个体的健康行为影响其健康状况。一方面，在商业医疗保险制度中，某些保险条款对参保者的不健康行为或容易引发健康风险的行为作有明确的限定与约束；另一方面，医疗保险的补偿机制鼓励参保者的预防性医疗服务需求，这样，参保者就拥有更多的兴趣获取健康信息，也有更大的可能戒除自身的不健康行为。四是医疗保险还可以通过影响个体的日常消费行为来影响其身体健康。由于医疗保险能够有效缓解个体或家庭的疾病经济负担，降低未来的不确定性程度，因此，参保个体或家庭就可能相应减少储蓄，改善日常消费，增进生活品质，从而影响个体或家庭的健康状况。

另一种观点则认为，医疗保险对健康虽有影响，但并不显著。造成两者之间影响关系模糊的原因有三个方面：一是参保者的“道德风险”行为。由于医疗保险能够有效降低个人负担的医疗费用，在这一保障机制下，个体就有可能产生忽视自身不健康行为的动机，例如，继续维持烟酒成瘾的生活嗜好。显然，参保者存在的这一类道德风险，在一定程度上干扰了医疗保险对健康固有的影响力。二是参保者的“逆向选择”行为。参与医疗保险大多以个体的自主选择为原则，享受医疗保险待遇则需要以支付保险费为前提，在这些条件下，医疗保险往往吸引到的是那些身体健康状况相对较差的人群。这种“逆向选择”导致医疗保险对健康的影响变得模糊起来。三是个体偏好。个体的风险偏好与时间偏好往往左右着参保人对待自身健康的态度。一个厌恶风险的人，往往会通过预防性保健行为来降低未来健康风险的概率，他们也更容易参与健康保险计划；一个具有较高的时间偏好的个体也会更加注重对当前自身健康状况的投资。因此，个体偏好是影响健康状况及保险参与意愿的重要因素。然而，在医疗保险是否影响健康的观测过程中，个体偏好的具体情况往往难以把握，甚至没有得到研究者的关注，因此，现有的相关研究仍然未能做出清晰明确的结论。

关于健康与医疗保险之间关系的学术探讨还将持续进行，理清两者的相互影响有助于人们正确看待医疗保险对于个体乃至社会的积极作用。但无论如何，在建设“健康中国”的实践进程中，医疗保险是必不可少的因素，正确认识医疗保险的地位和作用，确保其既不越位，更不缺位，充分发挥其应有的作用，这是政府推动医疗保险制度改革的关键所在。

二、全民医保与“健康中国”战略

（一）“健康中国”的内涵

健康之于人的重要性，可以把健康比作1，事业、家庭、名誉、财富等就是1后面的0，人生圆满全系于1的稳固。健康之于一个国家、一个民族的重要意义，同样如此。“健康中国”的概念，首先是由习近平总书记在2016年8月召开的全国卫生与健康大会上提出来的。2017年10月，习近平同志在党的十九大报告中指出，要实施健康中国战略，完善国民健康政策，为人民群众提供全方位、全周期的健康服务。

按照党的十九大提出的目标，实施“健康中国”战略，其主要内容包括：深化医药卫生体制改革，全面建立中国特色基本医疗卫生制度、医疗保障制度和优质高效的医疗卫生服务体系，健全现代医院管理制度。加强基层医疗卫生服务体系和全科医生队伍建设。全面取消以药养医，健全药品供应保障制度。坚持预防为主，深入开展爱国卫生运动，倡导健康文明生活方式，预防控制重大疾病。实施食品安全战略，让人民吃得放心。坚持中西医并重，传承发展中医药事业。支持社会办医，发展健康产业。促进生育政策和相关经济社会政策配套衔接，加强人口发展战略研究。积极应对人口老龄化，构建养老、孝老、敬老政策体系和社会环境，推进医养结合，加快老龄事业和产业发展。

（二）全民医保在健康中国战略中的地位和作用

全民医保既是国家社会保障体系和医药卫生体制的重要组成部分，也是国家经济社会发展的一项重要制度安排。所以，全民医保无论在全面建成小康社会，还是在推进“健康中国”战略中，都具有重要的制度性功能和基础性作用。这种功能和作用集中体现在，全民医保可以为实施健康中国战略创造基本条件。

首先，全民医保坚持“保基本”的原则，能够有效分散参保者的疾病经济风险，解除了人们治疗疾病的后顾之忧，保障人民群众的基本医疗服务需求，为患病人群恢复健康奠定基础。

其次，全民医保有利于维护患者利益。在医疗领域存在信息不对称的情况下，医生虽然是患者的代理人，但有时也会出于自身利益考虑，做出有损患者利益的行为，即发生医生的道德风险问题。为了抑制医院或医生的道德风险，作为参保者利益代表的医疗保险机构，在医疗服务团购中能够与医疗服务供方进行谈判，通过谈判议价，鼓励公平竞争，有利于形成合理的医疗服务价格和药品价格；医保机构在总额预算基础上采取多种支付方式组合与病历审核，有助于规范医生的诊疗行为，缓解医生的道德风险，保障患者的利益，倒逼医疗服务机构提高管理效率。

再次，全民医保的“差别报销”机制，对于实施分级诊疗制度具有辅助作用。这种机制能够鼓励优质医疗资源流向基层，增加基层医疗机构的报销比例，引导患者理性就医，实现基层首诊。

最后，全民医保可以为医改和医疗事业发展提供重要的物质基础。现阶段，医保机构已经成为医疗服务的最大购买方，医保基金已经成为医疗服务机构的主要收入来源。积极推进全民医保，有利于医保基金的可持续运行，有利于医疗卫生体制的深化改革，有利于中国医疗服务行业的长远发展。

（三）在“健康中国”建设中不断完善全民医保制度

2009 年“新医改”以来，中国全民医保制度建设成就显著，其中，医保改革的成效最为突出。主要表现在，全民医保制度覆盖面迅速扩大，基本实现全覆盖。而且，基本医疗保险的基金规模不断增大，保障能力日益增强，开始将医疗花费较高的慢病重症和罕见病纳入保障范围。尽管如此，还需要看到，全民医保建设和医疗卫生体制改革所取得的成效还是初步的、不全面的，它与“健康中国”的要求相比，还存在一定差距。主要表现在两方面：

一方面，从全民医保制度本身来看，城乡居民医保合并虽然正在全国范围内推行，也初步实现了“两保合一”，但要实现“三保合一”，任重道远。由于城镇职工医保与城乡居民医保在筹资、保障待遇上的差异，短期内还难以实现“三保合一”，进而影响全民医保制度的公平与效率，这与“为人民群众提供全方位全周期健康服务”的国民健康政策的要求相比，还是不相适应的。

另一方面，“三医联动”改革滞后，制约了全民医保制度建设。在医疗卫生体制方面，公立医院改革尚未取得实质性进展，医疗服务供方领域仍然沿袭着计划经济时期的体制机制，难以与市场化改革的医保制度和医药生产流通体系相协调，导致全民医保的制度功能受到医疗服务供方体制的束缚。以医疗服务供方结构失衡的现状为例，优质医疗资源过度集中于大城市和大医院，导致大医院人满为患，而基层医疗机构却“门可罗雀”，“头重脚轻、基层薄弱”的问题仍然十分突出。在基层医疗机构普遍缺乏优质医疗资源的情况下，仅靠全民医保的“差别支付”，难以有效推动分级诊疗，更谈不上实施首诊制和转诊制。不仅如此，目前，全科医生制度还处于艰难的推进之中，合理的就医格局和良好的就医秩序尚未完全形成，也导致全民医保的基础性作用难以得到有效发挥。

推进“健康中国”建设，实施“健康中国2030”规划纲要，是各级政府部门的共同责任，是从事医保研究、经办机构与医保人员的历史使命。面对新的形势、新使命和新任务，需要在总结全民医保改革与发展经验的基础上，积极推动全民医保的制度改革与创新，以适应“健康中国”战略和“健康中国2030”规划实施纲要的要求。

第一，继续做好“保基本”的工作。只有做好“保基本”，才能实现“广覆盖”，才能保障全民医保可持续发展。“保基本”是一个相对、动态的概念，其保障范围和保障水平是随着经济发展和人民群众健康需求的不断提高而相应变化的。目前，全民医保在“保基本”上仍存在诸多问题，保障不到位或超出“保基本”范围的情况仍然普遍，有的甚至将全民医保泛福利化，让全民医保承担了一些职责范围之外的项目。例如，有人建议将常见病和体检纳入全民医保范围等。这类建议看似为民做好事、施“仁政”，但超出国情和财力可能，将影响全民医保制度的可持续，损害人民群众的根本利益。

第二，按照“公平、持续、成熟、定型”的目标要求，进一步规治全民医保行为。目前，全民医保制度的碎片化，严重影响制度的公平性和运行效率。因此，在逐步实现城乡居民医保合并的基础上，需要积极探索“三保合一”的有效路径，在统一管理体制的基础上统一制度，“补齐”全民医保的“短板”；在进一步完善筹资机制、保障待遇调整机制的同时，需要对医保支付机制、价格形成机制、议价谈判机制等进行改革完善，促进全民医保制度更为成熟定型。

第三，发挥医保支付在医疗供给侧改革和分级诊疗中的辅助作用（见专栏10－6）。积极化解医疗服务“头重脚轻、基层薄弱”的矛盾，其重要抓手和出路在于，引导优质医疗资源下沉基层，不断提高基层医疗人员的技术水平和服务能力。在此基础上，要建立、完善分级诊疗制度，把占比高达70%的常见病、慢性病的就医问题，解决在基层卫生机构，对其余30%的重大、疑难病症，则通过正常的转诊制度转移到专科医院或高等级医院，形成合理的就医格局和就医秩序。对此，全民医保应当采取举措予以支持和配合，实现各方共赢的目标。

第四，继续发挥医保在医改中的基础性作用。全民医保的保险属性决定着医改市场化的方向。要通过引入市场机制，充分发挥医保作为第三方付费机构与医疗服务供方谈价议价的功能，倒逼医疗服务供方之间展开竞争，以提高医疗服务质量，降低医疗服务价格；要充分发挥医保机构的谈价议价功能，在谈判的基础上形成合理价格，从制度层面解决政府定价引发的药价虚高问题；全民医保制度在明确保障范围的前提下，要通过设置起付线、共付比和封顶线等约束条件，合理确定报销比例，避免医保基金支出的不合理增长。

总之，在实施健康中国战略的过程中，既要重视全民医保的制度性和基础性作用，也要清醒看到，全民医保并非万能，不能承担无限责任。如何保证全民医保在实施健康中国战略的过程中不缺位、不越位，实现医保制度的可持续发展，仍然是需要进一步深入研究的重大问题。

专栏10－6　医保经济杠杆难以“撬动”分级诊疗

推动分级诊疗高质量实施是中国深化医改的重点任务之一，甚至被当作医改能否成功的关键。各地对此也进行了全方位的探索，应用医保经济杠杆，拉开不同等级医院的医疗保险报销比例从而推动分级诊疗的模式被寄予“厚望”，甚至有观点认为，医保经济杠杆作用的发挥是决定分级诊疗成功实施与否的决定性因素。那么，什么是分级诊疗？医保真的能“撬动”分级诊疗吗？

分级诊疗制度在本质上是指不同级别医疗机构合理分工、各司其职、相互协作，确保所有患者能够在适宜的时间、适宜的地点获得适宜的医疗服务，患者看病首先经过基层医疗机构判断疾病严重程度，“大病”才转到大医院诊疗。为了让患者看病先在基层首诊，一些地方就规定，选择基层医疗机构就诊的参保人可以获得更高的医保报销比例。

那么，医保的经济杠杆作用有用吗？拉开医保报销比例的做法可以在一定程度上引导和辅助合理就医格局的形成，但是在推动分级诊疗制度高质量实施的问题上，作用非常有限。从各地的实践来看，医保支付比例引导分级诊疗一般有两种做法：一是差别化报销比例，即通过拉开基层与大医院的医保支付比例，引导患者留在基层首诊。二是首诊制，即不在社区首诊、自行到医院门诊的费用不予报销。然而，效果是非常有限的。例如，北京职工医保的社区报销比例为90%，医院报销在职职工70%、退休职工85%；佛山职工医保在一级医疗机构报销75%，二级报销60%，三级不报销。尽管基层与上级医疗机构之间已经拉开了一定的报销比例差距，但并未因此扭转患者蜂拥三级医院的局面。

造成上述问题的主要原因在于，中国优质医生人力资源配置存在显著的城乡差异，优质医生聚集于高等级医院，并且难以下沉到基层医疗卫生机构。主观上，患者不认为基层医生拥有确诊疾病严重程度的能力。客观上，基层医生学历、职称、普遍较低（见图1和图2）。

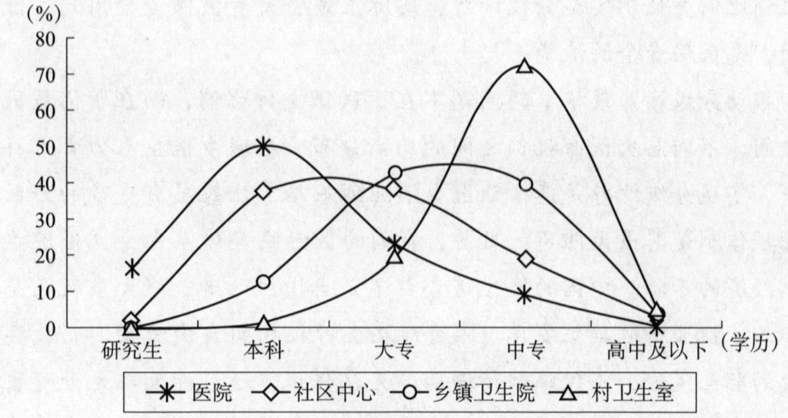

图1　中国2015年执业（助理）医师学历分布

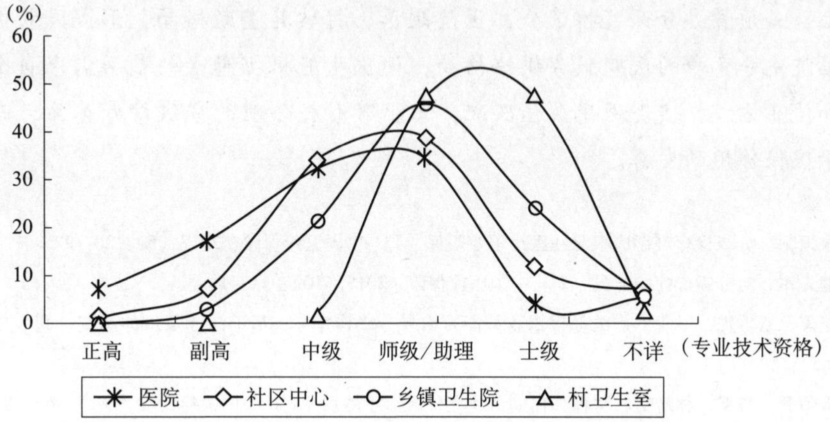

图2　中国2015年执业（助理）医师专业技术资格

资料来源：《2017中国计划生育与卫生统计年鉴》。

然而，患者对医疗服务的利用存在明显的“质量偏好”，大病患者尤其如此。在这种情况下，医保支付比例不仅仅难以引导分级诊疗高质量实施，还可能出现一些新的问题：

首先，在患者支付能力普遍大幅提高的情况下，患者很可能直接放弃医保报销，全额自费去质量有保障的大医院看病，基层即使再怎么提高医保报销比例也很难留住大部分患者。另外一部分人可能到社区卫生服务中心拿转诊单到拥有优质医生资源的医院看病，转诊成了“走过场”，这样的操作只是给打定主意要去拥有优质医生资源医院看病的患者徒增麻烦。

其次，在优质医生资源配置结构明显失衡情况下，人为拉开基层医疗机构与大医院的支付比例，强制实施分级诊疗，可能造成“高价买劣质服务”现象。医疗保险讲求购买服务“性价比”和基金绩效。基层医疗机构优质医生资源缺乏，提高基层医疗机构医保报销比例并强制实施分级诊疗，实际上是将大量医保资金用到了低质量的医疗服务上面，是医保资金的浪费。

因此，推动分级诊疗最根本的问题不在于医保支付比例，而在于优质医生人力资源在城乡之间、不同层次医疗机构之间的均衡分布。在城乡医生人力资本存在显著差异的情况下，实现分级诊疗是怎么让医生下沉到基层，让基层有更多的好医生。行政化的医疗管理体制是其最大阻碍。目前，我们的医疗服务体系由公立医院主导，公立医院是计划经济的产物。中国的医生迄今都不是自由执业者，绝大多数还是拥有事业编制身份职工，执业听取单位安排，不可能在医疗机构间自由流动，而放弃事业编制又存在巨大的职业风险，不仅编制待遇问题无法保证，还可能面临无处可去的窘迫境地。因此，医生只有作为自由人，能够自由地流动和签约医院，且自由执业收入超过在大医院定点执业收入，才能够出现优质医生真正下沉基层的情形。

综上，必须管办分开，推进公立医院改革，打破其垄断格局，形成民营医疗机构和公立医院充分竞争的医疗服务供给格局，使医生能根据患者的就医需求自由选择执业地点和执业方式，实现医患最佳匹配，才能够形成合理的分级诊疗体系，而不能仅仅依赖于医保作用的发挥。

资料来源：

[1] 朱恒鹏．分级诊疗难形成根源在医疗不在医保［J］．中国医疗保险，2017（5）：20－22.

[2] 熊先军．对分级诊疗的异见［J］．中国医疗保险，2015（10）：11－14.

[3] 王震，蔡雪妮，王清华．医保报销政策能否引导分级诊疗——基于江苏某市的调查［J］．中国医疗保险，2017（5）：10－13.

[4] 朱恒鹏，昝馨，林绮晴．医保如何助力建立分级诊疗体系［J］．中国医疗保险，2015（6）：9－11.

[5] 朱刚令．医保助推分级诊疗的对策与思考——基于重庆的实践［J］．中国医疗保险，2017（5）：25.

参考文献

（按各章节引用的顺序排列）

［1］陈仰东．明确参保政策方能有效治理参保乱象［J］．中国医疗保险，2018（1）：15－16．

［2］丁纯．美国医疗保障制度现状、问题与改革［J］．财经论丛（浙江财经大学学报），2006（5）：40－46．

［3］吕国营．没有强制性就没有全民参保［J］．中国医疗保险，2018（1）：18．

［4］吕国营．如何看待社会医疗保险经办能力［J］．中国医疗保险，2013（9）：19－22．

［5］李珍，赵青．德国社会医疗保险治理体制机制的经验与启示［J］．德国研究，2015，30（2）：86－99．

［6］谭中和．非正规就业人员基本医疗保险应保尽保问题的几点思考［J］．中国医疗保险，2018（1）：9－13．

［7］张开金，姜丽，王敏，等．发挥社区卫生服务在医疗保障中的作用［J］．中国医疗保险，2008（2）：62－64．

［8］赵曼，吕国营．管办分离：医改的第三条道路［J］．中国社会保障，2008（7）：32－33．

［9］贝弗里奇．贝弗里奇报告［M］．北京：中国劳动社会保障出版社，2004．

［10］蔡江南．德国医改启示：兼顾公平与效率的实践范本［N］．中国经济导报，2015－11－28（B04）．

［11］陈纯．美国医疗保障体系现代化进程分析［J］．现代商贸工业，2014（10）：35－37．

［12］丁纯．德国医疗保障制度：现状、问题与改革［J］．欧洲研究，2007（6）：106－119．

［13］樊亢，宋则行．外国经济史［M］．北京：人民出版社，1981．

［14］冯鹏程，荆涛．新加坡乐龄健保计划概述［J］．中国医疗保险，2014（2）：62－65．

［15］冯鹏程．走向终身强制：新加坡终身健保计划及启示［J］．中国医疗保险，

2016 (1): 63 - 66.

[16] 冯鹏程，荆涛．新加坡保健储蓄计划研究及启示 [J]．社会保障研究，2013 (6): 94 - 101.

[17] 郭林，杨植强．奥巴马医疗保障制度改革综论 [J]．江汉论坛，2013 (3): 125 - 129.

[18] 郭小沙．德国医疗卫生体制改革及欧美医疗保障体制比较——对中国建立全面医疗保障体制的借鉴意义 [J]．德国研究，2007，22 (3): 31 - 36.

[19] 顾昕．走向全民健康保险：论中国医疗保障制度的转型 [J]．中国行政管理，2012 (8): 64 - 69.

[20] 顾昕．全民免费医疗的市场化之路：英国经验对中国医改的启示 [J]．东岳论丛，2011，32 (10): 25 - 31.

[21] 华颖．英国全民医疗服务（NHS）的组织管理体制探析——兼论对中国的启示 [J]．中国医疗保险，2014 (3): 67 - 70.

[22] 吉宏颖．英国医疗保障的政府与市场定位 [J]．中国医疗保险，2014 (1): 67 - 70.

[23] 李德．战后英国工党民主社会主义福利改革对我国的启示——基于公共服务的视角 [J]．上海交通大学学报（哲学社会科学版），2018 (1): 18 - 25.

[24] 李滔，张帆．德国医疗卫生体制改革现状与启示 [J]．中国卫生经济，2015，34 (4): 92 - 96.

[25] 李珍，赵青．德国社会医疗保险治理体制机制的经验与启示 [J]．德国研究，2015，30 (2): 86 - 99.

[26] 李旭章，龙小燕．英国医疗公共服务改革与借鉴 [J]．经济研究参考，2013 (20): 41 - 47.

[27] 李成志．美国医疗保险制度对当前医改的几点启示 [J]．中国医疗保险，2018 (5): 78 - 81.

[28] 廖晓诚．新加坡医疗保障体系运行机制及现状评述 [J]．东南亚纵横，2014 (12): 45 - 51.

[29] 刘权．德国医保是如何支付的 [N]．健康报，2017 - 6 - 12 (007).

[30] 刘俊霞，帅起先等．灵活就业人员纳入基本医疗保险的逆向选择——基于逆向选择的分析 [J]．经济问题，2016 (1): 66 - 70.

[31] 娄宇．“管办分离”与“有序竞争”——德国社会医保经办机构法律改革述评与对中国的借鉴意义 [J]．比较法研究，2013，26 (5): 124 - 137.

[32] 林丽，田伟平．社会保险 [M]．北京：法律出版社，1996.

[33] 隋学礼．德国医保筹资制度的改革路径分析——基于人口老龄化和家庭政

策视角［J］. 北京航空航天大学学报（社会科学版），2016，29（2）：13－19.

［34］苏泽瑞. 美国 DRGs 支付制度及其借鉴［J］. 中国医疗保险，2016（12）：68－70.

［35］唐庆. 论俾斯麦时代德国社会保险制度的创建［J］. 江汉大学学报（社会科学版），2011，28（5）：41－45.

［36］唐志明. 论俾斯麦的社会保险立法［J］. 贵州民族学院学报（哲学社会科学版），2002（6）：33－36.

［37］吴晓峰. 德国医疗保险制度改革［J］. 国外医学（卫生经济分册），2000（3）：97－103.

［38］王琬. 新加坡大病保险制度的发展与变革［J］. 中国医疗保险，2016（8）：66－70.

［39］王川. 德国社会保障制度的经济学分析［D］. 吉林大学，2008.

［40］王川，陈涛. 德国医疗保险制度的改革及启示［J］. 经济纵横，2009（7）：105－107.

［41］文太林. 美国医疗保险改革演进及对中国的启示［J］. 中国卫生政策研究，2014，7（12）：1－8.

［42］杨红燕，吕幸. 英国 NHS 最新医改政策评析［J］. 湖北社会科学，2015（10）：43－47.

［43］杨玲，刘远立. 美国医疗救助制度及其启示［J］. 武汉大学学报（哲学社会科学版），2010（5）：698－704.

［44］杨斌，杨植强. 美国医疗保障制度的嬗变及启示［J］. 中州学刊，2013（2）：77－82.

［45］约翰·哈德森. 华颖. 从福利国家到竞争国家？英国社会保障与经济关系的演变［J］. 社会保障评论，2018（1）.

［46］张双娜. 德国的医疗保险制度改革［N］. 学习时报，2012－8－13（002）.

［47］赵斌. 国际社会医疗保障制度发展趋势：走向“战略性购买”［J］. 中国医疗保险，2016（12）：17－21.

［48］张奇林. 美国医疗保障制度评估［J］. 美国研究，2005，19（1）：94－111.

［49］周博闻，崔健. 美国医疗保障制度公平性与效率性的关系演变分析［J］. 管理世界，2017（8）：184－185.

［50］朱铭来，陈妍等. 美国医疗保障制度改革述评［J］. 保险研究，2010（11）：36－48.

［51］胡晓义. 医疗保险和生育保险［M］. 北京：中国劳动社会保障出版社，2011.

［52］胡晓义．走向和谐［M］．北京：中国劳动社会保障出版社，2009.

［53］山东省财政厅社会保障处编．山东省财政社会保障政策法规汇编（1997－2008）［M］．北京：经济科学出版社，2009.

［54］丛春霞，刘晓梅．社会保障概论（第2版）［M］．大连：东北财经大学出版社，2011.

［55］申曙光．新时期我国社会医疗保险体系的改革与发展［J］．社会保障评论，2017（2）：42－45.

［56］孙淑云．中国基本医疗保险立法困局、症结及其出路［J］．山西大学学报（哲学社会科学版），2017，40（3）：142－150.

［57］王东进．回顾与前瞻：中国医疗保险体制改革［M］．北京：中国社会科学出版社，2008.

［58］刘洪清，侯俏俏．走过“两江”试点［J］．中国社会保障，2009（10）：54－57.

［59］赵曼，潘常刚．医疗保障制度改革30年的评估与展望［J］．财政研究，2009（2）：20－23.

［60］褚福灵．整合城乡医保管理体制的意义与思路［J］．中国医疗保险，2015（2）：13－16.

［61］刘晓梅，邵文娟．社会保障学［M］．北京：清华大学出版社，2014.

［62］胡晓义．医疗保险和生育保险［M］．北京：中国劳动社会保障出版社，2011.

［63］邓大松，杨红燕．医疗保险与生育保险［M］．北京：人民出版社，2013.

［64］罗森，盖亚著．郭庆旺译．财政学（第十版）［M］．北京：中国人民大学出版社，2015.

［65］Rice T.，Rosenau P.，Unruh L. Y.，et al. United States of America：health system review［J］. Health Systems in Transition，2013，15（3）.

［66］王东进．把握客观规律，坚持基本方针，确保医疗保险制度可持续发展［J］．中国医疗保险，2012（11）：9－12.

［67］王东进．合理稳定的筹资机制是医疗保险制度持续发展的前提［J］．中国医疗保险，2010（7）：8－10.

［68］王东进．守住底线　保好基本［J］．中国医疗保险，2014（1）：5－8.

［69］梅哲，万惠龙．论实现社会保险权利与义务的对等［J］．湖北财税，2003（21）：24－25.

［70］刘俊霞，帅起先，吕国营．灵活就业人员纳入基本医疗保险的逆向选择——基于逆向选择的分析［J］．经济问题，2016（1）：66－70.

[71]《我国灵活就业人员医疗保险政策研究》课题组．灵活就业“释义”与发展趋势——我国灵活就业人员医疗保险政策研究之一［J］．中国社会保障，2012（3）．

[72]《我国灵活就业人员医疗保险政策研究》课题组．灵活就业人员医保政策解析及现状——我国灵活就业人员医疗保险政策研究之二［J］．中国社会保障，2012（4）．

[73] 徐家岳．“捆绑式”参保值得反思［J］．中国社会保障，2006（2）：41－42.

[74] 弋戈．“被捆绑”的医保［J］．中国社会保障，2010（6）：69.

[75] 王东进．坚持基本方针不动摇［J］．中国医疗保险，2011（2）：6－9.

[76] 刘小兵．中国医疗保险费率水平研究［J］．管理世界，2002（7）：69－74.

[77] 吴明，张里程．医疗保险与医院改革：医疗保险费测算［J］．中国医院管理，2000，20（4）：58－59.

[78] 黄庆杰．关于社会保险缴费负担的几点思考［J］．宏观经济管理，2012（10）：26－29.

[79] 黄少滨，杨艳歌，吕天阳．基于核密度估计的参保人员缴费基数核定方法研究［J］．管理评论，2013，25（4）：95－102.

[80] 何礼平，向运华．城镇职工退休人员缴纳医疗保险费的可行性及其相关问题探讨［J］．社会保障研究，2016（2）：65－74.

[81] 朱恒鹏．退休职工应否缴费参加医保［J］．中国改革，2016（2）：69－73.

[82] 翟方明．我国退休职工医保缴费政策及其理论争议的再反思［J］．中国卫生政策研究，2018，11（1）：6－12.

[83] 王超群，张翼，杨宜勇．城镇职工基本医疗保险退休老人终生缴费制研究［J］．江西财经大学学报，2013（5）：79－85.

[84] 陈仰东．报销比例应该适当［J］．中国医疗保险，2017（6）：22－23.

[85] 金维刚．医保待遇及其调整应与筹资水平相适应［J］．中国医疗保险，2017（6）：21－22.

[86] 张国栋，左停，徐小言．医疗保险“重复参保”研究［J］．中国卫生经济，2015，34（5）：36－39.

[87] 陈莹，时明慧．多方面努力推进单病种付费科学实施［J］．天津社会保险，2016（5）．

[88] 陈青青，张媛．浅谈杭州企事业单位退休人员医保门诊费用支付方式［J］．中国卫生经济，2006，25（11）：76－77.

[89] 褚福灵．按病种是外在，按质量是灵魂［J］．中国卫生，2018（5）：33－34.

[90] 邓倩，李东华，肖黎等．我国基本医疗保险总额控制下的按病种分值付费

现状研究［J］. 医学与社会，2016，29（9）：11－13.

［91］高庆波. 关于按服务项目支付的探讨［J］. 北京航空航天大学学报（社会科学版），2008，21（1）：40－42.

［92］胡苏云. 从上海实践看总额预付制中的矛盾［J］. 中国卫生，2012：22－23.

［93］吕国营. 测量成本、可验证性与医疗费用支付方式［J］. 财贸经济，2009（10）：65－70.

［94］李绍华，柴云. 医疗保险支付方式［M］. 北京：科学出版社，2016.

［95］孙喜琢，宫芳芳. 深圳市罗湖区医疗卫生服务体系改革实践与研究［J］. 中国医院，2017（11）.

［96］舍曼·弗兰德，艾伦·C. 古德曼，迈伦·斯坦诺. 卫生经济学（第六版）［M］. 北京：中国人民大学出版社，2011.

［97］天津市社会保险基金管理中心医疗保险结算中心课题组. 医疗保险结算方式分析与探讨［J］. 天津社会保险，2008（5）：14－16.

［98］王虎峰. 我国医联体的功能定位与发展趋势——以罗湖医疗集团为例［J］. 卫生经济研究，2018（8）.

［99］王阿娜. 医疗费用的控制与医疗保险支付方式的改革［J］. 宏观经济研究，2012（5）：76－79.

［100］王祺. 浅议我国医疗保险支付方式的改革［J］. 时代经贸，2011（18）：59－60.

［101］王宗凡，张兴. 完善医保总额控制的思路和建议［J］. 中国社会保障，2017（5）：75－76.

［102］王宗凡. 医保总额控制：疑问与思考［J］. 中国社会保障，2017（4）：80－81.

［103］王宗凡. 医疗保险总额控制的实践与思考［J］. 中国医疗保险，2017（3）：37－40.

［104］王宗凡. 如何完善“点数法”总额控制［J］. 中国社会保障，2017（3）：80－81.

［105］王珊，杨兴宇，郎婧婧，江芹，于丽华. 全国按疾病诊断相关分组收付费在医院的应用探讨［J］. 中国医院管理，2017，37（6）：5－7.

［106］于凌云. 社会保障：理论、制度与实践［M］. 北京：中国财经出版社，2008.

［107］吴佳男. “稳”中求进：DRG 收付费试点选定［J］. 中国医院院长，2017（15）：24－25.

［108］赵云. 医疗保险付费方式改革研究：以制度分析为视角［M］. 北京：科学

出版社，2015.

［109］赵斌．点数法地方实践的比较［J］．中国社会保障，2017（3）.

［110］赵斌．从策略性应对到战略性改革——医疗保险支付方式改革背景下的医院医疗保险管理［J］．中国人力资源社会保障，2018（8）：14－17.

［111］曾乔林，袁一菡，曾子芮．按病种付费标准的测算方法探索——以急性单纯性阑尾炎付费标准测算为例［J］．中国医疗保险，2017（2）：49－52.

［112］朱铭来，打破碎片化　提升保障力［J］．中国卫生，2018（9）：55－56.

［113］朱培渊，王珊，刘丽华．DRG支付方式改革在公立医院的实施路径探讨［J］．中国卫生经济，2018，37（5）：32－35.

［114］《加快健全社会保障管理体制和经办服务体系》课题组．加快健全社会保险管理体制和经办服务体系［J］．中国社会保障，2015（6）：34－37.

［115］王飞跃，郭怀亮．属地管理、运行机制与社会保险经办机构变革取向［J］．改革，2012（11）：154－159.

［116］李常印．完善社保经办管理体制的几点思考［J］．中国人力资源社会保障，2017（6）：38－40.

［117］顾昕．走向有管理的竞争：医保经办服务全球性改革对中国的启示［J］．学习与探索，2010（1）：163－166.

［118］孟庆伟．三大医保整合方案“难产”［N］．中国经营报，2013－11－11（A10）.

［119］仇雨临．医保管理体制归属要尊重法律、规律和事实［J］．中国医疗保险，2016（9）：29－30.

［120］唐霁松．全民医保下经办管理不可替代的作用与亟待解决的问题［J］．中国医疗保险，2012（9）：20－22.

［121］唐霁松．医保经办管理与时俱进的几点意见——基于建立“四更”全民医保推进健康中国建设的思考［J］．中国医疗保险，2016（12）：30－35.

［122］朱恒鹏．医保管理另起炉灶有违社保体制要求［J］．中国医疗保险，2016（9）：29.

［123］郑功成．理性选择医保管理体制［J］．中国医疗保险，2016（9）：24－25.

［124］谭中和．医保基金征缴的精确管理［J］．中国医疗保险，2014（11）：15－17.

［125］秦喆．医疗保险费征收体制与绩效比较［J］．中国医疗保险，2012（5）：30－33.

［126］单大圣．我国计划经济时期的医疗保障行政管理体制及评价［J］．医学与社会，2014（6）：1－4.

[127] 郝春彭. 建立和完善有中国特色的医保治理体系提升医疗保险治理能力 [J]. 中国医疗保险, 2014 (9): 28-29.

[128] 王东进. 在深化改革中完善医保治理体系提高医保治理能力 [J]. 中国医疗保险, 2014 (10): 5-8.

[129] 余军华, 袁文艺. 公共治理: 概念与内涵 [J]. 中国行政管理, 2013 (12): 52-55.

[130] 王琬. 浅析医疗保险治理的逻辑基础 [J]. 江汉论坛, 2010 (7): 121-125.

[131] 芮立新. 全面推进医疗保险依法治理 [J]. 中国医疗保险, 2017 (12): 8-10.

[132] 王超群. 大数据推动医疗保险治理 [N]. 中国社会科学报, 2017-12-20.

[133] 慕怀琴, 黄维民. 西部政府在"丝绸之路经济带"建设中的地位与作用 [J]. 人民论坛, 2015 (32): 75-77.

[134] 徐延君. 完善社会保险经办管理服务体系、更好满足参保群众社会保障需求 [J]. 中国医疗保险, 2011 (11): 9-11.

[135] 王宗凡. 医保谈判机制的制约因素及政策建议——医疗保险谈判机制探析之四 [J]. 中国社会保障, 2011 (7): 72-74.

[136] 加快健全社会保障管理体制和经办服务体系课题组. 加快健全社会保险管理体制和经办服务体系 [J]. 中国社会保障, 2015 (6): 34-37.

[137] 黄振杰. 医疗保险信息系统碎片化问题研究 [J]. 中国医疗保险, 2017 (5): 34-37.

[138] 程茂金. 医保技术标准体系如何构建? [J]. 中国社会保障, 2013 (1): 77-78.

[139] 曹玉姝. 上海医疗保险服务标准体系构建解析 [J]. 现代妇女 (下旬), 2014 (7): 237-238.

[140] 娄宇, 于保荣. 我国社会医疗保险法治建设的若干问题与解决思路 [J]. 兰州学刊, 2016 (9): 150-157.

[141] 娄宇. 加大力度、加快速度推进医保事业法治建设 [J]. 中国医疗保险, 2017 (12): 22-23.

[142] 韩志奎. 医疗保险法治建设的短板与对策建议 [J]. 中国医疗保险, 2016 (8): 24-27.

[143] 吕俊生, 杨金凤. 从身份自律到契约机制——"契约信息服务"的实证分析 [J]. 图书情报工作, 2006 (9): 43-45.

[144] 蔡立辉. 西方国家政府绩效评估的理念及其启示 [J]. 清华大学学报 (哲学社会科学版), 2003 (1): 76-84.

[145] 蔡立辉. 政府绩效评估: 现状与发展前景 [J]. 中山大学学报 (社会科学

版)，2007（5）：82－90，127.

［146］蔡立辉．政府绩效评估的理念与方法分析［J］．中国人民大学学报，2002（5）：93－100.

［147］付明卫，朱恒鹏，夏雨青．英国国家卫生保健体系改革及其对中国的启示［J］．国际经济评论，2016（1）：70－89，6.

［148］付亚和，许玉林．绩效考核与绩效管理［M］．北京：电子工业出版社，2009.

［149］高小平，盛明科，刘杰．中国绩效管理的实践与理论［J］．中国社会科学，2011（6）：4－14.

［150］何丽梅，王桂敏．完善医疗保险监督机制促进医疗保险事业健康发展［J］．中国卫生质量管理，2009，16（2）：32－34.

［151］秦雪征，洪波．我国基本医疗保险制度的激励与监督机制——基于道德风险的分析［J］．技术经济与管理研究，2012（8）：75－79.

［152］申曙光．“全民医保”——我国医疗保障的发展之道［J］．群言，2012（8）：21－23.

［153］唐铁汉．加强政府绩效管理　深化行政管理体制改革［J］．中国行政管理，2006（3）：6－10.

［154］王东进．保障绩效是评鉴医改的第一标准［J］．中国医疗保险，2011（3）：13.

［155］王东进．更加注重保障绩效的提升［J］．中国医疗保险，2011（12）：5－7.

［156］王东进．坚持以风险防范为导向健全完善医保监管体系［J］．中国医疗保险，2014（11）：5－7.

［157］王东进．牢牢抓住支付制度改革这个中心环节［J］．中国医疗保险，2012（2）：6－8.

［158］吴贵明，王永礼．医保政策目标实现的制度期待［J］．中国社会保障，2010（11）：32－33.

［159］吴建南，孔晓勇．以公众服务为导向的政府绩效改进分析［J］．中国行政管理，2005（8）：48－51.

［160］张扬金，于兰华．农村民主监督制度的损耗与补益——政治知识与政治道德的视角［J］．伦理学研究，2014（1）：78－82.

［161］庄德水，李成言．行政绩效评估与行政监督：一种互动的现实分析［J］．学习与实践，2008（9）：85－89.

［162］顾昕，朱恒鹏，余晖．“全民免费医疗”是中国全民医保的发展方向

吗？——神木模式系列报告之一［J］. 中国市场，2011（6）.

［163］顾昕，朱恒鹏，余晖．“神木模式”的三大核心：走向全民医疗保险、医保购买医药服务、医疗服务市场化——神木模式系列报道之二［J］. 中国市场，2011（7）.

［164］朱恒鹏，顾昕，余晖．“神木模式”的可持续性发展：“全民免费医疗”制度下的医药费用控制——神木模式系列研究报告之三［J］. 中国市场，2011（8）：4－8.

［165］顾昕，朱恒鹏，余晖．神木模式的可复制性：财政体制与医药费用水平的制约——神木模式系列研究报告之四［J］. 中国市场，2011（9）.

［166］王莹．陕西省神木县“全民免费”医疗的再思考［J］. 劳动保障世界，2016（5）：16－17.

［167］陈红林．“湛江模式”——统筹城乡医改的有益探索［N］. 中国改革报，2012－10－22.

［168］王晓玲．构建统筹城乡医疗保障制度的机制创新［J］. 农业经济问题，2014（2）：98.

［169］朱晓红．基于公私合作方式推进全民医保的风险与规避——以广东湛江医改模式为例［J］. 社会工作与管理，2013，13（2）：53－58.

［170］长策智库．湛江模式的启示：探索社会医疗保险与商业健康保险的合作伙伴关系［J］. 中国市场，2011（3）：35－39.

［171］杨燕绥，李海明．公共服务外包的治理机制研究——医疗保险外包的中美案例比较［J］. 中国行政管理，2013（9）：116－120.

［172］陈仰东．商保经办的优势与风险［J］. 中国社会保障，2016（4）.

［173］顾昕．突破去行政化的吊诡——剖析三明模式的可复制性和可持续性［J］. 中国医院院长，2016（22）：81－85.

［174］余红星，陈晶晶等．对三明医改问题的认识与思考［J］. 中国医院管理，2016，36（5）：1－3.

［175］熊茂友．如何学习三明医改模式？［J］. 中国财政，2016（2）：64－65.

［176］詹积富．三明之道：五大改革成功控费［J］. 中国卫生，2015（11）：21－23.

［177］杨晓慧．三明的抉择［J］. 中国医院院长，2015（10）：44－51.

［178］王东进．从“三可”视角看三明医改［J］. 中国医疗保险，2014（12）：5－8.

［179］佚名．“镇江、三明模式”的基层医疗改革从新医改中看社区医院“变身”［J］. 健康管理，2015（5）：18－19.

［180］刘静，毛宗福．福建省三明市公立医院改革阶段性评价与分析［J］．中华医院管理杂志，2015（5）：325－328.

［181］岳经纶，王春晓．三明医改经验何以得到全国性推广？基于政策创新扩散的研究［J］．广东社会科学，2017（5）：186－197.

［182］刘静，曾渝，毛宗福等．三明市医改前焦点问题与三医联动改革思路探讨［J］．医学与社会，2016，29（12）：52－54.

［183］黄柳．薪酬改革，如何完成跨越［J］．中国医院院长，2015（8）：66－70.

［184］吴亚栗．三明医改　星火燎原——专访福建省三明市卫生计生委主任包著彬［J］．人口与计划生育，2016（8）：16－19.

［185］沈念祖．好榜样三明医改：何时不再是孤岛？［N］．经济观察报，2015－4－20（33）.

［186］徐毓才．三明医改有多少期待与隐忧［N］．医药经济报，2013－9－13（2）.

［187］王东进．全民医保在健康中国战略中的制度性功能和基础性作用（上）［J］．中国医疗保险，2016（11）：5－8.

［188］王东进．全民医保在健康中国战略中的制度性功能和基础性作用（下）［J］．中国医疗保险，2016（12）：9－11.

［189］薛新东，建晓晶．医疗保险对健康状况的影响研究综述［J］．中国卫生政策研究，2015，8（2）：41－45.

［190］王东进．论全民医保制度的基础性作用［J］．中国社会保障，2016（9）：14－18.

［191］王东进．应当重视全民医保基础性作用的研究［J］．中国医疗保险，2012（8）：5－8.

［192］王东进．完善全民医保　促进全民健康［J］．中国医疗保险，2017（3）：13－16.

［193］王东进．理性推进三医联动　合力建设健康中国［J］．中国医疗保险，2017（1）：1－4.

［194］海韵．探索两项保险合并实施的制度体系和运行机制——“生育保险和基本医疗保险合并实施”研讨会［J］．中国医疗保险，2018（5）：27－31.

［195］任丽明，刘俊荣．城市医疗救助与城镇居民基本医疗保险制度相衔接模式的分析及建议［J］．中国卫生事业管理，2010，27（8）：525－528.

［196］张莹，王俊华，姜忠．基于公平视角下医疗救助与基本医疗保险制度衔接的必要性与路径研究［J］．中国卫生事业管理，2011，28（12）：912－914.

［197］王东进．社保与商保：混淆不得错位不得［J］．中国医疗保险，2012（9）：5－8.

［198］邓大松，杨红燕．医疗保险与生育保险［M］．北京：人民出版社，2013.

［199］孙树菡．工伤保险［M］．北京：中国劳动社会保障出版社，2007：3－4.

［200］汪泓．医疗与生育保险：政策与实务［M］．北京：北京大学出版社，2008：147.

［201］王东进．读懂生育保险与基本医疗保险合并实施［J］．中国医疗保险，2017（4）：1－3.

［202］钱文强，吕国营．重特大疾病风险、多层次与精准施策［J］．中国医疗保险，2016（6）：14－17.

［203］赵曼，吕国营．管办分离：医改的第三条道路［J］．中国社会保障，2008（7）：32－33.

［204］王东进．“三医联动”是深化医改的不二方略［J］．中国医疗保险，2015（11）：5－7.

［205］高和荣．以医疗为中心的“三医”联动改革：路径与策略［J］．南京社会科学，2018（7）：65－71.

［206］Gruber J，Yelowitz A. Public Health Insurance and Private Savings［J］. Journal of Political Economy，1997，10（76）：1249－1274.

［207］Chou S Y，Liu J T，Hammitt J K. National Health Insurance and precautionary saving：evidence from Taiwan［J］. Journal of Public Economics，2003，87（9－10）：1873－1894.

［208］Polsky D，Doshi J A，Escarce J，et al. The Health Effects of Medicare for the Near－Elderly Uninsured［J］. Health Services Research，2010，44（3）：926－945.

［209］Lurie N，Ward N B，Shapiro M F，et al. Termination of Medi－Cal benefits. A follow－up study one year later［J］. New England Journal of Medicine，1986，314（19）：1266－8.

［210］Card D，Dobkin C，Maestas N. The Impact of Nearly Universal Insurance Coverage on Health Care Utilization：Evidence from Medicare.［J］. American Economic Review，2008，98（5）：2242－2258.

［211］Bloom D E，Canning D，Sevilla J. The Effect of Health on Economic Growth：A Production Function Approach［J］. World Development，2004，32（1）：1－13.

后 记

自1998年国务院出台《关于建立城镇职工基本医疗保险制度的决定》以来，中国医疗保险制度改革已走过了20年的历程。随着全民医疗保险制度的建立和发展，一方面，医疗保险范围和业务量不断扩增，管理难度越来越大，管理要求越来越高，需要理论回答的实践问题也越来越多。另一方面，全民医保事业的快速发展，也需要培养和造就一支高素质的医保专业人才队伍，这也是提高医保治理能力，实现医保治理现代化，保证全民医保制度可持续发展的迫切需要。在这样的背景下，总结我国20年来的医保改革经验，从理论与实践相结合的高度，用中国话语，讲好中国医保故事的角度，编撰一本《中国医疗保险学》的任务，就提到了领导和专家学者们的面前。

为了编写好反映中国特色医保改革和医保事业的专业教科书，2017年5月，湖北经济学院医保改革协同创新中心与湖北省医疗保险研究会，联合成立了由温兴生书记任组长，蔡红英、吕国营和余军华教授任副组长，湖北经济学院、中南财经政法大学、华中师范大学等高校教师和学者参加的教材编写组，正式启动了《中国医疗保险学》的编撰工作。温兴生在任湖北经济学院党委书记之前，长期从事湖北社会保障事业的领导和研究工作。在他的悉心指导下，编写组的同志们不畏困难，勇于探索，以我国全民医保制度的建设、发展为背景，秉持制度经济学原理，运用现代风险理论和荟萃分析方法，较为系统地梳理、研究和总结了我国医疗保险改革中的理论和实践问题。并按照教材体例，数易其稿，才得以编写成这本《中国医疗保险学》。参加本书编写的主要人员有：蔡红英、吕国营、余军华、袁文艺、李毅、薛新东、王超群、严妮、张勇、冯兰、谭宁、熊鹰、廖晓诚、吴敏、刘俊、张霞、周万里等。全书由温兴生书记终审定稿。

在《中国医疗保险学》出版之际，要特别感谢中国医疗保险研究会的王东进会长，感谢他对编写出版《中国医疗保险学》的热情鼓励并欣然为本书作序。要特别感谢湖北省医疗保障局晏蒲柳局长、高忻副局长对教材修改完善提供了重要指导意见。

《中国医疗保险学》的编撰出版，凝结着湖北经济学院、中南财经政法大学、华中师范大学等高校青年教师的心血和汗水，也汇聚了全国医保理论研究和实务部门一大批教授、学者、专家的理论成果和真知灼见。对于凡在书中引用、借鉴的思想理念、实践经验、理论观点、政策建议，我们都力图通过引注、专栏、参考文献等方式，一一展示原作者对中国医保理论与实践发展的积极贡献。尽管如此，疏漏之处仍在所难免。在此，我们对各位原作者一并致以诚挚的谢意！

编写一本能够全面反映我国医疗保险制度改革与发展的教科书，既是一项意义深远的事业，又是一项极具挑战性的工作。《中国医疗保险学》的编撰出版，仅仅迈出了尝试性的第一步。由于编写组理论水平、实践经验的局限，加之编撰时间紧迫，书中缺憾肯定存在一些，敬请同行专家和广大读者批评指正。

教材编写组

2019 年 4 月于武汉光谷